Otto Klee

Islandpferde
erleben und verstehen

Otto Klee

Islandpferde
erleben und verstehen

Einbandgestaltung: Kornelia Erlewein

Titelbilder: Prof. Dr. Otto Klee, Tübingen
Bildnachweis: Angela Saur: S. 2 links, S. 20, S. 189 links, S. 191 oben und unten Mitte
Jón Eiriksson, Hvammstangi, Island: S. 2 rechts, S. 74, S. 78, S. 180/181
Verena Kärcher: S. 23 links, S. 190 oben links, S. 208 Mitte
Alle anderen Fotos und Zeichnungen stammen aus dem Archiv von Prof. Dr. Otto Klee.
Das Kapitel »Isländisch für Pferdefreunde« wurde von Angela Saur erstellt.

Die in diesem Buch enthaltenen Hinweise und Ratschläge beruhen auf jahrelang gemachten Erfahrungen und gesammelten Erkenntnisse in praktischer und theoretischer Arbeit mit Pferden. Alle Angaben wurden gründlich geprüft. Eine Haftung des Autors oder des Verlages und seiner Beauftragten für Personen-, Tier-, Sach- und Vermögensschäden ist ausgeschlossen.

ISBN 978-3-275-01739-3

Copyright © 2011 by Müller Rüschlikon Verlag
Postfach 103743, 70032 Stuttgart
Ein Unternehmen der Paul Pietsch Verlage GmbH & Co. KG
Lizenznehmer der Bucheli Verlags AG, Baarerstr. 43, CH-6304 Zug

1. Auflage 2011.
Überarbeitete und erweiterte Neuauflage der 2001 unter der ISBN 978-3-275-01388-2 erschienenen Erstauflage.

Sie finden uns im Internet unter www.mueller-rueschlikon-verlag.de

Nachdruck, auch einzelner Teile, ist verboten. Das Urheberrecht und sämtliche weiteren Rechte sind dem Verlag vorbehalten. Übersetzung, Speicherung, Vervielfältigung und Verbreitung, einschließlich Übernahme auf elektronische Datenträger wie CD-ROM, Bildplatte usw. sowie Einspeicherung in elektronische Medien wie Bildschirmtext, Internet usw. sind ohne vorherige schriftliche Genehmigung des Verlages unzulässig und strafbar.

Lektorat: Claudia König, Angela Saur
Innengestaltung: Kornelia Erlewein
Druck und Bindung: LEGO s.p.A., 36100 Vicenza
Printed in Italy

Inhalt

Vorwort | Dank 6

Viel geliebte Islandpferde 8
    Was das Islandpferd so besonders macht

Island erfahren – Reiten ohne Grenzen 18
    Erlebnisreiches Reiterland, geprägt von Feuer und Wasser

Die Entwicklungsgeschichte des Islandpferdes
Urwildpferde von der Geysir-Insel 26
    Vom Morgenrötepferdchen zum Islandpferd

Islandpferde – eine ganz besondere Rasse 40
    Nervenstarke, bunte Gangtalente

Lebensbedingungen und Anpassung 72
    Haltungsbedingungen in Island und auf dem Kontinent

Ausbildung des Reiters 86
    Sitzen, Fühlen, Einwirken in allen Gangarten

Ausbildung und Reiten von Islandpferden 104
    Gangveranlagungen erkennen und richtig fördern

Gesundheitsvorsorge bei Islandpferden 150
    Atemwege, Haut, Parasiten – Pflege und Vorbeugung

Grundlagen der Zucht von Islandpferden 166
    Zuchtziele und Zuchtwahl

Ratschläge für den Kauf von Islandpferden 180
    Anschaffung und Kosten

Jetzt reiten wir wieder 186
    Von Lavabergen, Basaltküsten, Vogelkolonien
    und Polarlichtern

Nachwort 196

Serviceteil 198

Vorwort | Dank

Reiten gehört zu den erlebnisreichsten Freizeitaktivitäten des Menschen. Dabei kann die Ausübung dieses Hobbys sehr unterschiedliche Ausprägungen haben. Für den einen ist das Islandpferd ein reines Sportgerät, für den anderen ein sorgfältig zu pflegendes Lebewesen, das viel verhätschelt, aber wenig geritten wird. Beide Standpunkte sind falsch. Wir müssen uns als Islandpferdebesitzer in jedem Fall von dilettantischer Willkür lösen und uns gründlich mit den Lebensgrundlagen und den Verhaltensweisen der Islandpferde vertraut machen. Parallel mit dem Reiten muss gleichzeitig ein Verstehen des Pferdes einhergehen. Das heißt letztlich, wir müssen vor unseren Pferden ein gutes Gewissen haben.

»Die Theorie ist das Wissen, die Praxis das Können, immer aber soll das Wissen dem Handeln vorangehen« (A. Podhajsky). In diesem Sinn soll das vorliegende Buch Missverständnisse über unseren Partner in Freizeit und Sport ausräumen. Zunächst Unverständliches findet seine Erklärung, wenn wir uns vor Augen führen, wie Islandpferde leben, denn sie bleiben auch nach Jahrtausenden der Domestizierung immer noch hochspezialisierte, herdenlebende Fluchttiere. Wir müssen verstehen lernen, wie Islandpferde sich ernähren, was sie sehen, hören, riechen, ertasten und schmecken, welche Sozialkontakte sie eingehen und wie sie verarbeiten, was sie mit uns Menschen erleben.

Im vorliegenden Buch habe ich versucht alles zusammenzutragen, was bis heute über die Islandpferde bekannt ist. Dabei half mir Bruno Podlech vom Wiesenhof, dessen jahrzehntelange Erfahrung als Reiter, Lehrer und Züchter u.a. zur Differenzierung und genauen Beschreibung der verschiedenen Typen von Islandpferden führte. Da Bruno Podlech zugleich auch gelernter Schmiedemeister ist, konnte er mir zu Fragestellungen besonderer Beschläge von Gangpferden wesentliche Auskünfte

geben. Dass er zudem eine besondere Sensibilität für Pferde besitzt, ist unter Islandpferdefreunden hinlänglich bekannt.

Daneben war mir natürlich auch das Wiesenhof-Team mit Helga Podlech und Dani Gehmacher durch vielfachen Rat eine echte Hilfe. Dafür auch an dieser Stelle herzlichen Dank. Zu danken habe ich ferner dem vielfachen Weltmeister der Islandpferdereiter Reynir Aðalsteinsson für gemeinsames Reiten, zahlreiche Gespräche und Diskussionen. Sein ruhiger, überlegter und einfühlsamer Umgang mit den unterschiedlichsten Islandpferdetypen ist für mich beispielhaft. Er gehört zu den wenigen Reitern, die einerseits Islandpferde nach klassischen Prinzipien ausbilden und zugleich eng mit den Tieren kommunizieren können, und diese Grundlagen und Fähigkeiten miteinander verknüpfen.

In besonderer Weise bin ich Arinbjörn Jóhannsson verbunden und dankbar. Durch ihn habe ich während mehrerer Ritte durch Island viel von der Insel und ihren Pferde kennen gelernt. »Abbi« vermittelte mir dabei einige höchst ungewöhnliche Einsichten und Ansichten über Islandpferde.

Alle genannten und viele ungenannte Reiterfreunde haben dazu beigetragen, mich immer wieder erneut für das Islandpferd zu begeistern. Dieses Pferd, das ein ungewöhnlich reiches und ursprüngliches Verhaltensinventar besitzt, hat es fertiggebracht, aus einem langjährigen Großpferdereiter mit starken Ambitionen zur Hohen Schule einen begeisterten Feld-, Wald- und Wiesenreiter zu machen. An dieser Begeisterung möchte ich Sie durch das vorliegende Buch teilhaben lassen.

Prof. Dr. Otto Klee

Viel geliebte Islandpferde

Ein Blick zurück

Alle Haustiere sind Zuchtprodukte und Variationen der Urform, wobei es schwierig ist, auf den ersten Blick zu unterscheiden, was durch systematische Züchtung entstanden und was das Ergebnis einer natürlichen Entwicklung ist. Wo ist unter diesen Gesichtspunkten das Islandpferd einzuordnen?

Werfen wir einen Blick auf die Vorgeschichte der wilden Stammformen, sofern sie uns überhaupt bekannt ist. Für das Pferd haben die Paläontologen anhand einer großen Menge fossilen Knochenmaterials überzeugend nachgewiesen, dass die in weit zurückliegenden erdgeschichtlichen Perioden vorkommenden Urahnen sehr viel kleiner waren als das moderne Pferd. Aber noch wichtiger als die enorme Steigerung der Körpergröße ist in unserem Zusammenhang die Tatsache, dass die Ahnen des Pferdes nicht einzehig, sondern im Besitz von vier bzw. fünf Zehen an jeder Extremität waren. Im Laufe der Stammesgeschichte ist die Zahl der Zehen fortwährend reduziert worden; das moderne Pferd geht bekanntlich nur auf der Mittelzehe, sozusagen auf deren Nagelspitze. Wollte man diese groteske Aufrichtung des Fußes, diese äußerste Reduktion der Kontaktnahme mit der Unterlage, diese extreme spitzentänzerische Gangart noch um einen Grad steigern – dann müsste das Pferd schweben. Aber lassen wir den Pegasus und bleiben wir mit unserer Betrachtung selber auf solidem Boden.

Unbestreitbar ist jedenfalls die Tatsache, dass das Pferd außerordentlich hochspezialisierte Extremitäten besitzt, die bei der Vorwärtsbewegung die Unterlage mit einem nur denkbaren Minimum berühren. In dieser einzigartigen Konstruktion kommt zweierlei zum Ausdruck: eine weitgehende Anpassung an den offenen Lebensraum der Steppe und – damit in engstem Zusammenhang stehend – die Fähigkeit, jederzeit bedeutende Strecken in raschester Gangart zurückzulegen.

Die Regel, dass das Leben in der Steppe eine Reduktion der Zehenzahl bedingt, zeigt sich auch an vielen anderen Tiergruppen; selbst die Steppenelefanten weisen eine geringere Zehenzahl auf als die ihnen sonst so nahestehenden Waldelefanten.

Das Islandpferd ist an den Lebensraum der nördlichen kalten Zone angepasst, fühlt sich aber auch auf unseren Magerwiesen wohl, sofern Bäume für Schatten sorgen.

Was die ununterbrochene Startbereitschaft, die Fähigkeit zum augenblicklichen Davonrasen anbetrifft, so ließe sich diese Besonderheit auch als extreme Fluchtbereitschaft bzw. als Ängstlichkeit charakterisieren. Wie jedem Wildtier, so drohen auch dem Geschöpf der offenen, deckungslosen Steppe zahlreiche Feinde; sie können überall und jederzeit gefährlich werden. Dagegen gibt es nur ein Mittel, nämlich dauernde, ununterbrochene Aufmerksamkeit, unablässiges Sichern, und im Alarmfall: Flucht. Im Gegensatz zum Urwald bietet die Steppe keine Schutzmöglichkeit. Das Wildpferd hat weder Höhle noch Nest, wo es sich geborgen zusammenkuscheln könnte; es ist immer und zu allen Seiten exponiert. Dafür kann es im Stehen, der unmittelbaren Ausgangsstellung zur Flucht, dösen und zeitweise sogar schlafen. So lässt sich das Pferd in zweierlei Hinsicht als gewissermaßen übersensibilisiert darstellen: gegenüber optischen Reizen und – damit oft identisch – gegenüber allem, was eine Fluchtreaktion auslösen kann.

Auf die außergewöhnliche optische Aufmerksamkeit des Pferdes ist das Verhalten zurückzuführen, dass es manchmal auf der Straße vor einem Papier, einer Pfütze, einem Signal oder vor irgendeiner anderen uns lächerlich erscheinenden Kleinigkeit stutzt oder scheut. Das kann bedingt sein durch die Erscheinung des betreffenden Gegenstandes selbst oder aber durch den Umstand, dass die dem Pferd bekannte Straße früher diese störende Besonderheit nicht aufwies, durch welche das Gesamtbild in ungewohnter Weise verändert wird.

Derartige Beispiele sind jedem, der mit Pferden umgeht, bekannt; sie veranschaulichen das hervorragende Ortsgedächtnis des Pferdes – ein bezeichnendes Attribut des ehemaligen Steppengeschöpfes, welches auf ein präzises Orientierungsvermögen besonders angewiesen ist. Auch die ständige Bereitschaft zum Durchbrennen muss als ein psychisches Relikt aus dem gefahrvollen Steppenleben des Wildpferdes aufgefasst werde.

Bei Wind und Wetter geht es mit der Herde auf die Weide.

Die Beziehung zu Islandpferden

Wenn wir unser heutiges Islandpferd vor seinem biologischen Hintergrund gewissermaßen in den Umrissen des Wildpferdes und seines ursprünglichen Lebensraumes betrachten, ergeben sich für den praktischen Umgang mit diesem Tier von selbst zwei bedeutsame Hinweise, nämlich das Fernhalten irritierender optischer Erscheinungen und eine möglichst ruhige und beruhigende Behandlung. Obgleich das Pferd in der Domestikationsgeschichte zu den jüngsten Haustieren gehört, hat sich zwischen ihm und dem Menschen, erst recht zwischen dem Reitpferd und manchem Reiter, eine fast telepathisch anmutende Intimität entwickelt, wie sie höchstens noch durch die Beziehung des Hundes – dem ältesten aller Haustiere – zu seinem Herrn überboten werden kann.

Wer den Ursprung des Islandpferdes bedenkt, der kann nicht anders, als diesen Tieren mit Respekt zu begegnen; für ihn kann es im Umgang mit ihnen weder Grobheiten geben, noch die ebenso verhängnisvolle Verhätschelung und Vermenschlichung.

Ursprünglich ist das Islandpferd das ausdauernde und starke Wanderreitpferd, ein zuverlässiger, nervenstarker und liebenswerter Begleiter durch dick und dünn und zugleich der bequeme Endlostölter. Diese Eigenschaften haben die »Isis« auch heute noch. Jedoch scheint es einen Unterschied zu geben zwischen dem robusten, unkomplizierten, kuscheligen Pferdchen, mit dem man vertrauensvoll lange Ausritte im Gelände machen kann und dem Pferd einiger weniger sogenannter Profis, die offenbar den Blick für die Eigenarten des Pferdes und für die Ansprüche der meisten Reiter verloren haben. Anders sind manche Trainingsmethoden nicht zu erklären. Dabei ist unbestritten, dass es zahlreiche wirkliche Könner gibt, die ihre Tiere schonend und mit richtigem Augenmaß ausbilden und auf diese Weise hervorragende Leistungen der Pferde erzielen. Doch wer die Entwicklung in der Islandpferdeszene längere Zeit beobachtet, sieht, dass es hier – wie überall – oft nur ums Geld geht. Jedoch haben auch sogenannte Freizeitreiter ihre Probleme. Das liegt häufig daran, dass die Ausbildung von Pferd und Reiter oft nicht so gut ist. Freizeitpferde sind gelegentlich wenig gymnastiziert und reagieren auf richtige Hilfengebung falsch.

Bei all diesen guten oder schlechten Grundbedingungen ist und bleibt das Islandpferd geduldig, anpassungsfähig und unkompliziert, wenn auch gelegentlich temperamentvoll. Es ist ungewöhnlich robust, ausdauernd, wetterfest, gesund, vielseitig verwendbar, in der Unterbringung und Fütterung anspruchslos, langlebig und es besitzt einen interessanten und äußerst individuellen Charakter.

Das vorliegende Buch soll dazu beitragen, Verständnis für das Islandpferd unter verschiedenen Aspekten zu wecken, um dadurch das Erlebnis des Reitens und der direkten Zwiesprache noch intensiver zu gestalten.

Hierbei bilden die Kenntnis von Abstammung und Lebensbedingungen in seinem Herkunftsland die Grundlage für Reiten, Haltung und Zucht. Letztlich ist davon auch die Gesundheitsvorsorge und natürlich auch die richtige Behandlung und Pflege bei Krankheiten abhängig.

Großer Mensch – kleines Pferd – geht das zusammen?

Ist es möglich, dass ein Pferd von nur 1,37 m mittlerem Stockmaß – bis zum Widerrist gemessen – einen Menschen von 1,90 m Körpergröße tragen kann? Sieht das nicht lächerlich aus? Nun, das ist alles eine Sache der Sichtweise.

Reiter, die größere Pferde gewöhnt sind, können sich nur schwer vorstellen, wie es möglich ist, mit einem solch belasteten Kleinpferd am Tag ohne weiteres 80 Kilometer zurückzulegen. Für den Reiter in Island ist dies kein Problem. Hier reiten große erwachsene Männer auf den kleinen Pferden über weite Lava- und Steinfelder und bezwingen die

In Island dienen die kleinen Pferde auch heute noch als Transportmittel.

pe, die es deutlich von anderen Pferderassen abgrenzt. Überdies gehört das robuste und ideal an seine raue Umgebung angepasste Islandpferd nicht zu den Ponys, sondern zu den Kleinpferden. Man sollte daher nicht Kleinheit mit Schwäche verwechseln, sondern muss bei der Beurteilung den gesamten Körperbau des Islandpferdes berücksichtigen, denn die Harmonie des Ganzen ist das Entscheidende, und ein in allen Teilen klein gebautes Pferd kann mit seinen scheinbar kurzen Gliedmaßen unter entsprechendem Gewicht unendliche Kraft entwickeln. Die Größe gibt durchaus keinen Maßstab für die Stärke ab, sondern der Körperbau mit seinen Proportionen; ebenso bestimmt nicht der Umfang der Muskeln, sondern deren Straffheit die Kraft.
Übrigens sagt ein englisches Sprichwort: »Praise the tall, but saddle the small.«

Islandpferde in Deutschland

In Deutschland wurden Islandpferde erstmals 1959 als ideale Freizeitpferde bekannt, nachdem sie 1958 noch durch ein Missverständnis als »Wildpferd«, »Zottelkopf« und »handliches Pferdchen« in die Schlagzeilen geraten waren. Damals hatte eine Hamburger Pferdefreundin eine Ladung Islandpferde nach Deutschland gebracht. Klarheit über die gute Reitbarkeit der »Isis« brachte jedoch erst Ursula Bruns mit ihrer Feststellung, dass die Islandpferde auch von Erwachsenen zu reiten seien und auch dem

mit unzähligen Buckeln versehenen Wiesen, wie es die Bauern auf Island seit tausend Jahren getan haben und es teilweise auch heute noch tun.

Islandpferde sind keine Ponys, sondern starke Reit- und Tragpferde, die leistungsmäßig einen Vergleich mit unseren modernen großen Pferderassen in keiner Beziehung fürchten müssen. Die Pferde haben einen Arbeitswillen, den man bei anderen Pferderassen nur selten antrifft. In ihrem Vorwärtsdrang holen sie das Letzte aus sich heraus. »Fjör« nennen die Isländer diese Eigenart ihrer Pferde, die auch dann noch weiter wollen, wenn sie nahe am Ende ihrer Kräfte sind. Hier muss der Islandpferdereiter den richtigen Zeitpunkt kennen, um eine kurze Rast einzuschieben, in der die Pferde ruhen können, wobei die Tiere sich dann überraschend schnell von den harten Anstrengungen erholen. Das Islandpferd fällt gegenüber den in Deutschland gebräuchlichen hochbeinigen, langhalsigen und schlanken Großpferden auf. Tatsächlich finden manche Reiter, die anderes gewohnt sind, das kleine, kurzbeinige und im Winter zudem noch struppige Islandpferd gar nicht ansprechend.
Mit 130 bis 145 cm Widerristhöhe und einem Gewicht von 320 bis 380 kg des erwachsenen Pferdes ist das Islandpferd ein massives, tiefes, harmonisch gebautes Pferd mit kräftigem Knochenbau, üppigem Langhaar und einer typischen Ausprägung der oberen Körperlinie und Krup-

Islandpferde, hilfreiche Freunde des Menschen

Zur Zeit der Besiedlung Islands wären die Landnehmer ohne das Pferd als Transportmittel und Lasttier rasch gescheitert. Mehr als tausend Jahre, von der Besiedlung des Landes bis zum Beginn des 20. Jahrhunderts, musste unser ausdauerndes Pferd viele lebenswichtige Aufgaben verrichten und Funktionen erfüllen. Es war lange Zeit das einzige Beförderungsmittel und trug Menschen von einer Ecke des Landes zu anderen, beförderte Waren zwischen den abgelegenen Gehöften im Landesinneren und den Handelszentren an der Küste. Das Islandpferd begleitete den Menschen ein Leben lang. Es brachte das Heu von den Feldern ein, trieb im Herbst die Schafe aus den Bergen; es transportierte Neugeborene von der Hebamme ins Elternhaus, trug die Kranken zum Arzt und zog schließlich den Sarg

Nicht die Größe gibt einen Maßstab für die Stärke ab, sondern der Körperbau mit seinen Proportionen. Ebenso wird die Kraft nicht vom Umfang der Muskeln bestimmt, sondern von deren Straffheit.

empfindsamen Reiter exquisites Vergnügen im Sattel bereiten könnten. Zunächst erhoben sich dagegen Stürme der Empörung. Die Reiter, die den Zweiten Weltkrieg überlebt hatten, trugen das Bild des »schneidigen Offiziers« in sich und betrachteten »struppige Ponys« als Beleidigung. Noch weiter ging der Direktor der Wahrendorffschen Anstalten in Ilten bei Hannover (Leiter des ältesten Islandpferdegestüts auf dem Kontinent – hier wurden die Tiere aber nur in der Landwirtschaft eingesetzt). Alle offiziellen Stellen der Reiterei – angefangen von den Dachverbänden in Warendorf bis hin zu den einzelnen Stammbüchern und der noch wichtigeren Presse – erhielten ein empörtes Schreiben von ihm, in dem er behauptete, »dass kein deutscher Mann von Ehre« sich jemals auf ein solches »Pony« setzen werde. Eine Prophezeiung, die natürlich nicht eintraf und aus heutiger Sicht bizarr und lächerlich wirkt.

zum Friedhof. Seine vielfältigen Eigenschaften haben das Islandpferd auch im Ausland beliebt gemacht, als ausdauerndes Arbeitstier schuftete es im England des 18. und 19. Jahrhunderts in Kohlegruben, als genügsames, winterfestes Zugtier nahm es 1930 an der Grönland-Expedition des deutschen Forschers Alfred Wegener teil und heute ist es nicht zuletzt Kleinod der Freizeitreiterei. Als nützlicher und treuer Diener ist das Pferd in Island längst durch Traktor, Mähmaschine und Lastauto ersetzt worden. Doch wo heute der Motor versagt, überlässt auch jetzt noch der Reiter vertrauensvoll dem Pferd die Wegsuche im reißenden Fluss und auf den Gebirgspfaden. Aber in der Hauptsache hat das Islandpferd heute in der Freizeit der Menschen – auch beiderseits des Atlantik – immer mehr an Bedeutung gewonnen.

Portrait eines Islandpferdes: wach und wachsam.

Die Stärke des Islandpferdes

Die heute lebenden Islandpferde sind Nachkommen des europäischen Wildpferdes, das von germanischen Stämmen gezähmt und in Gebrauch genommen wurde. Europäische Wildpferde kamen so auch nach Skandinavien und England. Von dort gelangten sie im 9. Jahrhundert mit den Landnehmern nach Island. Die Siedler brachten keine einheitliche Pferderasse mit. Einige Autoren vermuten, dass dabei drei der vier urtümlichen Pferdetypen des nördlichen Europa vertreten waren.

Ob die Urahnen der heutigen Islandpferde aus Norwegen stammten oder aus Schottland, jedenfalls müssen es robuste Kleinpferde gewesen sein, die auf den nicht sehr geräumigen Wikingerschiffen Platz hatten. In Island erfolgte eine harte und einzigartige Auslese. Die Pferde mussten den kargen Umweltbedingungen gewachsen sein, oder sie gingen zugrunde. Eine wesentliche Entscheidung der Isländer kam noch hinzu. Es war das im Jahr 1000 vom Alþing, dem isländischen Parlament beschlossene und noch heute gültige Einfuhrverbot für Pferde, denn dies gab letztlich den Ausschlag für die Entstehung der Rasse des Islandpferdes.

Die harte Naturauslese schuf ein Pferd, das sich auf eine Widerristhöhe von 130 bis 145 cm einpendelte. Das Pferd besitzt einen guten, etwas dreieckigen Ponykopf mit trockener Textur. Es weist meist einen gut aufgesetzten, manchmal schweren und kurzen Hals auf, wenig Widerrist, eine etwas gesenkte Rückenlinie und eine stark abfallende Kruppe. Die Hinterhand ist gut bemuskelt, die Gliedmaßen sind trocken und kräftig mit breiten Röhren und kompakten Gelenken.

Islandpferde müssen auf der Insel den kargen Umweltbedingungen gewachsen sein.

Durchreiten eines breiten Flusses mit Schneeresten am Rand.

Isländer sind ausgeprägte Individualisten, und auch ihre Pferde verfügen über viel Eigenpersönlichkeit. Gemeinsam ist den Pferden eine Stärke des Instinktes, ein fester Charakter und eine Arglosigkeit und ein Vertrauen, das sie demjenigen Menschen entgegenbringen, der es verdient, es geschenkt zu bekommen.

Da jedes Islandpferd zu seinem Reiter eine innere Verbindung braucht, ist es seinem Wesen nach – als Individualist – ein Einmannpferd. In einer Reitschule mit täglich anderen Reitschülern hat es seine Probleme. Gut trainiert dagegen mit einem einfühlsamen Reiter bewältigt es spielend Steilhänge, tiefe Bäche, interessante Sprünge und Slalom zwischen den Bäumen, wobei es nicht auf Schnelligkeit ankommt, sondern auf Rittigkeit und Kondition der Einheit Reiter und Pferd.

Seine Widerstandskraft und die unerschütterliche Ruhe des Islandpferdes zeigen sich am ehesten im Ertragen von Naturgewalten. Man beobachte einmal ein Islandpferd bei Schneesturm. Es dreht dem Wind sein Hinterteil zu, steht so stundenlang wie ein Denkmal und wartet, wartet, wartet. Aber auch beim längsten Pferderennen der Welt (6000 Kilometer quer durch Amerika) zeigten Isländer ihre Steherqualitäten. Die Reiter berichteten am Ende der langen Strecke, sie seien auf dem Ritt als Reiter toleranter, ja weiser geworden und hätten das Gefühl einer innigen Verbindung zwischen Mensch und Pferd hautnah erlebt.

Islandpferde sind zuverlässige Partner für Freizeit ... *... und Sport.*

Sind »Isis« schmusige Kuscheltiere?

Früher oder später entwickeln die meisten Kinder eine starke Zuneigung zu Islandpferden. Zum einen kann man sich von ihnen tragen lassen, und das ist einfach angenehm, zum anderen verbinden Kinder mit dem Begriff Pferd, wie im Übrigen auch Erwachsene, die Vorstellung von Stärke, Freiheit, aber auch Sanftmut. Dies ist zweifellos alles richtig. Wenn Islandpferde in ihrem Offenstall genügend Auslauf, Sozialkontakt zu ihren Artgenossen und sinnvolle Beschäftigung haben, sind sie friedfertig, freundlich und arbeitswillig. Das heißt, sie sind zuverlässige Kameraden für Sport und Freizeit. Normalerweise wird aber in Reitbetrieben Kindern unter acht Jahren kein Reitunterricht erteilt. Das ist durchaus vernünftig, denn in diesem Alter erfüllen sie weder die körperlichen noch die geistigen Voraussetzungen zu dieser Herausforderung. Das heißt jedoch keineswegs, dass Islandpferde für Kinder unter acht Jahren tabu sind. Ganz im Gegenteil, es gibt viele sinnvolle und artgerechte Aktivitäten mit dem Pferd, die Kinder in ihrer Entwicklung fördern. Unbeschwerten Umgang mit dem Islandpferd lernt das Kind nicht beim Reiten, sondern beim täglichen Umgang mit dem vierbeinigen Freund. Eigentliches Reiten ist nur ein Element des Lebens mit Pferden. Von daher ist es durchaus sinnvoll, Kinder von Anfang an in die tägliche Arbeit mit dem Tier mit einzubeziehen. Trotz aller Unbefangenheit ist es erforderlich, den Kindern zudem das »Kleine Einmaleins« der Sicherheit im Umgang mit Pferden beizubringen.

»Isis« sind verlässliche Partner

Trotz seiner imponierenden Kraft und seiner hohen Leistungsbereitschaft hat das Islandpferd immer das Bestreben, seinem Reiter in jeder Beziehung ein guter Partner zu sein. Die Tiere nutzen fast nie die Schwächen ihres Reiters aus. Dies ist eine Eigenart des »Eislandes«, das ein Pferd hervorbrachte, das in sich eine solche Gegensätzlichkeit vereint. Daher sind viele Islandpferde wegen ihres guten Charakters und ihrer Zuverlässigkeit hervorragend als Reitpferd für jedes Alter geeignet. Man kann sich oft nur wundern, mit welcher Selbstverständlichkeit kleine Mädchen und Jungen mit ihren »Isis« umgehen. Selbst sonst außergewöhnlich temperamentvolle Tiere werden unter Kindern oft die lammfrommsten Pferde. Die Tiere lassen sich natürlich nicht alles gefallen, aber es kommt bei kleinen Unstimmigkeiten fast nie zu wirklich gefährlichen Situationen. Auf den Bauernhöfen in Island, die ja fast immer Familienbetriebe sind, sieht man kleine und große Kinder auf ihren

Pferden sitzen und die Schafe hereintreiben. Das ausgeglichene Temperament dieser Pferde ermöglicht es den Kindern, sich von frühester Jugend an auf dem Pferderücken heimisch zu fühlen und jene Arbeiten zu erledigen, die ein Familienbetrieb den Kindern zuweist.

Dabei ist jedoch zu beachten, dass man unter liebenswürdigen und liebenswerten »Kuscheltieren« gelegentlich auch recht eigenwillige Charaktere und unterschiedliche Temperamente findet. Es ist daher Vorsicht geboten, denn es werden manchmal auch ziemlich stürmische, zum Durchgehen neigende Tiere angeboten.

Daher sollte der Umgang von Kindern mit Islandpferden immer unter der Kontrolle von erfahrenen Erwachsenen stehen, denn gerade auch von Kindern muss das gefordert werden, was Islandpferde von Natur aus haben: Fairness. Die Tiere spüren sehr genau, welcher Charaktertyp im Sattel sitzt und richten ihr Verhalten danach ein. Aber in der Regel sind die meisten Islandpferde gutmütige, ruhige und für Kinder geeignete Reittiere.

Haltungsbedingungen

Islandpferde benötigen Offenställe, in denen sie in Gruppen leben können. Der Stall kann lediglich eine dreiseitig umschlossene Schutzhütte sein, denn er soll die Tiere nur vor extremen Witterungseinflüssen schützen. Zu einem ordnungsgemäßen Offenstall gehören mindestens ein überdachter Liegebereich, ein befestigter Auslaufbereich sowie eine Weide, die vor allem im Sommer als Nahrungsgrundlage dient. Der Offenstall muss so konstruiert sein, dass alle – auch die rangniedrigen – Tiere während einer Schlechtwetterperiode im Unterstand Schutz suchen können. Alles spricht demnach dafür, das neugekaufte Islandpferd nach rechtzeitiger Absprache einem speziell und gut ausgestatteten Islandpferdehof zur Pflege und Wartung zu überlassen, denn das Modell »Pony hinterm Haus« ist für Islandpferde wie für alle anderen Pferde, zumal wenn sie einzeln gehalten werden sollen, ungeeignet.

Für »Neueinsteiger« hat der Pensions- und Vereinsstall etliche Vorteile: Hier bieten Fachleute Unterstützung bei der Pflege und Betreuung des Islandpferdes. Das Tier erhält die passende Futterration und meist auch die nötigen Impfungen und Wurmkuren. Wer reiterlich gefördert werden will, dem bieten vorhandene Anlagen wie Dressurviereck, Round Pen und gedeckte Reithalle ebenso wie die Unterrichtsstunden beste Voraussetzungen.

Das ausgeglichene Temperament der Islandpferde gestattet Kindern einen vertrauensvollen Umgang.

Island erfahren
– Reiten ohne Grenzen

Island
lebt mit Feuer und Wasser

Natur, Landschaft und Umwelt

Island, eine Insel im Nordatlantik – 1000 km von Norwegen, 800 km von Schottland und 287 km von Grönland entfernt – mit einer Gesamtfläche von 103.020 km², besteht größtenteils aus vulkanischem Gestein. Island ist ein gebirgiges Land; 24,7 Prozent seiner Oberfläche liegen zwischen 0 und 200 m ü. M., 17 Prozent zwischen 200 und 400 m, 32 Prozent zwischen 400 und 700 m und 26,3 Prozent oberhalb 700 m. Der höchste Berg ist mit 2119 m ü. M. der Hvannadalshnúkur im Vulkanmassiv des Öræfajökull. Island liegt auf einem breiten Schelfsockel, der reiche Fischgründe bietet, die die Grundlage der isländischen Wirtschaft bilden. Es wird nur ein Prozent des Bodens landwirtschaftlich genutzt. Der höher gelegene Bereich ist unbewohnbar. 60 Prozent des Landes bestehen aus Lava-, Sand- oder Steinwüsten mit dürftiger Vegetation. Obwohl es mehrere ewige Gletscher gibt, sind nur 11 Prozent des Landes mit Eis bedeckt. Drei Prozent der Fläche nehmen Flüsse und stehende Gewässer ein. Auf 25 Prozent der Landesfläche wächst kärgliches Moos oder Buschwerk. Von der bewohnten Küste und küstennahen Tiefländern umgeben, wird das Landesinnere von einem Hochland zwischen 300 und 800 m aus tertiären Basalten geprägt, das drei Viertel des Landes einnimmt. Island ist eines der am dünnsten besiedelten Länder der Erde mit nur rund 318.000 Einwohnern, von denen etwa die Hälfte in der Hauptstadt Reykjavík lebt.

Island lebt mit Feuer und Wasser, mit dem kalten Wasser der klaren Ströme und Bäche und den reißenden Wasserfällen, von denen der Gullfoss der schönste ist. Von Dämpfen des Magma aufgeheizte Quellen gibt es in Island überall, seien es Dampfquellen, stille Quelltöpfe mit türkisfarbenem Wasser, seien es Schlammstrudel oder hochaufschießende Springquellen. Bauernhöfe sind zu Gärtnereien mit großen Gewächshäusern umgestellt worden, weil man das aus dem Boden sprudelnde, kochend heiße Wasser in Röhren fassen und als Heizkraft verwenden kann. Bananen und Kaffee, Gemüse und Blumen stehen, nur durch eine Glasscheibe von der Außenwelt getrennt, in einem Land, dessen Vegetation kaum je über kurzen Grasbewuchs hinausgeht. Heißes, im Wärmeaustauschverfahren gewonnenes Wasser fließt in den Wasserleitungen der größeren Siedlungen, rauscht in vielen Schwimmbädern, geht durch die Dampfheizungen der Häuser und Hotels.

Das Klima in Island

Island hat ein kühl-gemäßigtes ozeanisches Klima, d.h. niederschlagsreich mit kühlen Sommern und relativ milden Wintern. Obwohl die Insel nur wenig südlich des Polarkreises liegt, wird das Klima durch den Irmingerstrom mitbestimmt, einen warmen Ausläufer des Golfstromes, der die Insel im Uhrzeigersinn umfließt. Der ozeanische Einfluss äußert sich vor allem in den Küstengebieten durch geringe Jahrestemperatur-Schwankungen mit Werten um 10 °C bei generell humiden Verhältnissen. Die ausgleichende Wirkung der Ozeanität nimmt zum Landesinneren verständlicherweise ab, so dass einzelne Teile des zentralen

Hochlandes einem kontinentaleren Klima mit größeren Temperaturschwankungen im Jahresverlauf ausgesetzt sind. Das Wetter ist sehr wechselhaft, z.B. muss im Sommer jederzeit mit einem kurzfristigen Wintereinbruch gerechnet werden. Der wärmste Monat ist der Juli mit 9 bis 11 °C an der Küste. Die Januar-Temperatur liegt im Süden bei 0 °C, im Norden und Osten bei −2 °C bis −6 °C. Das absolute Maximum liegt bei 30 °C, das absolute Minimum bei −38 °C. Der Niederschlag ist, bei großen Unterschieden zwischen Nord und Süd, relativ hoch. Das Wetter ist sehr von den Zyklonen abhängig, die sich nordostwärts über den Atlantik bewegen. Die Windrichtung wechselt in Island häufig; meist wehen Süd- oder Südost-Winde.

Ein Blick in die Geschichte

Erst Ende des 9. Jahrhunderts machten sich die Wikinger von Norwegen und von den britischen Inseln auf, um diesen letzten unberührten Flecken Europas in Besitz zu nehmen. Nach wechselvoller Geschichte rief schließlich Island im Jahre 1944 die Republik aus, und damit wurde die Personalunion mit Dänemark von 1918 aufgehoben.

Sowohl die isländische Literatur als auch die Funde aus alten isländischen Gräbern lassen darauf schließen, dass etwa 85 Prozent der Siedler der Pionierzeit Norweger waren. Unter den ältesten in der Landnámabók (Landnahmebuch) aufgezeichneten Namen waren nur wenige schwedischen oder dänischen Ursprungs, vermutlich, weil diese Wikingervölker nicht wie die Norweger der Tyrannei ausgesetzt und zur Auswanderung gezwungen waren. Da die Siedler auch viele keltische Sklavinnen mitbrachten und mit ihnen Kinder zeugten, floss in den Adern der frühen

Island bereisen, das heißt auch: Begegnungen mit den Pferden der Insel und Eintauchen in unberührte Natur.

Bewohner Islands bald eine starke Mischung von nordischem und keltischem Blut. Im Jahr 930 wurde das Alþing, das Parlament der Isländer, in Þingvellir am Nordufer des Þingvallavatn gegründet, und im Jahr 1000 wurde dort das Christentum angenommen.

Bei der ersten Volkszählung 1703 gab es 50.358 Einwohner, bis 1785 war aber die Einwohnerzahl infolge von Epidemien und Hungersnöten auf 40.623 zurückgegangen. 1901 zählte Island, trotz starker Auswanderung nach Amerika, wieder 78.470 Einwohner und 1960 177.073 Einwohner.

Zur Landnahmezeit waren wenigstens ca. 50 Prozent der Oberfläche mit Vegetation bedeckt, heute sind es kaum 20 Prozent, und davon entfällt die Hälfte auf Moore. Die Waldbestände sind in 1000 Jahren auf etwa ein Prozent der Oberfläche zusammengeschrumpft. Die Birkenwälder wurden rücksichtslos abgeholzt, und die großen Herden von weidenden Schafen sorgten dafür, dass überall, wo der Wald verschwunden war, kein Baum mehr wachsen konnte. Die trockenen Staubböden (Löss) wurden durch Wasserläufe zerschnitten, und die Deflation hatte ein leichtes Spiel. Die Aufforstung, die seit ca. 1900 im Gange ist, hat gute Erfolge erzielt.

Erlebnisreiche Reiterferien

In den letzten Jahren sind der Besuch des Mutterlandes der Islandpferde und ein mehrtägiger Ritt durch Island für viele Bewunderer der langmähnigen Vierbeiner zu einem großen Wunschziel geworden. Aber nicht nur das Reiten reizt. Ebenso genießen die Gäste auf der Insel die gesunde Luft, den starken Wind, das einfache Leben in den phantastischen Landschaften unter anderen Zeitbegriffen.

Vor einigen Jahren nahm ich, angeregt durch den Besuch des »Islanddorfes« auf der Pferdemesse Equitana, erstmals an einer der hier angebotenen Erlebnistouren im Sommer teil. Nach etwa dreistündigem Flug werden wir am Flughafen Keflavík durch den Veranstalter freundlich empfangen. Der erste Blick fällt beim Verlassen des Flughafengeländes auf mehrere Plastiken isländischer Künstler, von denen eine besonders lustig ist, denn hier scheint aus einem großen Metall-Ei ein Düsenflugzeug zu schlüpfen. »The Jet's Nest« nennt der Künstler Magnús Tómasson seine Metallplastik.

Dann geht die Fahrt auf der 40 km langen Überlandstraße von Keflavík nach Reykjavík durch weiträumige Lavafelder, einer Mondlandschaft vergleichbar.

Blick über Reykjavík, die »Rauchbucht«.

Abstrakte Metallplastik eines Wikingerbootes an der Hafenmole von Reykjavík: »Wir kommen als Freunde.

Heißer Dampf in der Rauchbucht

Auffallend sauber für eine Großstadt ist Europas nördlichste Hauptstadt: Hunde haben hier nichts zu suchen, dafür sind Katzen erlaubt. Wegen der Bedrohung der Vögel, besonders am Tjörn, dem Teich in der Innenstadt, müssen sie ein Halsband mit einem Glöckchen und einem Etui mit der Anschrift des Besitzers tragen. Außerdem gibt es hier so gut wie keine Schornsteine. Geheizt wird seit den vierziger Jahren ausschließlich mit geothermaler Energie, denn fast überall lassen sich Brunnen bohren, die heißes Grundwasser zutage fördern. Das Wasser (1.600 l/sec.) gelangt von den Bohrstellen außerhalb Reykjavíks (Reykir, Reykjahlíð) durch isolierte Stahlrohrleitungen mit einem Durchmesser von 35 bis 70 cm in isolierte Sammelbehälter, von denen sich zehn Stück mit einem Fassungsvermögen von je 26.000 m³ als eine Art Wahrzeichen Reykjavíks auf dem Hügel Öskjuhlíð befinden. Hier befindet sich auch ein Restaurant, »Perlan«, von dessen Aussichtsterrasse man einen wundervollen Blick über die Stadt und aufs Meer hinaus hat. Von den Sammelbehältern wird das Wasser in lokale Verteilerstationen gepumpt und von dort aus direkt den Verbrauchern zugeführt. Durch Isolation kann der Wärmeverlust niedrig gehalten werden (nur 3 °C auf dem etwa 15 km langen Weg von Reykir nach Reykjavík). Die geothermale Energie ist noch dazu kostengünstig; sie kostet in etwa ein Zehntel dessen, was in Island für Heizöl gezahlt werden muss. In den Gemeinden, in denen nicht ausschließlich mit naturheißem Wasser geheizt werden kann, subventioniert der Staat zum Ausgleich das Öl.

Nach der Stadtbesichtigung von Reykjavík fahren wir zum Hochtemperaturgebiet Svartsengi mit seinen Salzwasserquellen. Hier befindet sich ein interessantes Kraftwerk in Kombination mit einem Badesee. Stark mineralienhaltiges, bis zu 240 °C heißes Wasser aus 1800 m Tiefe wird im Wärmetauschverfahren zum Aufheizen von Grundwasser genutzt, womit verschiedene Ortschaften und der Flughafen Keflavík auf der Halbinsel Reykjanes geheizt werden. Ferner erzeugt der aufströmende Dampf über eine Turbine Strom. Schließlich landet das Abflusswasser in der »Bláa Lónið«, der Blauen Lagune, dem populärsten Badeort in Island, wo das Baden zu einem einzigartigen Erlebnis werden kann. Das türkis glitzernde Nass im Schatten der metallisch-silbern glänzenden Kraftwerkstürme ändert je nach den Lichtverhältnissen seine Farbe von einem hellen bis tief dunklen Blau. Es bringt für die Badegäste nicht nur Entspannung, sondern macht durch seinen hohen Mineraliengehalt die Lagune zu einem anerkannten Heilbad, besonders für Hauterkrankungen wie beispielsweise Psoriasis (Schuppenflechte).

Die Weiterfahrt nach Norden auf der gut ausgebauten Straße 43 führt uns zunächst entlang der Küste, dann an Tafelbergen und erloschenen Vulkanen vorbei, zum Hof Brekkulækur. Hier können wir uns gleich mit den Gastgebern in deutscher Sprache gut verständigen, genießen dann ein vorzügliches Nachtessen und übernachten in modern eingerichteten Doppelzimmern.

Am frühen Morgen helfen wir Arinbjörn, den für eine andere Erlebnistour vorgesehenen Teil seiner Pferde auszusortieren und von einer entfernten Weide zum Hof zu treiben, was viel Spaß macht und den ersten intensiven Kontakt mit Islandpferden schafft.

Nachmittags lernen wir während eines mehrstündigen Ausrittes diejenigen Pferde kennen, die uns durch Island tragen sollen, wobei als Nebeneffekt auch »Abbi« sich ein Bild über die reiterlichen Fähigkeiten seiner Mitreiter machen kann. Später sucht er für jeden Reiter die passende Pferdegruppe aus, denn jeder Teilnehmer soll für den Ritt mindestens drei Pferde zum Wechseln haben.

Berühmt im Viðidalur ist außerdem der Hof Viðidalstunga. Hier wurde Ende des 14. Jahrhunderts eine der schönsten und bedeutendsten Handschriften, die Flateyjarbók, von zwei Mönchen im Zeitraum von fünf Jahren im Auftrag des Bauern Jón Hákonarson angefertigt. Für die 225 Pergamentbögen verbrauchte man damals die Haut von 113 Kälbern.

Im Tal bleiben unsere Pferde über Nacht auf einer Weide beim Bauernhof Dæli. Hier weht ein scharfer Wind und die Tiere stellen sich mit dem Rücken gegen die Windrichtung, wobei die Schweifhaare als Schutzschild wirken.

Auf dem Weg durch das Flusstal des Miðfjörður hinauf ins Hochland.

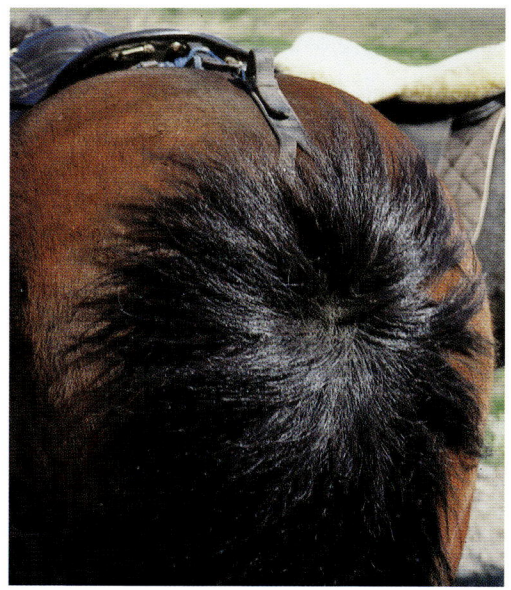

Die oberen Schweifhaare wirken als Schutzschild gegen den Wind.

Unterwegs mit den Pferden

Die gleiche Prozedur der Pferdezuteilung und Sattlung erfolgt am nächsten Tag. Mit 45 Pferden und acht Reitern brechen wir zum großen Nord-West-Rundritt auf. Etwa alle 60 Minuten wird unterwegs angehalten und die Reiter wechseln die Pferde. So können sich die Tiere erholen, denn in Island geht es die meiste Zeit im schnellen Tölt vorwärts, und die so täglich erreichte Kilometerzahl ist beachtlich, zumal wenn man dabei die unterschiedlichen und z.T. schwierigen Geländeverhältnisse berücksichtigt.

Nach mehrfacher Überquerung des Flusses Miðfjarðará reiten wir über eine flache Ebene ins Tal der Fitjá, einem Nebenarm des Flusses Viðidalsá, den wir ebenfalls mehrfach queren müssen. Dem Lauf der Fitjá folgend, gelangen wir schließlich ins 10 km lange Tal Viðidalur. Hier im Tal stehen nahezu 1.000 Islandpferde, die meist städtischen Freizeitreitern aus Reykjavík gehören, weswegen das Tal auch als Pferdestall Reykjavíks bezeichnet wird.

Vor dem Weiterritt talabwärts kommen wir am nächsten Tag zu den in der Nähe gelegenen großartigen Wasserfällen mit dem Namen Kolufossar. Mit seiner Wucht und Schönheit überrascht uns dieses Naturdenkmal besonders deshalb, weil wir in dem sanft gewellten Talgrund keinen Wasserfall dieser Größenordnung vermuteten. Die mit Geröll beladenen Wassermassen haben hier eine lange und tiefe Schlucht in die Ebene gegraben.

Weiter geht es entlang des Tales Viðidalur, und nach mehrstündigem Ritt gelangen wir zum 177 m hohen Bergrücken Borgarás, auf dem sich die Festungsanlage Borgarvirki befindet, ein von 2 bis 5 m hohen Basaltwänden umschlossener Burgraum mit einem Durchmesser von etwa 40 m. Der Basaltklotz mit senkrechten Abbrüchen ist nur an einer Stelle zugänglich. Die Mauerreste von zwei Langhäusern in der inneren graswachsenen Senke zeigen, dass es sich hier um die Reste der einzigen

Burg Islands aus der Landnahmezeit handelt. Von hier aus beherrscht der Blick die Küstenlandschaft im Nordosten. Vor allem die Flüsse Viðidalsá und Vatnsdalsá haben mit ihrer Sedimentfracht ein über 22 km breites Schwemmland aufgeschüttet, in dem Islands größter Küstenrandsee Hóp liegt.

Ritt durch Islands größten Strandsee

Der See Hóp, Sammelbecken der Flüsse, steht zugleich mit dem Meer in Verbindung, und seine Größe schwankt – je nach Stand der Gezeiten – zwischen 29 und 44 km². Nach ausgiebiger Rast am Fuße des Basaltberges bei Stóraborg reiten wir weiter zu diesem großen See, den wir nach gründlicher Vorbereitung – die wasserundurchlässigen Hosen werden mittels Klebestreifen fest mit unseren Gummistiefeln verbunden – durchreiten. Unser Führer weiß hier den richtigen Weg, die Furt zum anderen Ufer. Wir erreichen das Gegenufer und gelangen in die moorigen Uferbereiche. Hier wachsen nur Sauergräser, aber wir sitzen ab, ruhen uns aus und lassen die Pferde eine Weile grasen. Dann führt uns der Weg weiter zu der großen und historisch bedeutsamen Farm Þingeyrar, wo sich unsere Pferde auf den Koppeln gründlich entspannen können.

Ins Hochland

Schwierig gestaltet sich das Einfangen der Pferde am nächsten Morgen. Wir dirigieren die Herde in eine Ecke der Weide. Einige Pferde erweisen sich als gewiefte Ausbrecher und halten uns eine Weile in Atem. Hat man sie aber um den Hals gefasst und spüren sie das Leder am Kopf, so geben sie schnell nach, und das Ringen ist zu Ende. Nachdem auch die Packpferde ihre Taschen aufgeschnallt bekommen haben, geht es los. Vorwärts im Tölt, und bald hat der Rhythmus des Rittes uns alle erfasst. Jeder verrichtet seine ihm zugedachte Aufgabe. In zwei Gruppen wird geritten. Vorne mit deutlichem Abstand bestimmt Abbi mit vier Reitern auf schnellen Pferden den Weg und lässt keines der freilaufenden Pferde vorbei. Die andere Gruppe treibt die Herde von hinten, liest Nachzügler auf und jagt selbst die geschicktesten Ausreißer wieder zur Gruppe zurück. Hier und da trinkt ein Pferd aus dem Fluss und trödelt etwas. Ein ermunternder Ruf, und schon schließt es wieder zu den anderen auf.

Schon lange haben wir das Flusstal verlassen, sind in das Hochland aufgestiegen und reiten in der Tundralandschaft Arnarvatnsheiði. Oft geht es dabei in halsbrecherischem Tempo über Steinschotter, Grashügel und Wasserläufe. Wege, wie wir sie kennen, gibt es nicht. Man ist auf Kompass und Orientierungssinn angewiesen. Weit zieht sich die Herde auseinander.

Die Arnarvatnsheiði ist eine einerseits steinige, andererseits sumpfige und vegetationsreiche Hochebene mit vielen kleinen Seen. Die Seen

Im Pferch werden die Pferde gesattelt und beladen. Dann geht der Ritt durch Island weiter.

sind fischreich, weshalb wir gemeinsam unser Essen in mehreren der umliegenden Seen fangen. Abbi filetiert und brät die Saiblinge (*Salvelinus alpinus*) wie ein Profi.

Es folgt ein Ruhetag für unsere Pferde an den Seen und für uns ein Erlebnistag, an dem wir zu Erkundungen in der näheren und weiteren Umgebung aufbrechen. In der Nähe unserer Hütte, die mitten in einer unbewohnten Seenplatte liegt, befindet sich das Hauptbrutgebiet von Singschwänen und Eistauchern. Die Pflanzenwelt wird vom Wollgras geprägt, das dichte und große Samenhaare trägt. An den Seerändern fällt die hohe Engelswurz auf, die früher in Island als Gemüsepflanze verwendet wurde. Das Graue und das Wollige Zackenmützenmoos bilden dichte und tiefe Polster.

Ein Hauch von Unwirklichkeit

Wir finden uns hier auf der Arnarvatnsheiði weit weg von der Hektik unseres Alltags und genießen die Ruhe und Ursprünglichkeit unseres Aufenthaltsortes. Nach zwei Nächten in der einsam gelegenen Hütte Lónaborg reiten wir weiter, zunächst zwischen moorigen Wiesen und Seen, dann aber in flottem Tölt entlang eines Lavastroms nach Süden. Beim stündlichen Pferdewechsel kommt jeder einmal in die Lage, auch weniger begehrte Pferde reiten zu müssen, doch keiner murrt. Es herrscht eine Atmosphäre der Zusammengehörigkeit in dieser weiten, menschenleeren Landschaft.

Die Entwicklungsgeschichte des Islandpferdes
Urwildpferde von der Geysir-Insel

Vom Pferdchen aus der Morgenrötezeit zum Islandpferd

Die Entwicklungsgeschichte des Pferdes lässt sich vom unteren Eozän, der Morgenrötezeit, vor etwa 50 Millionen Jahren bis heute lückenlos verfolgen. In der jüngeren Steinzeit 35.000 bis 10.000 v. Chr. lebte in Mitteleuropa eine Wildpferderasse, die dem heutigen Islandpferd im äußeren Erscheinungsbild sehr ähnlich war. Unter ähnlichen Umweltbedingungen und ökologischen Voraussetzungen entwickelte sich Tausende Jahre später – aus dem genetischen Potential verschiedener Rassentypen – das Islandpferd, das alle ursprünglichen Möglichkeiten des Erscheinungsbildes von Pferden bezüglich Bewegungsmechanik, Gangverteilung, Charakterveranlagung, Energieform in einer außergewöhnlichen Typenvielfalt in sich birgt. Die genetische Merkmalsausprägung des heutigen Islandpferdes befindet sich gerade aufgrund seiner vielfältigen potentiellen Möglichkeiten in ständigem Wandel unter den Gesetzen des Bedarfs, der Mode und auch des Marktes.

Stammesgeschichte der Pferde

Das Pferd gilt als Paradebeispiel der Abstammungslehre, das jedem Zweifler vorgeführt wird, denn die Entwicklung der Einhufer vom hundegroßen fünfzehigen Vorfahren bis zum Pferd der Jetztzeit wurde als geradlinig, ja sogar als »gerichtete« Entwicklungsreihe betrachtet. Untersuchungen haben aber gezeigt, dass der Pferdestammbaum sehr viel komplizierter ist, und durch neue Arbeiten wurde bewiesen, wie abwechselnd in Europa und Nordamerika unter immer neuen Abspaltungen und weltweiten Wanderungen aus dreizehigen Laubfressern schließlich die einzehigen Grasfresser von heute geworden sind.

Die kräftigen Hufe tragen den Körper in unterschiedlichsten Gangarten, vom zweiten und vierten Zeh sind nur noch schmale Reste übriggeblieben, die sogenannten Griffelbeine. Wadenbein und Elle sind zugunsten der Hauptknochen des Unterschenkels zurückgebildet. Die Schneidezähne, oben und unten auf jeder Seite drei, sind vorzüglich zum Abbeißen auch harter Gräser geeignet. Was die Schneidezähne abrupfen, zermahlen die Backenzähne mit ihren hohen Kronen und ihren eigenartigen Schmelzfalten so gründlich, dass die Pferde nur einmal zu kauen brauchen, was die Wiederkäuer zweimal im Maul verarbeiten müssen. Die Stammesgeschichte der Pferde ist die Geschichte der Anpassung und der zunehmenden Spezialisierung von Unpaarzehern. Einst fast weltweit verbreitet, sind die Pferde die letzten, extrem spezialisierten Überlebenden von gemeinsamen Stammformen.

Zahllose Einzeluntersuchungen waren Grundlage unseres heutigen Erkenntnisstandes. Alle gefundenen Tatsachen zur Stammesgeschichte der Pferde weisen darauf hin, dass häufig ungerichtete Erbsprünge auftraten, die durch natürliche Auslese eliminiert wurden oder zu Umgestaltungen führten. Es war jedenfalls kein gradliniger Verlauf der Evolution. Mit dem Auftreten der ersten Blütenpflanzen und Laubgewächse gegen Ende der Kreidezeit wuchsen die Möglichkeiten auch für die pflanzenfressenden Säuger, unter denen sich wahrscheinlich die Urahnen unserer Pferde befunden haben dürften, die noch fünf Zehen an jedem Bein hatten und Zähne wie beispielsweise Affen, bei denen die vorderen Backenzähne (prämolare Zähne) mehr und mehr echte Zähne (molare Mahlzähne) sind. Aus den in Westeuropa und Nordamerika, also in weit auseinander liegenden Gebieten entdeckten Resten von nachweislichen Urpferden ist der Schluss erlaubt, dass eine hypothetische Urform in der Mitte zwischen beiden Zonen lebte, also in Asien,

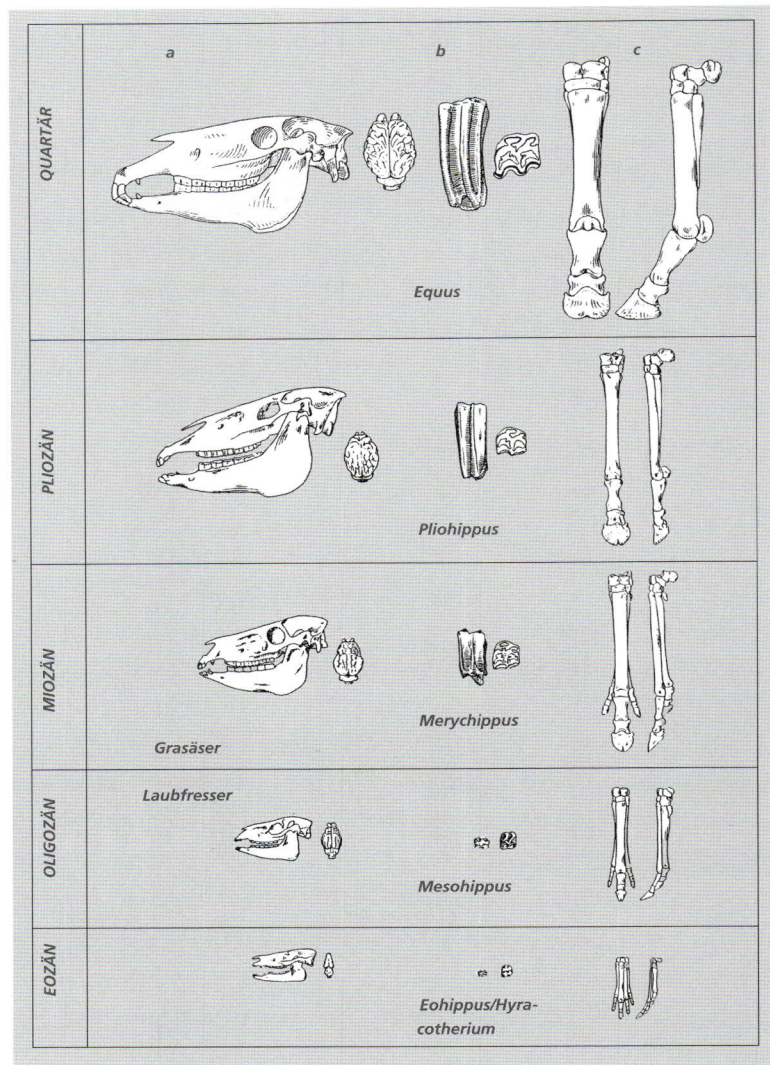

Evolution der Pferdeartigen:
a) Größenzunahme, Proportionsverschiebung, Gehirnentwicklung im Schädel.
b) Zahnentwicklung beim Übergang von Laubfressern zu Grasäsern.
c) Größenzunahme und Reduktion der seitlichen Zehenstrahlen.

das in dieser Zeit durch Landbrücken sowohl mit Nordamerika als auch mit Westeuropa fest verbunden war.

Das Morgenrötepferdchen (= Eohippus = Hyracotherium)

Später – etwa vor 50 Millionen Jahren, im Eozän oder der Morgenrötezeit – lebte in Nordamerika und Westeuropa die erste »Taschenausgabe« unserer heutigen Pferde, das sogenannte Morgenrötepferdchen, das wissenschaftlich in Nordamerika den treffenderen Namen Eohippus (Pferd der Morgenröte) trägt und in Westeuropa die Bezeichnung Hyracotherium erhielt. Der Name Hyracotherium = das »Klippschlieferartige« – Klippschliefer = urtümliche Hufpfötler Afrikas – basiert auf einer Fehlinterpretation aus dem vorigen Jahrhundert. Diese Namensgebung hat jedoch Priorität und kann nicht geändert werden.

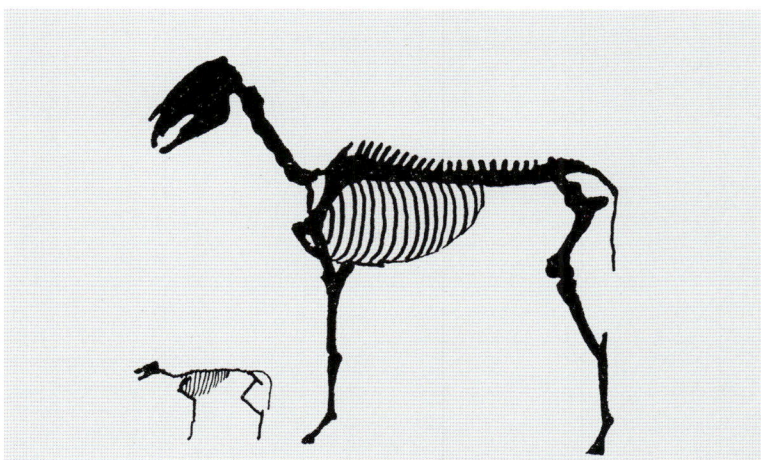

Eohippus (=Hyracotherium) und Hauspferd in richtigem Größenverhältnis.

Das Morgenrötepferdchen ist das älteste pferdeartige Tier und gilt als Stammform der Pferde. In Fuchs- bzw. Kleinterriergröße erreichte es nur eine Schulterhöhe von 30 cm und eine Länge von 60 cm. Es war noch kein Einhufer, sondern hatte vorne vier und hinten drei Zehen. Damit wirkten die Füße recht breit und sahen ganz und gar nicht pferdeähnlich aus. Den größten Teil des Gewichts trug die dritte Zehe. Darin zeigt sich, dass Eohippus ein echter Unpaarhufer (Perissodactyla) war. Am Gliedmaßenskelett sind die Unterarmknochen voneinander getrennt, und das Wadenbein (Fibula) ist in seiner gesamten Länge entwickelt. Es ist anzunehmen, dass Eohippus ein Buschschlüpfer war, der äußerlich am ehesten mit Duckerantilopen vergleichbar ist. 1840 fand man nicht weit von London das erste vollständige Skelett.

Der Schädel war etwas verlängert, die Augen standen in der Mitte, etwa wie beim Reh. Das Maul wies ein vollständiges Backenzahngebiss mit 44 niedrigkronigen Höckerzähnen auf, das nur quetschende Kaubewegungen zuließ. Mit diesem Gebiss konnte das Tierchen kaum etwas anderes als weiche Blätter aufnehmen und zerkauen. Möglicherweise war es aber auch ein Gemischtköstler, der neben saftigem Laub und Kräutern auch Insekten und andere Fleischnahrung nicht verschmähte. Nachdem die direkte Landbrücke über den Nordatlantik bereits zu Beginn des unteren Eozäns vor rund 50 Millionen Jahren unterbrochen war, starben die frühesten Urpferdchen, Abkömmlinge von Hyracotherium, nach einer Blütezeit im Eozän (50–32 Millionen Jahre) gegen dessen Ende vor rund 40 Millionen Jahren in Europa aus. Das gesamte Oligozän, d.h. die Zeit vor rund 32 bis 20 Millionen Jahren, war Eurasien frei von Pferden.

Während die Linie der Pferde in Europa und Asien im unteren Oligozän ausstarb, setzte sich die Evolution auf dem jetzt von Europa und Asien als Erdteil getrennten nordamerikanischen Kontinent fort. Den zahlreichen Funden nach muss in Nordamerika nun eine Blütezeit der Pferdeahnen begonnen haben.

Die Erdzeitalter

HOLOZÄN	Beginn vor 10.000 Jahren	EQUUS
	JUNGPALÄOLITHIKUM (35.000–10.000)	Azilien 11.000–10.000 Magdalenien 18.500–11.000 Solutréen 22.000–18.500 Gravettien 27.000–22.000 Aurignacien 35.000–27.000
PLEISTOZÄN Dauer etwa 2,5 Millionen Jahre	MITTELPALÄOLITHIKUM (12.000–35.000)	EQUUS
Beginn vor 2,6 Millionen Jahren	ALTPALÄOLITHIKUM (600.000–120.000)	
PLIOZÄN	Beginn vor 10 Millionen Jahren Dauer 9 Millionen Jahre	PLIOHIPPUS
MIOZÄN	Beginn vor 20 Millionen Jahren Dauer 10 Millionen Jahre	MERYCHIPPUS
OLIGOZÄN	Beginn vor 32 Millionen Jahren Dauer 12 Millionen Jahre	MESOHIPPUS
EOZÄN	Beginn vor 50 Millionen Jahren Dauer 18 Millionen Jahre	EOHIPPUS = HYRACOTHERIUM

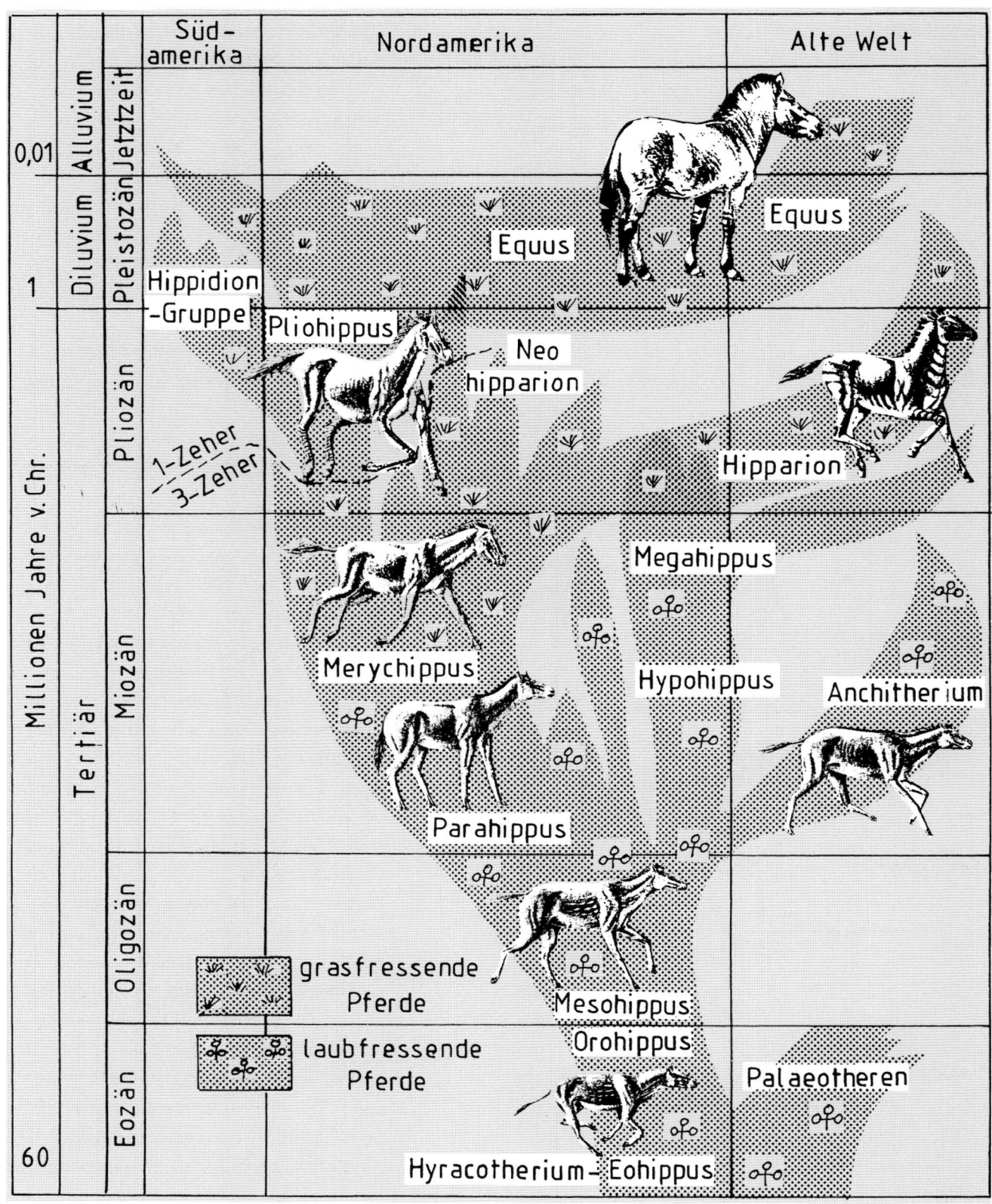

Stammesgeschichte der Pferde als letzte Überlebende gemeinsamer Stammformen. Ursprünglich war der Stamm weit verzweigt, dann aber wurden viele Formen durch natürliche Auslese eliminiert. Graphische Darstellung einer Geschichte von Anpassung und zunehmender Spezialisierung von Unpaarzehern.

Bergpferdchen = Orohippus

Eine merkwürdige Station auf dem langen Wege zu den heutigen Pferden ist das im oberen Eozän Nordamerikas lebende Bergpferdchen Orohippus. In der Spezialisierung des Gebisses ist Orohippus noch nicht weit vom ältesten Equiden, dem Morgenrötepferdchen Eohippus entfernt. Das Tier mutet mit seinem kurzen gedrungenen Hals tapirartig an. Auch seine Füße sind wie bei den unpaarhufigen Tapiren der Tropen vorn vier- und hinten dreistrahlig, aber seine Größe entspricht doch schon der eines Wolfspitzes. Beim Orohippus ist das Profil der Wirbelsäule im Rückenabschnitt gewölbt. Seine Gliedmaßen schließen sich in ihrem Bau an die des untereozänen Eohippus an. Mit diesen Beinen ließen sich noch keine großen Sprünge machen, was für einen Wald- und Dickichtbewohner auch nicht notwendig war.

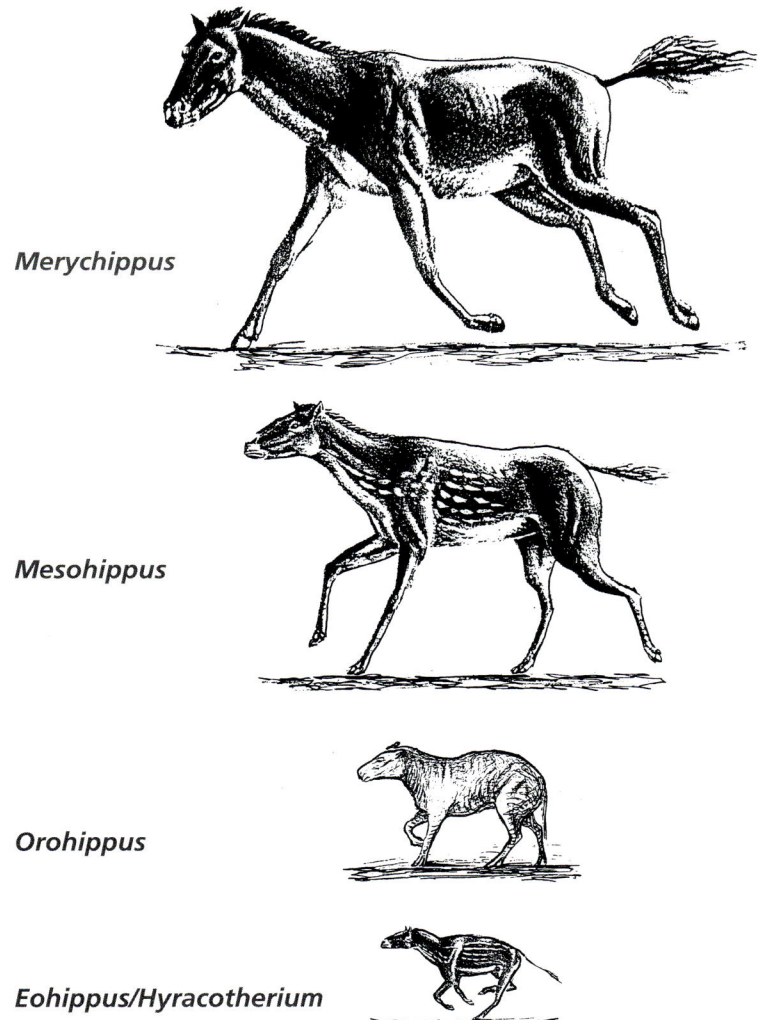

Merychippus

Mesohippus

Orohippus

Eohippus/Hyracotherium

Vergleich verschiedener prähistorischer Vorfahren unserer Pferde (Eohippus, Orohippus, Mesohippus, Merychippus).

Zwischenpferdchen = Mesohippus

Bei dem im Oligozän (32–20 Millionen Jahre) lebenden Mesohippus sind, mit wesentlich leichter gebauten Füßen, drei Zehen deutlich ausgeprägt. Die Zehen berühren noch alle den Boden, wobei die mittlere größer war und das Hauptgewicht trug. Mesohippus war mit 60 cm Schulterhöhe größer als seine Vorfahren und erreichte ungefähr die Schulterhöhe eines Windhundes bei einer Körperlänge von etwa 120 cm. Die Zähne zeigen, dass wir es bei diesem Tier noch mit einem Laubäser zu tun haben. Im Gebiss begannen sich die vorderen Backenzähne (Prämolaren) in der Form den Mahlzähnen (Molaren) anzugleichen, das heißt, die Reibeflächen vergrößerten sich und erhöhten damit die Leistungsfähigkeit der Zähne. Sie blieben jedoch nach wie vor niederkronig. Da ein derartiges Gebiss nur einen flachen Kiefer benötigt, war der Kopf ziemlich lang und im vorderen Teil zugespitzt.

Merychippus, das erste grasäsende Pferd

Im Miozän (20–11 Millionen Jahre) kommt es bei Merychippus zur Ausbildung von allseitig hochkronigen Mahlzähnen mit Zementeinlagerungen in die Kronenelemente. Dieses ist mit der Entfaltung der hartstängeligen Steppengräser in Verbindung zu bringen. Hier beginnt die Eroberung des Lebensraums, der für Einhufer danach charakteristisch ist: die offenen Baumsavannen und die Steppen. Auch die Gliedmaßen sind dem Steppenleben weiter angepasst. Die Elle ist mit der Speiche verwachsen und die dritte Zehe betont kräftiger. Merychippus besaß zwar noch drei Zehen, jedoch trug allein die mittlere Zehe das gesamte Körpergewicht. Die mit der ausschließlichen Belastung des Mittelstrahles verbundene Konstruktion bahnt sich bei Merychippus an, indem sich anstelle des ursprünglichen stützenden Polsters ein Sprungmechanismus – mit dem Huf als Stützpunkt – ausbildet. Eine elastische Sehne im Bein funktionierte wie eine Springfeder und verbesserte die Effizienz der Fortbewegung. Die Unterschenkel und die Füße konnten somit immer leichter werden. Für die gesamte Evolution des Pferdefußes in Laufe von 50 Millionen Jahren vom Morgenrötepferdchen bis zum späteren Equus kann gelten: In dem Maße, wie sich der Bänderapparat verstärkt, kann das ursprünglich stützende Sohlenpolster rückgebildet werden. Am Ende entwickelt sich ein automatischer Springmechanismus, bei dem Energie durch die Elastizität des Bänderapparates rückgewonnen wird, ohne dass dafür zusätzliche Muskelkraft aufgebracht werden musste. Merychippus, 90 cm groß, war das erste Pferd, das sich ausschließlich von Gras ernährte. Die Herden bewohnten einst die Prärien des heutigen Nebraska. Merychippus besaß einen längeren Hals als seine Vorfahren, denn es verbrachte den größten Teil seines Lebens äsend, das heißt mit zum Boden geneigtem Kopf. Das im Miozän vor ungefähr 20 Millionen Jahren lebende Merychippus bildet den Ausgangspunkt für die vor etwa 15 Millionen Jahren entstandenen dreizehigen Hipparionarten, die einst als Ahnen der Einhufer angesehen wurden, jedoch nur einen ausgestorbenen Seitenzweig darstellen.

Pliohippus

Nachdem sich die grasfressenden Pferde entwickelt hatten, kam es zu einer an die Umwelt angepassten vielfältigen Ausformung (adaptive Radiation) dreizehiger Pferdeartiger, die jedoch alle in der Folgezeit ausstarben. Es werden nach Gebissmerkmalen mehrere Gattungen (Hipparion, Neohipparion, Nannippus usw.) unterschieden, innerhalb derer sich verschiedene Ökorassen entwickelt haben. Die Hipparionen starben jedoch innerhalb des Eiszeitalters wieder aus, ohne zu Einhufern geworden zu sein. Sie gehören zu einem blind endenden Stamm.

Dagegen stellt Pliohippus die geologisch älteste Einhufergattung dar. Beim Übergang von Merychippus zu Pliohippus zeigt sich ein neues Wachstumsmuster, das zum Verlust der bis dahin noch funktionellen Seitenzehen führt. Pliohippus – wenn auch noch etwas zartgliedrig, jedoch mit 110 cm Größe bereits auf Ponyformat – war am Ende des Pliozäns (3,2–1,8 Millionen Jahre) schließlich der heutigen Gattung Equus morphologisch sehr ähnlich geworden. Es gab im Hinblick auf eine weitere Evolution keine wesentlichen Änderungen mehr, sondern nur noch geringfügige Detailverfeinerungen. Also ist in Pliohippus der Urahn aller Equiden – Pferde, Zebras und Esel – zu sehen.

> ### Pferdeembryonen durchleben Stammesgeschichte
>
> *Entsprechend dem biogenetischen Grundgesetz von Haeckel, dass die Embryonalentwicklung eine verkürzte Stammesgeschichte darstelle, macht jedes Pferd auch heute noch im Laufe seiner Entwicklung die beschriebenen Stufen der Stammesgeschichte durch. So sind zum Beispiel beim sechswöchigen Pferdeembryo noch drei komplette Zehen entwickelt.*

Equus

Die heutige Gattung Equus, die sämtliche Pferde, Zebras und Esel umfasst, entstand wahrscheinlich vor ungefähr vier Millionen Jahren in Nordamerika und breitete sich von dort über Asien, Afrika und Europa aus, da sich mittlerweile die für einige Jahrmillionen unterbrochen gewesene Landbrücke zwischen Eurasien und Amerika neu gebildet hatte. Von Amerika sind die Pferdeartigen (Equidae) während der Kälteperioden über die Beringbrücke nach Eurasien eingewandert und haben sich bis Südafrika (Zebra) verbreitet. Diese Wanderung von West nach Ost über die Landbrücke zwischen Alaska und Sibirien vollzog sich jedoch sehr langsam und dauerte viele tausend Jahre. Damit kamen echte Pferde, Halbesel, Esel und Zebras in die Alte Welt.

Sämtliche Einhufer Nordamerikas starben am Ende der Eiszeit (etwa 12.000 v. Chr.) bzw. im frühen Holozän (etwa 8000–7000 v. Chr.) aus. Man hat viel darüber spekuliert, warum die Pferde aus Nordamerika verschwunden sind. Dies ist jedoch ein Phänomen, welches nicht nur die Equiden betrifft, sondern auch die Mastodonten und Elefanten, die Riesenfaultiere und Säbelzahnkatzen, die Riesengürteltiere und Kamele. Die Ursache des Aussterbens dürfte wohl in dem durch das nacheiszeitliche Klima bedingten Vegetationswechsel zu suchen sein, der den auf großräumige Grassteppengebiete angewiesenen Säugetieren den nötigen Lebensraum und die Nahrungsbasis entzog.

Während zebraartige Equiden sich bis in die Jetztzeit in Afrika gehalten haben, starben sie in Eurasien bereits im Laufe des Eiszeitalters (Pleistozän) aus.

Erste Wildpferde während der Eiszeit

Wildpferde des Eiszeitalters und der Nacheiszeit

Die Geschichte der Wildpferde der Eiszeit und der Nacheiszeit zählt zu den am meisten diskutierten Kapiteln der Stammesgeschichte der Equiden. Die Ansichten über die vermutlichen stammesgeschichtlichen Zusammenhänge sind deshalb so verschieden, weil die Meinungen über die Abgrenzung bzw. Zugehörigkeit der einzelnen Arten weitgehend voneinander abweichen. Hierzu trägt auch die Tatsache bei, dass bei den Wildpferden die Variabilität innerhalb einer Art am Übergang zur Nacheiszeit noch nicht völlig erforscht ist.

Die ersten echten Wildpferde traten in der Mitte des Eiszeitalters auf, was Knochenfunde aus dem Jungpaläolithikum (jüngere Altsteinzeit, 35.000–10.000 v. Chr.) sowie Darstellungen auf frühen Felsbildern (z.B Pferdedarstellungen in der Grotte Chauvet bei Vallon-Pont-d'Arc im Tal der Ardèche, Südfrankreich aus der Zeit um 31.000 v. Chr.) erkennen lassen. Sie waren durch große, mittelgroße und kleine Wildpferde vertreten, was sich ebenfalls aus Höhlenzeichnungen der damaligen Menschen entnehmen lässt.

Dabei muss man jedoch bedenken, dass die komplexe Entwicklung der echten Pferde ein Fall fortschreitender Spezies-Evolution und ökologischer Differenzierung geographischer Formengruppen und Unterarten in den unterschiedlichen Gebieten wie Tundra, Lösstundra, Waldtundra, Waldsteppe, Taiga, Steppe und Mischwald ist. Als gesichert

Das Solutré-Pferd – eine ökologische Rasse

In der Nähe des Dorfes Solutré im Departement Saône-et-Loire fand man am Fuße eines Steilhanges, unter dem sich ein 300 m tiefer Abgrund öffnet, ein Massengrab von Pferden, »Crôt-du-Charnier« (Schindergrube) genannt. Auf einer Länge von fast 4 km liegen hier Abertausende von Skeletten in bis zu 2 m hohen Schichten, vermischt mit Steinwerkzeugen. Offensichtlich waren die Pferde hier von jungpaläolithischen Jägern bis zum Rand der Klippe getrieben worden, wo die Tiere abstürzten. Dabei kamen oft Hunderte gleichzeitig um. Damals war das wilde Pferd ein Hauptfleischlieferant. Dieses Solutré-Pferd (Equus ferus solutrensis) stimmt bau- und größenmäßig, beim Vergleich mit frühgeschichtlichen Islandpferden aus Gräbern der Landnahmezeit, weitestgehend mit dem heutigen Islandpferd überein. Aus den Skelettfunden ist zu schließen, dass das Solutré-Pferd einen rundrippigen, tonnigen Rumpf mit langem Rücken und eine breite und runde Kruppe gehabt haben muss.

Der Körper ruhte auf stämmigen Beinen mit sehr kurzen Röhren, breiten kräftigen Gelenken und relativ steilen Hufen. Der aus einem niederen, kurzen Widerrist aufsteigende Hals war sehr massiv, hochaufgesetzt und mit starkem Unterhals ausgebildet. Der kurze, kräftige, mit einer breiten Stirn versehene Kopf mit vermutlich kleinen Ohren und kleinen Augen verfügte über wenig Ganaschenfreiheit. Der tonnige Körper bot neben leistungsfähigen Lungen auch umfangreichen Verdauungsorganen Platz, die wahrscheinlich viel voluminöses und wenig gehaltvolles Futter aufnehmen mussten.

Die im Nasenbereich liegenden Atemluft-Vorwärmräume führten zu einer Aufwölbung, die aus dem flachen Stirnprofil leicht aufstieg, um dann an den Nüstern abgeschrägt abzufallen. Solche morphologischen Bildungen sind auch heute noch bei manchen Islandpferden zu beobachten.

aber kann gelten, dass die Pferde des Eiszeitalters ein großes Anpassungsvermögen besaßen. Ihre Überreste werden sowohl in den zwischeneiszeitlichen als auch in den eiszeitlichen Ablagerungen gefunden. Das Pferd war damals kein exklusiver Steppenbewohner. Die Beschränkung der heute noch vorhandenen (rezenten) Wildpferde auf die Steppen und Halbwüsten in der Mongolei hat allerdings diese Auffassung begünstigt. Nach den Fundumständen waren jedoch die eiszeitlichen (pleistozänen) Pferde ebenso in den Wäldern (*Equus ferus silvaticus*) wie in den Tundren und Steppen (*Equus ferus scythicus*) verbreitet. Das spätglaziale Magdalenienpferd (Magdalenien = Epoche des Jungpaläolithikum zwischen 18.500 und 11.000 v. Chr.) West- und Mitteleuropas, das in den Höhlenmalereien und in Kleinplastiken oft dargestellt ist, scheint zu dieser letzteren Formengruppe, respektive Stammform zu gehören. Pferdeartige Equiden waren daher im europäischen Eiszeitalter (Diluvium), der Epoche unmittelbar vor der geologischen Gegenwart, nicht nur durch eine einzige Stammform resp. Rasse vertreten. Neben der größeren Form *Equus f. mosbachensis* existierten verschiedene mittelgroße (*Equus f. germanicus* u.a.) und kleine Formen (*Equus f. solutrensis* u.a.). Für die Abstammung der heutigen Hauspferde kommt als Stammform nur *Equus ferus Boddaert 1784* in Betracht.

Das Islandpferd – geschützt gegen Nässe und Kälte

Beim heutigen Islandpferd sehen wir, wie es wahrscheinlich auch schon in früheren Epochen der Fall war, dass das Haarkleid in Anpassung an das regenreiche Klima dicht und fest wächst und im Winter eine starke Unterwolle ausbildet. Besonders angeordnete Haarwirbel bewirkten wahrscheinlich auch damals ein gutes Abfließen des Regenwassers und Abrutschen des Schnees, und auch der sehr lange Schweif schützte zusätzlich vor Regen und Wind. Seine Wurzel war mit dichten, abstehenden Haaren glockenförmig überdacht, die die empfindlichen Teile der Pferde bei windigem, feuchtkaltem Wetter gut schützten. Die Tiere trugen vermutlich eine lange, dichtfallende Mähne.

Am Ende der letzten Eiszeit müssen Wildpferde eine bedeutende Rolle gespielt haben. In Europa erscheint eine große Formenfülle stammesgeschichtlich abgeleiteter Formen, wie zumindest die große Zahl von »Art«-Namen (z.B.: *Equus steinheimensis, E. germanicus, E. taubachensis, E. abeli, E. woldrichi, E. chosaricus*) vermuten lässt, und natürlich die östliche Steppenvariante der Wildpferdeart *Equus ferus Boddaert 1784* (von lat.: *ferus* = wild, ungezähmt), das heute noch lebende Przewalski-Pferd (*Equus ferus przewalski*). Alle diese Rassen waren Angehörige einer Art, die sich durch relativ geringfügige anatomische und physiologische Merkmale unterschieden, was sich zwangsläufig aus dem jeweiligen Verhalten zur Umwelt ergab. In der Nacheiszeit finden sich

Przewalski-Pferd im Tierpark Hellabrunn in München. Dieses ursprüngliche Tundrenpferd war an kontinentales und trockenes Klima angepasst. Daher besitzt es eine Stehmähne, aber keinen Stirnschopf, denn in seinem eigentlichen Lebensraum war Regen selten und übte keinen starken Wachstumsreiz auf das Mähnenhaar aus.

im ganzen eurasischen Raum Reste der Wildpferdeart *Equus ferus* mit ihren verschiedenen Ökotypen.

Es ist eine bemerkenswerte Tatsache, dass die echten Pferde sich über die mehr oder weniger offenen Landschaften wie die geographischen Unterarten einer Art verteilten. Wildpferde entwickelten im Laufe vieler Jahrtausende in den verschiedenen Lebensräumen Eurasiens, in den sumpfigen Tundren Sibiriens und den Steppen Asiens, sowohl im Exterieur als auch im Interieur sehr unterschiedliche Merkmale. Die verschiedenen Formen sind als Ökotypen anzusehen.

Was versteht man unter Ökotypen?

Ökotypen sind Formen einer Tierart, die sich an eine bestimmte Umgebung angepasst haben und dies bereits äußerlich durch bestimmte Merkmale zum Ausdruck bringen. Solche Ökotypen finden sich häufig bei Arten, die ihre Lebensgewohnheiten entsprechend den Umweltverhältnissen ändern können.

Vorausgesetzt, die verschiedenen Wildpferdtypen der Eiszeit und Nacheiszeit werden als Ökotypen betrachtet, dann könnte sich jede dieser Formen in der entsprechenden Umgebung unterschiedlich entwickelt haben. Während der letzten Eiszeit gab es in West- und Mitteleuropa eine Reihe ganz verschiedener Klimazonen, von der Tundra bis zur Lössteppe einerseits und von der Taiga bis zum Laubwald andererseits. Alle Umweltverhältnisse, in denen es nach der Eiszeit in Europa Wildpferde gab, waren also bereits in der Eiszeit vertreten. Die in den Höhlen abgebildeten Pferdetypen aus der jüngeren Altsteinzeit (Jungpaläolithikum) können also durchaus verschiedene Ökotypen darstellen. Bei der Vorstellung der Entstehung von Unterarten aus geographisch bedingten Ökotypen kann es mehrere von diesen gleichzeitig in enger Nachbarschaft geben, und sie können auch unabhängig voneinander in ähnlicher Form an verschiedenen Orten entstehen.

Am Ende der jüngeren Altsteinzeit haben vermutlich folgende Pferde-Ökotypen in Westeuropa gelebt: Tundra-Ökotyp, Grasland-Ökotyp, Lössteppe-Ökotyp und Wald-Ökotyp.

Jedoch ist die innerartliche Variabilität der Wildpferde am Übergang zur Nacheiszeit noch nicht völlig erforscht. Nach den bisher bekannten Daten scheint jedoch die mittlere Körpergröße der Wildpferde von Ost nach Südwest ab- und die Schlankwüchsigkeit zugenommen zu haben. Die Widerristhöhe betrug bei osteuropäischen Wildpferden im Mittel 136 cm, während die der Wildpferde Südwesteuropas nur 123 cm betrug. Der Niedergang der europäischen Wildpferde vollzog sich bereits in der Jungsteinzeit (Neolithikum), etwa um 5000 v. Chr. und zwar schrittweise von West nach Ost. Die Zahl der Wildpferde wurde vermutlich durch die einschneidenden Veränderungen des Klimas und damit der Vegetation, jedoch nicht zuletzt auch durch die Entwicklung spezieller Jagdmethoden der damaligen Menschen in zunehmendem Maße vermindert.

Wildpferde gelten heute in freier Wildbahn als ausgerottet. Lediglich Vertreter der östlichen Form des Wildpferdes *Equus c. przewalski* haben in verschiedenen europäischen Zuchtstationen überlebt. Ihr Bestand umfasst heute weltweit noch etwa 450 Tiere.

Domestikation des Pferdes (*Equus caballus*)

Die Domestikation des Pferdes war ein bedeutender Eingriff in die Natur der gesamten Pferderasse. Die Pferde wurden ihrer eigenen Natur und ihrer natürlichen Umwelt entfremdet. Sie neigten zunächst durch diesen Entfremdungsprozess einerseits zu Angst, zu Furcht und zu übertriebener Schreckhaftigkeit oder sie stumpften ab, was zur Willenlosigkeit, zu schlampigen Bewegungen und zu extrem guter oder zu schlechter Futterverwertung – mit allen ihren Begleiterscheinungen – führte. In Begleitung diese Entfremdungsprozesses traten zugleich immer häufiger allergische Erkrankungen auf. Alle diese Erscheinungen kennen wir auch heute noch, wenn z.B. Pferde aus fremden Biotopen zu uns nach Deutschland importiert werden. Wir können eben einem in seinem Ursprungsland geborenen Pferd nur sehr unvollkommen die landschaftlichen, klimatischen und futterbedingten Gegebenheiten bieten, an die eine Rasse viele hundert Jahre gewöhnt war und sich angepasst hat.

So z.B. hat das Pferd, als großes Lauftier, ein extremes Luft- und Bewegungsbedürfnis, das im Zustand der Domestikation und insbesondere bei Stallhaltung nur schwer zu befriedigen ist. Ein Pferd benötigt soviel Luft wie zehn Menschen. Andererseits ist zu beachten, dass bis zum heutigen Tage der thermoneutrale Bereich beim Pferd zwischen 10 °C und –15 °C liegt, d.h., dass Pferde in diesem Bereich keinen gesundheitlichen Schaden nehmen. Dies hängt u.a. mit dem Verhältnis Körpervolumen zur Körperoberfläche zusammen. Infolgedessen beträgt die relative Wärmeabgabe eines Pferdes – wärmeabgebende Körperoberfläche pro Kilogramm Körpergewicht – nur etwa 1/20 von der des Menschen. Ursprungslandschaft und Ursprungsklima, die Höhenlage und der Futterbestand und eine Unzahl anderer Einflüsse haben unsere noch einigermaßen »naturbelassenen« Islandpferde ebenso stark gezeichnet, geformt und spezialisiert wie das menschliche Zuchtbemühen.

Für viele Forscher kommt für die heutigen domestizierten Pferderassen, die Linné im Jahre 1758 mit dem wissenschaftlichen Namen *Equus caballus* belegte, nur das Steppenpferd *E. c. przewalski* als Stammform in Betracht. Andere meinen, dass die heutigen Pferde vom Wildpferd (*Equus ferus Boddaert*, 1784) abstammen – was letztlich auf das Gleiche herauskommt. Die Vorstellung, dass unsere domestizierten Pferde von nur einer Wildpferdeart herzuleiten sei, finden wir zuerst bei Charles Darwin (1868). Auch Herre (1958) bestätigt Darwins Ansicht und nimmt nur eine Stammart an.

Während früher auf Grund der großen Unterschiede domestizierter Formen beispielsweise vielfach zwei oder mehrere Wildarten (z.B. beim Schwein oder Rind) angenommen wurden, hat sich gegenwärtig die Erkenntnis durchgesetzt, dass sämtliche Haustierformen nur von einer Art, d.h. von Populationen, deren Angehörige sich untereinander fruchtbar kreuzen, abstammen. Allerdings erfolgte die Domestikation oft unabhängig voneinander an verschiedenen Stellen aus verschiedenen Unterarten. Dies ist auch für das Pferd anzunehmen.

Neben der Theorie, dass alle Pferde von nur einer Wildpferdeart abstammen, von der das heute noch lebende Przewalski-Pferd den Steppen-Typ verkörpert, gibt es die Theorie, dass vier Prototypen Stammväter unserer heutigen Rassen wurden. Untersuchungen des schottischen Forschers Speed an Pferdeskeletten und Knochenfunden sowie Beobachtungen an Verhaltensweisen durch den deutschen Säugetierexperten Ebhardt stützen diese umstrittene Theorie. Dabei geht es in erster Linie um die Frage, ob die Prototypen nicht schon primitiv domestizierte Hauspferde sind oder sich schon vor der Domestikation in vier Hauptgruppen aufteilten. Speed bezeichnet sie als Typ I bis IV, wobei er drei für Ponytypen hält. Die vier Typen gliedern sich wie folgt:

Prototyp I: Exmoorpony-Typus;
Prototyp II: Przewalskipferd-Typus;
Prototyp III: Vorfahr der Kaltblutrassen;
Prototyp IV: Pony vom Wüstenaraber-Typus.

Nach Speed vererben sich Knochenform und Knochenstruktur in ihren charakteristischen Merkmalen rein, aber frei kombinierbar, nach Ebhardt auch die Verhaltensmuster. Man könnte sich u.U. vorstellen, dass die Umweltauslese der kargen Nordlandinsel den Prototypenanteilen in den Importpferden je nach Klimazone in Island verschiedene Entwicklungschancen gab. Danach blieb beispielsweise der Prototyp IV des ursprünglich aus den trockenen Südgebieten stammenden Keltenponys nur in Nordisland erhalten, was auf die geringere Luftfeuchtigkeit der nördlichen Inselhälfte zurückzuführen ist.

Es ist möglich und aufgrund theoretischer Erwägungen wahrscheinlich, dass die erste Domestikation der Wildformen etwa 4000 v. Chr. in Gebieten nördlich der persischen Gebirge am Anfang der frühen Bronzezeit begann, und zwar vermutlich gleichzeitig an verschiedenen Orten des vorderen, mittleren und fernen Orients.

Die Hypothese eines frühen Domestikationszentrums des Pferdes in Osteuropa ist vor allem mit archäozoologischen Befunden einer spätneolithischen Kultur ca. 4200–3500 v. Chr. im Gebiet zwischen den Unterläufen von Dnjepr und Don begründet worden. Andererseits sind in neuerer Zeit Befunde bekannt geworden, wonach im Gebiet zwischen mittlerer Wolga und südlichem Ural die Pferdehaltung möglicherweise bis ins 6. Jahrtausend v. Chr. zurückreicht.

Andere Befunde sprechen für das Vorkommen von Hauspferden in Mittel-, West- und Südwesteuropa erst seit der Zeit um 3000 v. Chr., wobei Mittel- und Südwesteuropa vermutlich eigenständige Domestikationsgebiete darstellen, denn die ältesten Hauspferde in diesen Gebieten sind morphologisch eindeutig auf die autochthonen mittel- und frühsteinzeitlichen Wildpferde zu beziehen und nicht auf Wildpferde Osteuropas. Möglicherweise ging lediglich die Idee zur Pferdedomestikation von Osteuropa aus.

Das Pferd als Haustier kam wohl um 2500 v. Chr. nach Mazedonien, verbreitete sich aber sonderbarerweise von dort nur sehr langsam weiter. Um 2000 v. Chr. taucht es im Kaukasus und in Kleinasien auf. Um 1800

v. Chr. hatte es Troja erreicht und eroberte dann innerhalb eines Jahrhunderts zusammen mit dem zweirädrigen Streitwagen den ganzen zivilisierten nahen und mittleren Osten. Um 1900 v. Chr. hat sich das Pferd in Griechenland eingebürgert und gehört von jetzt ab zum festen Bestandteil wirtschaftlicher Struktur Mitteleuropas. Etwa zur Mitte des 2. Jahrtausends v. Chr., in der sogenannten Hyksoszeit (um 1650–1541 v. Chr.) wurde das Pferd als Zugtier des leichten, zweirädrigen Streitwagens aus Vorderasien (Mesopotamien) in Ägypten eingeführt. Erst später wurde es zum Reiten gebraucht. Eine erste Blüte erlangte die Pferdehaltung in Italien bei den Etruskern um die Mitte des 1. Jahrtausends v. Chr. Von den Griechen übernahmen die Etrusker Wagenrennen mit Pferden, die sich später auch bei den Römern großer Beliebtheit erfreuten. Die wenigen Knochenfunde von etruskischen Pferden stammen von Tieren mit Widerristhöhen um 135 cm. Die römischen Pferde waren deutlich größer. Sie erreichten Widerristhöhen bis zu 150 cm. Im Vergleich zu den römischen Pferden waren die Pferde der Germanen kleiner. Ihre Widerristhöhe variierte in der Kaiserzeit (1.–4. Jahrhundert) zwischen 115 und 145 cm, bei einem Mittelwert von 130 cm. Nach der Beschreibung von Caesar (*De bello Gallico*) und Tacitus (*Germania*) waren die germanischen Pferde weder schön noch übermäßig schnell, sie zeichneten sich aber durch große Ausdauer, Widerstandsfähigkeit und Futtergenügsamkeit aus.

Die Verbreitung von Hauspferden nach Skandinavien erfolgte von Mitteleuropa aus. Eine größere wirtschaftliche Bedeutung erlangten Hauspferde hier erst im Übergang zur Bronzezeit.

Hauspferdetypen sind Formtypen

Das Pferd gehört zu den Haustieren, bei denen durch intensive Zuchtarbeit eine Vielzahl von Rassen entstanden ist, denn mit der Domestikation erhöhte sich die Variabilität. Hauspferdetypen und -rassen wurden für den Verwendungszweck des jeweiligen Menschenschlages, seiner Kultur und nach den vorhandenen speziellen Bodenverhältnissen gezüchtet.

Eine der Züchtungsmethoden z.B. der Römer bestand in der Verdrängungszüchtung. Hierbei werden in eine bodenständige Rasse zur Verbesserung bestimmter Form- und Leistungsanlagen Eigenschaften einer Kulturrasse durch wiederholte Anpaarung von Vatertieren eingeführt. Als älteste durch systematische Züchtungsarbeit entstandene Rasse gilt der Araber. Das arabische Pferd hat auf nahezu alle Reitpferderassen der Welt Einfluss genommen. Seine Zucht lässt sich anhand schriftlicher Quellen bis in das frühe Mittelalter zurückverfolgen.

Die Form- und Typbildung des Araberpferdes ist nachhaltig durch die spezifischen Klimaverhältnisse Innerarabiens beeinflusst worden, außerdem haben natürlich Haltungsformen und Fütterung den Typ mitgeprägt. Bereits im 9. Jahrhundert gelangten arabische Zuchtpferde nach Spanien und Frankreich.

Die verschiedenen Hauspferdtypen sind Formtypen. Größenbedingte Unterschiede sind vielfach als Wuchsformen gedeutet worden und waren Anlass zu Meinungsverschiedenheiten. Schwere Pferde (Kaltblüter) sind reine Zuchtprodukte, die erst in geschichtlicher Zeit auftreten. Durch Skelettfunde lässt sich ihr Auftreten erst im späten Mittelalter (15./16. Jahrhundert) erkennen.

Die Zuchtgeschichte des Lipizzaners lässt sich sehr weit zurückverfolgen, da seine Zucht im 1580 gegründeten Gestüt Lipizza bei Triest erfolgte. Beim englischen Vollblut handelt es sich um eine Rasse, bei der das Zucht- und Selektionsprinzip einseitig auf die Rennleistung der Pferde ausgerichtet war. Die Anfänge dieser Zuchtrichtung reichen bis ins 14. Jahrhundert zurück.

Alle Reitpferderassen wie Hannoveraner, Holsteiner, Oldenburger und Trakehner stellen züchtungsmäßig Einkreuzungen von englischen Vollblütern in Landschläge dar. Mustangs sind verwilderte Hauspferde.

Laterale Gangarten bei Pferden

Was die Gangarten der Pferde anbetrifft, so unterschieden die Römer bereits zwischen dem Traber (tormentor) und dem Tölt- resp. Passpferd (tieldone). In der Antike bei den Assyrern, Persern, Indern und Chinesen finden sich häufig Darstellungen von töltenden und Pass gehenden Pferden, was darauf hindeutet, dass diese Gangarten alle damals domestizierten Pferden beherrschten.

Wie viele Pferderassen gibt es?

Nach neuesten Erkenntnissen gibt es derzeit auf der Welt 207 verschiedene domestizierte Pferderassen. Davon sind 67 Ponys (Schulterhöhe unter 1,47 m), 36 Arbeitspferde (Schulterhöhe maximal 2,15 m) und 104 Sport- und Freizeitpferde. Alle gehören zu der Art Equus caballus und stellen nur unterschiedliche »Rassen« dar. Mit über 100 verschiedenen Rassen stellt die Gruppe der Freizeit-, Reit-, Jagd-, Renn-, Polo- und Springpferde die weitaus größte Gruppe dar. Russland stellt mit mindestens 27 verschiedenen Züchtungen die größte Vielfalt der Pferderassen, gefolgt von England mit 19, Frankreich mit 18 und den USA und Deutschland mit jeweils 16, Italien mit 10 und Polen mit 9. Da jedoch laufend neue Züchtungen entstehen, sind die genannten Zahlen nur als Mindestzahlen aufzufassen.

Im Mittelalter, in dem Reisen gleichzusetzen war mit Reiten, wird sehr häufig von Töltern/Zeltern berichtet. Der erschütterungsfreie Tölt war damals sicher die angenehmste Gangart, um große Strecken zurückzulegen. Auch die Reitpferde der Ritter waren Tölter.

Laterale Gangarten verschwanden nach dem Mittelalter überall dort, wo Kavallerie als geschlossener Truppenverband vorhanden war. Man benötigte ein Kriegsgerät, das einheitlich und möglichst einfach zu bedienen war. Selbst der einfache und wenig ausgebildete Soldat musste in Kolonnen reiten können, was nur in den Gangarten Schritt, Trab und Galopp möglich war. Hier konnte man keine Pferde mit lateralen Gangarten unterschiedlicher Geschwindigkeit verwenden.

Laterale Gangarten blieben bei Pferden allgemein durch die Jahrhunderte besonders dort erhalten, wo es galt, große Entfernungen auf dem Pferderücken zurückzulegen. Einige Rassen haben nur Pass, doch soweit wir wissen, sind die Isländer die einzige Rasse, die Tölt ebenso gehen kann wie Rennpass. Auch viele Araber- und Berberpferde verfügen heute noch – im Gegensatz zur häufig geäußerten Meinung von Europäern – über laterale Gangarten.

Wie bereits erwähnt, starben alle Pferde merkwürdigerweise in Nord- und Südamerika vor ungefähr 8000 Jahren aus. Die Ursachen hierfür sind immer noch nicht völlig geklärt. Erst vor 400 Jahren gelangten sie wieder dorthin – bewusst importiert durch den Menschen. Die gesamte heutige Pferdepopulation des amerikanischen Doppelkontinents geht daher auf Pferde zurück, die erst nach der Entdeckung durch Columbus importiert wurden. Aufgrund der Tatsache, dass Spanien im 15. Jahrhundert schöne und berühmte töltende Pferde besaß, zeigt noch heute ein großer Teil der amerikanischen Pferderassen verschiedene laterale Gangarten wie Pass und Tölt.

Urwildpferde von der Geysir-Insel

Im Islandpferd ist uns das nordeuropäische Urwildpferd, das ursprünglich in ganz Nordeuropa beheimatet war, erhalten geblieben. Siedler aus Skandinavien und von den britischen Inseln haben die Vorfahren des Islandpferdes, das *Equus c. scandinavicus* und das *Equus c. celticus*, aber unter Umständen auch andere Pferderassen auf die Geysir-Insel gebracht. Das war um das Jahr 900. Aus der Kreuzung der Rassen, die schon vorher unter sehr ähnlichen Umweltbedingungen gelebt haben, ist das Islandpferd hervorgegangen.

Die Abstammung des Islandpferdes

Es ist nachgewiesen, dass das Islandpferd keine sehr enge Verwandtschaft zu der Pferderasse Fjordpferd hat, was eine Blutanalyse von Dr. Michael Hesselholt in den fünfziger Jahren ergeben hat. Auch das skandinavische Dole-Pferd ist nicht mit dem heutigen Islandpferd in Verbindung zu bringen. Jedoch ist in Norwegen vor ein paar Jahrzehnten eine kleine Herde eines dritten Pferdes entdeckt worden. Diese Lyngenpferde, benannt nach dem Lyngenfjord, gleichen dem heutigen Islandpferd in Typ, Größe und manchen Farben. Hier haben wir mit einer gewissen Wahrscheinlichkeit die Nachfahren des ursprünglichen *Equus c. skandinavicus* zu suchen. Die Rasse des Keltenponys *Equus c. celticus* verfügte über Tölt und passte in Größe und Körperbau zum Islandpferd. Vieles deutet daraufhin, dass mehrere Ponyrassen der britischen Inseln vom ausgestorbenen Keltenpony abstammen. Beispielsweise gibt es heute noch beim Shetlandpony eine deutliche Veranlagung zum Tölt und in vielen britischen Ponyrassen findet man die für laterale Gangarten typische abgeschlagene Kruppe. Außerdem ist das Islandpferd die einzige Rasse, die manchmal das dunkelbraune Fell und das Mehlmaul des Exmoor-Ponys hat.

Wie kamen die Pferde nach Island?

Island wurde erstmals in irischen Schriften aus dem 8. Jh. n. Chr. erwähnt. Vor der Landnahme und der Besiedlung war die Insel den norwegischen Wikingern schon bekannt. Um 850 wusste man, dass es sieben Tage brauchte, um bei günstigem Wind von Stad in Norwegen westwärts nach Horn an die Ostküste Islands zu gelangen und vier Tage westwärts von Snæfellsnes über den Ozean nach Grönland. Der erste eigentliche Siedler war der norwegische Wikinger Ingólfur Arnarson, der sein Gehöft ca. 874 n. Chr. an der Stelle der heutigen Hauptstadt Reykjavík (= Rauchbucht) erbaute.

Die Knorr, ein Lastschiff der Wikinger für Entdeckungsfahrten (Rekonstruktion).

Auf nach Island

Die Siedler kamen vorwiegend aus den übrigen skandinavischen Ländern nach Island. Die wikingischen Siedler fuhren und transportierten ihre Pferde mit einem »Knorr« genannten Schiffstyp nach Island. In Holzschnitzereien, Felszeichnungen und Münzen sind Wikingerschiffe dieser Bauart mit Pferdefracht dargestellt. Die Knorr war das einzige Wikingerschiff, das sich zum Pferdetransport eignete. Beim Pferdetransport musste darauf geachtet werden, dass die Pferde gelegentlich aufrecht in Bewegung in den Schiffen gehalten werden konnten, denn Pferde können nicht länger als drei Tage ohne Gefahr von Lungenaffektionen liegend transportiert werden. Das Frachtschiff Knorr war das ideale Schiff für Handels- und Entdeckungsfahrten, weil es sich wegen der besonderen Bauart zum Segeln eignete. Der kurze (16,50 m) und breite (4,50 m) Schiffsrumpf fasste 15 Tonnen Fracht. Der tiefe Kiel erleichterte genaues Kurshalten. Bei frischer Brise konnte eine Knorr mit tüchtiger Besatzung in 24 Stunden eine Strecke von mehr als 240 Kilometer zurücklegen und dabei eine Durchschnittsgeschwindigkeit von mehr als fünf Knoten erzielen. Deshalb war die Überfahrt von Norwegen nach Island oft sogar schon in fünf oder sechs Tagen zu bewältigen. Eine Sage beschreibt eine Überfahrt von More in Norwegen nach Westisland, die nur vier Tage und Nächte dauerte. Die Entfernung betrug 1350 Kilometer und die Durchschnittsgeschwindigkeit beeindruckende 7,5 Knoten. Die Überfahrt von den Färöern wurde manchmal sogar in zwei Tagen und Nächten geschafft.

Dank der konservativen Haltung der Bauern wurde der Typ des altbewährten isländischen Reitpferdes erhalten.

Die Natur prägte das Erscheinungsbild

Während die Pferde auf dem europäischen Festland vorzugsweise für militärische Zwecke genutzt und entsprechend groß und kräftig für die schwer bewaffneten Reiter und zum Ziehen großer Kanonen gezüchtet wurden, verlief die Entwicklung auf der Insel völlig anders. Auf Island kannte und kennt man bis zum heutigen Tage keine Schlachtfelder und keine Armeen. Dort wurden die Pferde meistens dazu gebraucht, um Lasten – wie beispielsweise Heu oder Stroh – zu tragen oder einen Schlitten auf dem Eis zu ziehen. Aber man verwendete sie auch als Schlachttiere zur Fleischgewinnung.

Über Jahrhunderte waren die einzigen Straßen nur die Pfade der Pferde. Die Isländer mussten sich vom ersten Tag der Besiedlung auf ihre flinken, sicheren und zuverlässigen Pferde verlassen, um lange Reisen durch das raue Land zu machen. Die Pferde transportierten Menschen über Hügel, durch Täler, schwammen mit ihren Reitern durch strudelnde Flüsse und suchten den Weg durch raue Lavafelder.

Der Wunsch der Isländer nach einem vielseitigen »Transportmittel« in dem rauen Gelände hat ein Pferd geschaffen, das zuverlässig und stark, angenehm zu reiten, trittsicher und mit viel Temperament und Willen ausgestattet ist.

Abgesehen davon, dass Natur und Klima eine harte Zuchtauslese trieben, bei der nur die widerstandsfähigsten Tiere am Leben blieben, sind infolge der isolierten Lage Islands angeblich seit 800 Jahren keine Pferde mehr auf die Insel gekommen. Seither wurde daher eine Reinzucht betrieben wie nirgendwo in Europa. Heute wird in Island kein Import von Pferden geduldet.

Ein Teil isländischer Identität

In alten Zeiten brauchten Reiter vom Ostfjord zum alten Versammlungsplatz Þingvellir 17 Tage. Kein Wunder, dass Pferde so zum engsten Gefährten und respektierten Freund geworden sind und dass der Umgang mit ihnen menschliche Formen angenommen hat. Wie bei ihren eigenen Familien legten die Menschen für ihre Pferde große Stammbäume an und überlieferten Geschichten, die die Charaktere, die Weisheit, Ausdauer und Zuverlässigkeit ihrer besten Freunde rühmten. Das ist letztlich darauf zurückzuführen, dass das Pferd über tausend Jahre in Isolation von anderen Rassen gelebt hat. Das Klima und die Landschaft Islands und natürlich auch Eingriffe des Menschen haben es robuster als jede andere europäische Rasse werden lassen.

Die Liebe der Isländer zum Reisen und Reiten war so groß, dass sich durch die häufigen Begegnungen in Island eigentlich keine Dialekte entwickelten. Auch wenn es sich merkwürdig anhört: Islandpferde haben Anteil daran, dass die ursprüngliche Sprache als ein Teil der isländischen Identität erhalten geblieben ist.

Islandpferde – eine ganz besondere Rasse

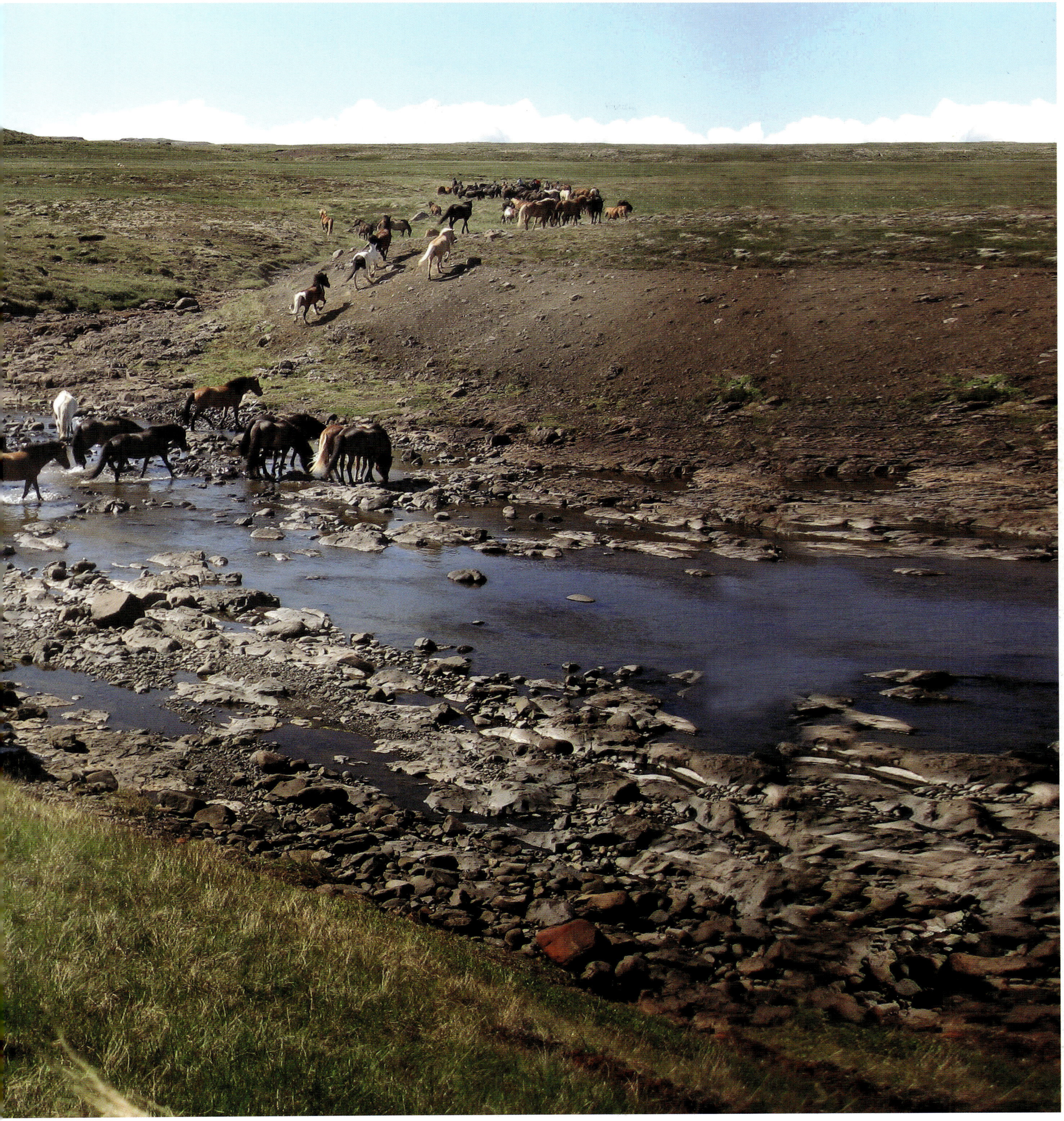

Rassetypische Merkmale eines Islandpferdes.

Verschiedene Rassemerkmale

Der Bewegungsapparat des Islandpferdes ist auf ausdauernde und schnelle Fortbewegung spezialisiert. Islandpferde als Pflanzenfresser tragen neben ihrem erheblichen Körpergewicht zusätzlich auch noch große Mengen schwerverdaulicher Nahrung mit sich herum. Die anatomische Konstruktion zeichnet sich deshalb nicht nur durch große Stabilität und Mobilität, sondern auch durch passive Einrichtungen aus, die es gestatten, eigene und zusätzliche Lasten zum großen Teil ohne Aufwand von Muskelkraft zu tragen. Daher ist das Islandpferd von seinem Körperbau her bestens als Reit-, Zug- und Tragtier ausgestattet.

Die selektive Zucht begann 1879 im berühmtesten Zuchtgebiet, dem Skagafjörður im Norden Islands. Die Zuchtprogramme basieren hauptsächlich auf der Gangveranlagung, d.h. den fünf Gängen des Islandpferdes. Die fünf charakteristischen Gänge sind der Schritt (fetgangur), der Trab (brokk), der schnelle Galopp (stökk), der Pass (skeið) und der Tölt (tölt), der in den USA »rack« heißt. Der Pass ist ein schneller, weicher Gang mit lateraler Fußfolge. Bei Passrennen gehen die Pferde nach 50 m Galopp in den skeið über. Der Tölt ist ein Rennschritt im Viertakt und wird hauptsächlich geritten, um unwegsames Gelände schnell überqueren zu können. In diesem Gang kann das Pferd stark beschleunigen.

Das Islandpferd ist ein massiges, tiefes, enorm bemuskeltes, harmonisch gebautes Pferd mit kräftigem Knochenbau, üppigem Langhaar und einer typischen Ausprägung der oberen Körperlinie und Kruppe, die es deutlich von anderen Pferderassen abgrenzt. Zu den rassetypischen Merkmalen gehören ein verhältnismäßig schwerer Kopf, starke Kiefer und Zähne, geräumige Nasenräume, lebendige Augen und kleine Ohren. Der Hals ist massiv, der Widerrist wenig ausgeprägt, der Rücken mittellang und leicht eingesenkt. Die Tiere verfügen über eine muskulöse, kräftige Kruppe, die vielfach etwas abgeschlagen wirkt. Die Rippung ist je nach Typ verschieden stark gewölbt. Die Schulter wird schräg und lang gewünscht, die Gliedmaßen trocken mit breiten Gelenken. Die Sprunggelenke sind kräftig. Die häufig anzutreffende zehenweite und kuhhessige Stellung gilt als Anpassungsform an das hügelige Gelände ihrer Heimat und wird nicht als Fehler angesehen. Die Hufe sind im Allgemeinen nicht zu flach, gut geformt und hart. Die im Sommer kurze und anliegende Körperbehaarung des Islandpferdes ist im Winter drahtig und lang mit dichter Unterwolle und so angeordnet, dass Regen und Schnee leicht abfließen und die Tiere nicht bis auf die Haut durchnässt werden können. Die üppige Mähne mit dem buschigen Stirnschopf ist am Kamm sehr breit angelegt und der wallende Schweif ist an der Wurzel von einer derben, schirmartig wachsenden Haarglocke überdeckt. Die Pferde sind lebhaft und trittsicher. Obwohl Islandpferde meist nicht größer als 1,45 m und sogar oft nur 1,30 m groß sind, werden sie von den Isländern nie als Pony bezeichnet; denn es sind nach ihrer Vorstellung Pferde, die einen erwachsenen Mann bei hohem Tempo über weite Strecken tragen können, ohne zu ermüden.

Körperbau

Hals und Kopf

Das Gewicht von Hals und Kopf wird beim Islandpferd durch die Halsmuskulatur und zusätzlich passiv durch das elastische Nackenband getragen. Die Halswirbelsäule stellt eine umgekehrte Bogen-Sehnen-Brücke dar, die durch Nackenband und lange Nackenmuskeln vom Rücken her verspannt wird. Durch die Krümmungen der Wirbelsäule und die Zuggurtung durch den Muskel- und Bandapparat wird erreicht, dass die Wirbelkörper nur auf zentrischen Druck beansprucht werden. Die richtige Hals- und Kopfstellung des Pferdes ist diejenige, in welcher es seine Gänge rein und frei entfalten kann, in der es sich ungezwungen und ohne Takt zu verlieren wenden lässt und ebenso, im Takt bleibend, sein Tempo (die Geschwindigkeit seiner Fortbewegung) abkürzt oder verstärkt. Dabei muss die Anlehnung auch beim Halten, Rückwärtsrichten und Antreten in der Bewegung eine gleichmäßige und sichere sein und bleiben.

Die Stellung des Kopfes und die Richtung des Halses, die das Pferd zu diesen Übungen befähigen, ändern sich proportional zu den Fortschritten in der Dressur im gleichen Verhältnis, wie das Pferd an Geschmeidigkeit und an Tragkraft der Hinterhand zunimmt.

Der Schultergürtel

Die Hauptbedeutung der Schultergürtelmuskulatur des Islandpferdes liegt in ihrer Funktion als Aufhängeapparat des Rumpfes im Stand und in der Bewegung. Der Abbau des knöchernen Schultergürtels im Laufe der Entwicklungsgeschichte der Pferde bedingte eine zunehmende Verstärkung der Schultergürtelmuskulatur, durch die nun Schulterblatt und Oberarm vollständig in die Oberflächenkonturen des Rumpfes einbezogen wurden. Außer der Aufhängefunktion fällt der Schultergürtelmuskulatur auch noch die Mitwirkung an den Bewegungen der Schultergliedmaße sowie des Rumpfes, Halses und Kopfes zu.

Der Rumpf

Der Rumpf des Islandpferdes kann als Bogen-Sehnen-Konstruktion angesehen werden. Die Druckbeanspruchung wird von der Wirbelkörpersäule aufgenommen, die Zugverspannung von den geraden und schrägen Bauchmuskeln durchgeführt. Von besonderer Bedeutung ist dabei, dass sich die Kräfte, die auf die Sehne und auf den Brückenbogen einwirken, gegenseitig ausgleichen. Die Rumpfkonstruktion trägt eine in sich wirkende Elastizität, die durch aktive Muskelspannung noch erhöht werden kann. Dies wird beim Aufsitzen auf das Pferd deutlich. Der Brückenbogen sackt nicht durch, wie dies beim Bogen einer Brücke geschehen würde, sondern er krümmt sich vom Rücken her auf.

Körpermaße und Gebäudebeurteilung

Größe: 130 bis 145 cm Stockmaß

Röhrbeinumfang: ca. 16 cm

Gewicht: 320 bis 380 kg; kräftiges Fundament, dazu üppige Mähne und Schweif.

Rücken: gut bemuskelt ohne Linienstörung, federnd, geschmeidig und lang.

Gliedmaßen: kräftige, lange, breite, trockene und markante Gelenke. Muskeltragende Gliedmaßen möglichst lang; Gliedmaßen, an denen Sehnen und Bänder angesetzt sind, möglichst kurz.

Hufe: in Form und Größe zum Pferd passend.

Mähne, Schopf und Schweif: dicht und gesund.

Proportionen: Beinlänge mindestens 5 cm mehr als Brusttiefe. Widerrist 2–3 cm höher als Kruppe. Körperlänge soll 5–8 cm mehr betragen als die Widerristhöhe. Der tiefste Punkt der Sattellage soll 7–10 cm unter der Verbindungslinie Widerrist-Kruppenhöhe liegen.

Geschlechtstyp: klar erkennbar.

Rumpf und Gliedmaßen: sollen ein deutliches Rechteckformat ergeben.

Fazit: Das Pferd muss im Gesamteindruck dem Typ des Islandpferdes entsprechen.

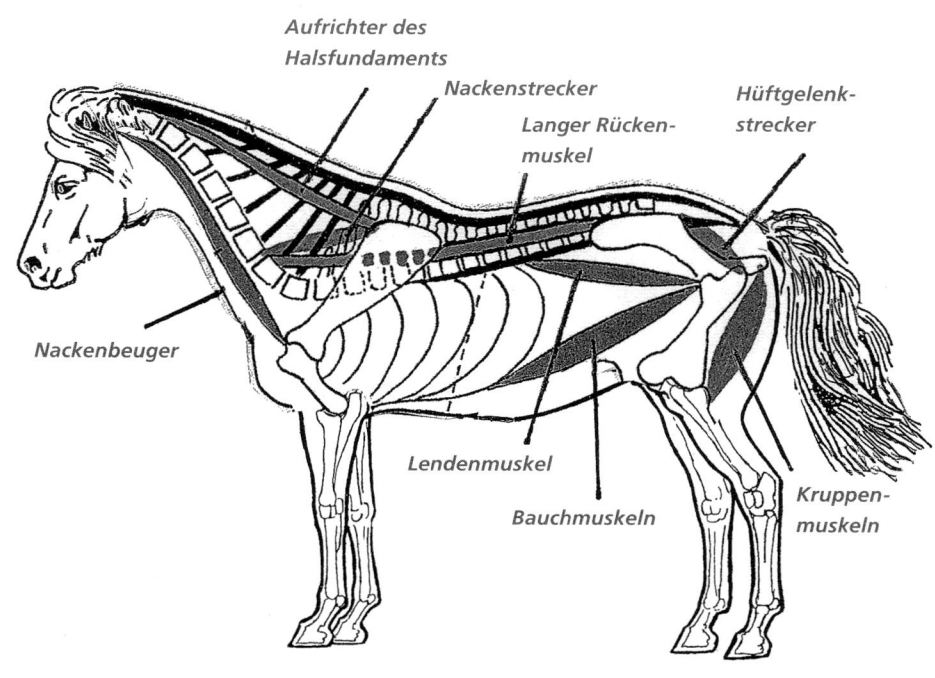

Schematische Darstellung der Muskelgruppen, die beim Islandpferd eine wesentliche Rolle im Bewegungsablauf spielen.

Gleichzeitig erhöht sich der elastische Widerstand. An den Ecken des Brückenbogens sind vorn Kopf und Hals, hinten Kreuzbein und Schweif »angebaut«. Islandpferde können auch mit geringem Energieverbrauch stehen. Ihre volle Leistungsfähigkeit bewahren die Tiere allerdings nur dann, wenn sie sich auch niederlegen und die Muskeln wirklich entspannen können.

Die Gliedmaßen

Die »Bogen-Sehnen-Brücke« des Rumpfes stützt sich auf vier Gliedmaßen. Dabei bewegen sich die Beckengliedmaßen am hinteren Ende jeweils in der Beckenpfanne der Hüftknochen, die Vordergliedmaßen dagegen sind zwischen beiden Schultergliedmaßen in muskulös-sehniger Verbindung aufgehängt.

Die Knochen der Vordergliedmaßen entsprechen den Armknochen des Menschen, sind jedoch abweichend geformt. Das Schulterblatt ist ein etwa dreieckig geformter Knochen, der schräg von hinten-oben nach vorn-unten am Brustkorb anliegt. Man ist der Meinung, dass bei einer besonders schrägen Lage des Schulterblattes sich der Schritt des Pferdes weiter und raumgreifender gestaltet. Das Oberarmbein ist ein kurzer Knochen, der mit dem Schulterblatt etwa einen Winkel von 90° bildet. Die beiden menschlichen Unterarmknochen (Elle und Speiche) sind beim Pferd zum Unterarmbein verschmolzen. Die Vereinigung von Elle und Speiche zu einem Knochen erfolgte beim Pferd entwicklungsgeschichtlich deswegen, weil es mit dem Unter- oder Vorderarm keine drehenden Bewegungen auszuführen braucht. An das Unterarmbein setzt das Vorderfußwurzelgelenk an, das wegen einer gewissen äußeren Ähnlichkeit oft fälschlich »Knie« genannt wird. Das Vorderfußwurzelgelenk ist ein aus sieben würfelähnlichen Knochen zusammengesetztes Gelenk, an das sich der starke und runde Vordermittelfußknochen (Röhrbein) anschließt. Er entspricht dem Mittelhandknochen des menschlichen Mittelfingers. Besonders wichtig sind die Sehnen der Gliedmaßen. Die Beuger liegen an der hinteren, die Strecker an der vorderen Fläche. An der Hinterfläche des Röhrbeins entspringen Sehnen, die sich in verschiedene seitengleiche Äste teilen, die einerseits an das Fesselbein und an die Sesambeine heranziehen, zum anderen aber seitlich um das Fesselgelenk herum in die Zehenstrecksehne einmünden. Es handelt sich um eine Bandkonstruktion, die das Fesselgelenk fest einspannt und daher Fesselträger genannt wird. Die Vorderextremität ist nicht nur über den Schultergürtel, sondern auch durch den vorderen Sägemuskel und den tiefen Brustmuskel am Rumpf befestigt. Für die Verbindung zwischen Rumpf und vorderer Extremität spielt das Schultergelenk funktionell die entsprechende Rolle wie das Hüftgelenk für die Hinterextremität. Die Verteilung der Last auf Vorder- und Hinterextremität wird allein von der Lage des Körperschwerpunktes zu den Extremitätenpaaren bestimmt.

Der Beckengürtel

Der Beckengürtel stellt einen Waagebalken dar, der von den am Schambein ansetzenden Bauchmuskeln und der zum Unterschenkel gehörigen Gelenkmuskulatur in den Hüftgelenken ausbalanciert wird und die Körperlast auf die hintere Extremität überträgt.

Die Hauptbedeutung der Muskulatur der Hinterhand des Islandpferdes liegt im Gegensatz zu denen der Schultergliedmaßen auf der dynamischen Seite. Vom Beckengürtel geht der Impuls zur Vorwärtsbewegung aus. Das Becken selbst ist durch Bänder und stark sehnig durchsetzte Muskeln rein passiv fixiert. Dagegen ist die Muskulatur des Beckengürtels, als Sitz des größten Kräftepotentials des Körpers, wesentlich mächtiger angelegt und weniger sehnig ausgebildet. Den Impuls für die Bewegung zu geben ist die Hauptaufgabe der Beckenmuskulatur. Die Strecker der Beckengliedmaßen sind daher besonders kräftig entwickelt.

Durch Streckung aller Gelenke und Anstemmen der Gliedmaßen gegen den Boden wird der Rumpf und mit ihm der Schwerpunkt des Körpers nach vorn geschoben. Die Auslösung des Bewegungsimpulses erfolgt durch die Hinterbackenmuskulatur. Die Stützphase, das Auffangen der Last durch die zum Stützbein werdende Gliedmaße, erfordert eine Anspannung aller Strecker. Nach dem Auffußen erfolgt die Stemmphase, wobei die Sohlfläche des Hufes durch Kontraktion des tiefen Zehenbeugers an den Boden gepresst, bzw. in weichen Boden direkt eingedrückt wird.

Der Körperschwerpunkt

Die Lage des Körperschwerpunktes zeigt, dass die Vordergliedmaßen sowohl im Stand als auch in der Bewegung mehr belastet werden als die Beckengliedmaßen. Die Vordergliedmaßen dienen dem Auffangen der Last, die ihr von hinten zugeschoben wird. Die Beckengliedmaßen liefern die Schubkraft zur Vorwärtsbewegung. Die Vordergliedmaßen tragen 56%, die Beckengliedmaßen 44% des Körpergewichtes. Dies resultiert daraus, dass Kopf und Hals mit ihrem erheblichen Gewicht weit vor den Vorderextremitäten gelagert sind.

Im Hinblick auf die Statik ist für das Islandpferd, wie für andere Pferde auch, die Lage des Körperschwerpunktes in Ruhe und in Bewegung besonders wichtig. Durch die vier Beine hat es von Natur aus eine große bodendeckende Fläche und daher günstige Gleichgewichtsverhältnisse. Bei jeder Vor-, Seit- und Rückwärtsbewegung verlagert sich der Schwerpunkt. Der Schwerpunkt des Pferdekörpers liegt in der Ruhephase auf der Linie zwischen Sitzbeinende und Buggelenk etwa am Ende des Brustbeins, also im unteren Brustraumdrittel, von der Mitte leicht in Richtung Vorhand verschoben. Der Schwerpunkt des Islandpferdekörpers ist jedoch je nach Gangverteilung und nach Lage des spezifischen Gleichgewichts verschieden. Das Pferd befindet sich nur solange im Gleichgewicht, wie das Lot vom Schwerpunkt auf den Boden innerhalb der Unterstützungsfläche bleibt.

Alle aktiven Bewegungen des Körpers werden durch Muskeln und Sehnen einschließlich Sehnenscheiden und Schleimbeuteln bewirkt. Die Bewegungen am Skelett erfolgen im Allgemeinen nach den Gesetzen des einarmigen, respektive des zweiarmigen Hebels.

Das Gebiss

Islandpferde haben in jeder Kieferhälfte zehn Zähne, drei Schneidezähne, einen Eckzahn, drei vordere (Prämolaren) und drei Backenzähne (Molaren). Zwischen den Schneidezähnen im vorderen Teil des Kiefers und den Prämolaren und Molaren im hinteren Teil des Kiefers besteht eine Lücke, in der der Eckzahn steht. Dieser ist beim Hengst meißelförmig, etwa so groß wie ein Schneidezahn und kann als Waffe verwendet werden; bei der Stute ist er, wie allgemein auch der erste Prämolar, winzig klein und ohne Funktion. Bis auf die Molaren sind alle Zähne zuerst als Milchzähne angelegt, die dann im Laufe der Jugendentwicklung durch die bleibenden Zähne ersetzt werden. Der Abrieb der Zähne ist von der Futterbeschaffenheit abhängig.

Das Islandpferd graste und paarte sich jahrhundertelang frei auf den Hochlandweiden.

Bei gescheckten Islandpferden verteilen sich die Flecken einigermaßen gleichmäßig über den ganzen Körper.

Windfarbene Pferde sind sehr begehrt.

Die Farbvielfalt bei Islandpferden

Die isländische Pferderasse verfügt über mehr Fellfarben als andere Pferderassen. Das ist ein Hinweis darauf, dass das Islandpferd sehr ursprünglich ist. Das Islandpferd konnte man jahrhundertelang fast als Wildpferd bezeichnen. Es graste frei auf den Hochlandweiden und paarte sich dort. Obwohl sich das in den letzten Jahrzehnten geändert hat, liegt darin immer noch einer der Gründe für die enorme Farbenvielfalt. Es gibt Isländer in allen Farben, insbesondere Füchse, Braune und Rappen, dazu viele Wildfarbene sowie Falben, Isabellen und Grautönungen. Fast 100 verschiedene Farbschattierungen kommen vor, so können Rappen beispielsweise tiefschwarz bis erdbraun sein. Ausgenommen sind Merkmale wie gefleckt, gepunktet oder getüpfelt. Bei gescheckten Islandpferden verteilen sich die Flecken einigermaßen gleichmäßig über den ganzen Körper und sind meist deutlich gegeneinander abgesetzt.

Gescheckte und auch windfarbene Pferde (helle Mähne, dunklere Fellfarbe) sind sehr begehrt, und so konzentrieren sich einige Züchter auf diese Farben. Als Besonderheit gelten sogenannte Farbwechsler. Bei ihnen trägt das längere Deckhaar Farbpigmente, während das kürzere Unterhaar farblos ist. So ist der Farbwechsel mit dem Wachstum und der Länge des Fells im jahreszeitlichen Wechsel eng verbunden und es können innerhalb eines Jahres vier verschiedene Farben erscheinen. Der Farbwechsel kann innerhalb aller Grundfarben auftreten. Da die beliebtesten Zuchthengste in den letzten Jahren Rappen, Braune oder Füchse waren, schrumpft in neuerer Zeit der Farbenreichtum zusehends. Nach allem was Páll Imsland, der zur Zeit Experimente in der Farbzucht durchführt, herausgefunden hat, gibt es derzeit nur noch 200 bis 300 Farbwechsler in Island, das ist nicht einmal ein halbes Prozent der Pferdepopulation. Damit ist diese Farbvariation so selten geworden, dass sie ohne gezielte Bemühungen praktisch aus der Rasse verschwinden würde. Das trifft übrigens auch auf andere Farben zu, aber man scheint langsam doch einzusehen, dass die Farbenvielfalt ein besonderer Schatz ist. Außergewöhnliche Farben wie vindótt (windfarben) und litförótt (Farbwechsler) werden außerhalb von Island zunehmend beliebter, und es gibt Beispiele dafür, dass Käufer bereit sind, für solche Pferde einen höheren Preis zu zahlen als für Rappen oder Füchse.

Licht und Luft – Haar und Huf

Das Haarkleid

Bei der Regulierung der Körpertemperatur von Islandpferden spielt die Haut eine wesentliche Rolle. Für die zur Thermoregulation notwendige Hautfeuchtigkeit sorgen die in der Unterhaut sitzenden Schweißdrüsen. Die Pferde sind dadurch in der Lage, sich besonders vor zu hohen Temperaturen zu schützen und überschüssige innere Aufheizungen durch die Verdunstungskälte des Schweißes abzubauen. Durch die Schweißproduktion verlieren Islandpferde große Mengen von Kochsalz, das lebensnotwendig ist und durch Salzlecksteine zugeführt werden muss.

Bedeutung von Ernährung und Pflege für das Haarkleid

Im trockenen Normalzustand sollte das Fell von Islandpferden glatt und geschmeidig sein, gut am Körper anliegen und nach dem Putzen natürlich glänzen. Für den Glanz des Fells sorgen die Talgdrüsen. Für den Zustand des Haarkleides – wie natürlich auch für Skelett, Muskeln und Organe – sind Futterzusammensetzung, Futterverwertung, Krankheiten und Parasitenbefall von großer Bedeutung. Besonders die Mineralstoffe Calcium, Magnesium, Kalium, Natrium, Phosphor, Selen und manche Schwermetalle wie Zink und Kupfer haben Einfluss auf den Zustand des Haarkleides. Ebenso spielen die Vitamine A, E und H (Biotin) hier eine wichtige Rolle. Auf die dauernde Haarpflege – besonders beim Haarwechsel – sollte besonderer Wert gelegt werden.

Fellwechsel

Normalerweise wechseln Islandpferde ihr Deck- und Wollhaar im Herbst und Frühjahr. Der Frühjahrshaarwechsel erfolgt im Freien etwa zwischen Ende Februar und Ende April. Der Haarwechsel kann je nach Witterung verlangsamt und beschleunigt werden. Das kurze feine Sommerfell, das unter dem Winterfell zum Vorschein kommt, hält sich über Juni, Juli und August, obwohl sich oft schon im August die allmähliche Umwandlung ins Winterfell zeigt.

Das Winterfell ausgewachsener Islandpferde hält sich meist von September bis April. Es besteht aus zwei klar zu unterscheidenden Haarsorten: ein feines, elastisches Unterfell und ein hartes, derbes Oberfell. Bei Islandpferden kann die Isolationswirkung des Fells einschließlich des Unterhautfettgewebes in der nasskalten Winterzeit etwa doppelt so hoch sein wie bei anderen Pferdearten.

Das Unterfell hat große Spannkraft und Elastizität. Hier sind die Härchen zwischen zwei und drei Zentimeter lang und stehen in stumpfem Winkel von der Haut ab – in Richtung der überhängenden Haare des Oberfells. Zwischen ihnen befinden sich, vor allem an den Flanken und auf dem Rücken, zahlreiche schuppenartige Gebilde eines fettigen Materials. Deren Farbe ist hellgrau oder graugelb, und ihr wesentlicher Zweck scheint zu sein, Luft zwischen Haut und Außenseite zu binden, um so eine Isolationsschicht zu bilden.

Das Oberfell besteht aus stärkeren und dickeren, drahtigeren Haaren, die an Länge über die des Unterfells hinausreichen. Sie fühlen sich leicht fettig an, und man kann sie als die eigentlichen Schutzhaare bezeichnen. Drückt man leicht auf das Winterhaar oder fährt man mit den Fingern hindurch, so soll es sich elastisch und wollig anfühlen und nicht glatt anliegen. Es soll frisch und ineinander verwoben aussehen, dazu betont fettig – vor allem über den Schultern, auf dem Rücken und auf der Kruppe.

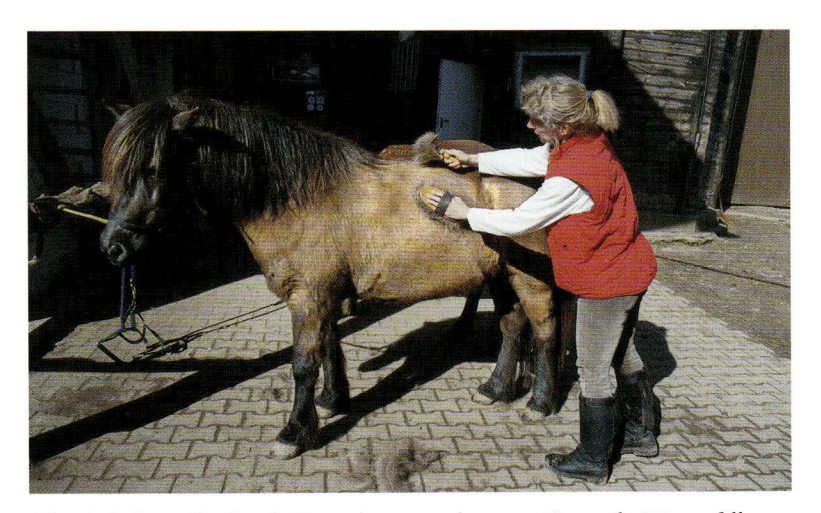

Islandpferden sollte durch Herauskämmen der toten Haare des Winterfells geholfen werden.

Das Haarkleid bei Regen und Schnee

Bei nassem Wetter ändert sich das Aussehen des Winterfells. Der Haarstrich und die Wirbel werden deutlich sichtbar, und wir verstehen ihre Funktion nun genau. Die längeren Oberhaare laufen an den Spitzen zu Grüppchen zusammen. Jede Gruppe enthält ungefähr gleich viele Haare und formt ein dreieckiges Gebilde, dessen längste Spitze nach unten weist. Das Ergebnis dieser Anordnung ist, dass Regen oder schmelzender Schnee an der fettigen Oberfläche entlang läuft, bis die Spitze des Dreiecks erreicht ist, von wo aus die Tropfen dann in der Richtung des

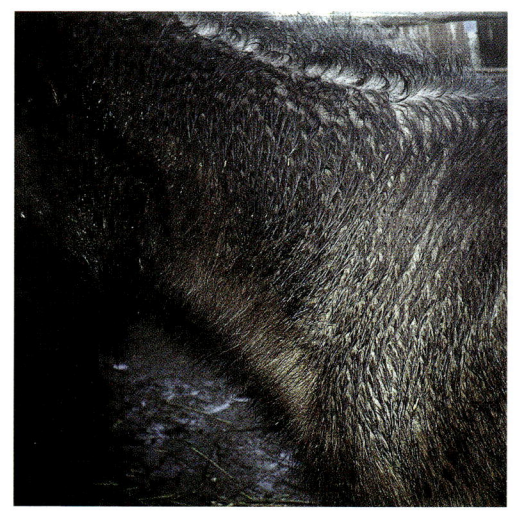

Bei Regen laufen die längeren Oberhaare zu Grüppchen zusammen und bilden so ein dreieckiges Gebilde, an dem Regentropfen bis zur Spitze entlanglaufen.

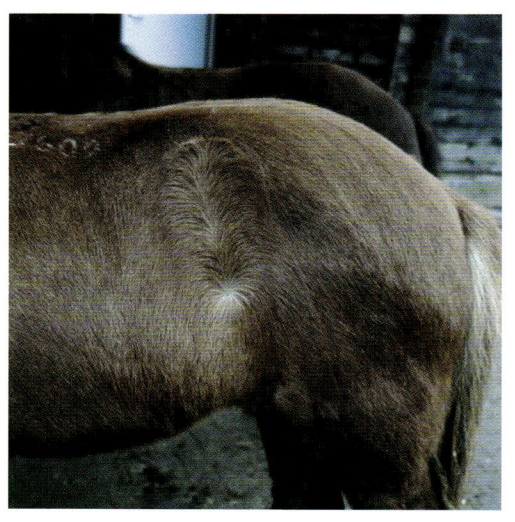

Mittels der fächerartigen Haarwirbel an der Flanke wird das Regenwasser abgeleitet.

Der »Bart« hält das Wasser von Kiefer und Unterkiefer fern.

Haarstrichs weiterlaufen. Diese Haarstriche verlaufen normalerweise in ganz bestimmten Richtungen und leiten dabei das Wasser zu Punkten, von wo es aus dem Fell zur Erde fällt, ohne die verhältnismäßig ungeschützten Teile – Schweifrübe, After, Leistenpartien, Unterleib – überhaupt zu berühren. Ein solches Fell hält die Haut trocken und verhindert dadurch übermäßige Wärmeableitung und Wärmeverlust.

Die Qualität von Unter- und Oberfell sowie die Richtungen der Haarstriche sind die wesentlichsten Faktoren zur Ableitung des Wassers und zugleich zur Regulierung der Hauttemperatur. Falsch liegende Wirbel – beispielsweise bei Kreuzungsprodukten, die robust gehalten werden – können unter gewissen Umständen den Tod eines Tieres herbeiführen. Der wichtigste Wirbel ist der am hinteren Teil der Flanken. Seine obere Begrenzung liegt genau vor der Spitze des Hüftbeins und verläuft von dort aus senkrecht nach unten. Oben verläuft das Haar dieses Wirbels fächerartig hoch und dann im Bogen nach vorn und hinten. Das nach hinten abbiegende Haar geht in den Haarstrich ein, der über Hüfte und Schenkel nach hinten verläuft. Das nach vorne abbiegende Haar wird Teil jenes Haarstriches, der an der Wölbung der Rippen entlang nach unten und vorn verläuft. Diese Verteilung der Haarstriche und Wirbel bewirkt, dass Regen oder schmelzender Schnee vom Rücken des Tieres aus durch den Wirbel abgelenkt und daran gehindert werden, an der Flanke entlang zu laufen und das Innere des Schenkels und die Leistengegend zu erreichen, die beide empfindlich und nicht gut geschützt sind. Ein weiteres Beispiel für einen Wirbel, der strategisch so angelegt ist, dass er eine ganz entscheidende Schutzfunktion ausüben kann, ist das sogenannte Regen- oder Schneedach über der Schweifwurzel. Der tief angesetzte Schweif des Islandpferdes, der bei Regen, Schnee und Sturm die After- und Scheidenpartie vollendet abdichtet, ist für das Überleben in der freien Natur und auch bei Robusthaltung besser als der bei Großpferden geschätzte »gut angesetzte« und als besonders schön angesehene bogenförmige »Araberschweif«, der sich wegen seiner Luftdurchlässigkeit eigentlich nur in heißen Wüstenländern als zweckmäßig erweist.

Der Wirbel an der Halsunterseite soll das Wasser daran hindern, nach hinten über Schulter und Brust zu laufen. Die beiden Haarstriche zu Seiten des Halses treffen sich in einer »Naht«, deren einzelne Haare wie starre kurze Fransen nach vorn weisen.

Von hier aus tropft das Wasser zu Boden, ohne erst die Brust zu berühren. Der Wirbel auf der Stirn – meist zwischen den Augen oder ein wenig höher liegend – hilft, das Wasser vom Maul wegzuleiten, während der »Bart« dem Zweck dient, das Wasser von Kiefer und Unterkiefer fernzuhalten.

Hufstruktur und Hufbeschlag

Die Form der Hufe von Islandpferden ist einerseits rassebedingt, andererseits steht natürlich die Entwicklung einer bestimmten Hufform in einem gewissen Abhängigkeitsverhältnis zur Gliedmaßenstellung und Belastung des Hufsockels. Eine Hufform ist keineswegs endgültig und muss nicht lebenslänglich in der gleichen Art fortbestehen. Der regelmäßige Vorderhuf ist niedriger und weiter als der höhere und engere

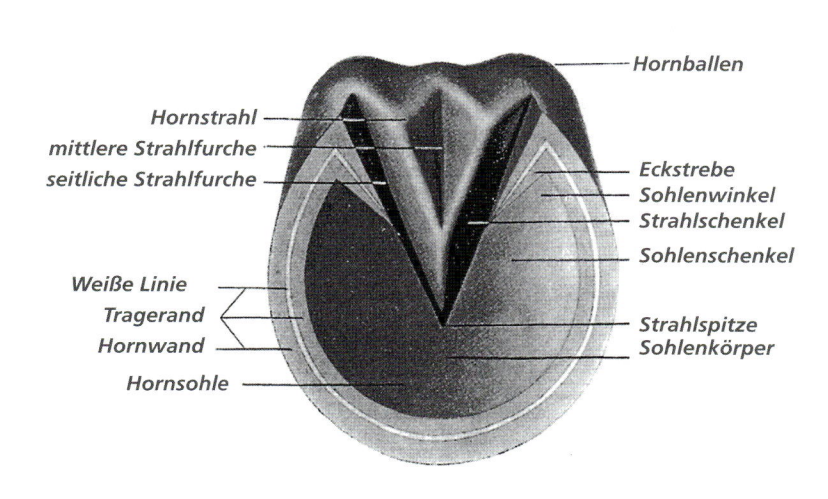

Halbschematische Darstellung des Aufbaus der Hornkapsel (Sohlenfläche).

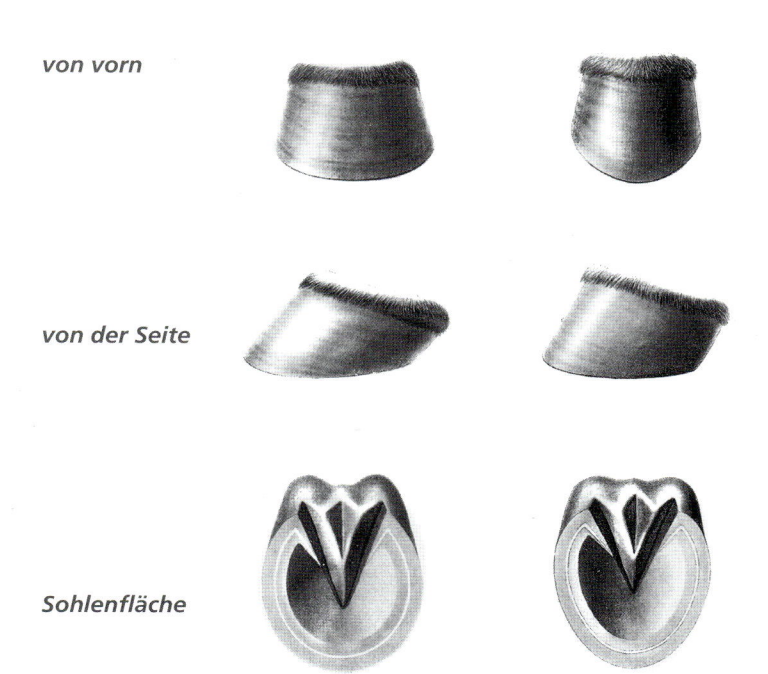

Regelmäßiger Vorder- und Hinterhuf eines Islandpferdes (halbschematisch, nach Ruthe).

Hinterhuf. Die Hornkapsel entspricht entwicklungsgeschichtlich dem Finger- oder Zehennagel des Menschen. Die Hufkapsel besteht aus unterschiedlich festem Horn. Hornsaum, Blättchenschicht, weiße Linie und Hornstrahl bestehen aus Weichhorn, die anderen Teile aus Harthorn.

Die Festigkeit des Hufhorns von Islandpferden hängt nicht nur vom Verhornungsgrad und seiner Ausbildung, sondern auch von seiner gesunden Beschaffenheit und vom Feuchtigkeitsgehalt ab. Der Aufbau des Hufhorns baut sich aus dichten Hornröhrchen auf.

Im Huf von Islandpferden befindet sich weniger Zwischenröhrchenhorn als z.B. bei großen Kaltblütern. Demzufolge besitzen Islandpferde ein festes Hufhorn, das gegenüber Trockenheit und Feuchtigkeitseinflüssen relativ unempfindlich ist. Doch andauernde trockene Witterung führt auch bei ihnen zu langsamem Wasserverlust des Hufhornes. Der Huf wird dann spröde und reißt. Dagegen führt häufiger Einsatz der Pferde auf nassem Gelände zu weichem, biegsamem und schließlich brüchigem Hufhorn. Auch Jauche übt eine stark zersetzende Wirkung aus. Durch sinnvolle Anwendung von Huffett und Holzteer kann ein Feuchtigkeitsoptimum erhalten und Fäulnis vermieden werden. Einzelne Teile der Hornkapsel bewegen sich während der Be- und Entlastung der Gliedmaßen. Man erkennt das an den Rinnen im Bereich der Schenkelenden eines Hufeisens. Sie werden hervorgerufen durch eine mäßige Hin- und Herbewegung der Trachtenwände auf dem Eisen. Bei der Belastung des Hufs sinkt die obere Hälfte der Vorderwand des Hufes geringfügig in Richtung auf die Hufmitte ein, die untere vordere Hälfte bleibt bewegungslos, während die hinteren Wandabschnitte sich von der weitesten Stelle ab erweitern.

Barhuf laufen

Barfußgehen oder besser Barhuflaufen auf weichem Boden regt das Hornwachstum an und verbessert seine Beschaffenheit. Die daraus folgende Aktivierung des Hufmechanismus führt zur Verstärkung des Hufwachstums und optimiert die Qualität des Hufhornes. So wächst die Hornwand barhuf laufender Islandpferde etwa um ein Viertel schneller als die beschlagener Tiere. Im Schnee oder bei Glätte bietet das Barhuflaufen Vorteile gegenüber dem Laufen mit beschlagenen Hufen. Gelegentlich gibt es aber auch beim Barhuflaufen Aufstolleffekte, etwa bei Schneematsch, wenn z.B. bei bereits engen Hufen zudem die Strahlfurchen zu eng sind oder bei hohem Sohlengewölbe ein verkümmerter Strahl vorliegt. Hier kommt es darauf an, die Strahlfurchen durchgängig zu machen und unnötige Hornansätze zu beseitigen. Grundsätzlich spielt auch die Flexibilität des Hufhorns eine Rolle dafür, ob sich der Schnee aus dem Huf löst.

Hufpflege

Vor jedem Reiten sollte die gesamte Sohle der Hufe mit dem Hufkratzer gesäubert, die äußeren Hufwände abgebürstet und letztere mit Huffett dünn eingestrichen werden. Nach der Arbeit wird der Huf erneut hochgehoben und von Erd- und Sandresten befreit. Wichtig ist die Überprüfung der Strahlfurchen und der Engstelle zwischen Strahl und

Eckstreben wegen des möglichen Festsetzens von Steinen und zur Verhinderung von bakteriell bedingten Fäulnisvorgängen.

Pflegebedürftig sind im Winter die Anteile der Zehengelenke oberhalb der Hornkapsel, insbesondere ab Ballen- und Kronsaum, dort wo die sensiblen Hautanteile beginnen. Bei verharschtem Schnee kann man vorsorglich den empfindlichen Übergang der hornigen Haut im Bereich der Ballen, Hufknorpel und in der Fessel durch Auftragen von Melkfett oder Vaseline, die in das Fell einmassiert werden, gegen scharfe Eiskristalle schützen. Das gründliche Abwaschen der Pferdebeine nach winterlichen Ausritten ist außerdem von Vorteil, denn die Beine sind vor Streusalz zu schützen.

Als Ursache für alle möglichen Hufveränderungen oder Hornerkrankungen wird jahreszeitlich begrenzte nasskalte Witterung völlig zu Unrecht gefürchtet. Das Horn kann auch bei Dauernässe nicht übermäßig aufweichen, es wird nur dadurch weicher und elastischer. Strahlfäule und Hufgeschwüre haben ihren Ursprung eher in Trockenperioden, in denen sich tiefe Risse im trockenen und spröden Horn bilden können.

Beschlagen von Islandpferden

Wegen des in Island meist steinigen Bodens muss auf der Insel jedes Pferd beschlagen werden. Dies ist meist sogar vor dem ersten Anreiten notwendig. Vor allem bei längeren Ritten müssen die Pferde zum Schutz Eisen tragen. Unsere Bedingungen zwingen uns ebenfalls dazu, die Pferde zu beschlagen. Spätestens alle sechs Wochen sollte bei uns ein Hufschmied den Zustand der Hufe überprüfen, da in diesem Zeitraum das Hufhorn etwa 0,8 bis 1,6 cm nachgewachsen ist. Der Hufschmied beschneidet den Tragrand und kürzt die Zehen nur soweit, wie es dringend erforderlich ist, denn durch den längeren Huf wird die Gefahr des Eindringens von spitzen Steinen draußen in der Natur vermindert.

Wie beschlägt man Pferde in Island?

Wie wir schon gehört haben, kommt man in Island um einen Beschlag nicht herum. Ein fester und sicherer Sitz des Eisens ist dabei wichtiger als orthopädische Korrektheit. In Island kennt man den Beruf des Hufschmieds nicht. Beschlagen wird hier meist selbst, oder man geht zu einem in dieser Kunst besonders geschickten Nachbarn. Hufeisen gibt es im Konsumladen oder in der Verkaufsstelle einer Tankstelle. Es gibt wenig Auswahl in der Hufeisengröße.

Nach dem Begradigen, oft mittels eines Zugmessers auf Brettunterlage, werden die Eisen kalt aufgelegt und prüfend hin und her geschoben, um beim Nageln die weiße Linie zu schonen. Oft sitzt das Eisen dann sehr weit hinten, der Hufrand steht vorne über. Der letzte Nagel sitzt an der breitesten Stelle des Hufs. Beim Festziehen der Nägel wird wie

Wenn während eines Wanderrittes ein Hufeisen verloren geht, wird es unterwegs wieder aufgenagelt.

bei uns mit gegengehaltener Hufzange gearbeitet. Die Nagelspitzen werden zwar abgekniffen, aber meist etwas länger als bei uns – dadurch sollen sie länger halten – mit einer Krokodilzange angedrückt. Zum Schluss knipst man den überstehenden Teil der Hufwand ab und feilt glatt.

Hufbeschlag

Prinzipiell stellt ein Hufbeschlag beim Islandpferd immer nur einen Kompromiss dar, denn dem Huf geht es prinzipiell besser ohne Eisen. Aber wenn sich der Huf durch das Reiten mehr abnutzt, als er in der gleichen Zeit nachwachsen kann, ist ein Schutz notwendig, um Lahmheit zu verhindern. Man muss sich dabei immer vor Augen halten, dass es fast ein Jahr dauert, bis sich ein Huf vom Kronrand bis zur Sohle erneuert. Je nach Bodenbeschaffenheit und Härte wird das Horn normalerweise gleichmäßig abgenutzt. Beim Abfußen wird der Vorderhuf über die Zehe abgerollt (deshalb Zehenrichtung), während der Hinterhuf fast immer plan abhebt.

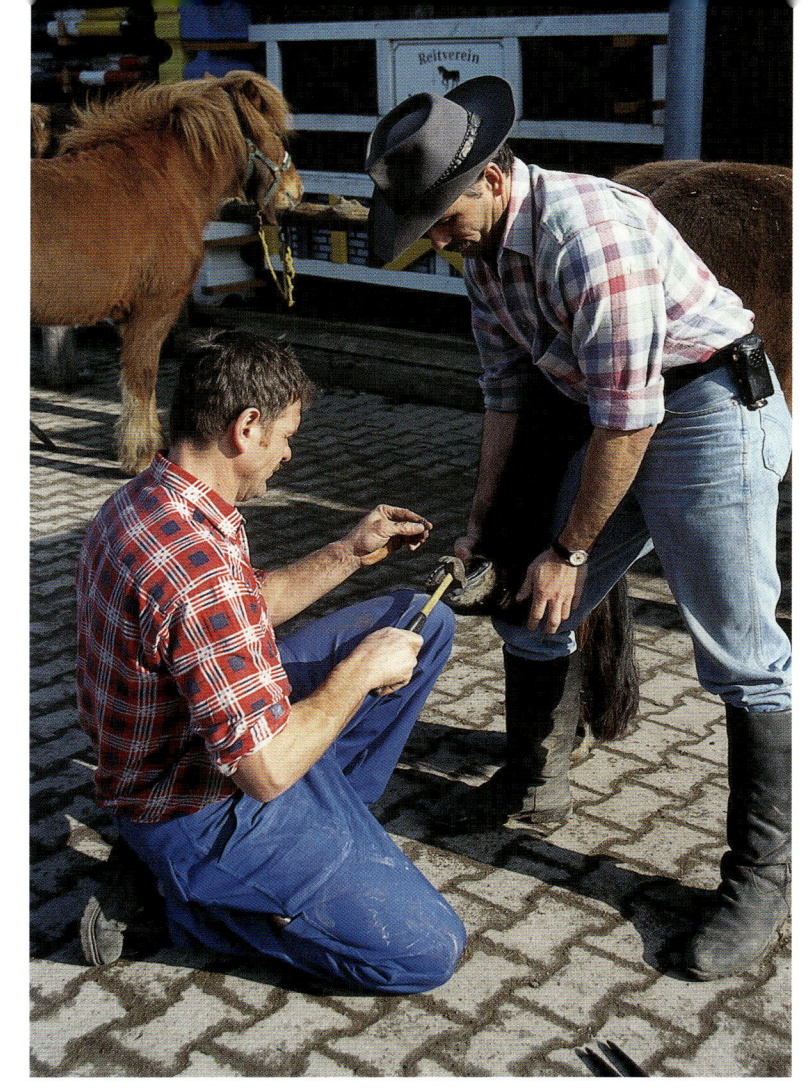

Hufbeschlag schützt das Hufhorn und damit auch die Hufkapsel vor Beschädigung.

Generell soll der Beschlag den Huf vor übermäßiger Abnutzung schützen, eventuell die Stellung korrigieren und Schutz vor Schäden durch schiefes Ablaufen oder zu starke Ausdehnung der Hufwand bilden. Außerdem kann er bei Ausstattung mit Stollen Gleitschutz gewährleisten oder auch die Gliedmaßen bei Erkrankungen (z.B. Hufrollenentzündung, Spat oder Rehe) entlasten.

Fazit: Gerade unter den heutigen Umwelt- und Lebensbedingungen ist der Gebrauch eines Islandpferdes ohne entsprechenden Beschlag mit Schwierigkeiten verbunden. Der Zweck des Hufbeschlags ist es also, das Hufhorn vor zu schneller und übermäßiger Abnutzung zu schützen und so die von der Hufkapsel eingeschlossenen empfindlichen Teile vor Beschädigungen zu bewahren. Wo die Bedingungen es erlauben, sollte jedoch darüber nachgedacht werden, das Pferd unbeschlagen zu lassen, da so der natürliche Hufmechanismus am besten arbeiten kann.

Wissenswertes zu den Eisen

Die Hufeisenform sollte der Hufform entsprechen. Im Normalfall wird man das Hufeisen mit dem Ballen enden lassen, wodurch die tragende Fläche des Hufes optimal unterstützt und das Gewicht gut verteilt wird. Bei Turnierpferden, die häufig in schnellen Gangarten geritten werden oder auch bei Islandpferden, die nicht im Gleichgewicht laufen und die sich »greifen«, wird das Eisen oft schon knapp hinter dem Huf oder sogar mit dem Huf enden, was als Negativwirkung die Bildung eingezogener und untergeschobener Trachten begünstigt.

Bei steilem Huf wird man kurze Eisen nehmen und bei spitzem Huf verlängerte Eisen bevorzugen. Zur Unterstützung des Abrollens beim Huf wird man die Zehenrichtung beachten, die gerade beim unbeschlagenen Huf deutlich zu erkennen ist. Für den normalen Beschlag beim Islandpferd werden 8- und 10-Millimeter-Eisen verwendet. Ein Zehenaufzug wird beim Vordereisen und zwei Seitenaufzüge beim Hintereisen benutzt.

Ein neuer Beschlag ist fällig, wenn

1. *das Horn so stark nachgewachsen ist, dass der Huf verkürzt werden muss, auch wenn das Eisen noch keine deutlichen Abnutzungserscheinungen aufweist.*

2. *das Eisen verlorengegangen ist.*

3. *das Eisen locker ist.*

4. *das Eisen an bestimmten Stellen abgenützt ist.*

5. *die Nieten »gestiegen« sind und nicht mehr an der Hornwand anliegen.*

6. *der Huf übermäßig lang und verformt ist.*

Berücksichtigung verschiedener Gangarten

Über den passenden Beschlag kann man jedoch unterschiedlicher Meinung sein. Hier wird in der Gangpferdereiterei viel diskutiert und gestritten. Stichwort ist: Manipulation. Durch den Beschlag will man den Pferden in den Gängen helfen. Durch Gewichte findet z.B. eine Verlängerung der Beinbewegung statt und der Zeitpunkt des Auffußens wird verzögert. Die Vergrößerung des Schrittes wird durch die entstehende Fliehkraft erzeugt.

Gewichte werden in der Form von schwereren Eisen, Glocken oder Sohlplatten eingesetzt. Ein Bein mit angehängtem Gewicht macht beispielsweise einen größeren, höheren und weiteren Weg.
Der korrekte Hufbeschlag und die damit verbundenen Möglichkeiten kommt jedoch einer – wenn auch genau reglementierten und damit eingeschränkten – Manipulation der Bewegungen gleich.

Wahl des richtigen Beschlages

Trabtölter: Der Trabtölter soll vorne mit 8- bzw. 6-Millimeter-Eisen sehr leicht beschlagen werden oder in Extremfällen barhuf laufen. Zusätzlich sind die Hufe klein zu halten und man sollte ihnen eine gute Zehenrichtung geben. Damit kann der Huf gut abrollen und ohne Verzögerung wieder abfußen. Die Hinterhufe werden groß belassen und mit großen, schwereren 10-Millimeter-Eisen beschlagen.
Passtölter: Das Auffußen der Vorhand muss verzögert werden, d.h. der zeitliche Unterschied zwischen dem Auffußen der Vor- und Hinterhand muss vergrößert werden. Dazu werden die Hinterhufe klein gehalten und leicht beschlagen. Die Vorderhufe lässt man groß und versieht sie mit schwereren 10-Millimeter-Eisen. Das Resultat dieses Beschlags ist, dass das hintere Bein früher und das vordere Bein später auf den Boden kommt.
Viergänger: Der Viergänger kommt mit gleichen Eisen vorne wie hinten aus.

Sohlplatten

Durch Sohlplatten werden die Stöße gedämpft. Bei Pferden mit hoher Aktion und kraftvollem Auffußen ist die Verwendung von Sohlplatten daher sinnvoll und für die Beine der Pferde schonend. Ein weiterer Effekt der Sohlplatten liegt darin, dass bei Pferden mit empfindlicher Hufsohle und bei steinigen Reitwegen Schmerzen verhindert und damit zusätzlich auch der Takt der Gänge verbessert werden kann.

Eisen für das Turnier

Von Turnierreitern müssen die Bestimmungen der Islandpferdeprüfungsordnung strikt eingehalten und eigenhändig mit der Schublehre die Eisenabmessungen und die Huflänge nachgemessen werden.

Fazit: Wenn auch der Beschlag in der Turnierreiterei gewünschte Erfolge unterstützt, so steht die Reitkunst doch immer noch an erster Stelle. Hierzu prägte Bruno Podlech einmal den klassischen Satz: »Wenn es mit dem Beschlag nicht mehr geht, muss man wieder reiten.«

Stoffwechselphysiologie – Atmung, Ernährung, Wasserhaushalt

Die Atmung

Unter Atmung versteht man sowohl den Gastransport zu und von den Zellen als auch chemische Oxidationsvorgänge, die mit Hilfe des Sauerstoffs in den Zellen ablaufen. Die Luft bei der Einatmung enthält 20,9% Sauerstoff, 0,03% Kohlendioxid und 79,4% Stickstoff, dagegen enthält die Luft bei der Ausatmung etwa 16% Sauerstoff, 4% Kohlendioxid und 80% Stickstoff. Der Transport dieser Gase von den Lungen zu den Zellen der Organe und Gewebe und umgekehrt erfolgt über die Blutbahn. Der Atmungsapparat setzt sich aus luftleitenden und luftaustauschenden Organabschnitten zusammen. Das in der Nasenhöhle gelegene Geruchsorgan kontrolliert die Luft. Es dient vor allem der Umweltorientierung und zusammen mit der sensiblen Innervation der Schleimhaut dem Schutz vor äußeren Schadstoffen. Im Kehlkopf erfolgt im Zusammenwirken mit anderen Kopforganen wie der Zunge die Lautbildung. Die durch die Nüstern eingeatmete Luft erreicht über den unteren Nasengang den Rachenraum. Beim Pferd wird der Rachenraum durch ein breites Gaumensegel von der Maulhöhle abgeschlossen, so dass eine Mundatmung nicht möglich ist.

Das luftleitende System führt in der Lunge in immer enger werdende Röhrchen, die letztlich in Blindsäcken, den Lungenbläschen enden. Die Organe des Atmungsapparates werden vorwiegend von einer Schleimhaut ausgekleidet. Die Gesamtoberfläche von Bronchien und Lungenbläschen eines Islandpferdes beträgt etwa 1600 m². Dies ist eine hochempfindlichen Zelltapete, die bei jedem Atemzug mit allem in Berührung kommt, was in der Umgebungsluft der Pferde enthalten ist. Vergleichsweise kann man sagen, dass das Islandpferd soviel Luft braucht wie zehn Menschen.

Der Atmungsvorgang

Damit Luft einströmen kann, wird durch Kontraktion der Atemmuskulatur der Brustraum während der Einatmung erweitert und das Lungengewebe aktiv gedehnt. Erschlaffen die Atemmuskeln, sinkt der Brustkorb zusammen. Dadurch wird die Luft aus der Lunge herausgedrückt. Die Einatmung ist also ein aktiver Vorgang, während die Ausatmung passiv erfolgt. Mit steigendem Kohlendioxidgehalt im Blut nimmt die Atemfrequenz zu, weil Rezeptoren in den Blutgefäßen diese Veränderung registrieren und an das Atemzentrum weitermelden. Beim Islandpferd sind 10–16 Atemzüge bei völliger Ruhe normal. Sie werden durch die Bewegungen der Nüstern und durch das Erweitern und Verengen der Brust und Bauchhöhle beobachtet bzw. durch Auflegen der Hand auf die Seite des Bauches gezählt.

Die Atmungsorgane.

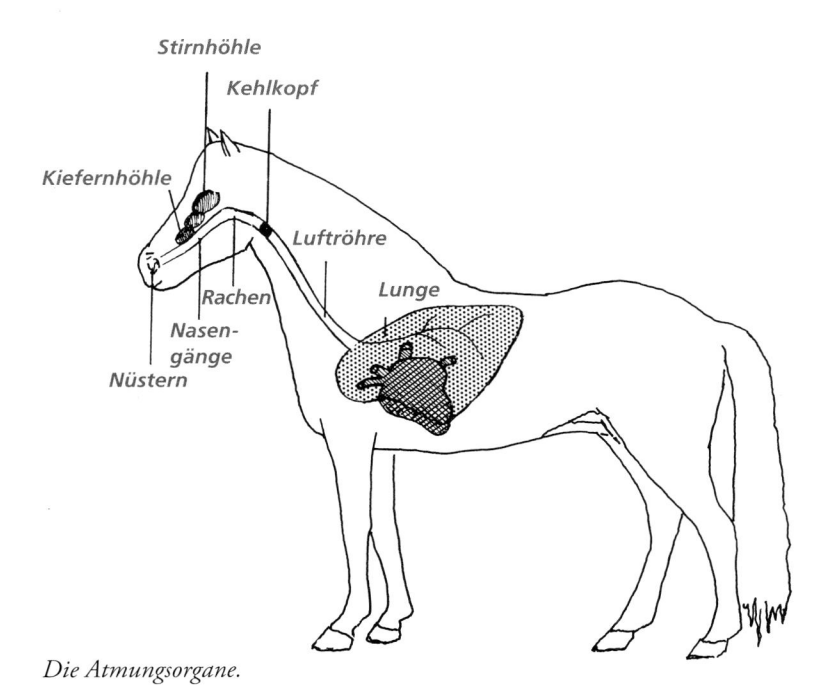

Luftempfindlichkeit

Das Islandpferd hat – wie jedes Pferd – als großes Lauftier ein extremes Luft- und Bewegungsbedürfnis, das bei reiner Stallhaltung nicht zu befriedigen ist. Man denke in diesem Zusammenhang an die in vielen Ställen zu beobachtenden Erkrankungen der Atmungsorgane infolge schlechter Luftverhältnisse und ungenügender Luftzirkulation. In einem Pferdestall kann nur durch ständige Luftbewegung eine ausreichende Sauerstoffversorgung garantiert werden.

Bitte nicht eindecken – ich friere nicht!

Viele Pferdebesitzer wollen ihre Pferde in der kalten Jahreszeit gegen Kälte und Zugluft schützen. Daher sieht man immer wieder eingedeckte Pferde auf Koppeln, verschlossene Türen und Fenster und hermetisch abgeschlossene Pferdeanhänger auf den Straßen. Gesunde und gut genährte Pferde sind jedoch gegen Kälte unempfindlich. Der Grund hierfür liegt in dem Verhältnis Körpervolumen zu Körperoberfläche. Daher beträgt die wärmeabgebende Körperoberfläche pro Kilogramm Körpergewicht nur etwa 1/20 von der des Menschen. Somit liegt der thermoneutrale Bereich zwischen 10 °C und –15 °C. D.h. nicht nur, dass die Pferde in diesem Bereich keinen gesundheitlichen Schaden nehmen – den nehmen Islandpferde auch bei –30 °C nicht –, sondern dies ist der Bereich, in dem sich bei Temperaturschwankungen weder die Dichte des Haarkleides ändert noch eine messbare Stoffwechselreaktion auf Temperaturschwankungen erfolgt.

Wichtig ist dabei die vertikale, nicht die horizontale Luftzirkulation, d.h. es ist dafür Sorge zu tragen, dass im Stall nicht nur die Möglichkeit des Lufteintritts durch die Fenster, sondern auch die des Luftaustritts und des Abtransportes der Schadgase durch Öffnungen im Boden gegeben ist. Die eventuell vorhandene Sorge, die Zugluft schade den Pferden ist unbegründet, denn es gibt keinen Beweis für die Schädlichkeit von Zugluft.

Besonderheiten beim Ernährungsstoffwechsel

Gerade bei Fragen der Fütterung muss besonders die Herkunft des Pferdes aus der Steppe bedacht werden. Alle Verdauungsorgane sind so eingerichtet, dass bei nur von kurzen Pausen unterbrochener Aufnahme und Verzehr von Gräsern und Steppenkräutern einschließlich deren Samen der Normalbedarf an Nähr- und Wirkstoffen gedeckt werden kann. Gras und Kräuter in frischer wie getrockneter Form als Heu sollten die Basis jeder Pferdeernährung bilden. Gewisse Ergänzungen zur Sicherung der Gesundheit, der Fruchtbarkeit und des optimalen Wachstums sind heute im Allgemeinen erforderlich, da das Gras unserer Kulturweiden bzw. -wiesen bestimmte Mineralstoffe und Spurenelemente nicht immer in ausreichender Menge bzw. im ausgewogenen Verhältnis enthält und auch der Kräuterbesatz von Wiesen und Weiden nur noch selten dem einer Natursteppe entspricht.

Unterschiede in der Zelluloseverdauung

Neben den Paarhufern, den Kühen, Ziegen und Schafen, besitzt das Pferd als Pflanzenfresser einen Verdauungsapparat, der große Mengen eines sperrigen, schwer aufschließbaren, nicht sehr gehaltreichen Futters verarbeiten kann.

Bei der vergleichenden Betrachtung der Verdauungsvorgänge von Wiederkäuern und Pferden ist die derzeitige Lehrmeinung, dass Pferde nur 60–70% der Zellulose verdauen können. Wenn das auch für Islandpferde zutreffen würde, hätten diese in der Frühzeit kaum überlebt, da sie immer wieder gezwungen waren, ausschließlich von verholztem Gras zu leben.

Dabei erhebt sich nun die Frage, ob Islandpferde über irgendwelche anatomischen oder physiologischen Besonderheiten verfügen, die diesen ungewöhnlichen Sachverhalt erklären? Um dies zu verstehen, müssen wir uns mit den Verdauungsvorgängen bei Islandpferden beschäftigen.

Der Verdauungsapparat und die Verdauungsvorgänge

Vorzerkleinerung

Mit Hilfe von Lippen, Zähnen und Zunge nimmt das Pferd das Futter auf. Durch eine Seitwärts-Mahlbewegung der Backenzähne wird die Nahrung von der Zunge abwechselnd zu den beiden Kieferseiten zum Kauen verschoben. Die Gebissbewegung des Pferdes beim Kauen ist daher nicht nur auf und ab, sondern auch seitlich mahlend.

Gelegentlich jedoch bewegen die Tiere den Unterkiefer nicht immer gleichmäßig weit von rechts nach links und zurück, oder der Oberkiefer ist breiter als der Unterkiefer. Bei einer nicht ausreichenden Seitwärts-Mahlbewegung werden die Außenseiten der Zähne des Oberkiefers und die Innenseiten der Zähne des Unterkiefers nicht genügend abgenutzt. Es kommt zur Hakenbildung, spitze Überstände an den Zähnen, die die Möglichkeit der Seitwärtsbewegung immer stärker einschränkt, bis es zur einem ungenügenden Vermahlungsgrad der Nahrung kommt.

Von dem Wassergehalt, der Struktur und dem Vorzerkleinerungsgrad ist die benötigte Kauzeit der Islandpferde abhängig. Geht man davon aus, dass pro Minute etwa 50 Kaubewegungen zur Zerkleinerung von langfaserigem Heu erfolgen, so werden pro Stunde etwa 3000 Kaubewegungen erfolgen, um das Futtermittel zu verarbeiten. Die Mindestaufnahmezeit für die gesamte Futtermenge eines Tages sollte mindestens drei Stunden betragen, jedoch sind möglichst lange Futteraufnahmezeiten anzustreben.

Gleitfähigkeit des Futters

Das Islandpferd sondert täglich mehrere Liter Speichel ab, der die Aufgabe hat, die Gleitfähigkeit des Futters für den Transport durch die Speiseröhre zu bewirken. Die Produktion einer derart großen Menge Speichel setzt eine ausreichende Versorgung des Pferdes mit Wasser voraus. Durstige Pferde werden deshalb trockenes Futter erst nach dem Tränken aufnehmen.

Der Speichel dient beim Pferd kaum einer chemischen Verdauung wie bei anderen Tieren, da ihm das Verdauungsferment Ptyalin völlig fehlt.

Umsetzungsvorgänge im Magen

Im relativ kleinen Magen, der weniger als 10% des Gesamtvolumens des Magen-Darm-Kanals beträgt, kommt es zu Umsetzungsvorgängen. Sein Fassungsvermögen beträgt beim Islandpferd nur etwa 10 Liter, es kann deshalb keine größeren Futtermengen auf einmal aufnehmen. Übermäßig viel Futter, insbesondere schwerverdauliches, gärendes oder quellendes, kann daher leicht zu schweren, oft tödlichen Koliken führen, besonders da das Pferd durch einen dichten Verschluss des Mageneingangs weder aufstoßen noch erbrechen kann.

Im Magen selbst werden aus den im Futterbrei leicht verfügbaren Kohlenhydraten, Fetten und Eiweißen – mittels Enzymen und Mikroorganismen – dann Milchsäure, kurzkettige Fettsäuren und Eiweißspaltprodukte gebildet. Der Magensaft enthält Salzsäure und Pepsin. Durch Salzsäure kommt es im Magen zu einer Absenkung des pH-Wertes und durch Pepsin zur Eiweißspaltung.

In den anschließenden Dünndarm – bestehend aus Zwölffingerdarm, Leerdarm und Hüftdarm – münden die Enzyme der Bauchspeicheldrüse und, da die Pferde keine Gallenblase haben, die Gallenflüssigkeit. Das Sekret der Bauchspeicheldrüse enthält die Enzyme Trypsin, Lipase und Amylase, die eiweiß-, fett- und stärkespaltende Eigenschaften haben. Alkalien und Bicarbonat sorgen zudem dafür, den vom Magen her niedrigen pH-Wert des Nahrungsbreis anzuheben. Die so aufgeschlossenen Stoffe werden von der Darmwand aufgesogen und in die Blutbahn überführt. Zucker, Stärke, Eiweiß und Fett werden im Dünndarm abgebaut und absorbiert, jedoch bleibt die Rohfaser völlig unverdaut.

Futterwahl: süß-sauer?

Im diesem Zusammenhang ist die Beobachtung von Ebhardt an einer Gruppe von 75 Islandpferden interessant, die längere Zeit in einem großen Freigehege in Isernhagen bei Hannover gehalten und genau beobachtet wurden. Dabei war ein Gelände ausgewählt worden, durch welches die Grenze zwischen sauren Sand- und Moorböden und süßen Ton-Böden verlief. Folgendes konnte beobachtet werden: Morgens begann die Futteraufnahme im Sommer auf den süßen Tonweiden. Gegen 11.00 Uhr zogen sich die Pferde in einen Sumpf zurück, wobei sie sowohl die voll ausgebildeten Blattspreiten als auch ganz besonders gern die Schilfkeime unter dem Wasser aufnahmen. Die Insekten wurden durch das Schilf ferngehalten. Nach den heißesten Mittagsstunden zogen sich die Tiere dann gegen 15.00 Uhr auf die sauren Moorweiden zurück. Sie packten offenbar gern das saure Futter auf das süße, und zwar nicht – wie es gelegentlich erfahrene Züchter tun – mit einem Wechsel von drei Wochen süßen Weiden und 14 Tagen Moorweide, sondern täglich über einen langen Zeitraum. Offensichtlich scheint der tägliche Wechsel von sauere auf süße Nahrung den Stoffwechsel günstig zu beeinflussen.

Verwertung von Zellulose

Der Futterbrei gelangt vom Dünndarm in den Blinddarm, von dort in den ca. 80 Liter fassenden Grimmdarm und anschließend in den Mastdarm. Vieles, was bei Pferden als allgemein gültig angesehen wird, trifft keineswegs auch auf das Islandpferd zu. Die Zwergstrauchheide, die Tundra und die Melur-Vegetation im zentralen Hochland hat das Islandpferd nicht nur zum guten Lauftier, sondern auch zu einem Spezialisten

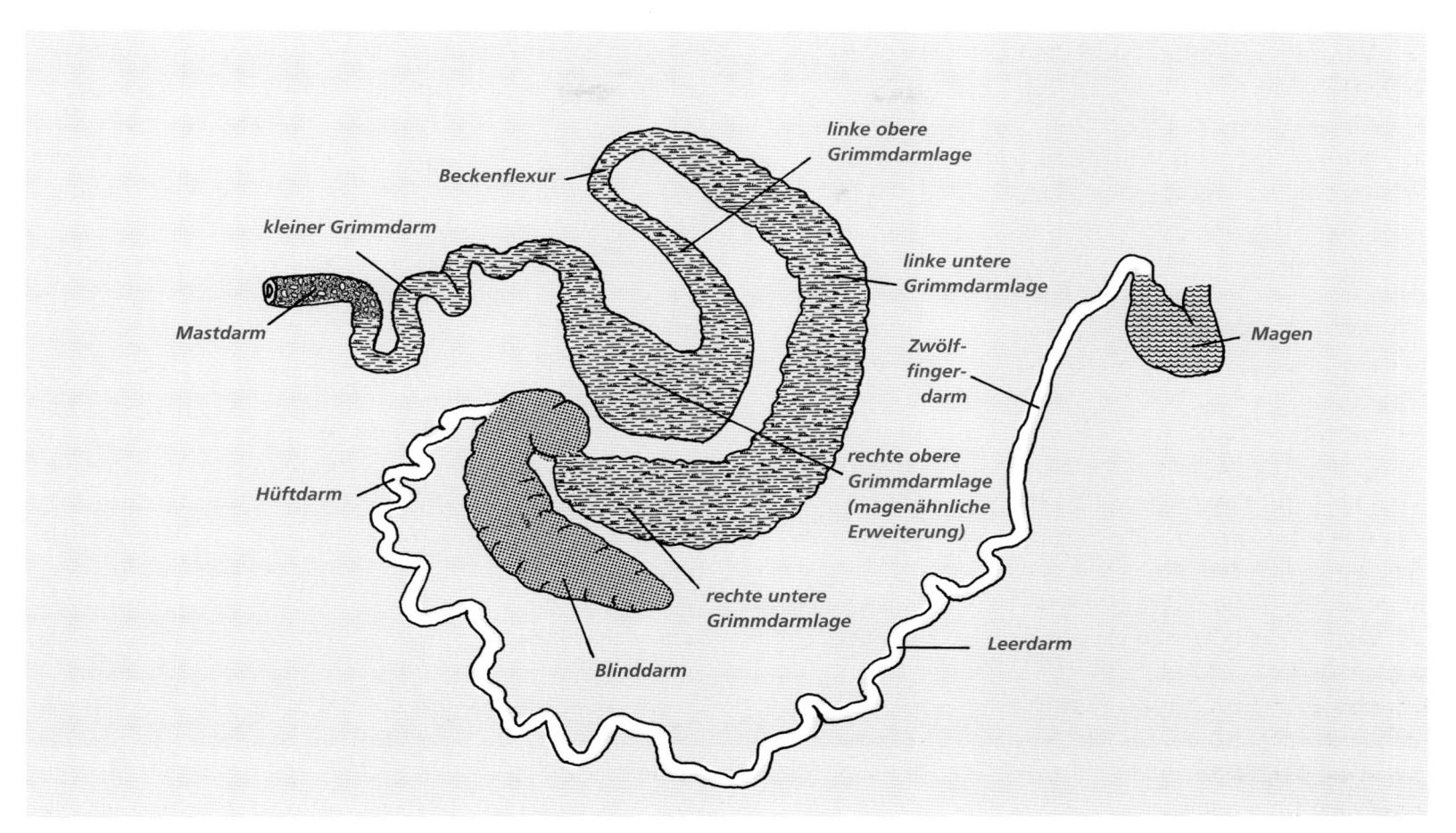

Schematische Darstellung des Verdauungsapparates von Islandpferden.

für die Verwertung der Zellulose werden lassen. Bei Untersuchungen an der Landwirtschaftsschule Hvanneyri im Westen Islands durch Ingimar Sveinsson stellte sich heraus, dass beim Islandpferd Magen und Dünndarm im Verhältnis zu anderen Pferderassen kleiner, Blinddarm und Dickdarm, die in erster Linie für die Verdauung von Zellulose verantwortlich sind, jedoch größer sind. Dies erklärt, weshalb Islandpferde in der Lage sind, Raufutter so gut zu verwerten. Neuere Untersuchungen von Hvanneyri und dem isländischen landwirtschaftlichen Forschungsinstitut, bei denen die Verdauung von Raufutter bei Schafen und Pferden verglichen wurden, bestätigen diese Besonderheit des Islandpferdes.

Das Islandpferd verwertet reine Zellulose bis über 90%, während normale Großpferde nur 60 bis 70% und der Mensch sogar höchstens 15% verstoffwechseln können.

Verdauung durch Gärkammern

Der Dickdarm beginnt mit dem Blinddarm. Der Blinddarm und der größte Teil des Grimmdarms sind Gärkammern, in denen unter optimalen Wärme- und Feuchtigkeitsverhältnissen eine extrem große Zahl von Bakterien und Einzellern die rohfaserhaltigen Futterbestandteile zerlegt.

Im Dickdarm werden die Voraussetzungen für die Verdauung der durch Fermente nur unzureichend aufschließbaren Zellulose geschaffen. Diese erfolgt wie gesagt durch die mit dem Pferd im Dickdarm in Symbiose lebenden Bakterien und Einzeller, die dort hierfür die günstigsten Bedingungen finden. Im Blinddarm konnten beispielsweise durch Kern (1974) pro Gramm Inhalt 567 Einzeller nachgewiesen werden. Die aus dem Zelluloseabbau entstehenden Stoffe respektive flüchtigen Fettsäuren werden sofort von der Darmwand resorbiert. Die Mikroorganismen sind zudem in der Lage, die Vitamine des B-Komplexes und das Vitamin K zu bilden.

Abschluss der Verdauungsabläufe

Die Verdauungsabläufe sind bis zum kleinen Grimmdarm im Wesentlichen abgeschlossen. Der Trockenmassegehalt ist von vorher 6 bis 0% im Blinddarm, über 12 bis 15% im unteren Grimmdarm und über 15 bis 19% im oberen Grimmdarm auf 19 bis 25% angestiegen. Über die tiefen taschenartigen Ausbuchtungen des kleinen Grimmdarms werden nun die Kotballen geformt und nach Passage des Mastdarmes nach außen abgegeben. Der Kotabsatz kann je nach Fütterung bis zu 20 Mal

Wiesen und Weiden sind die wichtigsten Voraussetzungen für Haltung und Zucht leistungsfähiger und gesunder Islandpferde.

am Tag erfolgen, wobei die gesamte Kotmenge pro Tag 1 bis 3% des Pferdekörpergewichtes ausmacht. Die Durchlaufzeit des Futters durch den Darmkanal beträgt bei Grünfutter 10 bis 12 Stunden, bei Raufutter wesentlich länger.

Bei normal gefütterten Pferden erfolgt der Kotabsatz alle zwei bis vier Stunden. Ein gut geformter, glänzender Kot von grünbraungelber Farbe und von nicht unangenehmem Geruch ist anzustreben. Bei Anstieg des Feuchtigkeitsgehaltes und unangenehmen Geruch, verbunden mit Abweichungen in der Form, kann fehlerhafte Fütterung oder Krankheit vorliegen. Trockener, fester und heller Kot deutet auf eine zu hohe Aufnahme von Stroh oder auf Wassermangel hin, der zu Verstopfungen führen kann.

Ernährung und Futtermittel

Islandpferde haben sich in jahrhunderterlanger Entwicklung an die Futterverhältnisse extensiver Standorte adaptiert. Ihr Verhalten (ruhiges Temperament, Futterdankbarkeit) in Verbindung mit ihrer Physiologie (dichtes Haarkleid, Unterhautfettgewebe) bedingen offenbar einen geringeren Energieaufwand im Erhaltungsstoffwechsel als bei Großpferden. Bei ihnen besteht unter den günstigeren Klima- und Futterverhältnissen Mitteleuropas eher die Gefahr der Über- als der Unterversorgung mit Energie (Verfettung).

Weidegras und Heu sind das unentbehrliche Futter, das ein Pferd während seines Lebens aufnimmt. Ohne Hafer kann ein Pferd als Steppentier leben, jedoch nicht ohne Grün- oder Raufutter. Die Beschaffenheit der Wiesen und Weiden und natürlich auch die Qualität des Heus sind die wichtigsten Voraussetzungen für die Haltung und Zucht leistungsfähiger und gesunder Pferde.

Die gezielte Fütterung des Islandpferdes beginnt bereits im Mutterleib. Mangelhafte, einseitige Fütterung der Zuchtstute beeinträchtigt die gesunde Entwicklung des Fötus. Dem gegenüber ist dringend vor einer Überfütterung durch hohe Eiweiß- und Energiegaben zu warnen. Dies fördert nur die Zunahme von Körpergröße und Gewicht des Fohlens und überlastet seinen ganzen Knorpel- und Knochenaufbau. Sowohl beim Zucht- wie auch beim Reitpferd bedarf es einer regelmäßigen Kontrolle des Futterzustandes: Durch die flach aufgelegte Hand sollen die Rippen leicht spürbar, beziehungsweise durch 2–3 mm Gewebe und Muskeln unter der Haut gedeckt sein. Die Rippenzwischenräume sind ausgefüllt.

Wie ernährt man Islandpferde auf dem Kontinent?

Islandpferde brauchen pro Tag 1,2 bis 1,4% ihres Gewichtes an Futtertrockenmasse. Trockenmasse (TM) ist der verbleibende Gewichtsanteil des Futters nach Abzug des Wasseranteils. So erfordert ein Islandpferd von 350 kg Lebendgewicht unter Zugrundelegung einer Futtertrockenmasse von 1,3% bis ca. 4,55 kg TM pro Tag. Dabei hängt natürlich die Wahl der Futtermittel vom Temperament des Pferdes, der Leistungsbereitschaft, der täglichen Arbeit und anderen Haltungsbedingungen ab. Außerdem ist zu berücksichtigen, ob ein Pferd ein guter oder ein schlechter Futterverwerter ist. Islandpferde, die immer zu dick sind, geben oft rechte Fütterungsprobleme auf. Besonders der Weidegang im Frühling zwingt Besitzer solcher Pferde zu besonderer Disziplin: pro Tag nur ein bis zwei Stunden Weidegang. Ansonsten kann nur mit der Beigabe von »Ballastfutter« Stroh die Energiezufuhr kontrolliert werden. Stroh ist voluminös und eiweißarm. Es dient zur Sättigung sowie in Form von Häcksel als Anreiz zu besserem Kauen. Für die Verbilligung der Pferdefütterung ist es ein nicht zu übergehender Faktor. Fette Pferde, Ekzemer und Pferde, die Hufrehe oder Kreuzverschlag durchgemacht haben, erhalten eiweißarme Tagesrationen und möglichst kein Kraftfutter.

Jedoch muss die tägliche Futterration den Energie-, Eiweiß-, Mineralstoff- und Vitaminbedarf gesunder und vitaler Islandpferde decken. Das Eiweißangebot sollte aber nicht wesentlich über der Bedarfsnorm liegen, da ein gesteigerter Abbau Leber und Nieren belastet und dem Pferd zusätzlich Energie entzieht. Neben der Bedarfsdeckung ist das Verhältnis von Calcium zu Phosphor im Futter von Bedeutung, das am besten bei 1,2 bis 1,5 : 1 liegen sollte. Calcium und Phosphor sind besonders wichtig für die Stabilität und Funktion des Knochengerüstes. Das Islandpferd benötigt für je 100 g verdauliches Rohprotein etwa 6 g Calcium und 4 g Phosphor. Diese Elemente sind auch für die Blutgerinnung, Reizleitung und den Energiestoffwechsel in der Muskulatur notwendig. Gutes Heu sichert eine für Erhaltung und leichte Arbeit ausreichende Versorgung mit Calcium und Phosphor.

Besonders wichtig ist auch eine gute Versorgung der Islandpferde mit Kochsalz, da die Pflanzen zu ihrem Wachstum wenig Natrium, aber viel Kalium benötigen. Der Natriumbedarf kann daher bei ausschließlich pflanzlicher Kost häufig nicht völlig gedeckt werden. Dieser Fehlbestand muss durch Anbringung von Salzlecksteinen ausgeglichen werden.

Der Vitamin-A-Bedarf wird im Sommerhalbjahr durch Grünfuttereinsatz gedeckt. Bei Heufütterung im Winterhalbjahr ist jedoch die Versorgung ungenügend. Da Mohrrüben reich an Karotinen sind, sollten diese in täglichen Mengen von 1 bis 2 kg den Islandpferden zur Verfügung stehen, um die Vitamin-A-Synthese zu sichern. Beim Aufenthalt im Freien und der gelegentlichen Gabe von kleinen Mengen Lebertran bilden die Tiere unter dem Einfluss des Sonnenlichtes ausreichend Vitamin D. Die Vitamine der B-Gruppe und Vitamin K werden im Darm der Islandpferde gebildet und decken im Allgemeinen den Bedarf. Vitamin E beeinflusst den Stoffwechsel besonders von Skelett- und Herzmuskulatur. Es ist in den meisten Futtermitteln enthalten. Trotzdem ist die zusätzliche Gabe eines Multivitamin- und Mineralstoffkomplexes wichtig, der alle Stoffwechsel-Funktionen unterstützen muss.

Winterfütterung

Heu: Heu ist und bleibt im Winter die einfachste und sicherste Fütterung. Heu nimmt derzeit trotz neuer Futtermittel immer noch die erste Stelle unter den Grundfutterarten ein. Es erfüllt bezüglich Nährstoffgehalt und Struktur am besten die natürlichen Ansprüche des Islandpferdes. Gerade in kleineren Pferdebeständen oder für den noch unerfahrenen Pferdebesitzer ist die Heuvorlage die einfachste Art der Winterfütterung. Wichtig ist jedoch, dass nur Heu von guter Qualität verfüttert wird. Gutes Heu ist gegenüber frischem Gras wenig verfärbt, hat einen frischen, aromatischen Geruch und enthält keine Verunreinigungen. Die Verfütterung von Klee- und Luzerneheu darf wegen des wesentlich höheren Eiweißgehaltes, wenn überhaupt, nur in geringen Mengen erfolgen.

Grassilage: Angewelkte Grassilage ist ein durch biologische Säuerung (Gärung) konserviertes Futtermittel. Bei gutem Silierverlauf sind die Nährstoffverluste gering. Bezogen auf die Trockenmasse ist mit einer ähnlichen Nährstoffzusammensetzung wie im Ausgangsmaterial zu rechnen. Gute Grassilage hat einen mild säuerlichen, brotartigen Geruch. Farbe und Struktur sollten dem Ausgangsmaterial entsprechen. Langfaseriges Material mit einem Trockensubstanzanteil von mindestens 25%, besser 30%, eignet sich bei guter Qualität hervorragend für die Verfütterung an Islandpferde. Der Einsatz empfiehlt sich besonders bei Atemwegserkrankungen der Pferde Der Staubgehalt der Luft wird drastisch heruntergesetzt, wenn Heu durch Silage ersetzt wird. Unter Berücksichtigung des Wassergehaltes der Silage können etwa 6 bis 7 kg Silage pro Islandpferd täglich zum Einsatz kommen, d.h. man kalkuliert 2 kg pro 100 kg Körpergewicht. Die restliche Kraftfutter-, Mineralstoff- und Vitaminergänzung ist wie bei einer Heufütterung zu handhaben.

Stroh: An Futterstroh müssen die gleichen Qualitätsansprüche wie an Heu gestellt werden. Es muss eine gesunde, kräftig gelbe Farbe, einen angenehmen Geruch und eine einwandfreie hygienische Beschaffenheit haben. Hafer- und Weizenstroh eignen sich zur Aufnahme besonders gut. Beim Öffnen des Ballens sollte Stroh leicht auseinanderfallen. Das Stroh zwingt die Pferde zu einer guten Kauarbeit. Islandpferden sollte man immer einen Teil des Raufutters in Form von Stroh anbieten, um dadurch die mechanische Sättigung zu erreichen und ein Verfetten zu vermeiden.

Welcher Futterzustand ist wünschenswert?

Das Herdentier Islandpferd benötigt eine gewisse Fettschicht, um Kälte, Nässe und Sturm ertragen zu können. Jedoch sollte es als Reitpferd gut bemuskelt sein, eine Fettschicht unter der Haut haben, aber keine überflüssigen Fettmassen mit sich herumschleppen.

Magere Islandpferde

Bei mageren Pferden sind die Rippen erkennbar und auch die Wirbelsäule deutlich sichtbar, nicht aber einzelne Wirbel. Das Tier ist leicht abgemuskelt. Die Hüfthöcker sind deutlich sichtbar, die Sitzbeinhöcker jedoch nur fühlbar. Haare und Haut erscheinen matt und trocken. Die Augen sind ausdruckslos. Das Pferd macht einen traurigen Gesamteindruck.

Guter Ernährungszustand

Ein guter Futterzustand liegt vor, wenn der Rücken gut bemuskelt ist und die Rippen bei Druck deutlich spürbar sind. Die Kruppe ist ebenfalls gut bemuskelt und auf dem Rücken besteht eine leichte Mittenvertiefung. Der Hals ist kräftig und muskulös, aber schlank. Die Haut ist geschmeidig, das Fell glänzend. Das Pferd verfügt über einen wachen, frischen Ausdruck, der Wohlbefinden ausstrahlt.

Fette Islandpferde

Bei einem dicken, fetten Pferd befindet sich eine größere Mittenvertiefung auf dem Rücken. Die Rippen sind kaum feststellbar. Am Schweifansatz findet sich weiches Fett, außerdem sind an und hinter dem Widerrist und am Hals Fettansammlungen. Bei starker Verfettung entstehen auch Fettansammlungen am Mähnenkamm.

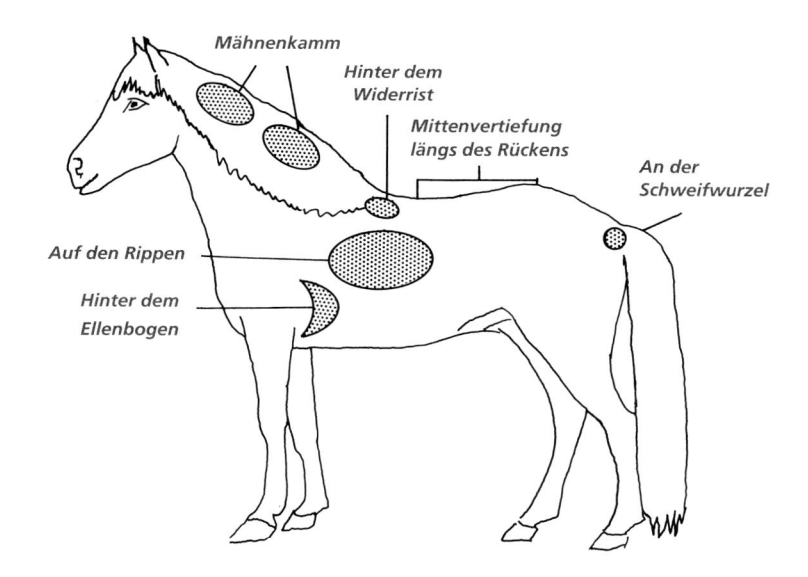

Körperstellen, an denen sich Fett ansammelt.

Richtige und falsche Fütterung

Bei der täglichen Futteraufnahme haben Islandpferde als Weidetiere einen eigenen Rhythmus. Nach neueren Untersuchungen ist davon auszugehen, dass sie normalerweise 12 Futterperioden über 24 Stunden verteilt wahrnehmen. Die Hauptfutteraufnahmen erfolgen in den frühen Morgen- und späten Abendstunden. In diesen Zeiten nehmen die Pferde die größten Futtermengen auf. Zwischen den verbleibenden Futteraufnahmen während der Tageszeit liegen kurze Ruhepausen. Die längste Ruhepause fällt in die Nachtstunden. Häufige Futteraufnahmen sind für eine ungestörte Verdauung wichtig.

Viele Verdauungsstörungen sind vermeidbar, wenn jedes Islandpferd mindestens drei Mahlzeiten erhält. Die größte Raufuttermenge sollte am Abend gegeben werden. Ausreichende Stroheinstreuung kommt dem natürlichen Futterrhythmus entgegen und dadurch können Unarten durch Langeweile, etwa Anknabbern von Holzzäunen und anderen Stalleinrichtungen, vermieden werden.

Mangel an Spurenelementen

Spurenelementmangel zeigt sich beim Islandpferd in unspezifischen Anzeichen wie reduzierter Leistungsbereitschaft und glanzlosem Fell. Oft treten diese unspezifischen Anzeichen etwa ab dem zweiten Jahr nach dem Import verstärkt auf. Dabei besteht dann die Vermutung, dass während der Fütterungsperiode vom Spätherbst bis Frühjahr die Spurenelementversorgung aus dem Futter besonders ungünstig war. Durch besondere Belastungen wie Fellwechsel gehen die unspezifischen Symptome am Importpferd in die Mangelsymptomatik (Scheuern an Mähne und Schweif und Haarausfall) über. Gelegentlich wird dann auch bei den Pferden eine deutliche Hellerfärbung des Fells beobachtet. Bei Selenmangel wird neben der Fellsymptomatik oft eine besondere Steife und Verhärtung der Rückenmuskulatur beobachtet. Erniedrigte Serumwerte von Zink, Kupfer (Mangelbereich für beide Elemente: kleiner als 9 µMol/l) und Selen (Normalbereich im Serum: 0,6–1,3 µMol/l) geben nur Anhaltspunkte zur Diagnostik. Ein eindeutiger Beweis ist nur durch Verbesserung der Symptomatik durch Zufütterung der bioaktiven Spurenelemente zu führen, wobei zugleich auch das Wiederauftreten verhindert wird. Ein Spiegelbild der lokal gegebenen Spurenelemente über das Futter ergibt sich oft bei der Untersuchung mehrerer Islandpferde in einem Stall. Manches deutet darauf hin, dass die optimalen Serumkonzentrationen bei Beständen von Islandpferden – ob deutsch gezogen oder importiert – oft nicht erreicht werden. Sehr häufig werden in neuerer Zeit Islandpferde gefunden, deren Selen-Serumwerte im Grenzbereich liegen oder sogar Mangelzustände aufzeigen. Es gibt außerdem Hinweise darauf, dass die Pferde in Island generell außerordentlich niedrige Gehalte an Selen im Serum aufweisen. Dies bleibt bei ihnen jedoch symptomlos. Auch auf dem Kontinent bleiben trotz nicht optimaler Serumkonzentrationen manche Islandpferde frei von klinischen Symptomen. Erst das Zusammentreffen von drei Kriterien: 1. klinisches Bild, 2. erniedrigte Serumkonzentrationen und 3. Besserung des Zustandsbildes nach Zufütterung bioaktiver Spurenelemente zeigt, dass die Ursache der klinischen Symptome in der Spurenelement-Versorgung begründet ist.

Kennzeichen von Versorgungslücken mit Spurenelementen

(in absteigender Reihenfolge im Schweregrad zunehmend):

1. Glanzloses, struppiges Fell, Lustlosigkeit
2. Starker Juckreiz, Scheuern der Mähne und Schweifrübe
3. Haarverlust in Mähne und Schweif
4. Überempfindlichkeit gegenüber Insekten
5. Farbverlust und hellere Färbung des Fells
6. Blanke Stellen an den Flanken, auf der Kruppe und an der Bauchnaht
7. Blanke Stellen sind blutig gescheuert

Die Therapie besteht in der Beseitigung des diagnostizierten Mangels und Vermeidung des Wiederauftretens. Sie muss berücksichtigen, dass die Spurenelemente in Beziehung zueinander stehen. Da das klinische Bild offensichtlich für Zink-, Kupfer- oder Selenmangel ähnlich ist, sind einseitige hohe Gaben zu vermeiden, da sie das Gleichgewicht der Spurenelemente stören können.

Futtermittel tierischer Herkunft

Dass Islandpferde gelegentlich Fische und Muscheln annehmen, ist bekannt. Früher drängten die Pferde bei hohem Schneefall an die Küste des Meeres und nährten sich von angespültem Tang, Muscheln und Fischen. Noch heute ist es durchaus üblich, dass Züchter auf Island ihren Pferden Salzhering direkt aus der Tonne geben. Zu diesem Themenkreis konnte Ebhardt in Isernhagen folgende Beobachtung beitragen: »In der Silvesternacht 1938/39 kamen die Islandpferde über den zugefrorenen See marschiert und nagten die beiden auf der Seeterrasse des Wohnhauses aufgehängten Neujahrstruthähne kahl. Sodann wischten sie ihre Mäuler an den Mauerecken des Hauses ab, wodurch es überhaupt zur Entdeckung kam, da die Höhe dieser Blutspuren von keinem anderen Tier des Hofes herrühren konnte.«

Mein Tipp zur Fütterung

Im Prinzip sollten Islandpferde individuell und unter Berücksichtigung ihres Arbeitspensums gefüttert werden. Pferde, die im Offenstall gehalten und wenig geritten werden, benötigen 6 bis 8 kg Heu pro Tag, sowie Vitamine, Mineralstoffe und Salz. Ein Pferd, das regelmäßig fünf Mal pro Woche geritten wird, braucht mindestens 6 kg Heu, Vitamine, Mineralstoffe und etwa 2 kg Kraftfutter, z.B. in Form einer Futtermischung. Im Winter kommt ein Esslöffel Fischlebertran dazu. Da Islandpferde, als ursprüngliche Steppentiere, stoffwechselphysiologisch darauf eingerichtet sind, immer wieder kleine Mengen Futter aufzunehmen, sollte man regelmäßig füttern, möglichst über den Tag verteilt, jedoch mindestens morgens und abends. Die größte Futtermenge ist immer am Abend zu geben, damit die Pferde anschließend in der Nacht in Ruhe verdauen können. Außerdem müssen sie natürlich ständig Zugang zu frischem Wasser haben.

Wasserhaushalt – Trinken und Schwitzen

Für das Wohlbefinden und die Gesundheit von Islandpferden ist das Trinken genau wie das Füttern von entscheidender Bedeutung, denn das Islandpferd verträgt den Hunger leichter als den Durst. Wasser muss auch für das rangniedrigste Islandpferd ständig und in ausreichender Menge (20–40 Liter pro Pferd) zur Verfügung stehen, unter anderem, damit die wichtige Speichelproduktion funktionieren kann.

Islandpferde müssen täglich, sofern keine automatischen Tränkvorrichtungen zur Verfügung stehen, mindestens dreimal satt getränkt werden. Wasser mit einem mäßigen Härtegrad enthält Kalzium- und Magnesiumcarbonate sowie Spuren von Kochsalz; es ist erfrischender als weiches Wasser. Zu hartes Wasser kann nachteilige Folgen wegen zunehmender Rauheit für Haut und Haarkleid haben, aber diese verschwindet wieder, wenn weicheres Wasser getränkt wird. Tränken und Tränkgefäße sind peinlichst sauber zu halten, da Islandpferde empfindlich auf schlechtes und unsauberes Wasser reagieren und zudem verschmutzte Tränken häufig Ursache von Verdauungsstörungen sind. Tränken auf Weiden sind so einzufassen und anzulegen, dass sie keine Brutstätten für Krankheitskeime und Parasiten bilden. Tränkwasser sollte möglichst eine Temperatur von 8–12 °C aufweisen, da es damit am bekömmlichsten ist. Einerseits kann zu kaltes Was-

Für das Wohlbefinden und die Gesundheit von Islandpferden ist das Trinken von entscheidender Bedeutung.

ser Erkältung und Darmkatarrh verursachen, andererseits macht zu warmes Wasser schlaff und bietet bei längerem Stehen Besiedlungs- und Vermehrungsmöglichkeiten für Keime.

Islandpferde schwitzen bei höheren Außentemperaturen relativ stark. Bei großer Hitze und auch bei feuchtwarmer Witterung sollte das Training daher in die frühen Morgen- oder späten Abendstunden verlegt werden. Man kann davon ausgehen, dass ein Islandpferd von 350 kg bei 20 °C Außentemperatur und leichter Arbeit stündlich etwa 4 Liter Schweiß verliert. Schweiß entzieht bei seiner Verdunstung der Körperoberfläche Wärme und kühlt sie damit ab.

Anders als beim Hund spielt die Abkühlung über die Atemluft beim Islandpferd nur eine untergeordnete Rolle. Da jeder Liter Schweiß dem Tier 3,5 g Natrium, 6 g Chlor, 1,5 g Kalium und geringe Mengen anderer Mineral- und Spurenstoffe entzieht, ist der Elektrolytverlust nicht unbeträchtlich. Daher sollte Wasser- und Elektrolytverlust möglichst immer mit der Neuaufnahme gleichziehen. Kreislaufprobleme bei Islandpferden entstehen dann, wenn bei warmem Wetter und extrem starker Belastung letztlich zur Temperaturregulation sogar dem Blut- und Verdauungssystem Flüssigkeit entzogen wird. Dann droht im schlimmsten Fall der körperliche Kollaps durch Dehydration.

Islandpferde an der Tränke. Nasenöffnung und Sinneshaare sind Empfangsorte für zahlreiche Reize.

Sinnesleistungen

Der Geruchsinn – Fernpeilung mit der Nase

Die Arbeitsweise der Pferdenase ist, gemessen an unserem Wissen über die Funktion von Auge und Ohr, bisher nur sehr unvollkommen bekannt. Das liegt vor allem daran, dass es sehr schwer ist, das Wesen des Reizvorganges genauer zu erfassen. Durch die Nasenöffnungen wird in das Innere des Nasenraumes Luft eingesogen, die an den Riechsinneszellen vorbeistreicht. Bei Tieren mit ausgeprägtem Geruchssinn wie den Islandpferden ist die Oberfläche des Naseninnenraumes durch Faltungen gewaltig vergrößert. Verschiedene Drüsen scheiden Flüssigkeit ab, die durch die feinen Flimmerhärchen der Riechschleimhaut gleichmä-

Flüssigkeits- und Elektrolytversorgung

Die Versorgung mit sauberem Wasser in genügender Menge ist für alle – auch die rangniedrigsten – Islandpferde sicherzustellen. Je nach Außentemperatur und körperlicher Belastung muss mit 10 bis 40 Liter Tränkwasser täglich gerechnet werden. Salzlecksteine und Mineralfutter gewährleisten gute Versorgung mit Elektrolyten und anderen lebenswichtigen Stoffen. Die Temperaturregulation und damit unnötiger Wasserverlust kann durch vernünftiges Reiten trainiert werden.

An den Wurzeln der Haare befinden sich Sinneszellen, die jede Berührung an das zentrale Nervensystem weitermelden.

ßig über die Oberfläche verteilt wird. Dadurch wird verhindert, dass die empfindlichen Zellen durch den über sie hinwegstreichenden Luftstrom ausgetrocknet werden. Zugleich können Fremdkörper, die mit der Luft eingetragen werden, wieder weggespült werden. Nicht zuletzt werden in diesem Flüssigkeitsfilm die Moleküle der Duftstoffe eingefangen. An der Oberfläche der Riechzellen lösen die Duftstoffmoleküle durch Einwirkung auf einen noch unbekannten, hochempfindlichen Empfangsapparat Vorgänge in der Riechzelle aus, die wie bei allen anderen Arten von Sinneszellen dazu führen, dass Impulse über den Fortsatz der Sinneszelle dem Nervensystem zugeleitet werden.

Bei genauerer Betrachtung eines Islandpferds an der Tränke fällt der Blick auf die klaffenden Nasenöffnungen und die langen Haare, die von der weichen Haut der Nüstern nach allen Seiten weit abstehen. Diese empfindliche, weichhäutige und außerordentlich bewegliche Schnauzenregion ist der Empfangsort für zahlreiche Reize, die von der Umwelt ausgehen. Die Reizempfänger sind verschiedener Natur: Zunächst fällt die erstaunliche taktile (= Berührungs-) Empfindlichkeit der Nasenregion auf.

Empfänger von mechanischen Reizen sind die langen, abstehenden Haare. An ihren Wurzeln befinden sich Sinneszellen, die jede Berührung der Haare an das Zentralnervensystem weitermelden. Doch nicht nur diese Haare machen die Schnauzenregion zu einem Tastorgan. Eingebettet in das Bindegewebe der Lippen und Nüstern liegen zahlreiche Ansammlungen von Sinneszellen und Nervenendigungen, von denen jede als ein hochempfindliches Messinstrument anzusehen ist, und mit Hilfe derer das Tier Gegenstände abtasten kann. Auf diese Weise übernimmt der Lippen-Nasenbereich einen Teil der Aufgabe, die beim Menschen der Hand zukommt. Freilich kann die Tastempfindlichkeit der Nasenregion noch ausgeprägter sein.

Für die Orientierung der Islandpferde in ihrer Umwelt steht die Leistung der Nase im Vordergrund. Die Vielzahl der Düfte, die aus der Nähe oder aus weiter Ferne herangetragen werden, muss dauernd geprüft werden, wollen die Tiere vor Überraschung durch einen Feind sicher sein. Die Orientierung mit den Augen und Ohren ist vergleichsweise weniger ausgeprägt, jedoch übertreffen sie jedenfalls die des Menschen.

Wie jedem Sinnesorgan ist auch der Nase ein bestimmter Gehirnbezirk zugeordnet. Hier werden die von den Sinneszellen ankommenden Impulse an Nervenzellen weitergegeben. Diese verrechnen die Impulse und geben die Ergebnisse an andere Zentren weiter. Dort werden sie mit Daten von anderen Sinnesorganen verglichen, wieder umgeschaltet und gelangen schließlich zu den Systemen, welche die Reaktion des Tieres veranlassen.

Es ist einleuchtend, dass der Umfang eines solchen Gehirngebietes, das einem bestimmten Sinnesorgan zugeordnet ist, der Bedeutung dieses Sinnesorgans für die Orientierung des Tieres entspricht. Denn je umfassender die Bedeutung, je größer die Messgenauigkeit des Sinnesorgans ist, je mehr Verbindungen auch zu anderen Systemen vorhanden sind, desto größer wird die Zahl der Nervenzellen und Nervenfasern und damit der Umfang des Hirngebietes. Dementsprechend zeigt das Islandpferdehirn einen relativ großen Riechkolben. Vergleichsweise klein ist dagegen der Riechlappen bei vielen Affen, die – wie der Mensch – zu »Augentieren« geworden sind.

Ich kann dich gut riechen!

Das Islandpferd unterscheidet Menschen voneinander nach ihrem speziellen Geruch. Die Kontaktaufnahme zum Menschen wird deshalb durch gründliches Beriechenlassen der geruchsspezifischen Körperstellen – z.B. der offenen Hand – begonnen, erneuert und gefestigt. Aus der Intensität des je nach Erregungszustand wechselnden Körpergeruchs kann das Pferd den aktuellen psychischen Zustand seines Reiters ableiten. Ruhiges Informieren über furchterregende Gegenstände mit der Nase überzeugt das Pferd von ihrer Harmlosigkeit.

Der Geschmackssinn

Das Islandpferd hat – wie alle anderen Pferde auch – die Fähigkeit, bestimmte, im Speichel gelöste Stoffe mit Hilfe der Geschmacksorgane wahrzunehmen und auf sie zu reagieren. Der Geschmack ist ein chemischer Sinn wie der Geruch; beide Sinne sind eng gekoppelt. Beim Islandpferd jedoch verbinden sich die Geruchsempfindungen außerdem mit Tast- und Temperaturempfindungen der Mundhöhle. Wir haben es hier also mit Empfindungskomplexen zu tun. Die Geschmacksorgane liegen bei den Tieren hauptsächlich auf der Zunge. Es sind knospenähnliche Chemorezeptoren, die aus zylindrischen Sinneszellen bestehen, deren Geschmacksstiftchen in den Geschmackssporus an der Epitheloberfläche hineinragen.

Islandpferde unterscheiden die nützlichen Kräuter ihrer Heimat von den giftigen ursprünglich nur auf Grund der Erfahrung. Die Tiere müssen sämtliche Pflanzen erst geschmacklich prüfen, bevor sie wissen, welche gut und welche schlecht schmecken und welche möglicherweise gesundheitlich schaden. Wird das Islandpferd nun nach Zentraleuropa mit seinen ihm unbekannten Gräsern gebracht, so frisst es zunächst auch hier wahllos die guten und die schlechten Pflanzenarten und lernt sie erst dann unterscheiden, wenn es durch die neue geschmackliche Erfahrung klug geworden ist. Demnach ist die Geschmacksempfindlichkeit in Verbindung mit dem ausgeprägten Geruchsempfinden eine Grundvoraussetzung für das Überleben. Manche Islandpferde lehnen zunächst grundsätzlich alles ab, was sie nicht kennen. Dabei ergeben sich außerordentliche Unterschiede in der Empfindlichkeit des Geschmacks. Individuelle Unterschiede kommen bei dieser Gelegenheit deutlich zum Ausdruck. Es ist oft nicht ohne weiteres zu erkennen, ob die Ablehnung eines Nahrungsmittels auf den vielleicht unangenehmen Geschmack, auf einseitige Gewohnheiten oder auf eine instinktiv richtige oder irrige Abneigung zurückzuführen ist. Manche Pferde brauchen Wochen, bis sie Mohrrüben annehmen, andere verzehren zwar begeistert Mohrrüben, aber noch lange keine Roten Rüben oder Runkelrüben. Einzelne sind geradezu süchtig nach Zucker, andere legen Zeit ihres Lebens keinen Wert darauf. Freilich scheint es Dinge zu geben, die jedes Pferd gleich gern annimmt, so zum Beispiel Äpfel.

Die Augen: Fenster zur bunten Welt

Mit Auge und Ohr sind Islandpferde ganz auf die Außenwelt orientiert. Das Sehen ist neben dem Geruchsvermögen und dem Gehör die wichtigste Sinneswahrnehmung, mit der sie sich über Vorgänge und Gegenstände ihrer Umwelt informieren.

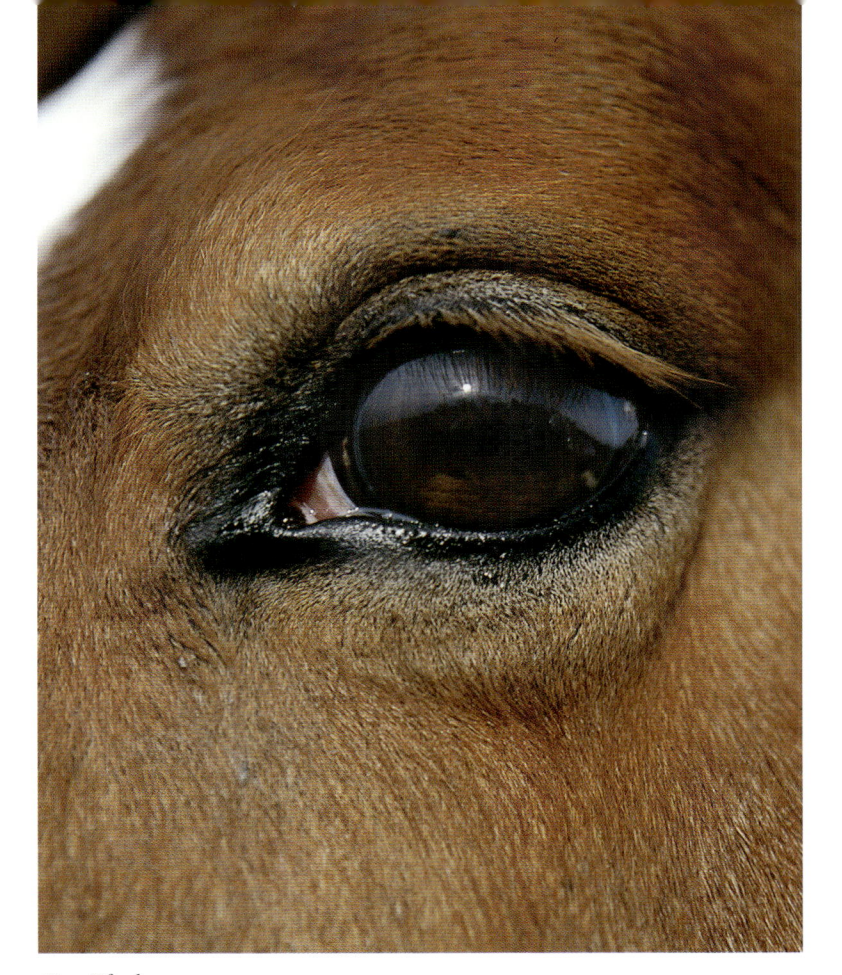

Das Pferdeauge.

Mensch und Pferd – wie sehen sie?

Analytische und experimentelle Untersuchungen zeigen, dass die Sehweise der Pferde anders ist als die unsrige. Der Mensch sieht, bedingt durch die parallel ausgerichtete Anordnung der Augenachsen, gleichmäßig nach vorn. Beim Pferd jedoch sind die Augen seitlich angeordnet und daher umfasst der Sehbereich jedes der beiden Augen einen anderen Winkel. Diese Tatsache ist beispielsweise für den Ausbilder wichtig. Alles das, was er einem Pferd von der einen Körperseite beibringt, muss zwangsläufig auch von der anderen Seite gelernt werden. Wenn das Pferd erkannt hat, dass eine flatternde Fahne auf der rechten Seite nicht gefährlich ist, so muss es zusätzlich noch lernen, dies auch von der linken Seite zu erkennen.

Die Augen können durch die seitliche Lage am Kopf nur in einem verhältnismäßig kleinen vorderen Bereich räumlich und scharf sehen, während mit zunehmender seitlicher Entfernung vom Pferd die Gegenstände unscharf werden. Auf Grund der seitlichen Anordnung der Augen im Kopf ist das gemeinsame Gesichtsfeld beider Augen relativ eng. Damit wird das räumliche Sehen eingeschränkt. Andererseits erfährt der von beiden Augen zu überblickende Raum eine größere Ausdehnung. Das Pferd sieht also zweifellos einen bestimmten Punkt nicht so scharf wie der Mensch, dagegen einen viel größeren Umkreis relativ gleichmäßig gut. Das Islandpferd hat die Fähigkeit, den viel größeren Umkreis bis zum Horizont relativ gut zu überblicken. Die geringe Koordination der Augenmuskeln hinsichtlich der Scharfeinstellung beider Augen auf ein Objekt wird durch eine stärkere seitliche Bewegung des Kopfes ausgeglichen.

Der Astigmatismus (Hornhautverkrümmung) des Pferdeauges, der es Punkte strichförmig verzerrt sehen lässt, beeinträchtigt zudem seine Sehschärfe. Die Wahrnehmungsfähigkeit für Bewegungen wird aber dadurch nicht gehemmt. Ganz im Gegenteil. Im astigmatischen Auge des Pferdes wird diese Wahrnehmungsfähigkeit gerade für Bewegungen dadurch besonders erhöht, dass ihm die Bewegungsbahn sogar vergrößert erscheint.

Eine weitere Besonderheit beim Pferdeauge ist die Ausbildung der Pupille, die nicht rund, sondern oval geformt ist. Die ovale Pupille steht horizontal und begünstigt damit die Möglichkeit des Rundblicks. Diese Besonderheit des Pferdeauges ist ebenfalls eine zweckmäßige und sinnvolle Anpassung an die Bedingungen der Steppe.

Helligkeitswahrnehmung – Sehvermögen bei Dunkelheit

Dass Pferde offenbar auch viel größere Helligkeiten ertragen als wir Menschen, hängt möglicherweise auch mit der ovalen Form der Pupillen zusammen. Außerdem kann man im Dunkeln bei Lichteinfall ein Aufleuchten des Augenhintergrundes (*tapetum lucidum*) im Pferdeauge beobachten. Dabei handelt es sich um eine in der Aderhaut liegende zinkhaltige Schicht von Kristallen, die schon geringe Lichtmengen durch Reflexion verstärken und das Tier befähigen, bei schwachem Licht besser zu sehen. Es ist anzunehmen, dass das Pferd bei schwacher Beleuchtung zumindest doppelt so hell sieht wie der Mensch. In stockfinsterer Nacht sieht ein Pferd daher noch genug, um zum heimischen Stall zurückzufinden. Als Abkömmling von Steppentieren besitzt das Pferd zudem eine ausgezeichnete Ortskenntnis. Ein erfahrener Reiter wird aus diesem Grunde bei Nacht immer den Zügel nachgeben, um seinem Pferd, das sich nun frei bewegen kann, das Bewusstsein zu geben, dass es selbst für seine Sicherheit zu sorgen hat. Bäumen und Hindernissen jeder Art weicht es aus und bleibt auch vor Abgründen stehen, was mehrfach bewiesen wurde.

Die genannten Eigenschaften des Pferdeauges sind damit eine sinnvolle Anpassung an die Bedingungen weiter, sonniger Ebenen und werden in optimaler Weise den Bedürfnissen des ursprünglichen Steppentieres gerecht.

Farbsehen

Pferde sind nicht farbenblind, jedoch ist der Farbenbereich des Sehens enger als der menschliche, d.h. das Farbsehen des Islandpferdes ist schwach ausgeprägt. Es werden nur vier Hauptfarben (blau, grün, gelb, rot) eindeutig wahrgenommen, wobei eine gewisse Fehlsichtigkeit bei blau und rot besteht. Nach Grzimek erkennen die Tiere Gelb am besten, Grün recht gut, Blau und Rot dagegen weniger gut. Möglicherweise hängt das damit zusammen, dass in der natürlichen Umwelt der Pferde das Grün der Weiden und Wälder vorherrschend ist und ihnen als Pflanzenfressern die Nahrung meist in den Farben Grün oder Gelb erscheint. Als wissenschaftlich gesichert gilt außerdem, dass Pferde die verschiedenen Farben nach ihrer Farbqualität und nicht etwa nach dem Helligkeitsgrad der Farben unterscheiden. In welcher Weise die einzelne Farbe in der Vorstellung beispielsweise des Islandpferdes erscheint, wissen wir nicht, denn es lässt sich lediglich nachweisen, dass sie – wie viele Tiere – elektromagnetische Wellen mit Hilfe des Sehorgans wahrnehmen und einzelne Wellenbereiche unterscheiden können.

Schreckreaktionen

Islandpferde sehen Dinge, die sich bewegen, besser als wir. Sie registrieren beispielsweise Bewegungen im Gelände, die unterhalb der Wahrnehmungsschwelle von uns Menschen liegen. Der Grund dafür liegt offensichtlich in der Tatsache, dass sie eine ausgezeichnete Bewegungssehschärfe besitzen, die dadurch bedingt ist, dass sie noch Bewegungen von 1/25 Sekunde registrieren können, während wir Menschen nur 1/18 Sekunden erkennen können. Das Pferd ist daher in der Lage, noch winzige Bewegungen, die sich schneller als in 1/18 Sekunde vollziehen, zu sehen, während wir sie nicht wahrnehmen.

Sind Islandpferde musikalisch?

Das Gehör des Islandpferdes ist außerordentlich gut entwickelt und viel aufnahmefähiger für jede Geräuschnuance, als wir Menschen meist annehmen. Oft werden Schallreize vom Pferd mit einer bestimmten Bewegungsfolge und einem taktmäßigen Eingehen auf die Rhythmik beantwortet. Pferde haben daher ein eindeutiges Wohlgefallen an Musik, wobei sie offensichtlich solche Rhythmen bevorzugen, die ihrem Takt- und Bewegungsvermögen entsprechen. Bei klassischer Musik gehen die Tiere mit mehr Engagement, demzufolge mit mehr Schub und darausfolgenden Schwung, wobei schließlich auch der Mensch mit mehr Beschwingtheit sein Pferd reitet. Außerdem trägt Musik wesentlich zum Gelingen schwieriger Pferdedressuren in guten Zirkusvorstellungen bei. Natürlich ist das Islandpferd auch für die Eindrücke der menschlichen Stimme sehr empfänglich. Da das Gehör empfindlich ist, sind laute Töne und Geräusche dem Islandpferd unangenehm. Wenn man mit dem Pferd spricht, so sollte es leise, zärtlich und flüsternd geschehen. Je ruhiger, freundlicher und leiser man mit

Wenn das Pferd das eine Ohr nach vorne und das andere nach hinten legt, ist sein Interesse gleichzeitig auf das Geschehen vor und hinter ihm gerichtet.

Sind die Ohren aufrecht gestellt, so konzentriert es sich auf seinen Reiter.

Liegen die Ohren scharf und flach nach hinten, ist das eine Warnung an die sich hinter dem Pferd befindenden Tiere und Reiter.

dem Pferd umzugehen und zu sprechen pflegt, umso wirksamer wird ein scharfes Wort als Strafe aufgenommen. Man kann daher furchtsame Pferde durch freundliches, sanftes Zureden – mit möglichst tiefer Stimme – zutraulich machen, heftige beruhigen, sowie unentschlossene durch ermunternden Zuruf schneller und widersetzliche durch drohenden Anruf augenblicklich von ihrer Unart abhalten. Bei der Freiheitsdressur ist die menschliche Stimme ein wertvolles Hilfsmittel, das stets überlegt, wohldosiert und ganz konsequent eingesetzt werden sollte. Es ist darauf zu achten, dass jedes Wort, jedes Kommando nur eine bestimmte Bedeutung hat. Die Melodie dieses gesprochenen Wortes darf niemals geändert oder spontan variiert werden. Die eigentliche Bedeutung der verwendeten Worte ist dabei völlig belanglos. Wichtig ist nur, dass das Wort eine einprägsame akustische Signalwirkung hat. Jedoch muss in diesem Zusammenhang auf einen häufigen Fehler hingewiesen werden. Reiter, die dauernd vom Zungenschlag Gebrauch machen, deren Pferde stumpfen letztlich gerade bei erhöhter Lautstärke ab und reagieren nur wenig oder gar nicht mehr. Daher soll der Zungenschlag nach Podhajsky nur vom Pferd und nicht von der ganzen Umgebung gehört werden. Letztlich spielt das Gehör des Islandpferdes bei der Hilfengebung, beispielsweise beim Longieren eine weitaus größere Rolle als das Auge. Am besten sollte beides zusammenwirken.

Ohrenspiel

Das Ohrenspiel wird geradezu als Spiegel der Seele bezeichnet. Man kann es mit der Gebärdensprache des Menschen vergleichen. Im Gegensatz zu uns ist das Islandpferd fähig, seine Ohren in verschiedene Richtungen zu bewegen. Unentwegt sind sie damit beschäftigt, die gesamte Geräuschkulisse nach allen Seiten abzutasten. Die völlig andersartige Form der Ohrmuschel bedingt eine andere Hörweise und Tonqualität als die des menschlichen Ohres. Das Pferd vernimmt zwar die Töne und Geräusche im gesamten Umkreis, jedoch mit Sicherheit die in der Richtung der Ohrmuschel auftretenden wesentlich deutlicher als andere.

Dass das Ohrenspiel in Verbindung mit dem Schnauben des Pferdes der Echoortung dienen könnte, wird vermutet. Hierdurch wäre dem Tier die Möglichkeit gegeben, Entfernungen besser abschätzen zu können oder schlecht zu erkennende Objekte besser orten zu können.

Was bedeuten unterschiedliche Ohrenstellungen?

Wenn ein Islandpferd das eine seiner Ohren spitzt, während das andere zurückgelegt ist, kann man versichert sein, dass sein Interesse auf das Geschehen vor und hinter ihm so gefesselt ist, dass es weder ein Durchgehen noch ein Ausschlagen im Sinn hat. Sind die Ohren in Mittellage, also aufrecht, ohne gespitzt zu sein, ist das ein gutes Zeichen – es ist auf seinen Reiter und dessen Hilfen konzentriert. Schießen die Ohren unvermittelt nach vorwärts, kann man auf ein Scheuen oder plötzliches Kehrtmachen gefasst sein. Legen sie sich scharf und flach nach hinten, ist dies eine Warnung an die hinter dem Pferd sich befindenden Tiere und Reitenden. Manche Pferde legen ihre Ohren dauernd in gleichsam gemäßigter Drohstellung zurück: sie möchten ach so gerne ausschlagen oder buckeln, wagen es aber aus Furcht vor dem Reiter nicht. Bei gymnastizierender Dressurarbeit deuten dauernd zurückgelegte Ohren auf einen Mangel an Losgelassenheit und Gehlust hin.

Der Tastsinn

Beim Tastsinn handelt es sich um einen besonders sensiblen Sinn. Beim Islandpferd finden sich auf der ganzen Körperoberfläche in der Haut feine Nervenenden, die Tastreize aufnehmen können. Die entstehenden Erregungen werden über die peripheren Nerven zum Rückenmark und weiter zum Hirn geleitet und führen zur Reaktion. Die Wahrnehmung von Berührungsreizen ist umso größer, je dichter die Tastpunkte in einem Hautbereich liegen. Hautbereiche mit besonders vielen Tastpunkten resp. Nervenendigungen sind Lippen und Zunge. Islandpferde können mit ihrer Oberlippe die kleinsten Gegenstände registrieren und sogar aufheben. An der Oberlippe sind zur Verstärkung des jeweiligen Reizes Tasthaare vorhanden. Mit diesen Haaren betasten Pferde oft einen Gegenstand, ohne denselben sichtbar mit der Nase berührt zu haben, so dass man zunächst den Eindruck hat, das Tier habe nur an dem Gegenstand gerochen. Die Oberlippe ist so empfindlich, dass das Pferd durch einen kräftigen Handgriff oder durch Zusammenpressen der Oberlippe mit der sogenannten Bremse betäubt werden kann und gegen jeden anderen Schmerz nahezu unempfindlich wird. Dieses Verfahren wird bei chirurgischen Operationen und auch beim Beschlagen unruhiger Pferde mit Erfolg angewendet.

Der Tastsinn dient dem Pferd vorwiegend zur Kontaktaufnahme und zur Kontaktpflege. Die Tasthaare im Maulbereich sowie die Haut als Ganzes, die Muskeln und die Haarwurzeln des Fells empfinden eine Berührung ganz stark. Die Haut als Sitz des Tastsinns enthält pro Quadratzentimeter etwa fünfhundert Nervenendigungen, die verschieden verteilt sind. Damit lässt sich die positive und komplexe psychologische Wirksamkeit von »Streicheleinheiten« auf das körperliche Wohlbefinden erklären. Der Mensch sollte daher den Körperkontakt mit seinem Pferd suchen und auf seine Reaktionen eingehen.

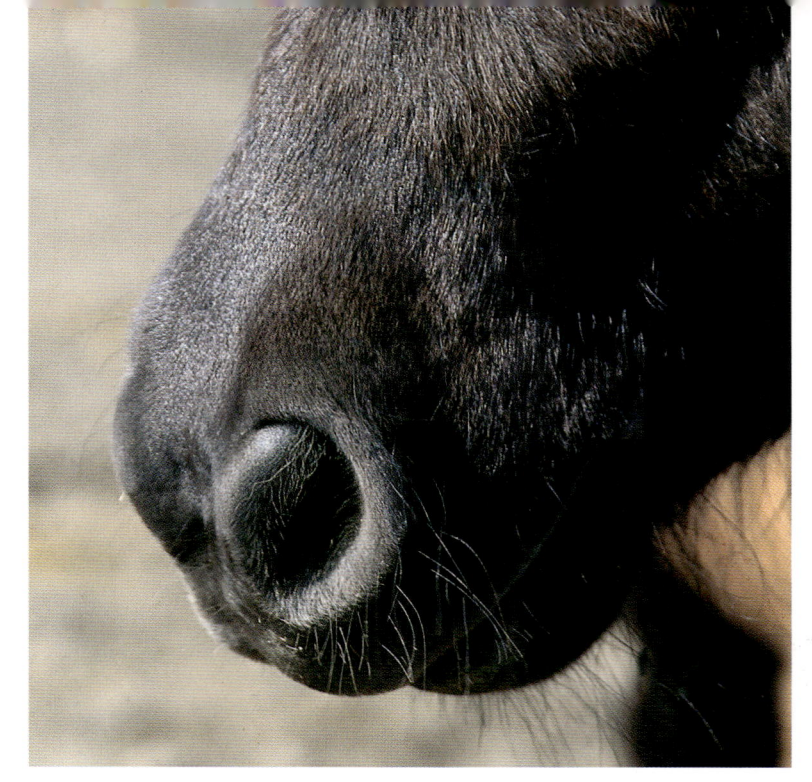

An der empfindlichen Oberlippe sind zur Verstärkung von Reizen Tasthaare vorhanden.

Sozialverhalten – Die Sprache der Islandpferde

Will man untersuchen und klären, warum ein Islandpferd sich unter bestimmten Voraussetzungen in einer bestimmten Weise verhält, so müssen zunächst die physischen Leistungen des Pferdes selbst verstanden werden. Was leistet z.B. das Auge, wie funktioniert die Übermittlung des vom Auge Wahrgenommenen zum Gehirn? Man könnte diesen Fragenkomplex unter einem ersten Stichwort zusammenfassen: Elemente der Nachrichtenverarbeitung. Die zweite Frage richtet sich an das Verhalten des Islandpferdes: Wie orientiert es sich, wie erkennt es Nahrung, Feind und Artgenossen. So ergibt sich ein zweites Stichwort: Wechselwirkungen zwischen Tier und Umwelt. Ein besonders wichtiger Ausschnitt ist dabei das Verhalten zu seinen Artgenossen.

Als gesellige Tiere verfügen die Pferde über ein reiches Ausdrucksverhalten und Signale, die der innerartlichen Verständigung und der Kontaktsuche und Kontakterhaltung dienen. Einander bekannte Tiere erkennen sich an Aussehen und Ruf, über kurze Entfernungen auch am Geruch. Auch manche Lautäußerungen müssen als deutliche Signale gewertet werden. Das kurze Schnauben ist ein Warnruf, das lange Schnauben ein Ausdruck des Wohlbefindens. Die Stellung der Ohren, das Verziehen der Mundwinkel, das Entblößen der Zähne, das Öffnen des Mauls, die Haltung von Kopf und Schweif sowie die entsprechenden Bewegungen sind Signale, mit denen die Tiere ihre Stimmung oder auch ihre Absichten anzeigen. Dadurch wird Kommunikation ermöglicht.

Der Herdenverband schützt das Einzeltier und vermittelt ein echtes Heimatgefühl.

Herdentrieb

Der Herdentrieb, d.h. der Trieb zum Zusammenhalt ist beim Islandpferd sehr stark ausgebildet, da er die entscheidende Schutzfunktion für das Einzeltier darstellt, das ursprünglich nur innerhalb einer Herde überleben konnte. Die Einbindung in den Herdenverband zwingt das Pferd einerseits in die soziale Rangordnung seiner Mitglieder, vermittelt ihm jedoch zugleich ein festes Heimatgefühl. Der Herdenverband schützt einmal das Einzeltier und sorgt außerdem durch gegenseitige Hautpflege, gemeinsame Wasser- und Futteraufnahme und Bewegungsspiele für Geselligkeit. Im Herdenverband beobachten Pferde einander unablässig, um die soziale Rangordnung einzuhalten. Gelegentlich ist der Herdentrieb des Islandpferdes bei einer Gruppengröße von zwei Tieren bereits abgedeckt. Man sollte solche zweiseitigen Pferdefreundschaften möglichst achten und erhalten, da sie stressmindernd und damit gesundheits- und leistungsfördernd wirken.

Mimik und Körpersprache

Die Sprache der Islandpferde ist in erster Linie eine Körpersprache. Das Mienenspiel der Pferde ist nicht maskenhaft und undurchdringlich. Man muss jedoch bemüht sein, Gesichtszüge und Gebärden zu verstehen. Das Fletschen der Zähne wird als Zeichen der Warnung und besonderen Aggressivität gewertet. Mimik und Körpersprache des einen verraten dem anderen, ob seine Annäherung erwünscht ist oder nicht. Gezielte Blickkontakte, wechselnde Körperhaltungen und ausgeprägtes Bewegungsverhalten drücken bestimmte Absichten aus, die warnen, drohen oder freundliche Gesinnung signalisieren. Ungeduld verrät das Scharren mit den Vorderhufen. Außerdem bringen Haltung und Bewegung des Schweifes, die Art des Ganges, sei er tänzelnd oder schleppend, erhaben oder matt, erwartungsvoll oder enttäuscht, eine Stimmung zum Ausdruck. Dies gilt auch für Äußerungen, die reflexartig erfolgen. Dagegen ist die Realisierung eines Ausdrucks vorzugsweise eine Reaktion des Bewusstseins. Daraus kann man schließen, dass die Ausdrucksmittel des Tieres wohl vorzugsweise von Gefühlsregungen herrühren, dass sie aber doch auch mit dem Bewusstsein in Verbindung stehen. Das Auge jedes Islandpferdes kann beispielsweise deutlich Gefühlsregungen wie Aufmerksamkeit, Gleichgültigkeit, Unwillen, Angst, Vertrauen oder Ratlosigkeit zum Ausdruck bringen. Ein besonderes Ausdrucksmittel ist die Stellung der Ohren.

Angelegte Ohren bedeuten Drohen, stärkeres Drohen wird zusätzlich durch tiefgehaltenen Kopf und leicht geöffnetes Maul angezeigt. Wenn ein Islandpferd die Ohren zurücklegt, dann weiß das andere genau, dass es sich vorzusehen gilt. Wenn das Pferd die Ohren legt, mag das wohl ein Gefühlsausdruck, vielleicht sogar eine Art Reflex sein. Es weiß aber auch gleichzeitig, dass da in der Nähe jemand ist, der sogleich einen saftigen Schlag bekommen wird, wenn er sich nicht in Acht nimmt.

Begrüßung

Beim Zusammentreffen mit Artgenossen zeigen die Pferde ein vielseitiges Begrüßungsritual. Zunächst strecken sie die Köpfe gegeneinander und beriechen sich an der Nase, dann an anderen Körperteilen, besonders in der Schweif- und Geschlechtsgegend. Dann kann es zu Schieben und Drängeln kommen, zum Auflegen des Kopfs auf den Rücken des Partners, wieder zum Nasenkontakt und schließlich zu einer mehr oder weniger ausgeprägten »Verabschiedung«. Die Bedeutung dieses Verhaltens ist noch nicht völlig geklärt. Sicher ist, dass sich die Tiere auf diese Weise kennen lernen, sich am Geruch erkennen sowie den eigenen sozialen Status mitteilen beziehungsweise den fremden überprüfen. Daneben können Begrüßungen auch Kraftproben sein, besonders bei Hengsten. Sicher ist aber auch, dass Pferde Begrüßung spielen, was man daran erkennt, dass sie die einzelnen Verhaltensweisen in beliebiger Reihenfolge vielfach wiederholen.

Bei der Begrüßung, bei der die Tiere Nasenfühlung miteinander aufnehmen, sind die Ohren bei gleichrangigen Tieren nach vorne gestellt, ein tieferrangiges Tier legt die Ohren dabei zurück. Jungtiere zeigen bei der Begrüßung mit Erwachsenen eine Unterlegenheitsgebärde, die aus seitwärts-rückwärts gehaltenen Ohren und aus Kaubewegungen mit entblößten Schneidezähnen besteht.

Ein weitere Gesichtsausdruck ist das Flehmen, das beim besonders gründlichen Riechen an Kot- und Harnstellen – besonders von Hengsten – gezeigt wird, es kann aber auch durch fremde Duftstoffe ausgelöst werden. Beim Flehmen halten die Pferde den Kopf hoch und entblößen

Die Pferde beriechen sich besonders in der Schweif- und Geschlechtsgegend

Ein besonderer Gesichtsausdruck zeigt sich beim Flehmen des Hengstes.

durch Hochrollen der Oberlippe die oberen Schneidezähne. Dadurch gelangt die eingesogene Luft in einen Bereich der Riechschleimhaut, der besonders empfindlich für die für das Zusammenleben und die innerartliche Verständigung wichtigen Gerüche ist.

Kämpfe und Spiele

Kleinere Meinungsverschiedenheiten werden bei Islandpferden meist durch Drohen, das heißt durch Andeuten der Kampfbereitschaft durch Entblößen der Zähne und durch Vorbereitungen zum Zuschlagen mit den Hinterhufen geregelt. Mehrere Streitmethoden sind zu unterscheiden, die miteinander abwechseln oder ineinander übergehen können. Beim Kreiseln drehen sich die Partner umeinander, wobei jeder versucht, den anderen in die Beine zu beißen und sich gleichzeitig vor dessen Bissen zu schützen. Zur Verteidigung werden die Beine abgewinkelt, die Tiere lassen sich auf die »Knie« – die Vorderfußwurzelgelenke – nieder und schützen die Beine mit ihren Körpern. Aus dem Kreiseln kann sich auch ein Halsduell entwickeln. Dabei versucht jeder, mit seinem Hals den Kopf des anderen herunterzudrücken. Auch stellen sich die Tiere gelegentlich aufrecht auf die Hinterbeine bei gleichzeitigem Beißangriff. Allerdings kommt es dabei weniger darauf an, den Gegner zu

Manchmal stellen sich die Pferde bei Meinungsverschiedenheiten auf die Hinterbeine und versuchen, sich gegenseitig aus dem Gleichgewicht zu bringen.

verletzen, als ihn aus dem Gleichgewicht zu bringen. Wer umfällt hat verloren und flieht. Stuten kämpfen mit den Hinterbeinen. Dazu drehen sie sich mit dem Hinterteil zum Gegner und schlagen nach hinten aus.

Lautäußerungen

Sie sind als besondere Ausdrucksweisen anzusehen, wie beispielsweise das Schnauben und das Prusten in der Erregung oder das Quietschen beim Beschnuppern eines anderen Pferdes. Diese Lautäußerungen sind Bestandteile einer Phonetik, in der das Islandpferd über eine stattliche Skala mit seiner Stimme verfügt. Für den Reiter hat das Abschnauben seines Pferdes die Bedeutung: innere Ausgeglichenheit.

Ein heftiges Blasen oder kurzes kraftvolles Schnauben dagegen ist ein Zeichen von starker Erregung. Zweifellos verstehen die Pferde gegenseitig ihre Sprache besser, als wir Menschen sie verstehen. Das erkennt man schon daran, dass in einer Herde von Stuten mit Fohlen jede Mutter die Stimme ihres Kindes und jedes Kind die seiner Mutter kennt. Gewiss ist das keine menschliche Wortsprache, aber doch ein Mittel, um Zusammengehörigkeit herzustellen. Die hohe Sensibilität des Pferdes kommt in seiner Stimme deutlich zum Ausdruck. Jeder weiß, wie grundverschieden sie klingen kann, zum Beispiel dumpf und erwartungsvoll vor dem Füttern, liebevoll, zärtlich zum eigenen Fohlen, freundlich zur Begrüßung zurückkehrender Stallgenossen, ängstlich,

In der Herde zeigen Islandpferde die ganze Bandbreite ihrer Kommunikationsmittel.

wenn es von anderen Pferden entfernt wird, oder durchdringend als Ausruf »hier bin ich« oder »wo seid ihr?«. Äußerst selten ist der durch Mark und Bein dringende Schmerzensschrei eines in Todesqualen sich windenden Pferdes, den man nie mehr vergisst.

Kommunikation in der Herde

Das Verhalten der Islandpferde im sozialen Gefüge einer Herde ist besonders im Vergleich zum Verhalten anderer Equiden und von Klauentieren sehr komplex. Nach Ansicht von Prof. Tim Clutton Brock, Cambridge, ähnelt ihr Verhalten vermutlich am meisten dem von Primaten. Gestützt wird seine Theorie u.a. durch die Beobachtung, dass ranghohe Islandpferde rangniedrigere für unangemessenes Verhalten bestrafen, welches diese an den Tag legten, während der Anführer zu weit entfernt war, um das Verhalten unterbinden zu können. Die Einmischung in einen Streit zugunsten von Verwandten oder Freunden ist bezeichnend für ein recht hochentwickeltes Sozialverhalten. Außerdem beobachtete man, dass Stuten ein neugeborenes Fohlen und seine Mutter bewachen und die Annäherung anderer Pferde verhindern. Dieses Verhalten kennt man von Islandpferden, es ist bisher noch nie bei anderen Pferderassen, weder domestizierten noch halbwilden, oder beim Przewalski-Pferd beschrieben worden. Ob es sich hierbei um eine spezielle Islandpferde-Eigenschaft handelt ist nicht bekannt. Das Islandpferd hat in den vergangenen Jahrhunderten verhältnismäßig frei gelebt. In Island hat länger eine natürliche Auslese stattgefunden als bei den meisten anderen Pferderassen, und daher ist es denkbar, dass beim Islandpferd Eigenschaften erhalten blieben, die bei anderen Rassen verschwunden sind. Der bekannte Verhaltensforscher Prof. K. Zeeb beobachtete und beschrieb beispielsweise vom Nachgeburtsverhalten bei Dülmener Stuten folgendes: »Herannahende Tanten, Nichten und Neffen werden mit unwilligem Ohrenlegen von der Mutter verscheucht. Traut sich gar eine fremde Stute erkundend an das Fohlen heran, kann es seitens der Mutter auch Bisse setzen.« Und an anderer Stelle: »Die Mutter verjagt alles,

Zwischen Fohlen und Stute gibt es eine tiefe Beziehung.

was sich dem Fohlen nähert, um insbesondere in der ersten Stunde die Prägung zwischen sich und dem Fohlen sicherzustellen.«

Jedenfalls besteht innerhalb von Islandpferdeherden eine bestimmte Ordnung in den Beziehungen untereinander. Nach den Beobachtungen der Verhaltensforscherinnen Machteld van Dierendonck, Hrefna Sigurjónsdóttir, Anna Guðrún Þórhallsdóttir und des Forschers Ingimar Sveinsson werden die Fohlen immer beschützt, vor allem in Momenten, in denen etwas Besonderes geschieht, z.B. wenn ein Bach überquert wird, wenn die Pferde sich zu einer Futterstelle begeben usw. Einige Stuten bewachen andere Stuten während der Geburt, und häufig sind dies Stuten, die selbst keine Fohlen haben. Beobachtet wurde auch gelegentlich eine in der Herde besonders beliebte Stute, die ein begeistertes »Kindermädchen« war. Sie kam zu einer gebärenden Stute und begann das Fohlen trocken zu lecken. Die Stute ließ dies ruhig geschehen. Das »Kindermädchen« wechselte häufig die Stuten und kümmerte sich jeweils um diejenige, welche das jüngste Fohlen hatte.

Islandpferde sind polygam. Der Hengst verteidigt eine Stutengruppe und die Jungtiere gegen andere Hengste und auch gegen Gefahren. Innerhalb der Gruppe besteht eine Rangordnung, und innerhalb derer hat die jeweilige Leitstute im Allgemeinen eine höhere Position als der Hengst.

Untersuchungen darüber, welche Faktoren für das Entstehen der Rangordnung ausschlaggebend sind, haben keine eindeutigen Ergebnisse gebracht. Bei einem Forschungsprojekt im Skorradalur wurden die Rangordnung und das soziale Verhalten bei einer Gruppe von 15 Islandpferden, Stuten und Wallachen untersucht. Die Ergebnisse weisen daraufhin, dass es sich dort um keine rein geradlinige Rangordnung handelte, selbst wenn deutlich wurde, welche Individuen hohe und welche niedere Positionen einnahmen. Beim Wettbewerb um Futter wurde das Verhalten signifikant durch Freundschaftsbeziehungen bestimmt.

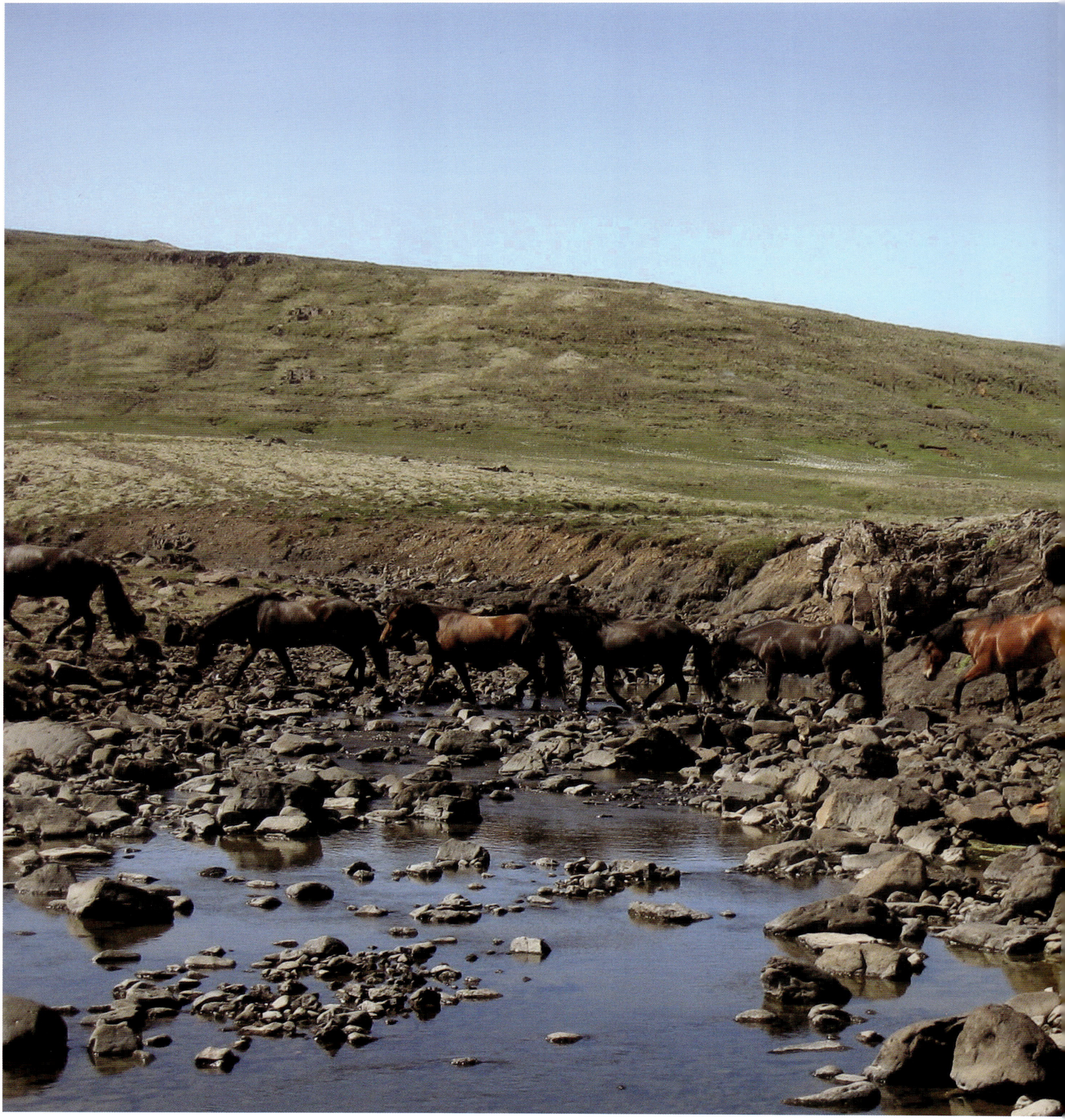

Lebensbedingungen und Anpassung

Schafabtrieb im Herbst von den Hochweiden zu den Höfen.

Das isländische Pferd ist ebenso wie das Schaf ein fester Bestandteil der Landschaft. Die Schafe, die die Insel bevölkern, gehören noch heute zu der gleichen Rasse wie die Exemplare, die von den Wikingern nach Island gebracht wurden. Auch die Mutterschafe besitzen gebogene Hörner, sodass mancher Besucher die Mutterschafe als Widder ansieht. Die meisten Schafe haben ein weißes zottiges Fell, andere sind braun, schwarz oder gescheckt. Als Fleisch- und Kleidungslieferanten ermöglichten die Schafe es den ersten Siedlern, harte Winter und schlechte Zeiten zu überstehen und sicherten auf diese Weise den Verbleib und das Leben auf der Insel. Die Mutterschafe werden gemeinsam mit den Lämmern im Sommer auf die Hochweiden gebracht und im Herbst in die Schafspferche wieder zusammengetrieben, um von dort auf die Höfe verteilt zu werden. Auch die Stuten und die Jungpferde kommen im Sommer auf die Weiden im Hochland und im Herbst wieder zu den Höfen. Die Schafe und ein Teil der Pferde überwintern in den Ställen und werden mit Heu oder Silage durchgefüttert. Der größere Teil der Pferde wird in der nächsten Nähe der Betriebe auf Weiden unter Zufütterung »überwintert«.

Isländer verstehen

Das Wesen des Islandpferdes ist nur dann zu verstehen, wenn man die Menschen auf Island kennt, denn um ein Pferd zu verstehen, muss man seinen Züchter kennen. Die unbändige Natur und die schweren Lebensbedingungen auf der Insel haben den Menschen und auch seinen Lebensgefährten, das Islandpferd, geprägt.

Pferdehaltung in Island

Sowohl Mensch als auch Pferd in Island sind es gewohnt, gegen unüberwindliche Naturgewalten anzukämpfen und sich zugleich in Geduld, Ausdauer und Gelassenheit in widrige Umstände zu fügen und die Dinge zu ertragen, wie sie nun einmal sind. Durch die Einsamkeit hart, etwas unnahbar und alles Fremde prüfend haben wir den isländischen Menschen kennen gelernt. Es ist nicht einfach, das Vertrauen eines verschlossenen Isländers zu erwerben, wiewohl es natürlich auch auf Island so viele unterschiedliche Charaktere wie Menschen gibt. Das Gleiche gilt auch für das Islandpferd. Auch hier ist es nicht immer leicht, das Zutrauen zu gewinnen. Nur mit klugem Verständnis, Kompromissfähigkeit, beständiger Gelassenheit und großer Ausdauer kommt es zu dem Zustand, in dem Reiter und Pferd zu einer Einheit finden. Ist das erreicht, kann es zu einer Harmonie, ja zu einer zentaurischen Einheit der Körper von Mensch und Pferd kommen.

Wovon ernähren sich die Islandpferde in ihrer Heimat?

Islandpferde sind durch die Umweltauslese der Inselisolation im Nordatlantik widerstandsfähig gegen Krankheiten, langlebig, fruchtbar und genügsam. Einer der Gründe hierfür liegt in dem jahreszeitlich begrenzten, jedoch relativ langen Aufenthalt auf den riesigen Weidegründen. Diese sind sehr unterschiedlich gestaltet und weisen eine recht mannigfaltige Vegetation auf. Viele Islandpferde leben einen Großteil des Jahres im Freien, in der Pflanzenwelt der Kies- und Sandhügel Südislands, auf Niedermooren und Feuchtwiesen, am Rande des subpolaren Birkenwaldes und im Hochland auf Moosheiden, Gebirgs- und Zwergstrauchheiden. Wie sehen diese Lebensräume aus und welche Pflanzen sind charakteristisch für die zeitweiligen Weidegründe der Islandpferde?

Island bietet ideale Bedingungen für seine Pferde

Den Islandpferden werden in ihrer Heimat ganz bestimmte äußere Bedingungen geboten, die ihre Gesundheit und Wohlbefinden garantieren. Zunächst ist es die karge, aber weite Landschaft, der kräftige Wind, die Regenschauer und die kühle Temperatur, gepaart mit Abgeschiedenheit. Dann bringt und garantiert die unbeeinflusste, vielfältige und ursprüngliche Vegetation der Vulkaninsel den Tieren eine Vielzahl kurzwüchsiger, feiner kräuterreicher Gräser. Überall steht kristallklares Wasser zum Trinken zur Verfügung. Letztlich ist es auch der durch die Jahreszeiten vorgegebene und von den Isländern gepflegte Rhythmus zwischen Leistungs- und Ruhephasen.

Die Pflanzenwelt Islands als Nahrungsgrundlage für Pferde

Zwei Drittel der Landfläche von Island bestehen aus Ödland. Bedingt durch die ökologische Katastrophe des Eiszeitalters wachsen heute auf der Insel nur noch relativ wenige Pflanzenarten. Während des Tertiärs existierte noch ein Vielfaches der heutigen Artenzahl auf der Insel. Die Flora hat nordeuropäischen Charakter und umfasst etwa 440 höhere Pflanzenarten (ohne die Gattungen Hieracium = Habichtskraut und Taraxanum = Löwenzahn). Die Birke ist der einzige waldbildende Baum, was mehr der Isolierung des Landes als dem ungünstigen Klima zuzurechnen ist. Island besitzt in Abhängigkeit von der Höhenlage, vom Klima, dem Grundwasserspiegel und den Bodenverhältnissen etwa sechs verschiedene natürliche Pflanzengesellschaften:

Die Pflanzenwelt der Kies- und Sandhügel Südislands

Die Melur- oder Kies- und Sandhügelvegetation findet sich in den weiten Sanderflächen Südislands, wo Windverwehungen und die ständig ihren Lauf verändernden Flüsse das Heranwachsen einer dichten Pflanzendecke verhindern. Hier können nur einige wenige Pflanzenarten existieren, wie Stengelloses Leimkraut (*Silene acaulis*), Gewöhnliche Grasnelke (*Armeria maritima*), Sandkresse (*Cardaminopsis arenosa*) und die Quellflurgesellschaften mit den gelblich grünen Moospolstern (*Phylonotis fontana, Phylonotis seriata*). In den wüstenhaften Gebieten des zentralen Hochlandes dieses Vegetationsbereiches, wo das Niederschlagswasser in den Lava- und Kieswüsten wegen der hohen Durchlässigkeit des Untergrundes schnell im Boden versickert, finden sich oberhalb von 600 m nur noch Flechten (z.B. *Neuropogon sulphureus*).

Die Niedermoore und Feuchtwiesen

Niedermoore und Feuchtwiesen nehmen etwa 8–10% der Landesoberfläche Islands ein. Es sind Bereiche mit hohen Grundwasserständen. Die Flora der Niedermoorsümpfe setzt sich vorzugsweise aus vier Riedgras-Arten (*Cyperaceen*) zusammen, wozu beispielsweise das Wollgras (*Eriophorum*) gehört. Mit zunehmender Verlandung nimmt die Bedeutung des Wollgrases ab und an ihre Stelle rücken die Seggen (*Carex*). Bei weiterer Austrocknung des Bodens tauchen die ersten Echten Gräser auf. Damit ist der Übergang der Sumpfwiesen zur Grünlandgesellschaft eingeleitet.

Der subpolare Birkenwald

Der subpolare Birkenwald, der bis zu einer Höhe von etwa 10 m in kleinen Arealen der sommerwarmen Tiefebenen und in geschützten Fjordtälern wächst und sich aus Moorbirken (*Betula pubescens*) – nur sie ist wirklich bestandsbildend –, Ebereschen (Sorbus aucuparia) und den strauchigen Weiden *Salix phylicifolia* (zweifarbige Weide) und *Salix lantana* (wollhaarige Weide) zusammensetzt. Eine fast lückenlose Krautschicht bedeckt den Boden. In der Krautschicht finden sich je nach Standort: Steinbeere (*Rubus saxatilis*), Waldstorchschnabel (*Geranium sylvaticum*), Wiesenschachtelhalm (*Equisetum pratense*), Echtes Labkraut (*Galium verum*), Gewöhnliches Ruchgras (*Anthoxanthum odoratum*), Rotes Straußgras (*Agrostis capillaris*), Scharfer Hahnenfuß (*Ranunculus acer*), sowie an feuchten Standorten: Bachnelkenwurz (*Geum rivale*), Gänse-Fingerkraut (*Potentilla anseriana*), Gemeines Fettkraut (*Pinguicula vulgaris*), Gewöhnlicher Frauenmantel (*Alchemilla vulgaris*), Sumpfherblatt (*Parnassia palustris*) und Waldengelwurz (*Angelica sylvestris*).

Die Moosheiden

In den Moosheiden bzw. Moostundren dominieren das Graue und das Wollige Zackenmützen-Moos (Gattung *Rhacomitrium*), die in bis zu 10 cm dicken graugrünen und gelbgrünen Polstern die flachgründigen Rohböden küstennaher Gebirge und Lavaströme überziehen und beleben. Dadurch wird das Aufkommen höherer Pflanzen im wesentlichen verhindert und nur wenige Arten können sich durchsetzen, wie der Frühblühende oder Arktische Thymian (*Thymus arcticus*), die Gewöhnliche Grasnelke (*Armeria maritima*), der Knöllchen-Knöterich (*Polygonum viviparum*), die Krautweide (*Salix herbacea*), die Schwarze Krähenbeere (*Empetrum nigrinum ssp. hermaphroditum*) und das Stengellose Leimkraut (*Silene acaulis*).

Die Zwergstrauchheiden des Ostens und Nordostens von Island

Die Zwergstrauchheiden sind baumlose bzw. baumarme Landschaften, die sich vor allem im Osten und Nordosten von Island im Bereich zwischen Meeresspiegelhöhe und 400 m Höhe ausdehnen. Sie sind bestanden mit Heidekrautgewächsen (*Ericaceen*), Krähenbeerengewächsen (*Empetraceen*) – Echte Bärentraube, Rauschbeere, Schwarze Krähenbeere, Heidelbeere –, Zwerggehölzen (Polarbirke = *Betula nana*, Krautweide = *Salix herbacea*) und Stauden wie z.B. arktischer Thymian (*Thymus arcticus*), Silberwurz (*Dryas octopetala*), Stengelloses Leimkraut (*Silene acaulis*) und Gewöhnliches Leimkraut (*Silene maritima*). Im Herbst sammeln viele Isländer die Früchte der Beerensträucher, wobei die Schwarze Krähenbeeren und die Rauschbeeren am ergiebigsten sind. Die besser schmeckende Heidelbeere dagegen ist selten und bringt nur geringe Erträge.

Die Gebirgsstrauchheiden

Die Florengemeinschaften der Gebirgs- und Zwergstrauchtundren, die sich in den sommertrockenen Gebieten Nordislands nördlich des Langjökull und auf den Ebenen oberhalb der Fjorde sowie nordöstlich

Arktischer Thymian (Thymus arcticus)

Gewöhnliche Grasnelke (Armeria maritima)

des Vatnajökull im Oberlauf des Jökulsá á Brú finden, setzen sich vorwiegend aus sehr frostharten Pflanzen zusammen. In windexponierten Flächen herrschen der frostharte Silberwurz, die niederliegende Gamsheide, Schwarze Krähenbeere, Alpenfrauenmantel und Alpenhornkraut vor, wogegen in Südexposition als Charakterpflanzen Zwergstrauchheiden mit Zwergbirken und Heidelbeeren dominieren. An feuchteren Stellen wachsen Kleinfrüchtige Moosbeere, Besenheide, Frühblühender Thymian, Gewöhnliche Grasnelke und Krautweide.

Pferde und Schafe im Hochland

Das isländische Hochland, das sich unter dem Sommerhimmel – aber auch bei winterlicher Sonne – schier endlos ausbreitet, schenkt Wanderern und Reitern ein Gefühl der Freiheit. Hier liegen die nahezu unbegrenzten Wildweiden der Schafe und Pferde; hier können sie unbehelligt von Menschenhand völlig natürlich aufwachsen. Sie suchen sich ihr Futter überall und verteilen sich frei über riesige Flächen.

Weidehaltung und Ernährung auf den Bauernhöfen

Ehe man im Juni die Fohlen ins Landesinnere treibt, kennzeichnet man sie und stutzt den übrigen Pferden Schweif und Mähne. Die Hufe kürzt man im Allgemeinen nicht, denn auf dem meist steinigen Unterboden nutzen sie sich von selber ab. Weiden die Tiere freilich überwiegend in sumpfigem Gelände, kann es geschehen, dass die Hufe lang wachsen. Vielfach wird dann regulierend eingegriffen. Die Herden bleiben bis Mitte September im Hochland, dann werden sie zu den Höfen zurückbefördert. Der Herdenabtrieb im Herbst ist für Pferd und Reiter schwere Arbeit. Wie schon zur Besiedlungszeit, so arbeiten die Schaf- und Pferdezüchter eines Bezirks zusammen, wenn sie ihre Herden im Herbst von den Weidegründen wieder zu den Höfen ins Tal bringen. Sümpfe und Lavafelder müssen überquert werden, und meist ist das Wetter um diese Zeit schon sehr rau. Es ist ein abenteuerliches Freizeitvergnügen, die Schafe mit Pferden aufzuspüren und zusammenzutreiben. Vielfach helfen heutzutage auch ausländische Islandpferdereiter – als Feriengäste – den Treibern, die von den Wildweiden heimwärts strebenden Schafe und Lämmer zum Nachtpferch zu treiben. Auch die Stuten, Jungpferde und Fohlen holt man auf diese Weise von den Hochweiden heim. Später werden die Tiere nach ihren Besitzern aussortiert. Wenn die Herden wieder in den Tälern sind, ist das Arbeitsjahr für die meisten Hofpferde zuende. Das Wetter ist nun durchweg regnerisch und windig, und es wird abends früh dunkel. Die Pferde wechseln das Haar. Das Gras gilbt und beansprucht längere Verdauungszeit. Im Winter werden die Pferde zwar zu den Höfen geholt, gehen jedoch selten in einen Stall. Sie scharren sich Gras unter dem Schnee hervor, werden jedoch fast immer draußen mit Heu zugefüttert. Zuchtstuten, Jungpferde und ältere Reitpferde verbringen die kalten Zeiten meist draußen. Das ist ein Härtetest für die Pferde. Weder Baum noch Strauch bieten Schutz. Der Wind bläst und der Schnee bedeckt für viele Wochen den Boden. Die Pferde stehen in Gruppen beieinander mit den Kruppen dem Wind entgegen und nehmen die Kälte gelassen hin.

Die Fütterung erfolgt täglich durch Heu und gelegentlich auch mit salzigem Fisch, der den Proteinbedarf deckt. Nach Gunnar Bjarnason, dem früheren Landesgestütsmeister, rechnet man in Island mit ca. 0,9 Futtereinheiten pro 100 kg Lebendgewicht. Eine Futtereinheit entspricht etwa 2 kg gutem Wiesenheu. Bei einem Durchschnittsgewicht eines Islandpferdes von 350 kg müsste es als Erhaltungsfutter 3,15 Futtereinheiten pro Tag erhalten, also etwa 6 kg gutes Wiesenheu. Bei leichter Anforderung im Winter empfiehlt Gunnar Bjarnason – bei vollentwickelten Tieren – eine Zufütterung von 1–1,5 Futtereinheiten. Junge Tiere brauchen jedoch bei stärkerer Beanspruchung durch Einreiten oder Dressur zwei bis drei Futtereinheiten zusätzlich. Außerdem empfiehlt

Im Winter stehen die Pferde nicht nur beim Fressen gerne in Gruppen beieinander.

man in Island eiweißarmes Kraftfutter, das in seiner Zusammensetzung entsprechende Futtereinheiten Heu ersetzen kann. Die für ein Training vorgesehenen 4- bis 6-Jährigen werden im Dezember von der Weide in den Stall genommen und täglich mindestens zweimal vorsichtig und dosiert mit Kraftfutter versorgt. Man kräftigt sie dadurch und gewöhnt sie zudem an den Menschen und die vielen neuen furchterregenden Dinge, wie beispielsweise Besen und Wasserschlauch. Nachdem die Pferde beschlagen worden sind, beginnt das eigentliche Training.

Stalldörfer

Ab Mitte Dezember werden auch die privaten Reitpferde im Lande von den Weiden in die Gemeinschaftsställe gebracht, die fast jedes Dorf besitzt. Dort halten die Pferdebesitzer ihre Pferde den Winter über. In manchen der größeren Stalldörfer wie z.B. in Reykjavík sind Tausende Pferde untergebracht, und täglich sind dort viele hundert Menschen zu finden, die ihre Pferde versorgen und ausreiten. Im Allgemeinen gibt es in jedem Stalldorf einen Reiterclub, der noch weitere Freizeitaktivitäten anbietet. So schön dieses System auch ist, so kann es jedoch unter Umständen auch Nachteile haben, denn die Konzentration der vielen Pferde an einem Ort kann dazu führen, dass eine ansteckende Krankheit sehr schwer unter Kontrolle zu bringen ist. Wichtig ist daher, dass jeder, der aus dem Ausland kommt, ganz besondere Vorsicht walten lässt, das heißt: keine Ledersachen einbringen, kein gebrauchtes Zaumzeug, keine Reitschuhe und keine Reitbekleidung. Alle diese Ausrüstungsgegenstände sollten vorher gründlich gewaschen und desinfiziert werden, um das Einschleppen von Infektionskrankheiten zu vermeiden.

Pferdehaltung auf dem Kontinent

Leben in der Überflussgesellschaft

Auf dem Kontinent bieten wir dem Islandpferd im Vergleich zur Vulkaninsel hohe Temperaturen, Sonne, wenig Wind, viele lästige Insekten, relativ kleine Weiden und viel Kontakt zu Menschen. Außerdem bieten wir bezüglich der Nahrung eher zuviel: Satte, proteinreiche Gräser von Weiden, die seit Generationen genutzt und zur Ertragssteigerung gut gedüngt werden. Den Pferden, die häufig den ganzen Tag auf der Weide stehen, geht es wie uns: Mitten im Überfluss ist es schwer, sich bei der Nahrungsaufnahme zurückzuhalten. Daher stehen die Islandpferde vor den gleichen Problemen, die wir in unserer Überflussgesellschaft erleben: Zu viele Kohlenhydrate und Protein, dagegen zu wenig naturbelassene, vitamin- und ballaststoffreiche Nahrung.

Entwicklung der Islandpferdehaltung und -zucht in Deutschland

Eine der ältesten Isländerzuchten in Deutschland bestand zwar schon seit 1914 auf dem Heidhof der Wahrendorffschen Erben bei Hänigsen in der Nähe von Hannover, aber erst seit 1957 wurde eine größere Anzahl Isländer, in der Hauptsache Gebrauchsponys, als Reitponys für Erwachsene und Kinder in die Bundesrepublik eingeführt. Die Besitzer dieser Ponys waren zunächst in der von der hippologischen Schriftstellerin Ursula Bruns gegründeten »Island-Pferde-Züchter- und Besitzervereinigung e.V.«, vormals »Deutscher Ponyclub e.V.« zusammengeschlossen. Später wurde daraus der Islandpferde-Reiter- und Züchterverband e.V. (IPZV). Der IPZV e.V. besteht seit 1967 und hat z.Zt. ca. 20.000 Mitglieder. Dieser Verband will das Reiten auf Islandpferden mit den diesen Tieren eigenen Gängen und die Reinzucht unter Erhaltung des Wildpferdecharakters fördern, sowie die zur Erhaltung dieser Ziele geeigneten Hengste herausstellen. Das Mitteilungsblatt der Islandpferdefreunde war in der Anfangszeit die von Frau Bruns herausgegebene »Pony-Post«, die später in die Zeitschrift »Freizeit im Sattel« integriert wurde. Das derzeitige offizielle Publikationsorgan des Islandpferde-Reiter und Züchterverbandes e.V. ist »Das Islandpferd«, das 1988 erstmals gedruckt wurde und derzeit mit sechs Ausgaben jährlich erscheint. Der Deutsche Islandpferde-Zuchtverband e.V. (DIZV) wurde 1996 gegründet. Seine wesentlichen Ziele sind die Erhaltung der Reinzucht des Islandpferdes, die Qualitätsförderung im Sportpferde-, aber auch ganz besonders im Freizeitpferdebereich, die Verbesserung der Marktchancen von in Deutschland gezogenen Islandpferden und die Beratung und Betreuung der Züchter.

Wildtier Islandpferd

Als Akklimatisierungsversuch und zu Beobachtungszwecken wurde 1937 in Isernhagen bei Hannover ein Freigehegeversuch mit Islandpferden gestartet. Es wurde ein Gelände ausgewählt, durch welches die Grenze zwischen sauren Sand- und Moorböden und süßen Ton-Böden verläuft. Den Mittelpunkt bildete ein rund 3 ha großer See von etwa 4 m Tiefe. Ein benachbarter Sumpf mit Schilf und Röhricht, kleinere Sandhügel, lockerer Busch- und Baumbestand wechselten mit Waldstücken und offenen Weiden ab. Mit zunächst weniger als 25 ha wurde durch Zupachtungen das Gelände wesentlich erweitert und dort schließlich eine Herde von 75 Tieren gehalten. Über die Aufenthaltsorte im Gelände und das Verhalten der Tiere berichtet Ebhardt: Zunächst durchstreiften die Islandpferde das Gelände, durchschwammen den See, platschten in den Sumpf hinein und entschlossen sich dann, ihre erste Äsung – nach den wilden Galopps völlig beruhigt – auf ein paar saftigen Erhebungen einer leicht anmoorigen Sandkoppel anzunehmen. Zunächst war es unerfindlich, weshalb sich die Tiere zur Annahme dieses sauren Grases entschlossen. Aber sehr bald erbrachte die Nachtbeobachtung den Sinn der Maßnahme. Diese beiden sanften Erhebungen bestanden aus durchlässigem Sand und waren weder durch Büsche noch durch Bäume vor dem Wind geschützt. Mit Rieseneifer fraßen die Islandpferde diese beiden Sandhügel bis auf die Wurzeln ratzekahl, um sich sodann zum Schlafen niederzulegen. Diese Schlafhügel wurden nun regelmäßig ganz kurz abgeweidet. Soweit die Zähne noch in den Boden greifen konnten, wurden auch die Wurzeln beschädigt. Sehr bald war klar zu erkennen, dass diese Schlafhügel mangels Pflanzenbewuchs den Taufall nicht anzogen oder aber, soweit doch Tau auf die Hügel niederging, die Tropfen sofort durch den losen Sand durchsickern ließen. Es handelte sich also darum, dem Wind ausgesetzte Schlafhügel anzulegen, die den Tieren eine trockene Schlafmöglichkeit anboten und wohl nicht nur deswegen dem Winde ausgesetzt gewählt wurden, weil der Wind die letzte Feuchtigkeit auch noch aus dem Boden nahm, sondern weil auch die Insekten keine stillstehende Luft vorfanden und sich in dieser windigen Ecke nicht wohlfühlten. Während die Tiere die Schlafhügel anfänglich nur während einiger Nachtstunden benutzten, lernten sie mit Fortschreiten der warmen Witterung, sich auch tagsüber auf diese offenen Stellen niederzulegen und zu ruhen. Stets blieb entweder der Hengst oder eine alte Stute als Wache stehen, und zwar auf dem höchsten Punkt der Schlafhügel, wo die Sicht am ungehindertsten war. Im Winter wurden, bei trockenem Frost, auf dem ganzen Gelände verstreute Schlafplätze ausgesucht, die jedoch alle gleichfalls dem

Wind ausgesetzt waren. Es machte den Tieren gar nichts aus, im tiefen Schnee zu schlafen, wobei sie den Kopf mit den Nüstern in den Schnee stemmten. Trockener Frost behagte den Isländern überhaupt sehr und regte zu den lustigsten Galoppspielen an. Gegen Ende März wurden die Hengste wieder lebhafter und aufmerksamer, da die erste Brunst einzusetzen begann. Im Verhalten zu anderen Tieren zeigten die Pferde besondere Anhänglichkeit zu Rot- und Rehwild sowie Hasen. Fuchs, Dachs und Hund wurden angegriffen. Die Rangordnung wies eine matriarchalische Sozialform auf. Junghengste wurden im zweiten Jahr von der Herde abgedrängt, da es sonst zu starken Hengstkämpfen kam. Der Deckakt vollzog sich meist nachts.

Während und nach dem Zweiten Weltkrieg sank durch Beschlagnahme die Pferdezahl auf 25 Tiere, mit denen der Wiederaufbau erfolgte, bis 1952 die Arbeitsgemeinschaft der Pony- und Kleinpferdezüchter wegen verstärkter Einführung des norwegischen Fjordpferdes im ganzen Land Niedersachsen die Auflösung des Gestütes bewirkte.

Islandpferde in holländischem Naturschutzgebiet

Die Forstverwaltung in Holland hat in neuerer Zeit mit der »Duursche Waarden« ein Gebiet geschaffen, in dem junge Islandpferde dazu beitragen, die Natur zu bewahren. Die Natur ernährt die Pferde. Das Experiment stellt eine einmalige Kombination von Interessen dar. Soweit bekannt, ist diese Kombination von Pferdehaltung und Naturschutz einmalig in Europa. Man braucht dazu große Naturschutzgebiete, die eingezäunt sind. Natürlich sind die Weidegebiete nach Stuten und Hengsten getrennt. Im Frühjahr, wenn sie Jährlinge werden, kommen die jungen Pferde in ihr neues Gebiet. Im Alter von vier oder fünf Jahren, wenn man anfangen will, mit ihnen zu arbeiten, holen ihre Besitzer sie ab. Alle Pferde gehören Privatpersonen. Nur zweimal im Jahr verändert sich die Herde, wenn neue Pferde hineinkommen oder andere Pferde herausgenommen werden. So bleibt der Friede im Herdenverband erhalten. In dem unbeeinflussten Weidegebiet ist es den jungen Islandpferden möglich, ohne viel Einfluss des Menschen in Ruhe aufzuwachsen. Die »Duursche Waarden« stellt eine abwechslungsreiche Landschaft dar. Nur die Hälfte ist Grasland. Weidenbüsche machen einen Großteil des Bewuchses aus. Von der Forstbehörde wurde im Naturschutzgebiet ein wassergefüllter Graben geschaffen, der in sanften Windungen zu einer offenen Verbindung mit dem Fluss Ijssel führt. Hier können die Pferde sogar baden. Außerdem besitzt das Gebiet einige seichte Tümpel, die noch aus der Zeit stammen, als in dieser Gegend nach Ton gesucht wurde. Auf dem unebenen Untergrund lernen die Tiere, ihre Beine zu gebrauchen, sich unterschiedlichen Bodenverhältnissen anzupassen und Entfernungen abzuschätzen. Die Vegetation ist viel reichhaltiger als auf den üblichen holländischen Weiden, durch das vielfältige Futterangebot werden die Tiere an die verschiedensten Pflanzen gewöhnt. Solange ausreichend Grünfutter vorhanden ist, ist die Gefahr gering, dass sie Giftpflanzen fressen. Die Leitung dieses Gebietes spiegelt die Interessenkombination zwischen Naturschützern und den Besitzern der jungen Islandpferde wieder. Die meisten Flächen sind Staatseigentum und werden vom Forstamt verwaltet. Innerhalb des holländischen Islandpferde-Vereins (NSIJP) vermittelt eine spezielle Kommission zwischen den privaten Pferdebesitzern und den jeweiligen Forstverwaltungen in den verschiedenen Gebieten. Die Pferde werden zentral gesammelt und von der Kommission an die verschiedenen Bereiche verteilt. Die Besitzer unterzeichnen einen Vertrag und zahlen einen vertretbaren Preis. Neben der Pacht ist dieses Geld auch für den Schmied, Schutzimpfungen und Wurmkuren nötig. In vielen Fällen ist das eine vergleichsweise preiswerte Lösung, besonders für Pferdebesitzer mit nur einem jungen Pferd, die es gerne artgerecht in einer Herde aufwachsen lassen möchten. Jüngere Pferde brauchen zum Aufbau ihres Körpers mehr Futter als die Älteren. Für Letztere ist das Futterangebot zu reichlich, und dies ist eines der Probleme des Weidegebietes. Bei zu reichhaltigem Gras können die Pferde durch zu große Eiweißaufnahme Probleme bekommen. Das Futterangebot kann aber durch mehr Tiere in der Herde im Frühjahr und weniger im Herbst ausgeglichen werden.

Die Weideführung

Die Weide ist für Islandpferde die natürlichste Haltung, sie ist gesund, billig und arbeitssparend. Sie ist die Haltung, die uns die »Primitivhaltung« mit allen ihren Vorteilen ermöglicht. Eine erfolgreiche Aufzucht gesunder und brauchbarer Islandpferde ist ohne ausreichenden Weidegang nicht möglich. Die Weide sollte möglichst groß sein, um eine starke Schädigung der Grasnarbe und Verwurmung zu verhindern, gut eingezäunt, so dass die Pferde nicht ausbrechen, sich aber auch nicht verletzen können. Sie sollte eine Wasserversorgung und einen Windschutz – in Form einer Hecke oder eines Gebüschs – sowie nach Möglichkeit einige schattenspendende Bäume und gegebenenfalls einen Schuppen für den Winter besitzen. An vielen Plätzen wird man im Winter den Sandauslauf gegenüber morastigen, tiefen Weiden bevorzugen. Am vorteilhaftesten sind mittlere, trockene, kalkreiche Böden, lehmiger Sand oder sandiger Lehm. Leichte Böden sind meist nährstoffarm, oft auch kalkarm. Nicht besonders gut geeignet sind Böden mit Grundwasserstand, auf ihnen ist zumindest eine Drainage oder sonstige Entwässerung notwendig. Nasse Böden sind kälter; durch späteres Einsetzen des Wachstums kommt es zu Ertragseinbußen. Derartige Böden haben oft einen Bestand an sauren Gräsern, Binsen und Schilf. Die nasse Grasnarbe leidet besonders stark unter den Pferdehufen, außerdem ist sie eine Brutstätte für Insekten.

Weidepflege

Die Weide soll neben der Bewegungsmöglichkeit ein Futter liefern, das sättigend, mineralienreich, schmackhaft und bekömmlich ist. Aus diesem Grund ist die Weidepflege von großer Bedeutung. Sie dient dem Zweck, den Pflanzenbestand, der zu ca. zwei Dritteln aus Gräsern und ca. einem Drittel aus kleeartigen Pflanzen und Kräutern besteht, in seinem Gleichgewicht zu erhalten. Das Walzen der Weiden – etwa zwei bis drei Wochen vor Vegetationsbeginn – ist vor allem bei leichten und moorigen Böden zu empfehlen, da sie sich bei Frost leicht auflockern. Durch den Druck des Walzens erhalten die Pflanzenwurzeln wieder Anschluss an die Wasserführung der tieferen Bodenschichten. Maulwurfshügel werden beim anschließenden Schleppen eingeebnet und dabei zugleich auch Verfilzungen der Grasnarbe verhindert. Stark strapazierte Weiden, besonders wenn sie in der kalten Jahreszeit Auslaufzwecken gedient haben, sollten nachgesät werden. Reine Pferdeweiden zeigen mit der Zeit durch Kothaufen eine Verarmung an Pflanzenarten und Ausbreitung von Geilstellen. Die Kotstellen müssen daher beseitigt werden. Aufwendig – aber sicher – ist hier die Methode des Aufsammelns, jedoch kann man auch im Herbst die Ausscheidungen der Pferde durch Eggen der Weiden großräumig verteilen. Der Kot wird dann im Winter in den Boden eingewaschen und die noch vorhandenen Parasiten sterben ab großteils ab. Die sicherere Methode ist allerdings das regelmäßige Absammeln der Koppeln, um die Vermehrung von Parasiten von Anfang an zu unterbinden.

Wir unterscheiden folgende Arten der Weideführung:

Umtriebsweide

Die Weideform der sogenannten Umtriebsweide ist auch auf kleineren Flächen durchführbar. Die Pferde bleiben nur kurze Zeit auf einer Fläche. Bevor es zur Schädigung der Grasnarbe kommt, werden die Tiere auf die nächste Weide umgetrieben. Eine anschließende lange Ruhepause gewährleistet, dass sich der Pflanzenbestand wieder erholen kann. Nur das Nachmähen und Einebnen der Weideflächen ist im Spätjahr notwendig.

Extensive Mähweiden

Die Vegetation von extensiv bewirtschafteten Weiden wird mit der Zeit eine artenreiche Vegetation aufweisen und eine Zwischenstellung zwischen Wiesen- und Weidenvegetation ohne deutliche erkennbare Geilstellen einnehmen. Der erste Schnitt, der als Heu getrocknet wird, erfolgt regelmäßig nicht vor Anfang/Mitte Juni. Der zweite Aufwuchs wird danach abgeweidet.

Portionsweide

Die Portionsweide ist für Islandpferde wenig geeignet. Hier handelt es sich um eine intensive Form der Grünlandnutzung. Durch das gleichmäßige gründliche Abfressen der Weideflächen wird einmal die Grasnarbe überstrapaziert und zugleich den Pferden ein geringeres Futterangebot zugewiesen. Bodenstruktur und Artenzusammensetzung wird dabei stark gestört. Wo die Weideflächen klein sind, leiden sie unter tiefem Verbiss, scharfer Trittwirkung und Geilstellen.

Misch- oder Wechselbeweidung

Besonders positiv zu bewerten ist die Misch- oder Wechselbeweidung durch Islandpferde gemeinsam mit Wiederkäuern. Ihr Vorteil liegt darin begründet, dass die verschiedenen Tierarten die Kotplätze der anderen Tierarten nicht meiden. Auf diese Weise wird die Entstehung von Geilstellen unterbunden. Dabei ist das Ziel dieser naturverträglichen Weideführung die Erhaltung von Kulturlandschaften auf mageren Böden, jedoch mit arten- und vor allem kräuterreichem Grünland.

Islandpferde im Dienste der Landschaftspflege und des Umweltschutzes

Kulturlandschaften sind Landschaftsräume, die von starken menschlichen Eingriffen geprägt sind. Auf Grund von Rationalisierung und Intensivierung der Flächennutzungen haben sich in vielen Landschaften Europas ökologisch bedenkliche Fehlentwicklungen abgespielt. Die Produktion im ökologischen Optimum mit der Folge von erhöhtem Bodenabtrag, Stickstoffverlusten und der Ausbringung von hohen Mengen von Pflanzenschutzmitteln führt zwangsläufig zu Umweltbelastungen. Kulturlandschaften stellen ein komplexes Mosaik von Ökosystemen dar, die räumlich in einer ganz bestimmten Weise gegliedert sind und vom Menschen in vielfältigem und unterschiedlichem Maße genutzt und daher beeinflusst werden. Dies trifft im besonderen Maße auf offene Wiesenlandschaften zu. Heute gibt es viele Wiesenbesitzer, die ihre Wiesen nicht mehr pflegen können oder wollen. Außerdem gaben viele Bauern in den letzten Jahren ihre Landwirtschaft auf und für viele andere lohnte sich das Abmähen der Wiesen nicht mehr. So verkrauten viele Wiesen und Sträucher und Bäume breiteten sich aus. Einer solchen Entwicklung muss entgegengetreten werden und der Naturschutz ist aufgerufen, den hohen Wert von Streuwiesen, Futterwiesen und extensiven Äckern zu erhalten. An vielen Orten in Deutschland gibt es heute viele Hektar gut zugänglicher Streuwiesen-Brachen und an anderen Orten prächtige Salbei- und Glatthaferwiesen, die ohne unkonventionelle Ideen und eine Systemlösung nicht zu halten sind. Eine Pflege ohne Verwertung des Aufwuchses ist auf die Dauer nur auf kleinen Flächen möglich und auch dort keine gute Lösung. Für extensive Äcker auf

Die Uferbereiche der Alb sind so gestaltet, dass sie einen belebenden und gliedernden Bestandteil der Landschaft bilden.

schlechten, d.h. ärmeren Standorten werden z.Z. Lösungen angeboten, die sowohl ökologisch als auch ökonomisch mehr als fragwürdig sind. Als Belohnung dafür, dass keine Agrarprodukte erzeugt werden, werden über einen langen Zeitraum je nach Bodengüte unterschiedliche hohe Aufforstungsprämien gezahlt. Hinzu kommt noch ein Zuschuss zu den eigentlichen Aufforstungskosten. Durch diese Vorgehensweise werden öffentliche Mittel fehlgeleitet. Anstatt aufzuforsten, sollte man hier die aus der Bewirtschaftung genommene Ackerfläche sich in freier Sukzession entwickeln lassen. In der Praxis müsste man dem Landwirt Geld dafür anbieten, dass auf der Fläche gar nichts getan wird. Letztlich bietet sich hier als Lösung des Pflegeproblems die extensive Viehhaltung auf großen Flächen an. Zudem werden immer mehr Landschaftsschutz- und Naturschutzgebiete durch die Behörden ausgewiesen. Wer übernimmt die Pflege und die Offenhaltung der Wiesenlandschaften? Je mehr solche Gebiete ausgewiesen werden, umso mehr Schwierigkeiten gibt es mit der Pflege. Hier könnte man existenzbedrohten Bauern den Unterhalt durch Islandpferdehaltung gemeinsam mit der Haltung kleinerer Rinderrassen, wie beispielsweise den Angusrindern, den Unterhalt sichern. Ein praktisches Beispiel für gelungene Verbindung zwischen Landschaftspflege und Islandpferdehaltung zeigt eines der größ-

ten deutschen Islandpferdegestüte in Süddeutschland: der Wiesenhof im Albtal in der Nähe von Karlsruhe. Noch 1947 konnten die Wiesen im Albtal durch regelmäßiges Mähen und intensive Ent- und Bewässerungssysteme intakt gehalten werden. Doch mit dem Aufkommen des sogenannten Wirtschaftswunders mit allen seinen Begleiterscheinungen wurde das arbeitsintensive Pflegen der Albtalwiesen immer schwieriger. Auch die Landwirte, denen die Wiesen im Albtal gehörten, wurden von dieser Entwicklung nicht verschont. Viele gaben die Bauernwirtschaft auf. Die gewachsene Kulturlandschaft im Albtal geriet in Gefahr. Wiesen verkrauteten immer stärker und Erlen breiteten sich aus, weil das Abmähen der Wiesen sich einfach nicht mehr lohnte. Hier wurde schon vor Jahren ein Pilotprojekt »Landschaftspflege« durchgeführt. Dabei haben etwa 200 Islandpferde die spezielle Aufgabe, die Wiesen im Albtal abzuweiden, um damit den Charakter des Tals als offene Wiesenlandschaft zu erhalten. Ziel des Landschaftsschutzgebietes Albtal, das von der Bezirksstelle für Naturschutz und Landschaftspflege, dem Staatlichen Liegenschaftsamt sowie dem Landwirtschaftsamt Karlsruhe entwickelt wurde, ist, das jetzt schon ausgewiesene Landschaftschutzgebiet Albtal mit einer Größe von 200 Hektar in ein noch umfangreicheres Naturschutzgebiet zu verwandeln.

Beweiden ist billiger als Mähen

Zur Bewahrung der Interessen des Naturschutzes und um den hohen Freizeitwert des Naherholungsgebietes zu erhalten, kaufte das Land Baden-Württemberg den Hof mit dem Islandpferdegestüt, beließ aber die Pflege des Gebietes weiter bei dem bisherigen Pächterehepaar Helga und Bruno Podlech, das schon bisher seine Islandpferde und Angusrinder im Albtal weiden ließ. Durch die regelmäßige Beweidung und gleichzeitige Düngung werden die Weiden kostengünstig und wirkungsvoll vor dem Verkrauten bewahrt. Die Beweidung ist billiger als das Mähen mit Maschinen. Zudem ist das Gestüt Abnehmer für Mähgut, das bisher auf Deponien gefahren werden musste. Die Islandpferde sind ebenso wie die Angusrinder leichte Tiere und verletzen die Bodenschicht daher relativ gering, wobei die Pferde selbstverständlich unbeschlagen auf der Weide geschickt werden.

Der Landschaftspflegeplan, der das Albtal in verschieden Kategorien einteilt, besteht aus einem Pflege- und Beweidungskonzept. Zur Zeit sind 70 Hektar beweidet. Hinzu kommen 30 Hektar reine Pflegeflächen, die maschinell oder per Hand gepflegt werden müssen. Von jeher haben größere Pferdezuchtbetriebe eine einseitige Weidenutzung durch Pferde oder Ponys allein vermieden. Sie wussten, dass nur und ausschließlich mit Pferden beschickte Weiden mit der Zeit »pferdemüde« werden. Dabei wird der Pflanzenwuchs einseitig und für Pferde minderwertig, da sich Unkräuter ausbreiten und wertvolle Gräser und Kräuter verdrängen. Zugleich nimmt der Befall mit Parasiten zu. Man begegnet der einseitigen und die Weiden insgesamt schädigenden Nutzung durch die Kombination Pferd/Rind. Die Weiden bleiben umso ertragsfähiger und gesünder (die Larven der Parasiten gehen im Verdauungskanal der Wiederkäuer zugrunde), je günstiger das Verhältnis

Durch regelmäßige Beweidung werden die Weiden kostengünstig und wirkungsvoll vor dem Verkrauten bewahrt.

Rind/Pferd ist. In diesem Zusammenhang ist festzustellen, dass Pferd und Rind unterschiedliche Techniken der Nahrungsaufnahme und -verwertung entwickelt haben und z. T. auch unterschiedliche Nahrungspflanzen bevorzugen.

Pferde erfassen mit Hilfe der sehr beweglichen Lippen einen Büschel Gras und drücken ihn in das Maul. Mit Hilfe der Schneidezähne (im Ober- und Unterkiefer je sechs), die breit, lang und nach vorn gerichtet sind, erfolgt das Abrupfen des Grases durch einen nach rückwärts gerichteten Ruck des Kopfes. Das Pferd muss die Nahrung fein zermahlen, wobei die Kaubewegung der fast gleich weit voneinander entfernten Backenzahnreihen sowohl quer- als auch längsgerichtet ist. Dementsprechend verlaufen die Schmelzfalten dieser Zähne geschlängelt. Pferde sind keine Wiederkäuer wie die Rinder, daher kauen sie nur einmal, dafür aber gründlich. Die Verdauung wird im Darm beendet, der mit der etwa 10- bis 12fache Körperlänge des Pferdes außerordentlich lang ist, um schließlich aus der großen Futtermenge die wenigen Nährstoffe herausholen zu können. Islandpferde schätzen besonders die Grobgräser, im Albtal fressen sie u.a auch das Wollgras.

Rinder dagegen bevorzugen krautige Pflanzen (im Albtal fressen die Angusrinder u.a. auch das hier reichlich vorhandene und zu den Balsaminengewächsen zählende Springkraut). Bei der Nahrungsaufnahme hilft ihnen die außerordentlich lange Zunge. Sie tritt seitlich aus dem Maul heraus, umfasst den Büschel und führt ihn den Zähnen zu. Eine breite Schneidefläche im Unterkiefer befähigt das Rind, den Büschel abzurupfen. Sie wird durch eine lange Reihe von Unterkieferzähnen gebildet. Die Reihe kommt dadurch zustande, dass zu den sechs eigentlichen, breiten Schneidezähnen noch die Eckzähne kommen, die genau die Form der Schneidezähne haben. Durch diese Zahnreihe wird der Grasbüschel gegen die zahnlose, knorpelige Kante des Oberkiefers gedrückt und durch einen Ruck des Oberkiefers abgerupft. Da die Zähne sehr lang, groß und schräg nach vorn gerichtet sind, vermag das Rind auch ganz kurze Kräuter und Gras abzuweiden. Rinder zermahlen die aufgenommene Nahrung sehr fein. Dies geschieht durch seitliche Mahlbewegungen des Unterkiefers. Die Schmelzfalten der Zähne verlaufen genau in Längsrichtung der Kiefer. Rinder sind Wiederkäuer. Auch bei ihnen wird die Verdauung im Darm beendet. Der Darm des Rindes ist 20mal so lang wie der Körper des Tieres.

Beweiden ist billiger als Mähen, und den Pferden gefällt es ...

Bei geöffnetem Maul sieht man deutlich die Schneidezähne im Ober- und Unterkiefer (je sechs), die breit, lang und nach vorne gerichtet sind.

Viele Islandpferdezüchter haben jedoch nur geringe Weideflächen. Hier kann eine Kombination von Islandpferden und Schafen auf den Koppeln versucht werden, wobei es gleichgültig ist, welche Schafrasse man hält. Der Weidebedarf beträgt für drei Mutterschafe ohne Pferde 2500 qm. Schafe verursachen relativ wenig Arbeit und Unkosten, jedoch ist eine schafsichere Einzäunung der Weiden erforderlich. Gefordert ist hier ein 80–100 cm hohes Knotengitter mit einem 20 cm darüber liegenden Elektrodraht. Dazu muss sich der Halter mit den Grundtatsachen der Fütterung, Stallung, Bedeckung und Ablammung, Aufzucht, Weidepflege, Klauenpflege und Parasitenbekämpfung (Schafläuse, Räudemilben, Würmer, Leberegel) befassen. Als Winterstall genügt ein einfacher Holzschuppen mit zugehörigem Auslauf. Gefüttert wird in dieser Jahreszeit mit Heu, Stroh, Silage und – bei Schnee auf kahlen Weiden – mit etwas Kraftfutter. Die Nachfrage nach Lammfleisch und der Preis machen diesen Betriebszweig rentabel. Die Weidemastlämmer werden im Herbst verkauft und so müssen nur die Mutterschafe über Winter gehalten werden.

Da die Zähne des Unterkiefers sehr lang, groß und schräg nach vorne gerichtet sind, vermag das Rind auch ganz kurze Kräuter und Gras abzuweiden.

Ausbildung des Reiters

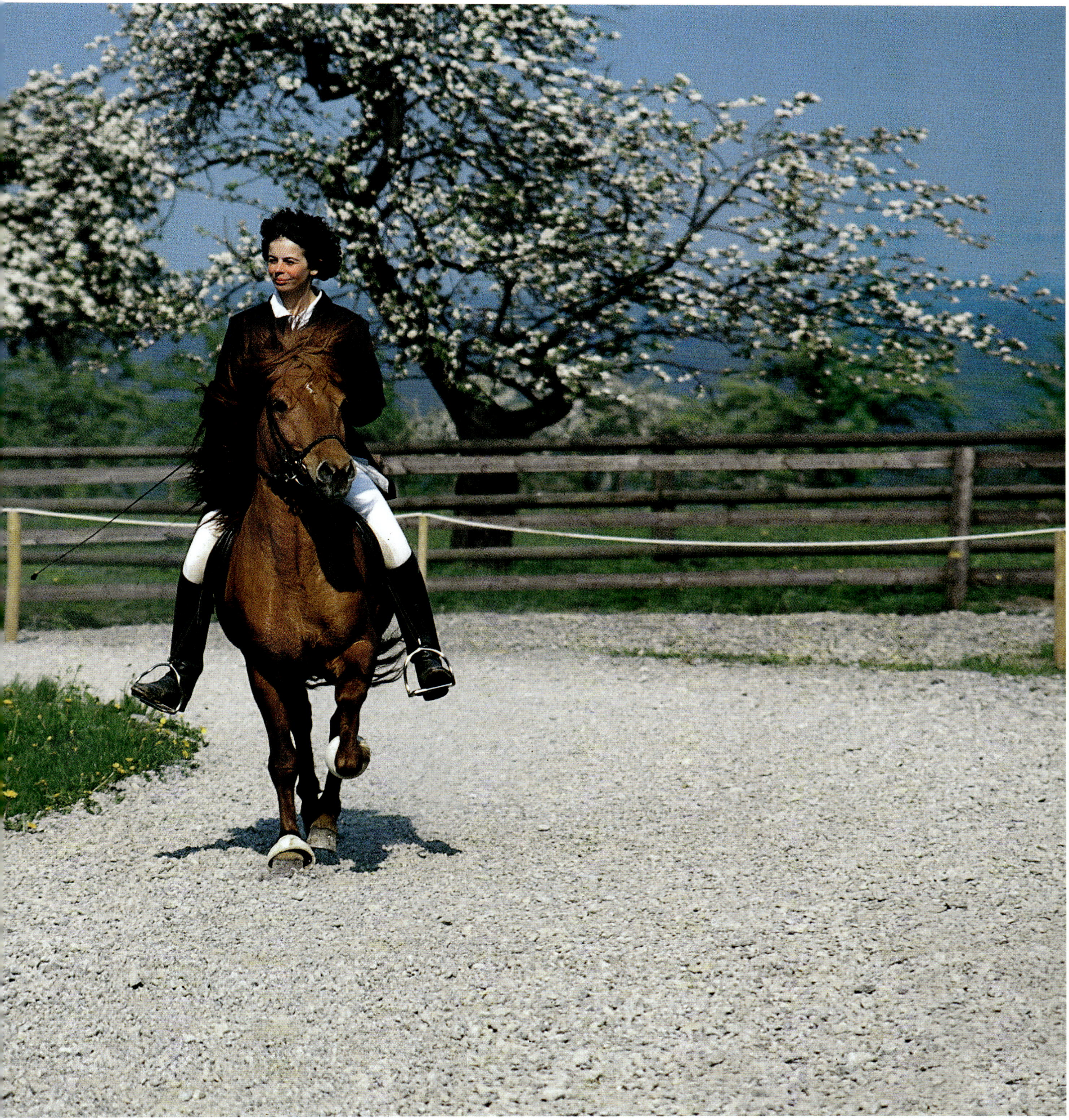

In einigen Kulturen ist es auch heute noch üblich, dass Reiten auf rein praktischem Weg erlernt wird. So erreichen manche Reiter eine mitunter bewundernswerte Fertigkeit und Gewandtheit. Doch die Voraussetzungen für diese natürliche, rein praktische Form des Reitenlernens sind bei uns normalerweise nicht mehr gegeben. Wir sind auf Unterricht angewiesen und profitieren auch von einem gewissen theoretischen Hintergrund.

Dem Reiten liegt in erster Linie eine physische Fertigkeit zugrunde, deren theoretischen Hintergrund man zwar verstehen soll, die jedoch nur durch Schulung und Übung erlernt werden kann. Daher ist es nicht möglich, das Reiten – besonders, wenn es sich um die Anfänge dieser Kunst handelt – selbständig aus einem Buch zu erlernen. Bücher dienen dem besseren Verständnis der Reitkunst und ihrer Probleme. Gewiss können sie intelligenten Reitern von höchstem Nutzen sein, doch hat die Theorie allein noch niemanden zum Reiter gemacht.

Die Grundlagen der Reiterei, die von den Gesetzen der Physik bzw. der Mechanik bestimmt werden und die sich auf die Lehren der Anatomie und Psychologie stützen, sind unveränderlich und seit jeher gleichgeblieben. Doch die Wege, auf denen die Reiter diese Grundlagen verstehen und verwerten, waren je nach den zur Zeit herrschenden Begriffen, verfügbaren Mitteln und angestrebten Zwecken verschieden. Manche von ihnen haben sich auch als Irrwege erwiesen.

Manche Erfahrungen bedeutender Reiter haben aber bis heute ihre Gültigkeit behalten und sollten befolgt werden. So hat z.B. in Bezug auf das pferdegemäße gymnastizierende Reiten der große Reitmeister F.R. de la Guérinière den richtigen Sitz des Reiters folgendermaßen beschrieben: »Der Reiter muss sich genau in die Mitte des Sattels setzen und das Gesäß nach vorne schieben, damit man nicht zu nahe am Hinterzwiesel sitzt und Raum für das Abkippen des Beckens nach hinten bleibt. Die Lendenpartie sollte nach hinten abgekippt und mit dem Oberkörper belastet werden. So kann man mit ihr die Bewegungen des Pferdes geschmeidig ausfedern. Der Kopf muss gerade und ungezwungen über den Schultern getragen werden, der Blick zwischen den Pferdeohren hindurch auf den Weg vor dem Pferd gerichtet sein. Die Schenkel sollten aus dem Knie heraus gerade und locker nahe dem Pferd herabhängen, der Absatz etwas tiefer als die Fußspitze, aber nicht zu sehr, weil sonst das Bein steif wird. Nur indem man nach und nach dazulernt, erlangt man jene Sicherheit, die aus dem Gleichgewicht herrührt und nicht aus dem eisernen Knieschluss. Allmählich und ohne sich dessen bewusst zu werden, findet der Reiter so zu einem sicheren und aufrechten Sitz ohne jede Steifheit noch Verkrampfung; seine Haltung wird locker und gewandt, ohne nachlässig oder affektiert zu sein, und er wird sich vor allem niemals nach vorne neigen, was der größte aller Fehler ist.« Auch Meister Nuno Oliveira hat in neuerer Zeit immer wieder betont, dass ausschließlich absolut losgelassene Reiter, die locker in sich selbst ausbalanciert zu sitzen verstehen, Pferde locker in der Bewegung zu bewahren und in das Gleichgewicht zu reiten wissen.

Und K. Albrecht, Leiter der Spanischen Reitschule in Wien von 1974–1985, schreibt: »Nicht angepresste Schenkel und Knie, sondern ein schmiegsamer, die Bewegung des Pferdes durch Stabilität und Ruhe des Oberkörpers unterstützender Sitz machen diesen nicht nur schön, sondern vor allem wirksam.«

Die Reiterin steht links neben dem Pferd und nimmt die Zügel auf. Die rechte Hand greift nach der rechten Sattelpausche. Der linke Fuß wird in den linken Steigbügel gesetzt.

Die Reiterin drückt – unter gleichzeitigem Druck im linken Steigbügel – mit dem rechten Bein das Körpergewicht über den Sattel nach oben.

Sitzen, Fühlen, Einwirken

> ### Die praktische Ausbildung des Reiters umfasst drei Phasen:
>
> 1. Er muss das Gleichgewicht auf dem Pferd in allen Gangarten und in den Übergängen halten, also sitzen lernen.
>
> 2. Er muss fühlen lernen. Das ist mit der Schulung des Gehörs im Bereich der Musik vergleichbar, ein Hineinhorchen in den Bewegungsablauf. Er muss den Takt, den Rhythmus der richtigen Fußfolge und das richtige Tempo in den einzelnen Gangarten erfühlen lernen. Dies ist physisch passives, psychisch aber äußerst aktives Verhalten.
>
> 3. Er muss die Einwirkungen erlernen, die Sprache zwischen Mensch und Tier, die durch Erzeugung von physischen Reizen an bestimmten Stellen des Pferdekörpers (Flanken, Rücken, Maul) und in ihrer Kombination dem Tier sagen, was es tun soll; also die Hilfengebung. Sie ist äußerst aktives Verhalten des Reiters im Sinne einer immer feineren Nuancierung.

Ziel eines jeden Reiters ist die absolute Einheit von Reiter und Pferd. So sicher, wie sich der Seemann bei jedem Wellengang auf Deck bewegt, soll der Reiter bei jeder Gangart auf dem Pferd sitzen. Das beginnt mit dem Aufsteigen und Absitzen, dem richtigem Sitz und richtiger Haltung. Mehrmaliges Reiten in der Woche, dabei jedes Mal ein paar Minuten ohne Bügel oder gänzlich ohne Sattel, geben dem Anfänger Mut, fördern seine Haltung und geben ihm einen unverkrampften Sitz.

Aufsteigen und Absitzen

Erste Voraussetzung für das Aufsteigen ist das Stillstehen des Pferdes. Um das zu erreichen, muss das Aufsteigen ruhig und geschmeidig erfolgen. Der Reiter steht in Laufrichtung des Pferdes, hält die aufgenommenen Zügel in der linken Hand und stellt den linken Fuß in den Steigbügel. Mit der rechten Hand greift er über den Sattelbaum an die Sattelpausche, schwingt sich nah am Pferd mit vorgeneigtem Oberkörper hoch und sitzt langsam und weich in den Sattel ein. Bei herumzappelnden Pferden bleibt man mit dem rechten Bein solange auf dem Boden stehen, bis das Pferd ruhig steht. Es ist es wichtig, dass der Sattel beim Aufsteigen nicht nach links hinuntergezogen wird. Sollte er dennoch ein wenig verrutschen, kann man ihn durch kräftiges Treten in den rechten Steigbügel in die richtige Position bringen. Neigt der Sattel zum Rutschen, sollte man jemanden bitten, am rechten Steigbügel gegenzuhalten. Generell sollte man sich angewöhnen, zum Aufsteigen eine Aufstieghilfe, einen Stuhl oder ähnliches zu verwenden. So wird einerseits der Sattel geschont, andererseits aber vor allem der Pferderücken.

Die Reiterin gleitet vorsichtig in den Sattel, wobei sie mit dem vorgeneigten Oberkörper nah am Pferderücken bleibt und das rechte Bein in einem weiten Bogen über den Sattel nimmt.

Die Reiterin setzt sich nun zurecht, nimmt den rechten Bügel auf, legt die Beine ans Pferd, fasst die Zügel etwas kürzer und gibt die Hilfe zum Anreiten.

Durch einen ausbalancierten, losgelassenen, passiven Sitz mit aufgerichtetem Oberkörper behindert die Reiterin ihr Pferd nicht in der Bewegung.

Je breiter die Basis der Sitzfläche, umso stabiler das Gleichgewicht. Die Wirbelsäule kann in der Lendengegend nach vorne schwingen und den Stoß des Pferdes federnd auffangen.

Beim Absitzen wird der Oberkörper zur rechten Seite vorgeneigt, das rechte Bein schwingt über die Kruppe und der Reiter landet mit dem gleichen Bein auf dem Boden. Beim Absteigen sollte der Fuß des Reiters aus Sicherheitsgründen (Hängenbleiben mit Kleidern) auf der Seite, auf der er absteigt, so lange im Bügel bleiben, bis er mit dem anderen Fuß auf dem Boden steht. Jedoch ist auch Abspringen eine Methode, die sich besonders bei hektischen Pferden empfiehlt, da in diesen Fällen ein eventuelles Hängenbleiben im Bügel vermieden wird.

Der Sitz

Die Beherrschung eines Pferdes aus dem Sattel ist abhängig von Sitz und Einwirkung seines Reiters. Der korrekte Sitz wird von unumstößlichen physikalischen Gesetzen diktiert. Die Qualität des Sitzes bestimmt, ob man überhaupt von »Reiten« sprechen kann, oder ob das Pferd einfach mit der auf seinem Rücken befindlichen »Last« fertig werden muss. Bei all dem muss man sich immer vergegenwärtigen, dass das Sitzen auf dem Pferderücken eine Erfindung des Menschen ist und keineswegs eine natürliche Gegebenheit, denn wenn sich der Mensch auf das Pferd setzt, wird zunächst immer dessen Gleichgewicht gestört. Daher muss man vorsichtig arbeiten, damit das Pferd unter dem Reiter allmählich sein Gleichgewicht wiederfindet.

Das Gesäß ist der Hauptberührungspunkt, an dem das Pferd den Reiter am intensivsten spürt. Es bildet die Basis mit dem sogenannten Sitzdreieck, das aus den beiden Gesäßknochen und dem Spalt des Reiters besteht. Die Stabilität eines korrekten Balancesitzes beruht auf der Fähigkeit, die drei Auflagepunkte seiner Mittelpositur unentwegt im Sattel behalten zu können. Das Gesäß sollte mit losgelassenen Muskeln in voller Breite im Sattel ruhen, wodurch der Reiter einen tiefen Sitz erlangt.

Neben dem entspannten, losgelassenen Sitz ist auch die Fähigkeit, einzelne Körperteile gezielt anzuspannen und sie unabhängig voneinander zu bewegen, besonders wichtig. Nur aus einem richtigen Sitz können korrekte Hilfen gegeben werden. Nur richtige und bewusst eingesetzte Hilfen führen zur Erlangung des Gefühls und schließlich zur Einwirkung und Beherrschung des Pferdes.

Eine Verlegung des Gewichts vor die Senkrechte hat eine verwahrende Wirkung.

Ein Verlegen des Schwerpunktes hinter die Senkrechte vermittelt dem Pferd eine verstärkt treibende Wirkung.

Verschiedene Grundhaltungen im Sitzen

Im **entspannten Sitz** (A) ist die Grundhaltung ganz ungezwungen und aufrecht. Der linke und der rechte Gesäßknochen nehmen das Reitergewicht gleichmäßig im Sattel auf. Dagegen sitzt man beim **Dressursitz** (B) im tiefsten Punkt des Sattels. Bei richtiger Sattellage und richtigem Sitz stimmen Schwerpunkt des Pferdes und Schwerpunkt des Reiters überein. Ober- und Unterschenkel liegen am Sattel bzw. am Pferdebauch. Die Fußspitzen zeigen nach vorn und innen, ein wenig nach oben, die Ferse ist möglichst tiefgestellt, wodurch der Absatz bei leichter Anspannung der Wadenmuskulatur den tiefsten Punkt des Reiters bildet: Durch tiefe Fußhaltung und eine gewisse Grundspannung des Beines wird eine weitgehend feste Lage des Knies (Knieschluss) am Sattel erreicht, wobei Knieschluss keinesfalls ein klammerndes Festhalten mit den Knien am Sattel bedeutet.

sein Eigengewicht nur dann richtig verteilen, wenn sein Sitz ungezwungen, geschmeidig und sicher ist.

In den Bewegungen, bei denen das Pferd sich, zwar in geringerem Grade, aber immerhin schon etwas strecken muss, kann der Reiter durch geschmeidiges Vorneigen des Oberkörpers dem Schwerpunkt des Pferdes folgen, was letztlich – im Sitzen oder Stehen – zu einer Haltung führt, die man den **leichten Sitz** (C) nennt, eine besondere Form der entlastenden Gewichtshilfen. Hierbei verlagert der Reiter sein Gewicht zunehmend auf die Bügel, der Rücken des Pferdes wird so ein wenig entlastet, das Pferd kann ihn besser loslassen.

Außerdem wird bei fortgeschrittener Ausbildung der Reiter von Islandpferden zum sogenannten **Gebrauchssitz** (D) finden. Hier liegt das Gleichgewicht auf der Hinterhand des Pferdes. Der Reiter kann dabei

Unterschiedlichen Formen des Reitsitzes.

A entspannter Sitz (richtig)   *B Dressursitz = gleiche Belastung aller vier Hufe (richtig)*   *C leichter Sitz (richtig)*

Ein wenig, fast nur angedeutet, sollte sich der Reiter von Zeit zu Zeit im Sattel nach vorn ziehen. Dadurch werden Sitz und Haltung des Reiters wieder in die Schwerpunktlinie gebracht.

Die Oberarme hängen senkrecht locker am Körper, die Ellenbogen liegen an den Hüften an. Die Unterarme sollen eine gerade Linie vom Ellenbogen über Unterarm und Zügel zum Trensengebiss bilden.

Bei einerseits geschmeidigem und biegsamem Rücken werden zugleich die Schultern locker fallengelassen und zwanglos zurückgenommen. Die Losgelassenheit von Schultern, Ellenbogen und Handgelenk ermöglicht die elastische Verbindung mit dem Pferdemaul. Der Reiter kann

sowohl die losgelassene Lockerheit seiner selbst als auch die des Pferdes genießen, dessen Gleichgewicht auf der Hinterhand liegt. Diese Haltung führt zu der alle Stöße federnden Tragehaltung. Ursprünglich wurde dieser Sitz von den Berbern auf nackten Pferden erfunden und später von portugiesischen Reitern für das Reiten mit Sattel angepasst. Den Sitz hat La Guérinière analysiert und beschrieben, er wird heute noch von den Berufsreitern Südwesteuropas (Vaqueros, Campinos, Gardians) mit ihren kompakten Pferden gepflegt. Außerdem ist er der Gebrauchssitz der Kampfstierhirten. Auch bei isländischen Reitern war und ist dieser Sitz sehr verbreitet und kann sowohl bei Freizeitreitern als auch bei Turnierreitern beobachtet werden. Doch nur der im Gleichgewicht befindliche Reiter wird sich loslassen und zum Gebrauchssitz kommen. Die Losgelassenheit wirkt der Steifheit entgegen und lässt den Reiter in die Bewegungen des Pferdes rhythmisch eingehen, d.h. die Balance finden. Ist das Pferd in Balance, hält es auch ohne Einwirkungen vom Reiter Tempo und Takt.

Voraussetzungen für einen ausbalancierten, effektiven Sitz

Von großer Bedeutung für den Reitersitz ist das Anpassen der Bügel. Für die Länge der Steigbügelriemen gilt als Faustregel: Armlänge des Reiters = Riemenlänge plus Bügel. Aber nicht nur von der Länge der Beine des Reiters hängt die richtige Bügellänge ab, sondern auch vom Gebäude des Pferdes und der Art des Sattels. Das Gleichgewicht des Reiters spielt eine wichtige Rolle und ist aus schlaggebend dafür, welche

den Kopf des Reiters, durch seine Schulter, die Hüfte und die Ferse gefällt werden kann. Diese Haltung der Wirbelsäule bringt das Becken in jene Lage, in der das Körpergewicht auf den nach vorne-innen zugekehrten Teil des Sitzknochens zu ruhen kommt, auf jenen Teil also, der fast nur von Haut umspannt ist. Die Sitzfläche wird breit, das Gesäß offen. Je breiter die Basis der Sitzfläche, umso stabiler das Gleichgewicht. Die Wirbelsäule kann in der Lendengegend nach vorne schwingen und den Stoß des Pferdes federnd auffangen.

Ein Verlegen des Schwerpunktes im Oberkörper hinter die Senkrechte durch angespanntes Kreuz vermittelt dem Pferd eine verstärkt treibende Wirkung. Eine Verlegung des Gewichtes vor die Senkrechte hat eine verwahrende Wirkung.

Eine Grundforderung an den Reiter ist es, sein Pferd in der Bewegung nicht zu behindern. Und das kann nur aus einem ausbalancierten, losgelassenen, passiven Sitz heraus mit aufgerichtetem Oberkörper ge-

D *Gebrauchssitz = Gleichgewicht auf der Hinterhand (richtig)*

E *verkrampfter Sitz mit Hohlkreuz (falsch)*

F *steifer, gespannter Sitz mit weggestreckten Beinen (falsch)*

Meldungen vom Reiter zum Pferd und vom Pferd zum Reiter übermittelt werden. Wenn es darum geht, die Meldungen des Pferdes zu verstehen und entsprechende Meldungen dem Pferd zu übermitteln, dann spielt der Tastsinn des Reiters eine wichtige Rolle. Der Tastsinn kann den Druckunterschied, der auf der Oberfläche der Haut entsteht, erkennen. Bei verspannten und steifen Muskeln lässt die Sensibilität des Tastsinnes nach, ganz gleich ob die Ursache Angst oder mangelndes Gleichgewicht des Reiters ist. Dasselbe gilt auch für das Pferd, die Sensibilität seines Tastsinns verringert sich, wenn seine Muskeln verspannt sind. Die äußere Form des Reitersitzes führt zu einer Senkrechten, die durch

schehen. Das Becken spielt in diesem Zusammenhang eine besondere Rolle, denn die Beckenstellung hat unmittelbaren Einfluss auf die Krümmung der Wirbelsäule und damit auf den Sitz. Das Becken wird aus dem Kreuz- und Steißbein sowie den beiden seitlichen Hüftbeinen gebildet, die aus dem Darmbein, Schambein und dem Sitzbein bestehen. In der natürlichen Position im Stehen befindet sich das Becken nach der medizinischen Terminologie in einer Kippung. Eine Aufrichtung des Beckens hat zur Folge, dass das natürliche Hohlkreuz – und damit die Federung der Wirbelsäule – aufgegeben und stattdessen das Steißbein und die Bandscheiben belastet werden. Ohne die Federwirkung seiner

Wirbelsäule kann der Reiter jedoch nicht geschmeidig auf die Bewegung seines Pferdes eingehen. Ein in aufrechter Position festgestelltes Becken verhindert also einen geschmeidigen Sitz. Ziel des Reiters muss es sein, im Becken beweglich zu bleiben, um so auf die Bewegung des Pferdes eingehen zu können. Dazu muss der Reiter ausbalanciert auf dem Pferd sitzen. Das kann nur dann gelingen, wenn er eine aufrechte Haltung einnimmt und die natürliche Krümmung seiner Wirbelsäule erhalten bleibt. Diese Haltung ist erreicht, wenn Ohr, Schulter, Hüfte und Ferse sich auf einer Senkrechten befinden, der Reiter also ein Lot durch seinen Körper fällen kann. Die Sitzposition liegt zwischen dem Sitzbein und den Schambeinästen, so dass das Steißbein nicht belastet wird. Das Becken hat in dieser Position die Beweglichkeit eines Scharniers, und der Reiter kann auf die Bewegung des Pferdes eingehen.

Weicht der Reitersitz von diesem Lot ab, verliert der Reiter immer wieder seine Balance und muss ständig Kräfte mobilisieren, um sein Gleichgewicht im Sattel wieder zu erlangen. Dadurch aber kann er nicht losgelassen reiten. Dieser Verlust des Gleichgewichts überträgt sich auch auf das Pferd und behindert es, selbst im Gleichgewicht zu gehen. So-

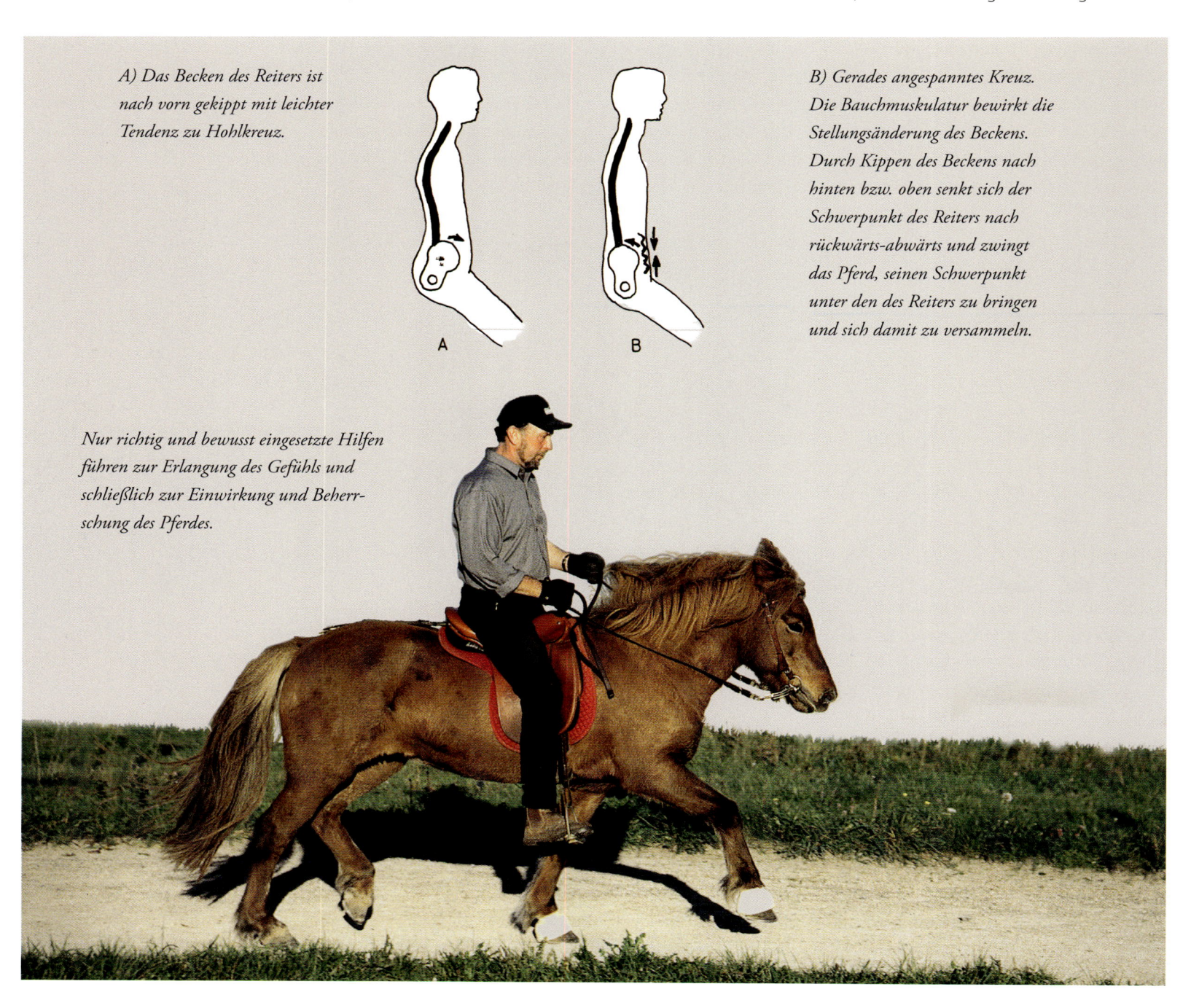

A) Das Becken des Reiters ist nach vorn gekippt mit leichter Tendenz zu Hohlkreuz.

B) Gerades angespanntes Kreuz. Die Bauchmuskulatur bewirkt die Stellungsänderung des Beckens. Durch Kippen des Beckens nach hinten bzw. oben senkt sich der Schwerpunkt des Reiters nach rückwärts-abwärts und zwingt das Pferd, seinen Schwerpunkt unter den des Reiters zu bringen und sich damit zu versammeln.

Nur richtig und bewusst eingesetzte Hilfen führen zur Erlangung des Gefühls und schließlich zur Einwirkung und Beherrschung des Pferdes.

wohl beim Reiter als auch beim Pferd kann das zu Verspannungen und Schmerzen führen.

Ein passiver Sitz hat nur wenig Einfluss auf die Bewegungen des Pferdes. In diesem passiven Zustand kann der Reiter die Bewegungen des Pferdes gut wahrnehmen und ihnen folgen. Aktiv nennt man einen Sitz, bei dem der Reiter das Pferd zu etwas auffordert, z.B. zu einem Richtungswechsel, einem bestimmten Tempo oder einer anderen Gangart. Der Sitz sollte immer passiv sein, wenn das Pferd das tut, worum es gebeten wurde. Dann weiß es, dass es alles richtig macht. In der Regel fassen die Pferde dieses Verhalten als Belohnung auf. Wird das Pferd jedoch um etwas Neues gebeten, muss der Sitz aktiv werden, aber nur für einen kurzen Moment. Dies verlangt vom Reiter einiges Geschick und kann nicht über Nacht gelernt werden. Die Fähigkeit des Reiters, einen aktiven oder passiven Sitz einzunehmen ist an Erfahrung gekoppelt, braucht also Zeit und Gelegenheit. Wenn ein Reiter keinen Unterschied zwischen aktivem und passivem Sitz macht, dann ignoriert ein ruhiges Pferd die ständigen unklaren Aufforderungen und hört nicht mehr zu. Das temperamentvolle Pferd dagegen wird von diesem Schwall gegensätzlicher Botschaften komplett verwirrt und reagiert mit Verspannung und Flucht.

Sitzfehler

Man kann zwei Grundfehler im Sitz unterscheiden. Zum einen gibt es den sogenannten **Spaltsitz** (E, siehe Seite 93), bei dem der Reiter nicht auf den Sitzknochen, sondern auf den Schenkeln sitzt. Oft tritt dabei auch ein Hohlkreuz auf. Die Lendenmuskeln sind angespannt, der Brustkorb ist vorgedrückt. Es ist weder ein Auffangen der Stöße noch ein Einwirken mit dem Gewicht möglich. Ein anderer häufiger Sitzfehler ist der **Stuhlsitz** (F, siehe Seite 93). Der Rücken wird rund, ein federndes Nachgeben in den Lendenwirbeln ist kaum oder nur in falscher Richtung möglich. Das Gesäß ist zusammengezogen, der Reiter »rollt« auf den Gesäßmuskeln. Der Sitz wird steif, die Beine sind nach vorne weggestreckt. Damit entsteht sehr häufig ein ungewolltes Vortreiben des Pferdes, dem durch übertriebenen Zügeleinsatz entgegengewirkt werden muss. Ein so sitzender Reiter geht nicht mit der Pferdebewegung mit, sondern bleibt hinter ihr zurück. Das Pferd bleibt auf der Vorhand, weil die schiebende Wirkung die tragende überragt. Zwei weitere häufig vorkommende Sitzfehler sind das **Abknicken in der Hüfte** und **offene Knie**, wie auf den Abbildungen A und B auf dieser Seite zu sehen. Auch Pferde können den Sitz eines Reiters stark beeinflussen. Wer lange Zeit immer ein und dasselbe Pferd reitet, wird auf einem anderen Pferd plötzlich eine Menge Überraschungen erleben. Daher sollte jede Gelegenheit genützt werden, immer wieder einmal ein anderes Pferd auszuprobieren, um seinen Sitz auch anpassungsfähig zu machen.

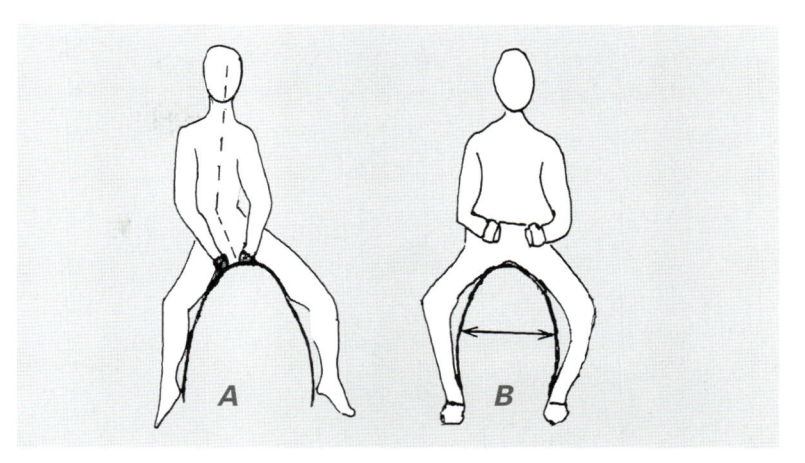

A) Falscher Stellungssitz: Einknicken in der Hüfte. Durch seitliches Verschieben der Gesäßknochen und Einknicken in den Hüften wird der Sitz schief.

B) Offene Knie: Die Ferse soll der tiefste Punkt des Reiters sein. Durch tiefe Fußhaltung wird eine feste Lage des Knies am Sattel erreicht.

Gymnastische Übungen:

1. *Reiten ohne Bügel:* Das Reiten ohne Bügel verlangt vom Reiter eine gute Balance, die auch in Übergängen und Wendungen erhalten bleiben muss. Keinesfalls darf mangelndes Gleichgewicht durch Festhalten am Zügel wettgemacht werden. Außerdem ist darauf zu achten, dass der Reiter sich ohne Bügel nicht mithilfe seiner Beine ans Pferd klammert, sondern seine stabile Position durch ausreichende Körperspannung und Mitschwingen in den Bewegungen des Pferdes erhält.

Reiten ohne Bügel: Der ausbalancierte Sitz ist die Voraussetzung für eine exakte Hilfengebung.

2. *Reiten ohne Sattel*: Eine Übung für den Erwerb eines lockeren, nicht klammernden Sitzes. Reiten ohne Sattel ist nur mit einem entspannten Sitz möglich. Klammernde Reiter sind verspannt. Sie kommen früher oder später ins Rutschen.

Reiten ohne Sattel ist nur mit einem entspannten Sitz möglich.

Die Hilfen

Als »Hilfen« bezeichnet man die Verständigung zwischen Reiter und Pferd. Eine Verständigung durch die Sprache des Reiters ist nur begrenzt möglich. Der Reiter kann jedoch mit Händen, Körpermasse, Kreuz und Schenkeln sowie der Gerte auf das Pferd einwirken, es vorwärts treiben, es lenken, biegen und verhaltend einwirken. Auch mit den Zügeln wirkt er auf das Tier, durch Nachgeben fördernd, durch Annehmen verhaltend. Ausschließlich absolut losgelassene Reiter, die locker in sich selbst ausbalanciert zu sitzen verstehen, sind in der Lage, Pferde locker in der Bewegung zu bewahren und im Gleichgewicht zu reiten und somit auch ihre Hilfen richtig einzusetzen. Ein korrekter, zügelunabhängiger und unverkrampfter Sitz ist also immer die Voraussetzung für einfühlsame und effektive Hilfengebung.

1. Gewichtshilfen

Eine einseitig belastende Gewichtshilfe bewirkt, dass das gerittene Pferd seinen Schwerpunkt mit dem verlagerten Schwerpunkt des Reiters in Übereinstimmung zu bringen versucht. Es tritt dabei mit dem gleichseitigen Hinterfuß vermehrt unter den veränderten Schwerpunkt des Reiters. Damit wird eine Wendung eingeleitet, angaloppiert oder eine Vorwärts-Seitwärts-Bewegung bei Seitengängen bewirkt. Eine besondere Form der entlastenden Gewichtshilfe ist der sogenannte leichte Sitz.

Die Wirkung des Reitergewichtes besteht zunächst darin, dass sein Schwerpunkt mit dem des Pferdes in Übereinstimmung gebracht werden sollte. Sitzt der Reiter im Tiefpunkt des Sattels aufrecht und gerade, so ist dies der Fall. Verschiebt der Reiter sein Gewicht etwas auf die Seite, so versucht das Pferd, diese Verlagerung wieder auszubalancieren und tritt in diese Richtung. Diese Seitwärtseinwirkung ist z.B. bei Wendungen notwendig. Dabei werden die jeweiligen Gesäßknochen und Steigbügel stärker belastet, das Kreuz ist auf dieser Seite angespannt. Oft wird der Fehler gemacht, bei der seitlichen Körpereinwirkung in der Hüfte einzuknicken und den Oberkörper übertrieben nach innen in Richtung der Wendung zu neigen Dadurch ist jedoch der entgegengesetzte Gesäßknochen stärker belastet – und auch die Wirkung ist entgegengesetzt.

Nach vorn treibend wirkt ein gleichmäßig angespanntes Kreuz; über die beiden aktiv vorgeschobenen Gesäßknochen entsteht auf dem Pferderücken ein stärkerer Druck nach vorn. Bei dabei leicht nachgebendem Zügel – die Verbindung zwischen Reiterhand und Pferdemaul muss erhalten bleiben – wird das Pferd vorwärts gehen, bei gleichzeitig verwahrendem Zügel wird es stärker versammelt.

2. Schenkelhilfen

Bei den Schenkelhilfen, die auf die gleichseitigen Hinterbeine des Pferdes wirken, unterscheidet man vortreibende, verwahrende und vorwärts-seitwärts treibende Hilfen.

Durch **vorwärts treibende** Schenkeleinwirkung soll das Pferd die Hinterbeine schwungvoll und weit nach vorn bringen. Die Reaktion auf diese Einwirkung ist beim jungen Pferd nicht als Veranlagung vorhanden, sie muss deshalb zum Reflex ausgebildet und gefestigt werden. Das geschieht, indem das Pferd für die richtige Reaktion auf einen leichten Impuls mit dem Oberschenkel sofort gelobt und durch Wegnehmen des Drucks belohnt wird. Eventuell kann die Schenkeleinwirkung anfangs mit einem leichten Anlegen der Gerte hinter dem Gurt an der Innenseite (Seite des treibenden Schenkels) einhergehen. Die unteren Schienbeine liegen am Sattelgurt an und drücken kurz und fest an den Pferdeleib; im gleichen Augenblick muss die Gerte wirken. Zeigt das Pferd eine spürbare Reaktion auf die kombinierte Schenkel- und Gerteneinwirkung durch stärkeres Vortreten, wird die Gerte nicht mehr benutzt. Es ist unbedingt zu vermeiden, unablässig mit dem Unterschenkel an den Bauch zu klopfen, um das Tempo zu erhöhen. So wird das Pferd mit der Zeit lediglich auf den Schenkel abgestumpft und reagiert immer weniger.

Wird ein Unterschenkel etwa eine Handbreit hinter dem Sattelgurt leicht an den Pferdeleib gelegt, so wirkt er **verwahrend**, das heißt, er verhindert, dass das Pferd in diese Richtung zur Seite tritt.

Erst in neuerer Zeit hat sich die weniger militärisch geprägte Reitweise durchgesetzt. Durch die Vorstellung der »Freizeit im Sattel« mit gleichzeitiger Einführung von Gangpferden änderte sich das Bild.

Diese Hilfe kommt beispielsweise in Wendungen zum Einsatz, wenn verhindert werden soll, dass das Pferd nach außen ausweicht.

Wird der Druck des Unterschenkels in dieser Lage verstärkt, so erhält das Pferd eine **seitwärts treibende** Hilfe und tritt zur entgegengesetzten Seite. Diese Hilfe wird bei den verschiedenen Arten von Seitengängen eingesetzt. Der andere Schenkel wirkt dabei auf der gegenüberliegenden Seite verwahrend.

3. Kreuzanziehen und Mitschwingen

Der wichtigste Körperteil des Reiters ist der Rücken. Bleibt der Reiter im Rücken zu steif, so hängt er mehr oder weniger im Pferdemaul, weil er so nicht zügelunabhängig sitzen kann. Er muss Taille und Rücken entspannen, damit er mit dem Pferderücken mitschwingen kann und zugleich mit dem Gesäß im Sattel bleibt.

Das »Kreuzanziehen« beinhaltet ein zeitweiliges Feststellen des Beckens in Verbindung mit der Wirbelsäule. Dabei wird der obere Teil des Beckens nach oben gekippt, was zugleich die Biegung der Wirbelsäule des Reiters abschwächt (siehe Graphik auf S.94).

Das Mitschwingen besteht darin, dass das Becken des Reiters in Übereinstimmung mit der Bewegung des Pferdes vor- und zurückkippt und damit die Bewegung der Wirbelsäule im Wechsel vermindert oder verstärkt. Die Bewegung des Pferderückens wird damit im Körper des Reiters abgefangen.

In Island wird nach wie vor mit Leichtigkeit und großer Freude an schneller Bewegung geritten.

4. Hände und Zügelführung

Grundsatz: Die Hände des Reiters müssen das Pferd fühlen. Das Pferdemaul und die Reiterhände sind dauernd in einem Zwiegespräch. Das **Annehmen** der Zügel erfolgt durch Schließen der Finger bei entspannter Haltung der Arme, der Ellenbogen liegt dabei dicht am Körper. Reiter, die zu viel Druck auf den Zügel bringen, können die Pferde dazu veranlassen, zu viel Gewicht auf die Schultern zu verlagern.

Das **Nachgeben** bedeutet nicht, die Zügel fallen zu lassen, sondern zu fühlen, ob das Pferd auch ohne Druck auf dem Zügel weiter in der gleichen Geschwindigkeit vorwärts geht. Annehmen und Nachgeben sollten immer sanft, nie ruckartig erfolgen, eine annehmende Zügelhilfe wird stets von einer nachgebenden gefolgt.

Mit den Zügeln wirkt der Reiter bei Zäumen mit Gebiss über das Maul auf die gesamte Haltung des Pferdes und damit auch auf seinen Gang ein. Ein Anfänger macht gewöhnlich den Fehler, dass er zu hart mit den Zügeln einwirkt, zu schwach jedoch mit dem Gewicht, Kreuz und Schenkeln. Wo es die Gegebenheiten erlauben (Einzäunungen), sollten Anfänger deshalb zunächst ohne Gebiss reiten.

Beim Trensengebiss halten die Fäuste über die anstehenden Zügel ständig die Verbindung zum Pferdemaul. Die Intensität der Zügelhaltung wird je nach Gangart, Lektion oder Situation ständig durch Nachgeben, Verwahren usw. variiert.

Das Anreiten mit Gebiss soll nicht zu Steifheit und Verkrampfung von Ross und Reiter führen. Das Pferd wird zunächst veranlasst, die Hinterbeine mehr unterzusetzen und zugleich alle vier Beine gleichmäßig zu belasten. Zudem wird das Pferd durch Kreuz und Schenkel dazu aufgefordert, den Hals/Kopf an das Gebiss heranzustrecken.

Eine gerade Linie vom Pferdemaul zu den Ellenbogen des Reiters, bei gleichmäßig angenommenen Zügeln, vermittelt dem Pferd die Meldung: »Dies ist die Haltung und das Tempo, die du einhalten sollst.« Die Wirkungsweise der Zügelführung lässt sich in zwei Stufen einteilen. Die erste wirkt verhaltend, temporeduzierend oder richtungsweisend. Diese Hilfe muss dem Pferd gut verständlich sein, und es sollte korrekt darauf reagieren, bevor man zur zweiten Stufe übergeht, in der die Kopf-Halshaltung im Zusammenhang mit den Bewegungen des Pferdes beeinflusst wird. Nachgebende Zügelhilfen wirken zusammen mit den übrigen Hilfen besonders beim Vortreiben. Nachgebende Zügelhilfen werden auch zur Belohnung des Pferdes eingesetzt. So führt das »Zügel-aus-der-Hand-kauen-Lassen« zur Vorwärts-Abwärts-Dehnung des Halses. Im Übrigen wirken nachgebende Zügelhilfen solange nachgebend, bis das passende Zügelmaß gefunden ist.

Die annehmenden Zügelhilfen werden ohne Gewalt aus den Handgelenken heraus bei halben Paraden angewendet. Ihnen folgen nachgebende Zügelhilfen des Reiters. Verwahrende Zügelhilfen führen zur

Die Reitweise wird bestimmt durch die Elastizität des Pferdekörpers, durch Geschlossenheit, Rhythmus, Tragkraft aus der Hinterhand und innere Ruhe mit dynamischer Kraft.

Stellung des Pferdes. Sie begrenzen die Biegung von Hals und Kopf, z.B. bei Wendungen.

Durchhaltende Zügelhilfen dienen zur Korrektur von Pferden, die über dem Zügel gehen. Sie üben so lange einen Druck auf das Pferdemaul aus, bis sich das Pferd am Gebiss abstößt und nachgibt. Dabei muss der Reiter gleichfalls sofort nachgeben. Nur wenn alle Hilfen gemeinsam konzertieren, ist es möglich, dem Pferd eine harmonische Formung abzuverlangen.

Noch ein allgemeiner Hinweis zum Thema Hilfengebung und Verständigung mit dem Pferd: Als wichtige Charaktereigenschaft sollte jeder Reiter über ein Quäntchen Demut verfügen, das ihn befähigt, in das Pferd hineinzuhorchen. Erst dem »Verstehen« folgt die berechtigte Aussicht, sich mit seinem Pferd auch »verständigen« zu können. Wer alles nur mit seinen eigenen Augen sieht, ohne zu bedenken, dass die Welt mit dem Pferdeauge betrachtet ganz anders aussieht, darf sich nicht wundern, wenn in manchen Situationen eine ganz andere Reaktion des Pferdes erfolgt, als er erwartet hat.

Unterschiedliche Ansätze

Wenn man behaupten würde, es gäbe nur einen Weg um richtig zu reiten, so wäre das vermessen. Man könnte ebenso behaupten, es gäbe in der Malerei nur einen Weg zur Kunst oder in der Heilkunst nur ein System zur Heilung von Krankheiten. In der Reiterei ist es aber immer schwer, das Gemeinsame und das Trennende zu erkennen. Falsches und Richtiges liegen so nahe beieinander, und andererseits sehen die Wege so grundsätzlich verschieden aus, dass es ohne genaues und kritisches Studium nicht geht. Wir sollten daher immer tolerant sein, uns nicht zu früh eine feste Meinung bilden und zudem versuchen, allen möglichen Wegen nachzugehen und diese auf Richtigkeit zu prüfen. In diesem Sinne sollen in der vorliegenden kritischen Betrachtung die unterschiedlichen Ansätze isländischen und kontinentalen Reitverständnisses gesehen werden.

Islandpferde – als typische Naturpferde – sind gewohnt, in Herdengemeinschaft auf den weiten Flächen Islands in Freiheit zu leben. Solche Bedingungen können wir ihnen in Deutschland nur in seltenen Ausnahmefällen bieten. Ähnlich verhält es sich mit der unterschiedlichen Reitkultur in Island und Zentraleuropa. Während in Island ursprünglich mit Leichtigkeit und großer Freude an schneller Bewegung geritten wurde und noch wird, ist die Reitweise in Deutschland vielfach immer noch durch genau definierte gymnastizierende Lektionen im Dressurviereck festgelegt. Erst mit einer in neuerer Zeit sich stärker durchsetzenden weniger militärisch geprägten Reitweise (z.B. der französischen Tradition der Légèreté) innerhalb einer neu entstandenen Vorstellung der »Freizeit im Sattel« und gleichzeitiger Einführung zahlreicher Gangpferderassen, Westernpferde und Ponys änderte sich das Bild.

Die isländische Vorstellung eines idealen »Gæðingur« unterscheidet sich ganz deutlich von der deutschen Vorstellung eines idealen Islandpferdes. Manche Isländer – besonders viele Turnierreiter – sehen in ihren Pferden in erster Linie den 5-gängigen Gæðingur, bei dem der Pass dominiert. Das Pferd soll daher viel Schubkraft, einen fliegenden Pass und einen schnellen, natürlichen Tölt haben. Solche Pferde verfügen dann meist nur über einen gelaufenen Trab, der zwar bequem für den Reiter, jedoch im Grundprinzip vorzugsweise flüchtend ausgeprägt ist. Der Galopp kann dabei gleichfalls nur fließend gelaufen sein, wobei das Pferd mit der Hinterhand nicht springt und die Vorderhand vorzugsweise schnelle, hohe und flüchtende Bewegungen zeigt. Damit befindet sich das galoppierende Pferd natürlicherweise nahe am Pass bzw. am Tölt. Der Schritt bleibt unter diesen Umständen meist nur gelaufen resp. gezackelt und bei Prüfungen – unter scharfer Zurücknahme – nur langsam gelaufen. Mit dieser hektischen Methode kann nur schwer eine tiefe Verbindung Reiter-Pferd bzw. Mensch-Tier gesucht und gefunden werden.

Im Gegensatz dazu steht die kontinentale Vorstellung eines idealen Islandpferdes. Reiter und Pferd sind anders motiviert. Während man in Island im Prinzip ein hohes Grundtempo balanciert, fröhlich und frei mit lockeren Pferden auf offener Landschaft, die viel Platz bietet, reitet, kann man in Deutschland auf längeren Strecken kein hohes Dauertempo zulassen, da die Landschaft fast überall Hindernisse und natürliche Grenzen setzt, wie Überbauungen und Straßen, Bahnlinien und Zäune. Man muss zu jeder Zeit jedes Tempo kurzfristig bestimmen können. Daher kommt hier bei der Gebrauchsreiterei kein Davonstürmen in Frage. Unter diesen sehr unterschiedlichen Gesichtspunkten des Reitens von Islandpferden ist es nützlich, sich ganz allgemein mit dem Gleichgewicht bei Pferden auseinander zu setzen.

Gemeinsamkeiten und Unterschiede zwischen isländischer und kontinentaler Reiterei

Bedingt durch die freie, weite Landschaft in Island wird ein hohes Grundtempo der Pferde von den Reitern balanciert. Bei viel Platz laufen sich die Pferde selber in fröhlicher Grundstimmung frei. Wird dann vom Reiter etwas am Zügel gezupft, so kommt leicht der Tölt und das Tempo wird langsamer.

Der Gæðingur läuft einen fliegenden Pass vor dem Schwerpunkt mit hoher Schubkraft, jedoch mit wenig Elastizität. Vielfach haben wir es hier mit schwer zu konzentrierenden, flüchtenden Pferden ohne große Tragkraft zu tun, die wenig Durchlässigkeit der Muskulatur besitzen.

Man könnte jedoch auch andererseits die Meinung vertreten, dass es sich um rhythmisch getragene, energisch laufende Pferde handelt. Bei wenig Elastizität der Muskulatur und daher geringer Durchlässigkeit wird oft beim gut trabenden Viergänger der Pass durch Verspannung erreicht.

In Island schätzt man viel Lauffreudigkeit und Temperament. Bei stetiger Zurücknahme werden hier die Pferde langsamer, jedoch wird diese Ruhe vielfach durch Verspannungen erkauft.

Die Reitweise in Island ist vielfach etwas hektischer als in Deutschland. Der Isländer erwartet von seinem Pferd viel Schubkraft, fliegenden Pass und natürlichen Tölt. Man kennt keinen schwungvollen Trab, bei dem man sich ruhig tragen lassen kann, sondern der Trab ist flüchtend gelaufen, aber bequem zu sitzen, wohingegen der Trab in Deutschland tragend, rhythmisch, elastisch, mit dem Reiter schwingend und gesprungen geritten wird.

Die kontinentale bzw. deutsche Vorstellung eines guten Reitpferdes verlangt Elastizität des Körpers, Geschlossenheit, Rhythmus, Tragkraft aus der Hinterhand und innere Ruhe mit dynamischer Kraft.

Reiter und Pferd sind in Deutschland anders motiviert. Generell lässt man eine zu hohe Geschwindigkeit und ein Davonstürmen nicht zu. Der Reiter muss zu jeder Zeit das Tempo selbst bestimmen können. Man schätzt eine ruhige, gleichmäßig tragende Funktion. Die Pferde sollen psychisch und physisch »Ja« zur Arbeit sagen und nicht auf ein innerliches »Nein« gestimmt sein, wobei sie natürlich immer genau verstehen sollen, was von ihnen gefordert wird. Nur dann werden sie positiv reagieren. Nur positiv gestimmte Reiter werden mit ihren Hilfen bei Islandpferden – in ihrer bekannt hohen Sensibilität – positive Reaktionen auslösen. Das Reiten und insbesondere das Einreiten ist immer so zu betreiben, dass niemals Härte oder Kraft eingesetzt wird, aber Klarheit und Dominanz vorhanden sein müssen.

Unterschiede in der Ausführung der Gangarten

Schritt

In Island wird nur wenig Wert auf Schritt gelegt. Hier sieht man den Schritt oft in eilig gelaufener Ausprägung, was vielfach gerade in Prüfungen zu beobachten ist. Durch stetige Zurücknahme entwickeln sich Verspannungen. Generell ist ein guter Schritt nur dann vorhanden, wenn sich ein Pferd unverspannt locker bewegt.

Auf dem Kontinent dagegen wird der Schritt als Grundlage für die Bereitschaft mitzuarbeiten angesehen. Der Schritt braucht innere Ruhe. Im elastisch und energisch schreitenden Schritt liegt der Ansatz von Durchlässigkeit.

Trab

In Island lässt man sich im Trab bequem tragen. Der Trab ist daher in seiner Ausprägung flüchtend gelaufen und wird meist nicht schwungvoll, aber schnell geritten. Die Isländer sitzen im Trab meist leicht über dem Pferd. Dagegen steht die kontinentale Vorstellung der gesprungenen, rhythmisch tragenden und elastisch mit dem Reiter schwingenden Trabbewegung. Ein Islandpferd ohne Trab ist fehlerhaft.

Galopp

In Island wird der Galopp meist im Viertakt nahe am Tölt oder Pass und damit fließend und gelaufen geritten. Die Vorhand zeigt hohe, schnelle und flüchtende Bewegungen und die Hinterhand ist nicht gesprungen. Die Pferde verlassen im Galopp kaum den Boden. So geben sie dem Reiter ein sehr angenehmes Sitzgefühl, weil sie beim Galoppieren mit der Kruppe nicht so hoch springen und die Vorhand gut nach oben kommt. Auf dem europäischen Kontinent wird der Galopp nahe am Trab mit tiefer Hinterhand geritten. Es wird Wert darauf gelegt, dass er mit innerer Ruhe »bergauf« elastisch gesprungen wird. Der Galopp sollte im Dreitakt geritten werden, wobei das Tempo immer regulierbar sein muss.

Tölt

Während in Island der Schubkraft die Priorität eingeräumt wird, dominiert in Deutschland die Tragkraft des Pferdes. Daraus resultiert in Island der schnelle natürliche Tölt und der fliegende Pass. Der isländische Tölter verfügt über einen positiven Bewegungsablauf, der vom Reiter nicht mehr beeinflusst werden muss, sofern das Pferd sein Tempo gehen kann. Vielfach wird die Möglichkeit genutzt, Pferde über Tempo einzutölten. Aber auch der taktklare Tölt bei geringem Tempo macht ein gutes Reitpferd begehrenswert – wenn nämlich der langsame Tölt nicht gepflegt wird, verliert das Islandpferd seine Elastizität und Spannkraft. Die Forderung nach schnellem Tölt und hoher Aktion nahm im letzten Jahrzehnt stetig zu, so dass man diesen Faktoren in der Islandpferdezucht mehr Gewicht beimaß.

Durch die vorherrschende Ausbildung der Tragkraft von Islandpferden auf dem Kontinent arbeitet der Reiter sein Pferd sehr sorgfältig in den Übergängen. Vom Trab ausgehend reitet man das Pferd durch abwechselndes Treiben und Einfangen immer langsamer, bis es flüssig und elastisch in den Tölt wechselt. Dabei wird die Gesamthaltung des Pferdes immer erhabener, wobei die Hinterhand immer mehr Gewicht übernimmt. Aus dem niedrigen Tempo heraus wird der Tölt ins höhere Tempo gebracht, wobei die Bewegungen des Pferdes immer weiter werden. Zu beachten ist dabei natürlich immer die jeweilige Gangverteilung bei den verschiedenen Islandpferden.

Prüfungen sollten möglichst locker geritten werden, ohne dass dabei die Konzentration verloren geht.

Tölt kann für das Pferd auf die Dauer anstrengend sein, daher ist es empfehlenswert, ihn nur unter optimalen Bedingungen zu verlangen.

Pass

Der Pass ist eine Zweitakt-Gangart, bei der das Pferd beide Beine einer Körperseite gleichzeitig nach vorne zieht. Im Pass kann ein Islandpferd ein hohes Tempo – bis zu 45 km/h – erreichen. Pass bei geringem Tempo nennt man Schweinepass und versucht, diese Gangweise zu vermeiden. Besonders gute Passer wurden in Island immer hoch verehrt. Da der Pass fast ausschließlich als Rennpass und bei Spurts eingesetzt wird, ist er eine Renndisziplin.

Wie bringe ich mein Pferd zum Tölten?

Grundbedingung für das Töltreiten ist ein geradegerichtetes Pferd. Ein guter Sitz und effektive Hilfen sind die Basis für geraderichtende Arbeit. Um Tölt reiten zu können, muss der Reiter außerdem zunächst das Treiben erlernen. Altmeister Bruno Podlech forderte daher von seinen Reitschülern – als Vorübung für den Tölt – die Pferde über längere Zeit in einen flotten Schritt möglichst forciert laufen zu lassen. Der starke Schritt verlangt weite, raumgreifende Bewegungen, die Hinterhufe fußen nun deutlich vor der Trittspur der Vorderhufe auf.

Treiben bedeutet in diesem Zusammenhang nicht nur beschleunigen, sondern soll beim Pferd zu einem größeren Wachheitszustand führen.

Als treibende Hilfen sind die Stimme, die Körperenergie durch den Sitz und der Schenkel anzusehen.

Normalerweise reicht schon der Druck des Oberschenkels und des Knies, um das Pferd zu treiben. Man muss als Reiter eigene Körperenergie haben und diese dem Pferd vermitteln können.

Das Treiben soll eine Motivation zur Tätigkeit beim Pferd bewirken. Es darf nicht unter dem Motto stehen: »du musst«, sondern sollte dem Pferd eher auf der Gefühlsebene mitteilen: »hör mir zu, dann kannst du«. Das Pferd muss hellhörig auf die treibenden Hilfen gemacht werden, so dass es wachsam auf Signale des Reiters wartet.

Eine weitere wesentliche Voraussetzung für das Töltreiten ist das anfängliche vermehrte Belasten der Hinterhand des Pferdes bei gleichzeitiger Entlastung der Vorderhand. Man erreicht das, indem der Reiter den Sattel zunächst etwas weiter als üblich nach hinten legt. Der Reiter setzt sich zusätzlich nicht bis an den Vorderzwiesel des Sattels heran, sondern platziert sich deutlich im hinteren Teil des Sattels.

Zu einem späteren Zeitpunkt kann dann diese Sitzposition – im Interesse der Lockerheit des Tölts – flexibel geändert werden. Der Reiter sollte sich später im Sattel hin und her bewegen können. (Vgl. hierzu die Beschreibung des Gebrauchssitzes.)

Die Steigbügelriemen werden zuvor etwas länger geschnallt, damit der Reiter die Knie so tief wie möglich ziehen kann. Die Linie Schulterblätter – angespanntes Kreuz – Gesäß kann dabei leicht schräg nach hinten geneigt sein. Zum Einüben sollte der Reiter zusätzlich den Oberkörper sogar etwas mehr zurücklegen. Getrieben wird das Pferd durch Kreuzanspannung, mit Oberschenkel und Knie. Die Unterschenkel werden leicht nach vorn-außen gestellt und berühren den Pferdekörper nicht. Tölt sollte täglich geübt werden, jedoch anfänglich nie länger als zehn Minuten.

In diesem Zusammenhang sei erwähnt, dass Walter Feldmann einen Sattel entwickelt hat (Gangpferdesattel Aegidienberg, Produzent: Fa. Waldhausen), der durch seine Flachheit das deutliche Zurücksetzen des Reiters begünstigt. Dieser Sattel benötigt keine Begrenzung durch einen hohen Hinterzwiesel, sondern bietet ausreichend Platz für ein deutliches Zurücksetzen. Zusätzlich gibt er Halt für den Knieschluss und das feste Anlegen der Oberschenkel.

Häufigster Fehler ist das gewaltsame Hochbringen des Pferdekopfes mit den Zügeln. In diesem Falle kann das Pferd den Kopf bis zur Waagerechten heben, indem es ihn einfach im Genick hochwirft. Es kann sich so der Zügeleinwirkung entziehen. Die richtige Aufrichtung des Halses kann nur durch richtiges Einsitzen, verbunden mit Zügelhilfen erreicht werden.

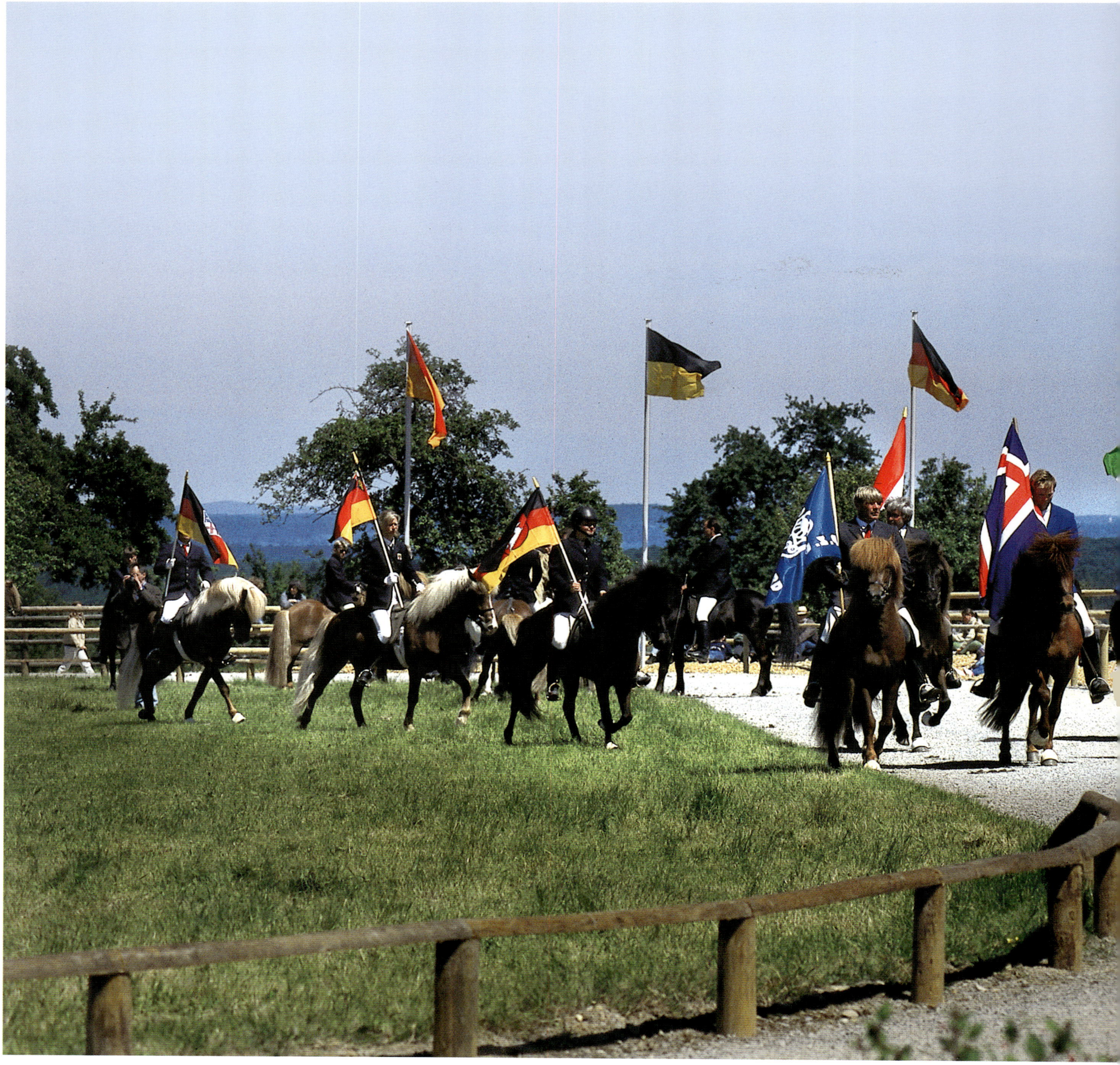

Das Bild von fröhlichen, flink vorwärtstöltenden Reitern und Pferden ist gerade mit Islandpferden verbunden. Islandpferde prägten dieses Bild lange vor dem Eintreffen anderer Gangpferderassen in Deutschland. Diesem Bild sollte beim Reiten von Islandpferden immer entsprochen werden. Fröhlichkeit entsteht immer dann, wenn Islandpferde mit Interesse, Willigkeit und Freude bei der Sache sind.

Sportwettbewerbe und Turnierreiten
Vorbereitung
Sportwettbewerbe und Turnierreiten setzen ein systematisches Training und eine intensive Vorbereitung voraus. Das Islandpferd muss gesund und in guter Kondition sein, denn ohne diese Voraussetzungen ist es nicht wettkampftüchtig. Das bedeutet, dass es sich in seelischer und physischer Beziehung im Gleichgewicht befindet. Natürlich ist das Tier entsprechend den Vorschriften geimpft und im optimalen Futterzustand. Es herrscht Vertrauen zwischen Pferd und Reiter. Beide haben eine wohlüberdachte und intensive Vorbereitung hinter sich. Leistungsvermögen und Leistungsbereitschaft sind Voraussetzungen für Höchstleistungen.

Vor einem Wettbewerb sollte das Pferd rechtzeitig – nicht zu früh und nicht zu spät – neu beschlagen werden. Ersatzeisen und Stollen sollten zur Turnierausstattung gehören, ebenso Ersatz für Bügelriemen und Halfter. Innerhalb der Nennfrist muss der Reiter sich anmelden.

Am Turnierplatz
Eine frühe Anreise zum Turnierort ist zweckmäßig, das erleichtert dem Pferd die Umstellung. Nach der Ankunft ist Ruhe angesagt. Das Islandpferd sollte am Wettbewerbsort möglichst in einem Paddock untergebracht sein, in dem es sich frei bewegen kann. E-Gerät, Zaunmaterial und große Trinkbehälter sind mitzubringen. Ebenso eigenes Futter, Salz und Mineralien. Die Fütterungszeiten von Zuhause sollten eingehalten werden, da Islandpferde über ein ausgeprägtes Zeitgefühl verfügen.

Ein kurzer Ausritt außerhalb des Turniergeländes löst das Pferd. Auf die Witterung ist Rücksicht zu nehmen, jedoch sollte z.B. bei Regen nicht auf das Abreiten verzichtet werden. Beim letzten Training vor dem Start sollte nicht das gut überlegte Trainingsprogramm geändert werden.

Während des Turniers
Zunächst zeigt man dem Pferd in Ruhe den mit Fahnen, Zelten und Lautsprechern ausgestatteten Turnierplatz am Tag der Prüfungen, um es an die neue Situation zu gewöhnen. Die Ausrüstung, z.B. Trense, Glocken, Gerte, wird nochmals überprüft. Während man die Mitbewerber beobachtet, darf die eigene Konzentration nicht verloren gehen. Die Prüfungen sind locker zu reiten, wobei man möglichst lächeln sollte. Während der Ritte ist zu überlegen, welche Distanz zum Pferd davor und dahinter am günstigsten ist. Sollte eine Gangart nicht gut gelungen sein, muss die nächste Gangart um so konzentrierter angegangen werden. Man sollte nie aufgeben, da auch den Konkurrenten Fehler unterlaufen können.

Insgesamt muss das Pferd bei guter Laune gehalten werden und der Spaß am Laufen muss erhalten bleiben. Die Erfahrung zeigt: Eine Prüfung gelingt normalerweise einem Reiter erst dann richtig, wenn er sie mehrfach in einer Wettkampfsituation geritten hat.

Ausbildung und Reiten von Islandpferden

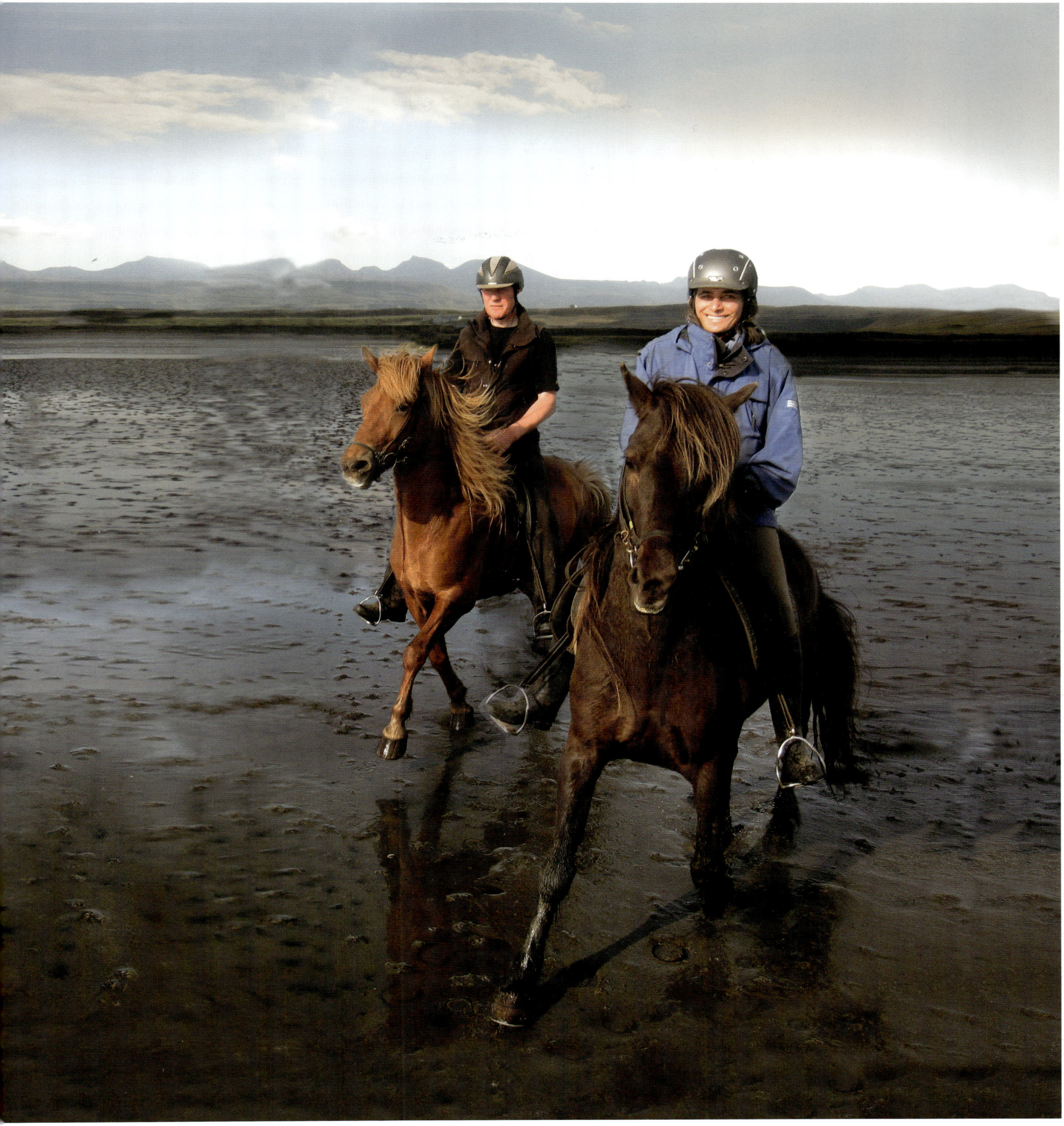

Das Islandpferd hat unter dem Druck der Isolation und durch natürliche Zuchtauswahl ein eigenständiges Genpotential geschaffen.

Die Dynamik des Islandpferdes

Bewegungsmechanik und Gangverteilung

Das Islandpferd ist auch heute noch ein typisches Naturpferd, das sich in verschiedenartigstem Gelände und unterschiedlichsten Bedingungen bewähren muss, und so steht bei ihm die Leistung und nicht das Gebäude im Vordergrund. Dennoch unterscheiden wir beim Islandpferd verschiedene Gebäudeformen, welche die Gangpferdeausprägung in wesentlichen Punkten bedingt und bestimmt. Im Hinblick auf die Bewegungsmechanik beherrscht ein gutes Islandpferd neben den drei Grundgangarten Schritt, Trab und Galopp zumindest die Gangart Tölt. Pass ist nur beim Fünfgänger und Rennpasser vorhanden.

Die Formen der Gangpferdeausprägung

Welche unterschiedlichen Gangpferdeformen gibt es bei Islandpferden und wie werden die Gänge in der Natur bei den unterschiedlichen körperlichen Möglichkeiten von Seiten des Pferdes benutzt und vom Menschen genutzt? Dabei muss bedacht werden, dass das Temperament und der Charakter großen Einfluss auf die Bewegungsmechanik und die Gangverteilung jedes einzelnen Pferdes haben. Das Islandpferd stammt von der Urform des Wildpferdes ab, bzw. steht diesem als Naturrasse sehr nahe. Im Islandpferd ist ein Großteil der Formen- und Leistungsvielfalt des heutigen Rassenbestandes aller Pferderassen enthalten, denn alle Rassen sind nur merkmalsdifferente Teilpopulationen einer Art, die als dynamische Zuchteinheiten genutzt werden. Im Islandpferd wurde unter dem Druck der Isolation, dem Einfluss der Umwelt und durch natürliche Zuchtwahl das ursprüngliche Genpotential des nacheiszeitlichen Pferdes aktiviert, in dem natürlicherweise viele Variationsmöglichkeiten vorhanden sind.

»All in one«

Im Naturpferd »Isländer« ist viel vereint: 1. Das kaltblüterartige Trag- und Zugpferd, 2. das warmblutartige Reitpferd mit seinem leichten Schritt auf der Weide zur Futteraufnahme und Entspannung, flottem Vorwärtstrab und schnellem Galopp im ebenen Gelände, 3. in der Modifikation des sicheren Tölters bei der Durchquerung von Moor und Buckelwiesen, 4. des zähen Trabers (Trotters) zur Überwindung großer Distanzen, 5. des dynamischen Galoppers im Bergaufreiten und 6. des flotten Passers für die schnelle Flucht bergab. Hierin drückt sich u.a. die Vielfalt der Gangarten aus, womit dem Pferd zahlreiche Verwendungsmöglichkeiten offen stehen. Das Islandpferd ist die einzige Gangpferderasse, innerhalb derer alle Bereiche der Gangpferdeskala anzutreffen sind.

Temperament, Sensibilität und Charakter

Der starken körperlichen Vielfalt der Islandpferde entspricht auch ihre psychische Verschiedenartigkeit. Äußerlich ähnliche Pferde müssen psychisch nicht von gleichem Wesen sein. Gerade charakterlich ist jedes Pferd ein besonderes und einmaliges Individuum. Es gibt lebhafte und träge, umgängliche und widersetzliche, sensible und stupide, ausgeglichene und nervöse, empfindliche und dickfellige Pferde. Daraus ergibt sich eine große Vielzahl von Kombinationen. Daher spielen die psychischen Eigenschaften wie Temperament, Sensibilität und Charakter bei

Zur Gesunderhaltung braucht das Pferd täglich ausreichend Bewegung.

der Bewertung von Pferden eine herausragende Rolle, denn die gute Umgänglichkeit stellt eine wesentliche Voraussetzung für die reiterliche Nutzung dar. Durch kritische, über lange Zeit andauernde Beobachtung des eigenen Pferdes in verschiedensten Situationen lässt sich meist sehr sicher feststellen, welcher Faktorenkombination Temperament, Sensibilität und Charakter des Tieres zuzuordnen sind. Ein Islandpferd kann beispielsweise umgänglich und dabei träge, es kann aber auch widersetzlich und träge sein.

Dabei ist aber immer zu bedenken, dass der Charakter eines Pferdes auch stark von den Aufzuchtsverhältnissen, vom Umgang, der Behandlung und den gemachten Erfahrungen mit Artgenossen und dem Menschen mitbeeinflusst wird. Islandpferde haben so viele Eigentümlichkeiten, jedes einzelne Pferd so viele Gewohnheiten und Eigenheiten, dass man ohne ihre Kenntnis laufend auf Irrwege geraten kann.

Energie

Man kann annehmen, dass es in der Geschichte des Wildpferdes keinen Tag gegeben hat, an dem es nicht wenigstens einmal zum schnellen Lauf und damit zur vollen Aktivität des Kreislaufs gekommen ist. Dieser Bewegungstrieb, ein psychischer Vorgang, ist von großem Einfluss auf die ausreichende Durchblutung des Gehirns. Auch beim domestizierten Pferd kann die zur Notwendigkeit gewordene Urgewohnheit »aktive schnelle Bewegung« nicht ohne schädliche Folgen ausgeschaltet werden. Die ausreichende und periodisch unentbehrliche Durchblutungssteigerung aller herzfernen Teile des Körpers ist nur durch regelmäßige Erhöhung des Blutdrucks mittels kräftiger Bewegung zu erzielen. Zu einer bemerkenswerten Rückkopplung kommt es, wenn psychisch aktive und mit starken Bewegungsdrang ausgestattete Pferde mehr körperliche Aktivität entwickeln als träge Tiere, weil hier – wiederum durch diese Aktivität – die Psyche auf dem Wege der gesteigerten Durchblutungsförderung des Gehirns umso mehr erregt wird. Nun ist der Gehwille und das Reaktionsvermögen von Pferd zu Pferd sehr verschieden. Die Energie, die aus dem Zusammenspiel von Gehwillen und Reaktionsvermögen erwächst, ist erblich fixiert. Durch die Ausbildung kann die vorhandene Energie verbessert und kanalisiert werden. Dieser Faktor, der über Rittigkeit und Gangvermögen mitentscheidet, muss unbedingt berücksichtigt werden. Energie setzt sich zusammen aus dem Gehwillen und den Reaktionen. So gibt es beispielsweise Pferde mit einem sehr hohen Energielevel, die sich durch großen, schwer regulierbaren Gehwillen auszeichnen und die zu hektischen Überreaktionen neigen. Viel Gehwille bedeutet meist auch schnelle Reaktionen, ein gutes Mittelmaß ist erreicht, wenn kein unnötiges Treiben notwendig ist und das Pferd gut regulierbar fleißig vorwärts geht. Am anderen Ende der Skala finden sich Pferde mit sehr wenig natürlichem Gehwillen bis hin zur Trägheit, die generell eher langsame, lasche Reaktionen zeigen und teilweise auch kleben oder klemmen.

Gangtypen

Die Gebäudemaßstäbe, die dem korrekten Pferd entsprechen und die normalerweise bei Großpferden in Deutschland angelegt werden, treffen in vielfacher nicht auf das Gangpferd »Isländer« zu. Im Hinblick auf die Bewegungsmechanik sollte ein gutes Islandpferd neben den drei Grundgangarten Schritt, Trab und Galopp zumindest die Gangart Tölt beherrschen. Pass – mit zugleich klar getrennten Gängen – ist nur beim Fünfgänger und Rennpasser zu fordern (Pass ohne Tölt ist fehlerhaft!). Die Bewegungen müssen in den verschiedenen Gangarten nach Korrektheit, Takt, Raumgriff bzw. Schwung und Elastizität den Anforderungen der Hauptverwendungsart entsprechen. Eine gute oder weniger gute Rittigkeit – auch im Hinblick auf Raumgriff, Elastizität, Bewegungsmanier, Antritt und Gleichgewicht – lässt sich ohne das Ausprobieren unter dem Reiter fast gar nicht bzw. nur in begrenztem Umfang finden. Betrachtet man Islandpferde genauer, so stellt man fest, dass sich unter den vielen Einzeltypen alle Möglichkeiten der Ausprägung von Pferden finden. Unterschiedlich gebaute Pferde verfügen – in Anpassung an die Natur – über unterschiedliche Energieformen. Mit B. Podlech unterscheiden wir sieben verschiedene Gangtypen, innerhalb derer es natürlich immer fließende Übergänge gibt. Dabei ist zu beachten, dass am rechten Ende der Skala, also beim Fünfgänger und Rennpasser, immer ein gewisses Maß an Verspanntheit zu erwarten ist.

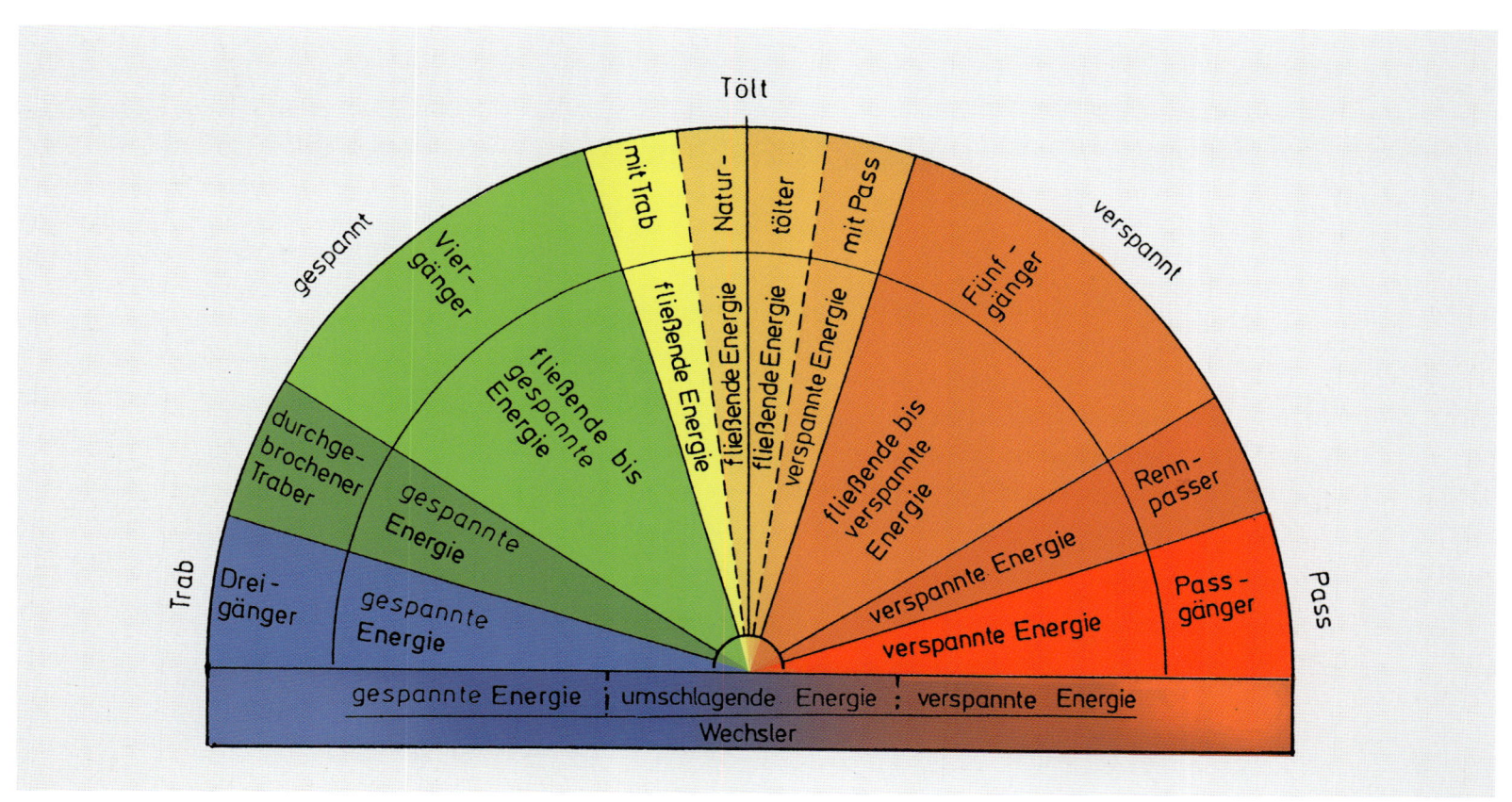

Charakteristik unterschiedlich gebauter Islandpferdetypen und ihre Einordnung in die Gangverteilungsskala mit zugehöriger Energieform. Die Gangverteilung bezeichnet das Vorhandensein und Bevorzugen bestimmter Gangarten (nach B. Podlech).

In den Darstellungen sind verschiedene charakteristische Gebäudelinien von Islandpferden eingezeichnet. Die Darstellungen zeigen nur Reinformen.

Legende:
- *A = Buggelenk*
- *B = Ellenbogen*
- *C = Hüfthöcker*
- *D = Oberer Umdreher*
- *Sch = Schulter*
- *PR = Position des Reiters*

Der Trotter oder Dreigänger und seine charakteristischen Gebäudelinien.

Der Trotter

Der »Trotter« ist meist ein Dreigänger mit gestreckter Mechanik, ein Pferd für lange Wege in Sand und Steppe. Hohes Gras führt bei ihm zwangsläufig zum Trab, wie überhaupt die Tendenz besteht, bei verstärktem Tempo in die nächsthöhere Gangart zu wechseln. Er trottet im kurzen Schritt und verfügt auch nur über engen Trab, was generell häufig zum »Zackeln« führt. Der Galopp ist, bedingt durch die hohe Sprungkraft der Hinterhand, stark gesprungen.

Gangarten: Der Trotter verfügt nur über die drei Gangarten Schritt, Trab und Galopp. Beste Gangart ist dabei der Galopp. Seine Energie muss als »festgehalten« bezeichnet werden, denn die Pferde entwickeln meist keinen Schwung, die Bewegungen sind kurz und fest, der Rücken schwingt kaum. Die Hinterhand verfügt über hohe Sprungkraft und gute Wendigkeit.

Gebäudeform: Kurze, meist rundrippige Pferde, gerader grober Kopf, starke Ganaschen, eher steile Schulter, ausgeprägter Widerrist, Rücken relativ kurz und gerade, leicht überbaut, runde, stark bemuskelte Kruppe, stumpfe Winkelung, kurze Fesselung, daher oft steiler Huf.

Typ: In unseren Regionen ist der Typ des Trotters gerade bei Großpferden weit verbreitet und stellt mit Abstand die größte Gruppe der Warmblüter dar; u.a. dienten sie vor noch nicht langer Zeit als Armeepferde. Wir finden den Typ des Trotters beim Quarter Horse, beim Ardenner, dem Belgischen Kaltblut, beim trabigen Paso Fino und gelegentlich auch beim normalen deutschen Warmblüter. Man darf jedoch nicht grundsätzlich das dreigängige Islandpferd mit einer von Natur aus dreigängigen Rasse vergleichen. Für diese Pferde muss man bei der Gangverteilung und der Entwicklung der Gangarten noch andere Aspekte berücksichtigen.

Verwendungszweck: Für Einsteiger, da einfache Handhabung. Die Pferde sind gut geeignet für die herkömmliche Reiterei. Durch ihre kraftsparenden Bewegungen sind sie gut auf längeren Strecken einsetzbar.

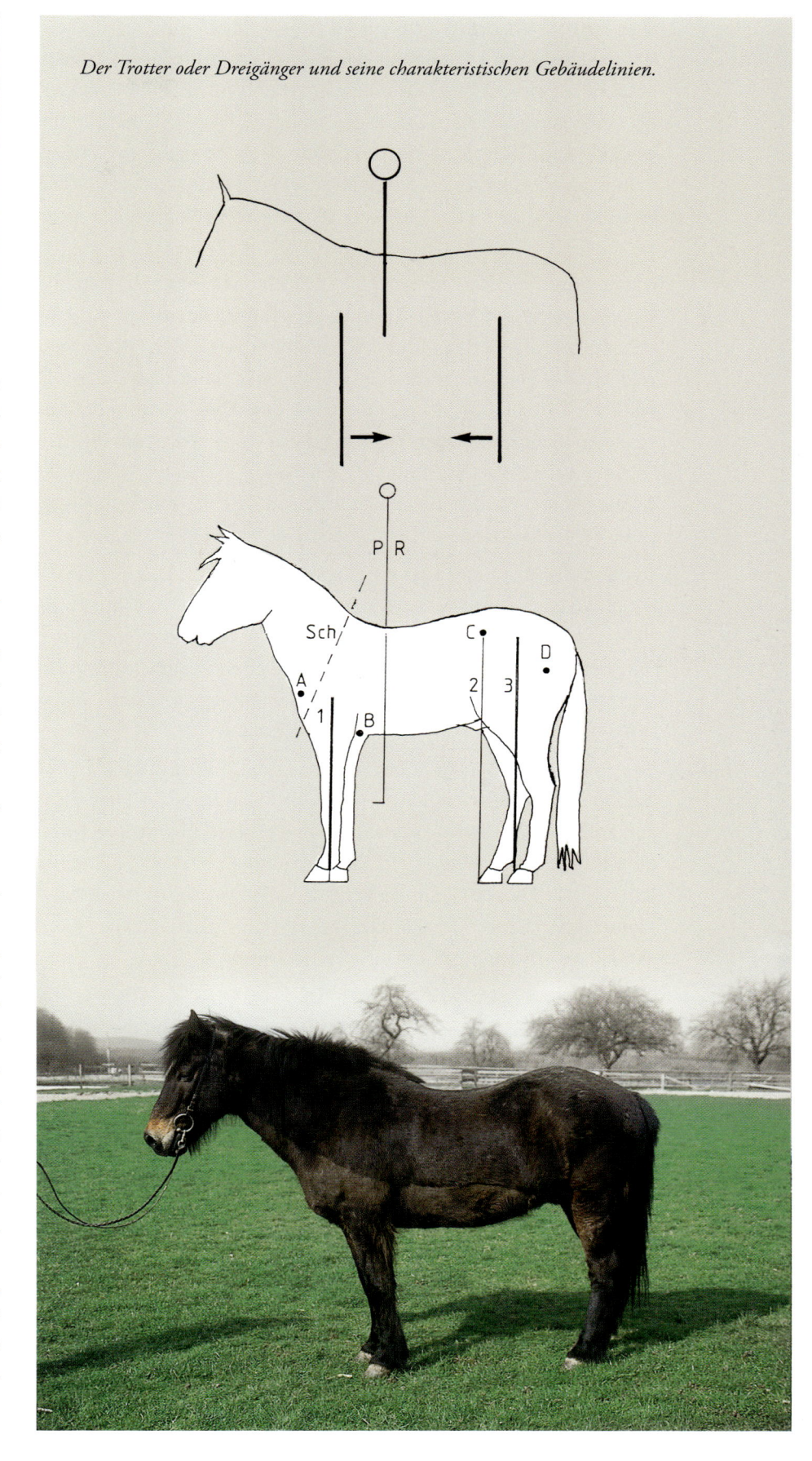

Der Langläufer, das Trailpferd

Der Langläufer, bei Islandpferden auch als »durchbrochener Traber« bekannt, ist ein ausdauerndes, bequemes und trittsicheres Trailpferd. Mit ihm können üblicherweise keine klassischen Töltprüfungen geritten werden. Auch Dressur ist kaum möglich. Dagegen haben wir es hier mit einem robusten und komfortablen Pferd zu tun, mit dem selbst Reitanfänger – sofern der Charakter stimmt – schnell zurechtkommen.

Gangarten: Trailpferde verfügen über die Gangarten Schritt, Trab und Galopp. Bei diesem Pferdetyp gibt es keinen Energiefluss von der Hinterhand über den Rücken und den Hals zum Genick. Der Rücken wird weggedrückt und festgehalten. Er beherrscht die Gangarten Schritt (mit Taktunklarheiten), Trab (kurze und schnelle Fußfolge), Galopp (kurz, hohes Tempo) und die Gangart Tölt kann durch viel Arbeit erlernt werden. Oft sind diese Pferde fixe Tölter, die jedoch nur in schneller Geschwindigkeit geritten werden können. Es erscheint dem Betrachter so, als ob sie im Tölt immer etwas vor dem Reiter und seiner Einwirkung fliehen.

Gebäudeform: Langer Hals mit starkem Axthieb. Starker Unterhals, tief abgesenkter Rücken. Jede Erregung bzw. Aktivität schlägt sich im Unterhals nieder bzw. drückt sich darin aus. Die Vorhand ist vorständig, die Hinterhand dagegen rückständig. Lange offene Lende. Mittlere abfallende bis hohe Kruppe und hoher Schweifansatz. Oft weiche Fesselung und weiche Winkelung der Sprunggelenke.

Gangmechanik: Das Pferd bevorzugt eine gelaufene Mechanik. Der Galopp ist im Arbeitstempo kaum möglich. Man kann das Pferd nicht auf die Hinterhand setzen. Außerdem kann es schlecht durch die Ecken der Reitbahn galoppieren. Der Tölt, sofern möglich, braucht ein hohes Tempo. Da im Rücken kaum fließende Energie vorhanden ist, ist langsames Tempo kaum zu halten. Das Ganze führt dazu, dass das Pferd guten Vorwärtsdrang hat und weich zu sitzen ist.

Typ: Wir finden den Typ des Langläufers beim Missouri Foxtrotter, der in seinen fließenden Bewegungen nahe an den Tölt herankommt, dem Orlow-Traber, dem französischen Traber und unter vielen Friesen und Arabern.

Verwendungszweck: Distanzreiten, gute Vorwärtsbewegung im Sand, Dressur kaum möglich, klassische Töltprüfungen nicht möglich.

Der Langläufer, das Trailpferd oder der durchbrochene Traber und seine charakteristischen Gebäudelinien.

Das Gleichgewichtspferd mit vier Gangarten

Warmblütige viergängige Gleichgewichtspferde sind meist ausgezeichnete Dressurpferde, die früher aufgrund ihrer Qualitäten auch als Offizierspferde genutzt wurden. Isländische Gleichgewichtspferde, d.h. Viergänger beherrschen die Gangarten Schritt, Trab, Galopp und können zudem den Tölt leicht erlernen. Viergänger verfügen bei »fließender bis festgehaltener Energie« über eine sehr ausgeprägte natürliche Tragkraft, die man bei keiner anderen Gruppe antrifft. Schritt: raumgreifender, taktklarer Schritt in allen Tempi; Trab: meist schwungvoll, weit und taktsicher bei gespannter, jedoch nicht verspannter Energie; Galopp: im Dreitakt durch Schwung und Sprungkraft, sicher in allen Tempi; Tölt: muss erlernt werden, dann jedoch oft hohe Aktion bei ausdrucksvoller Aufrichtung, mit zunehmender natürlicher Töltveranlagung immer mehr »fließende Energie«.

Gebäudeform: Die Gebäudeform erscheint sehr harmonisch mit langen Linien. Der gut geformte Hals ist lang, schön aufgerichtet, gut angesetzt und zeigt einen langen Widerrist. Die Schulter ist lang und schräg und der Rücken harmonisch geschwungen und von passender Länge. Die gut geschlossene Lende geht in eine lange schräge Kruppe mit gelegentlich höher angesetztem Schweif über, wodurch die Hinterhand über eine hohe Tragkraft verfügt.

Gangarten: Als Grundgangarten zeigen viergängige Gleichgewichtspferde Schritt, Trab, und Galopp, und sie können den Tölt erlernen. Auf der Weide bevorzugen sie normalerweise den Trab, fallen jedoch bei großer Aufregung auch in den Tölt.

Gangmechanik: Die Gangmechanik ist meist gesprungen, weit gestreckt bis rund. Der Tölt ist erlernbar, wobei der Lernvorgang bis zu einem Jahr und länger dauern kann, bis die Energie genügend von gespannt zu fließend umgeformt ist. Im unteren Bereich, je näher der Viergänger dem Trotter (Dreigänger) kommt, ist die Energie verhalten. Je näher er jedoch dem Naturtölter als unkompliziertem Freizeitpferd kommt, umso gelöster und fließender wird die Energie. Von großer Bedeutung ist der vorhandene Gehwille: Ein Pferd mit laschem Temperament und wenig Vorwärtsdrang bringt nicht genügend fließende Spannung auf, um eingetöltet zu werden, während ein sensibler Viergänger mit viel Temperament leicht zum Tölt zu bringen ist. Der Galopp ist meist weit und sehr gut gesprungen. Gute Galoppwendigkeit, was dazu führt, dass auch die Ecken der Bahn gut durchgaloppiert werden können.

Typ: Langlinige Gleichgewichtspferde mit schwungvollen Bewegungen. Wir finden den Typ des Viergängers auch beim American Saddle Horse.

Verwendungszweck: Für Reiter, die Pferde formen und Tölt reiten können.

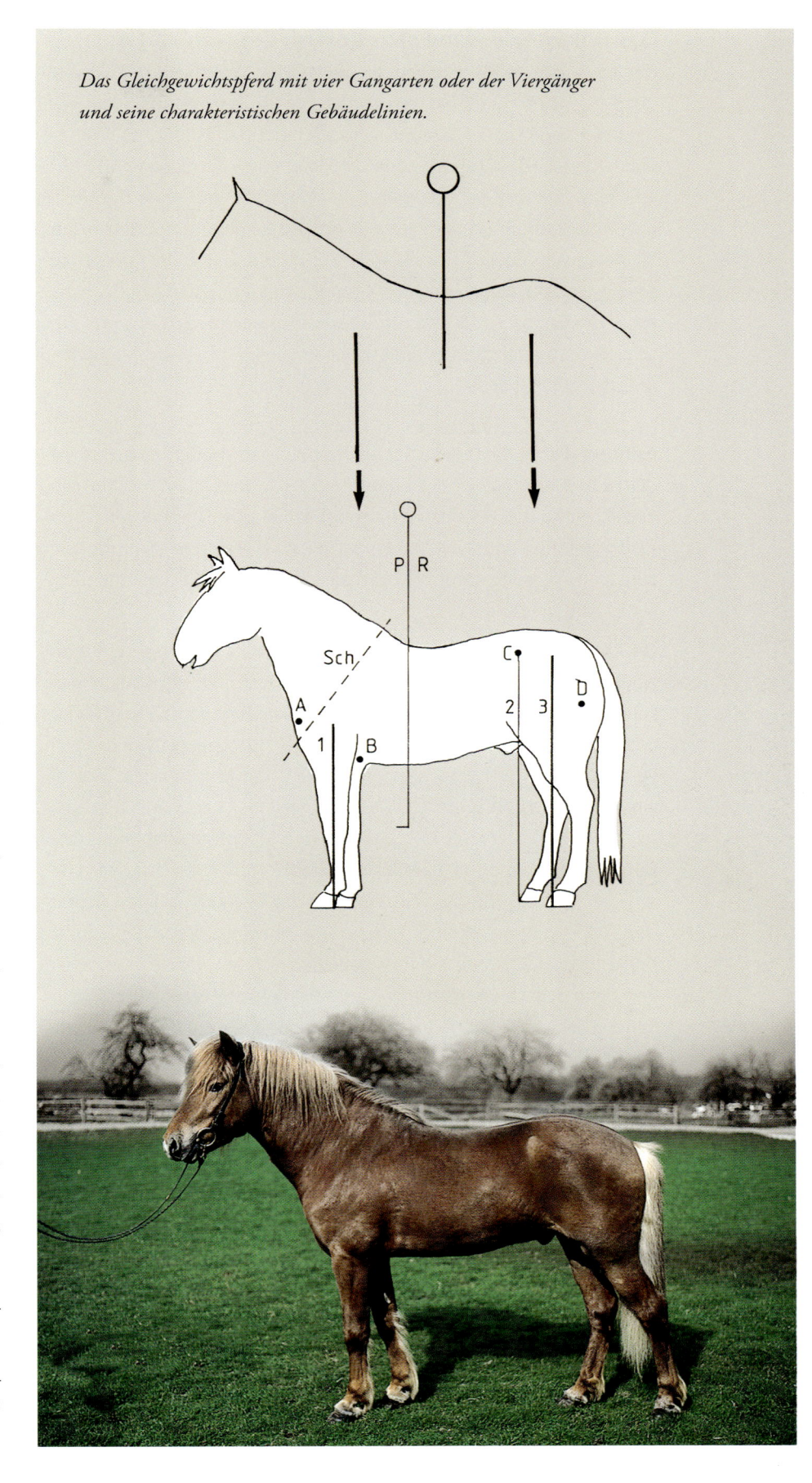

Das Gleichgewichtspferd mit vier Gangarten oder der Viergänger und seine charakteristischen Gebäudelinien.

Das unkomplizierte Freizeitpferd, der Naturtölter

Der Naturtölter existiert in verschiedenen Modifikationen. Der Skala folgend erscheint nach dem Viergänger zuerst der Naturtölter mit Trab, dann der reine Naturtölter und schließlich der Naturtölter mit Pass. Alle drei beherrschen in gelöster und taktklarer Form die Gangart Tölt ohne spezielles Training. Schritt: gelöst und taktklar; Trab: reine Naturtölter und Naturtölter mit Pass gehen von sich aus keinen Trab; Galopp: durch flache Bewegungen verliert sich die Sprungphase und der Galopp wird oft ein Viertakt. Neben den drei Grundgangarten beherrscht der Naturtölter die Gangart Tölt ohne spezielles Training von sich aus und zieht sie den Gangarten Trab oder Pass vor. Er verfügt über absolut »gelöste und fließende Energie«.

Gebäudeform: Der Hals ist meist gerade und mäßig lang. Der Widerrist ist wenig ausgeprägt, obwohl er meist weit in den Rücken hineinreicht und den Reiter an die richtige Stelle setzt. Der Rücken ist nur mäßig geschwungen, die Lendenpartie etwas fester. Je mehr Pass mit zur Gangverteilung kommt, um so gerader wird der Rücken und umso fester wird die Lende.

Gangarten und Gangmechanik: Der Naturtölter mit Trab geht meist einen taktklaren, aber immer gelaufenen Trab, fällt bei schwierigem Gelände jedoch immer in die ihm eigene Hauptgangart, den Tölt zurück. Je mehr fließende Energie und je mehr sich der Naturtölter zum reinen Naturtölter neigt, umso mehr wird die Mechanik im Galopp weniger springend und der Rücken immer weicher. Wir finden den Typ des Naturtölters mit Trab außer beim Islandpferd auch beim Paso Fino (Trocha = Trabtölt und Trote = Trab) und Mangalarga Marchador. Der reine Naturtölter hat einen gelösten und taktklaren Schritt. Der Tölt ist hier gelöst und fließend und schwingt durch den ganzen Körper. Der Naturtölter mit Pass kann von sich aus keinen Trab gehen und beim Schritt kann ein mehr oder weniger starker Passschlag vorhanden sein. Hier haben wir noch fließende Energie, jedoch wird die Lende immer stärker gespannt und daher kommt es zu mehr Pass. Der Galopp ist gelaufen und wird oft zum Passgalopp. Je mehr das Pferd auf der Gangverteilungsskala zum Pass neigt, umso schlechter wird der Galopp.

Typ: Wir finden den gleichen Typ auch beim Paso Peruano (Paso Llano = Tölt; Sobrendando = Passtölt) und beim Tennesee Walker (Running Walk = gebrochener Pass, der Hinterfuß schleift weit und flach über den Boden, wobei der vordere der gleichen Seite hoch unters Kinn gezogen wird), die eine ähnliche Schubkraft wie Naturtölter entfalten.

Verwendungszweck: Für ungeübte Reiter (bei entsprechenden Charakter des Pferdes) mit wenig Ausbildung. Wir finden unter ihnen auch gute Schautölter, zudem sind es die klassischen Pferde der Prüfungen auf Isländerturnieren.

Das unkomplizierte Freizeitpferd oder der Naturtölter und seine charakteristischen Gebäudelinien.

Das vielseitige Pferd, der Fünfgänger

Der Fünfgänger ist dadurch charakterisiert, dass er die Gangarten Schritt, Trab, Galopp, Tölt und Pass beherrscht, wobei der echte Fünfgänger über einen schnellen, kraftvollen Rennpass mit deutlicher Flugphase verfügt. Er beherrscht alle dem Islandpferd eigenen Gangarten mit »fließender bis gespannter Energie«. Es kommen jedoch große Unterschiede in der Qualität und Ausprägung der einzelnen Gangarten vor; einerseits gibt es Fünfgänger mit klar getrennten Gangarten, andererseits kommen Fünfgänger vor, die über viel taktklaren Trab verfügen, aber für Tölt und Pass viel Training benötigen oder andere Fünfgänger, die von sich aus die Lateralgangarten Tölt und Pass bevorzugen, aber nur mühsam den Trab erlernen. Entscheidend für die jeweilige Gangverteilung ist hier – neben dem Gebäude des Pferdes – das Vorhandensein von mehr oder weniger gespannter oder fließender Energie.

Gebäudeform: Der Hals ist meist recht lang und an der langen schrägen Schulter gut angesetzt und aufgerichtet, woraus die weiten, runden Bewegungen resultieren. Der tiefste Punkt des Rückens liegt nahe am Widerrist. Der Widerrist selbst liegt im Vergleich zum Viergänger etwas weiter vorn. Der Rücken ist lang und fest. Das Pferd verfügt über eine gestreckte feste Lende und mittelschräge Kruppe mit mittelhohem Schweifansatz. Bei guter Stützkraft der Vorhand wird die Hinterhand etwas nach hinten herausgestellt, wodurch eher Schubkraft als Tragkraft entwickelt wird.

Gangmechanik: Der ideale Fünfgänger verfügt sowohl über fließende als auch gespannte Energie. Die gelaufene hochweite Mechanik ist bezüglich der Energie gespannt beim Trab, fließend beim Tölt und verspannt beim Pass.

Typ: Den Typ des Fünfgängers vertritt neben dem Isländer auch der amerikanische Renntraber und das Mongolenpferd (Schritt = raumgreifend; Trab = weich; Galopp = leicht; Pass u. gebrochener Pass).

Verwendungszweck: Der Fünfgänger kann auf fast allen Bodenformen geritten werden, jedoch ist für ihn tiefer Boden und Sand ungünstig. Besonders geeignet ist er für anspruchsvolle Reiter, die Pferde gut balancieren können.

Das vielseitige Pferd oder der Fünfgänger und seine charakteristischen Gebäudelinien.

Der schnelle Renner, der Rennpasser

Ein Pferd für Turnierreiter. Bezüglich der Energieform ist der Rennpasser gespannt bis verspannt. Seine Grundgangarten sind mäßig ausgebildet, wohingegen er über einen hervorragenden Rennpass verfügt und daher mit »gespannter Energie« ausgestattet ist. Der Rennpasser neigt dazu, viel Gewicht auf die Vorhand zu übertragen und dann nach vorne zu fliehen, um ins Gleichgewicht zu kommen. Er verfügt über mehr Schub- als Tragkraft.

Gebäudeform: Rennpasser verfügen über einen kürzeren Hals und eine steilere Schulter als Fünfgänger. Der Hals ist kurz und gerade, von geringer Aufrichtung und tief angesetzt und die Schulter eher steil, oft von guter Länge. Der Rücken ist fest und stark, wobei der Schwerpunkt weit vorn nahe am Widerrist liegt. Vorhand und Rückhand sind rückständig. Die Lende ist oft kurz und gespannt bis hart, die Kruppe steil abfallend und der Schweifansatz tief.

Gangmechanik: Der Rennpasser ist mit gespannter bis verspannter Energie ausgestattet. Alle fünf Gangarten sind möglich, jedoch meist gespannt und in kleinen Bewegungen oft eilig und hektisch gelaufen. Der Schritt ist kurz und gespannt und neigt bei größerer Anspannung zu Passtendenzen. Der Trab ist kurz, flach gelaufen, jedoch oft relativ taktklar. Trab in hohen Geschwindigkeiten kann selten gehalten werden. Der Galopp ist die schlechteste Gangart des Rennpassers. Er ist sehr festgehalten und tendiert zum Pass. Der Tölt ist oft flach mit wenig Aktion und Raumgriff. Der Rennpasser geht ungern die Grundgangarten und zeigt dort einen gewissen Gleichgewichtsverlust.

Typ: Wir können den Typ des Rennpassers neben dem Islandpferd auch bei amerikanischen Renntrabern bzw. Rennpassern finden.

Verwendungszweck: Er ist ein Pferd, das ausschließlich für Spezialisten im Turnierbetrieb geeignet ist.

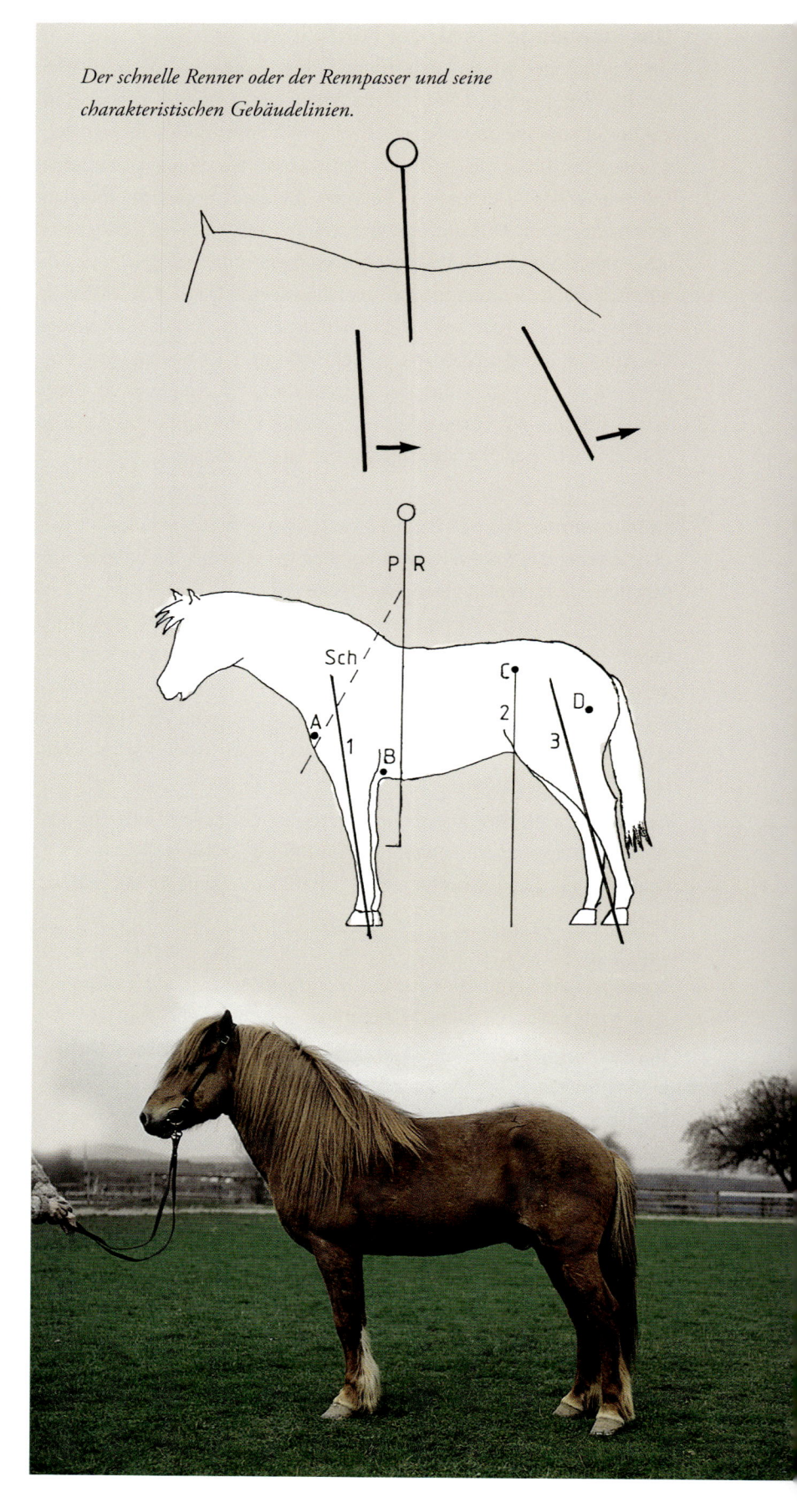

Der schnelle Renner oder der Rennpasser und seine charakteristischen Gebäudelinien.

Der Passgänger

Der Passgänger verfügt über keinerlei lockere, flüssige Bewegungen. Das Pferd wirkt im Hinblick auf die vorhandene Energieform sehr verkrampft. Diese Verkrampfung führt zwangsläufig zu Reaktionsträgheit oder zu Überreaktionen. Er beherrscht im mittleren Tempo bei »verspannter Energie« nur den Pass. Durch die meist laterale Bewegung des Pferdes schwankt der Reiter von rechts nach links, was gelegentlich liebevoll als »Schweinepass« bezeichnet wird. Der Passgänger kann nur mit sehr starker Hilfe durch den Beschlag zum Tölt gebracht werden.

Gebäudeform: Der Hals ist kurz, gerade, tief angesetzt und mit wenig Aufrichtung. Die Schulter ist steil und der Widerrist flach und weit vorn im Rücken gelagert, wodurch der Reiter sehr weit nach vorn gesetzt wird. Der gerade und festgehaltene Rücken wird manchmal sogar hochgedrückt. Eine kurze, feste, oft sogar nach oben gewölbte Lende mit einem schlechten Übergang vom Rücken zur oft stark abgeschlagenen Kruppe erschwert ein aktives Untertreten der Hinterhand. Der Schweifansatz ist eher tief. Der Passgänger ist zudem ein Pferd das sich – durch die nach hinten gestellten Extremitäten – nicht im Gleichgewicht befindet. Meist versucht er daher, dies durch Vorstellen eines Beines auszugleichen.

Gangmechanik: Der Schritt ist flach und festgehalten. Das Pferd erlernt keinen guten Trab. Der extrem flache, gelaufene und langsame Galopp – häufig als Kreuzgalopp – ist die schlechteste Gangart des Passgängers. Der Tölt ist nicht vorhanden. Im mittleren Tempobereich verfügt der Passgänger lediglich über die Gangart Pass.

Typ: Der Typ des Passgängers ist neben dem Isländer auch beim Mongolenpony und teils auch beim Tennesee Walker, sofern verspannt, zu finden.

Verwendungszweck: Der Passgänger ist sowohl für den Freizeit- als auch für den Turnierreiter kein ideales Reitpferd.

Der Wechsler: Dreigang und Passgang können wechseln. Vorzugsweise findet man bei diesen Pferden nur verspannte und hohe gespannte Energie. Die Pferde wechseln vorzugsweise nur zwischen Trab und Pass. Der Galopp ist steif. Die Pferde fallen häufig in den Kreuzgalopp. In der Gangmechanik wechselt die Hinterhand ständig zwischen Trag- und Schubkraft.

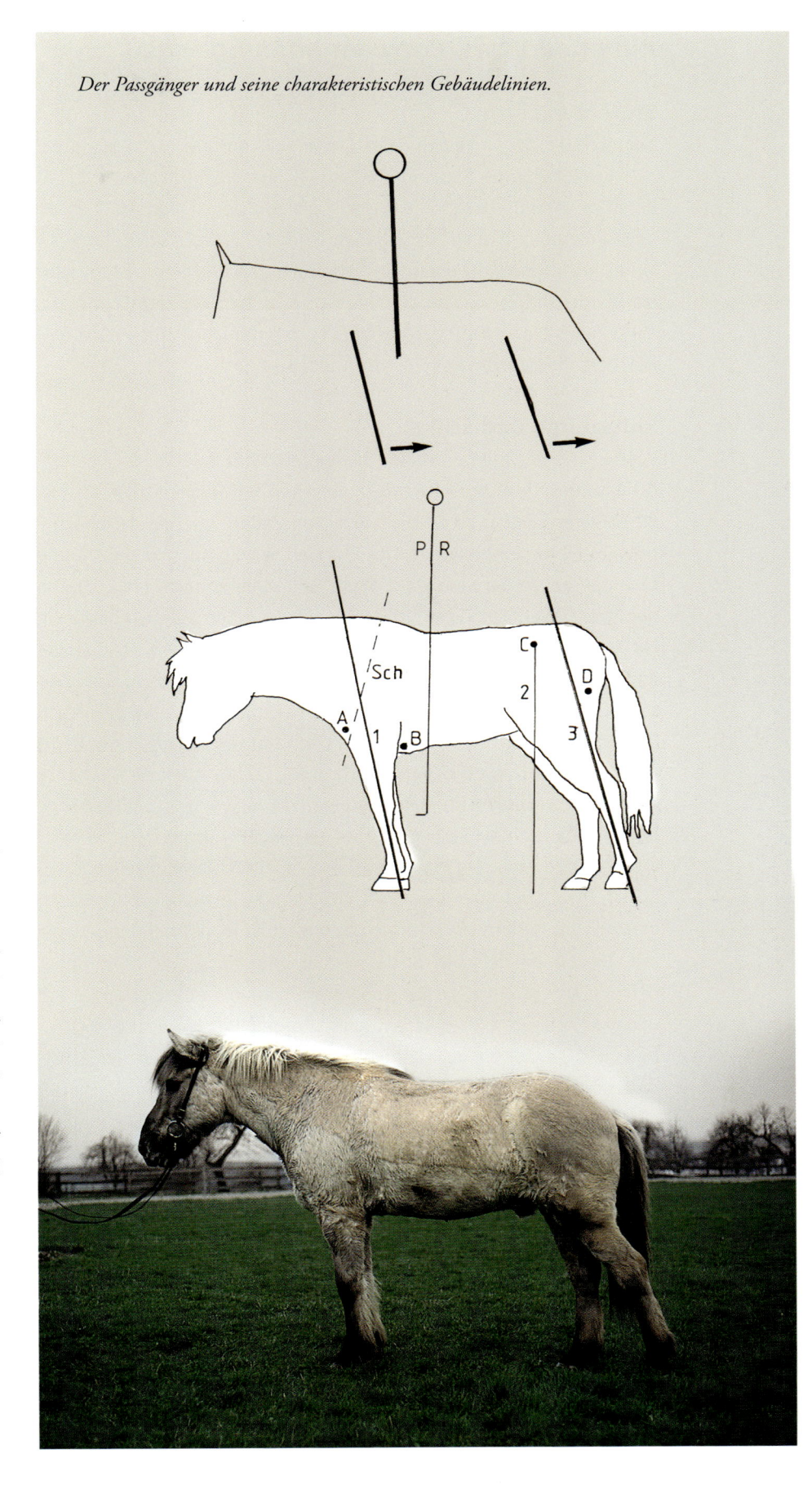

Der Passgänger und seine charakteristischen Gebäudelinien.

Ruhebedürfnis, Entspannung und Schlaf

Störender Lärm

Islandpferde mögen keinen Lärm. Daher sollten Ruhe im Umgang und die Vermeidung von Radau und Krach selbstverständlich sein. Man hat herausgefunden, dass Pferde Musik – allerdings nicht jede Art – als angenehm empfinden. Versuche haben ergeben, dass sie Orchestermusik lauter Rockmusik vorziehen. Ein Radio, das Tag und Nacht läuft, stört die Pferde und verhindert, dass sie sich ausruhen können. Spannung, die sich aus diesen Gründen auflädt, kann unter Umständen dazu führen, dass Pferde beim Reiten Probleme machen.

Ruhezeiten und Schlaf

Ebenso wie der Mensch haben Islandpferde ein natürliches Schlafbedürfnis. Die Tiere brauchen aber wesentlich weniger Schlaf als wir. Sie schlafen zudem zu unterschiedlichen Zeiten. Im Allgemeinen benötigen Pferde innerhalb von 24 Stunden vier Stunden Schlaf. Häufig schlummern sie nur eine kurze Weile und schlafen nicht unbedingt in der Nacht. Wenn sie nicht gestört werden, machen sie auch gerne ein Nickerchen am Tage, z.B. nach dem Fressen, nach einem Ausritt oder auf der Weide. Häufig kann man Islandpferde an warmen Sommertagen flach auf der Seite liegen sehen. Bei stürmischem Wetter legen Pferde sich ungern hin. Wenn sie es doch tun, legen sich in der Regel nicht ganz flach auf die Seite. Erwachsene Pferde ruhen und schlummern dagegen gerne im Stehen. Junge Fohlen liegen oft auf der Seite und schlafen stundenlang – je älter sie werden, desto geringer wird ihr Schlafbedürfnis. Bei Pferden unterscheidet man zweierlei Arten von Schlaf. Es gibt bei ihnen den leichten Schlaf, bei dem das Hirn praktisch inaktiv ist. Das Pferd erwacht aus diesem Schlaf jedoch bei der geringsten Störung. Im Tiefschlaf ist das Hirn hingegen aktiv, der Körper aber befindet sich in einer Art Bewusstlosigkeit. Man kann sich dem Pferd dann nähern, ohne dass es erwacht. Um den Tiefschlaf zu erreichen, muss das Pferd flach liegen; im leichten Schlaf kann es auf dem Brustkasten liegen. Erwachsene Pferde dösen im Stehen. Sie sind dazu in der Lage, weil sie das Ellenbogengelenk fixieren können. Das Ellenbogengelenk ist ein zusammengesetztes Walzengelenk, das seiner Funktion nach ein vollkommenes Scharniergelenk darstellt. Exzentrische Ansatzstellen der Seitenbänder gegenüber der Drehachse lassen dieses Gelenk darüber hinaus als Schnappgelenk wirken. Dadurch vermindert sich die Belastung der Muskeln beträchtlich, und das Pferd ermüdet nicht oder nur sehr geringfügig. Im Stand haben sie beim Ruhen und Dösen den Kopf gesenkt, die Augen halb geschlossen und die Ohren zur Seite gedreht. Der Schweif schlägt reflektorisch langsam nach den Seiten. Pferde entlasten dabei oft ein Hinterbein und stehen dann auf drei Beinen. Die Hinterbeine können im Kniegelenk zwischen Oberschenkelknochen und Schienbein unter Beteiligung der Kniescheibe fixiert werden, was die Belastung der Muskeln vermindert. Das gesunde Pferd wechselt außerdem zur Entspannung gelegentlich vom einen auf das andere Hinterbein. Auf diese Weise kann das Pferd im Halbschlaf sicher auf drei Beinen stehen. Obwohl das Pferd im Stehen ruhen und schlafen kann, scheint es sich dennoch von Zeit zu Zeit niederlegen zu müssen, denn ein komplettes Ausruhen ist stehend nicht möglich. Bei der Seitenlage strecken die Tiere die Beine vom Körper weg, liegen flach auf dem Untergrund und versinken gelegentlich im Tiefschlaf. Diese Form der Ruhe sieht man vor allem bei Jungtieren. Ältere Tiere ruhen in der Bauchseitenlage mit untergeschlagenen Beinen. In dieser Lage können sie sofort aufspringen, sind also weniger gefährdet. Vor dem Niederlegen gehen die Pferde mit gesenktem Kopf einige Schritte vorwärts, stellen die Beine dicht zusammen, knicken mit den Vorderbeinen ein und rollen über einen Vorderfuß, die gleichseitige Schulter, Brust und Flanke ab. So kommt das Tier in die Bauchseitenlage. Beim Aufstehen erhebt sich das Tier aus dieser Lage zuerst mit dem vorderen Bereich seines Körpers. Die Vorderbeine werden nach vorne gestreckt, die Hinterbeine gegen den Boden gestemmt, dann bewegt sich der Körper ruckartig nach vorn und erhebt sich in den Stand.

Junge Fohlen liegen oft auf der Seite und schlafen stundenlang.

Obwohl sie im Stehen schlafen können, legen sich Islandpferde von Zeit zu Zeit nieder, denn ein komplettes Ausruhen ist stehend nicht möglich. In der Seitenlage versinken sie gelegentlich in Tiefschlaf. Ältere Tiere ruhen in der Bauchseitenlage mit untergeschlagenen Beinen, um bei Gefahr sofort aufspringen zu können.

Sattelung, Zäumung und Ausrüstung

Der richtige Islandpferdesattel

Nur bei einem gut liegenden Sattel kann der Reiter richtig sitzen und richtig einwirken. Jeder Sattel hat zwei Seiten: eine, die dem Pferderücken und eine, die der Sitzfläche des Reiters zugekehrt ist. Ein guter Sattel sollte dem Pferderücken so angepasst sein, dass er wie ein Gipsabguss liegt. Die Polster des ohne Decke verpassten Sattels müssen überall gleichmäßig in der ganzen Länge, also seitlich der Wirbelsäule und in der ganzen Breite, also rechts und links vom Widerrist auf dem Rücken aufliegen. Dabei muss der Sattel nicht stärker gepolstert sein, als erforderlich ist, um den Rücken des Pferdes gegen Druck zu schützen. Die Kammer sollte so weit und hoch und eventuell am Widerrist so stark ausgeschnitten sein, dass sie nicht auf dem Widerrist aufliegt. Es gilt exakt zu erkennen, dass einerseits der Sattel nicht zu sehr auf den Schultern liegt, was den Bewegungsablauf der Vorhand beeinträchtigt und den Reiter zu sehr auf die Vorhand setzt, er andererseits aber auch nicht zu sehr in Richtung Nierenpartie liegt, was den Reiter zu weit nach hinten bringt und dort drückt. Außerdem muss man sich klar darüber werden, welcher Sattel jedem einzelnen Pferd am besten passt. Es ist zu prüfen, ob der Sattel nicht zu sehr auf dem Widerrist aufliegt oder zu stark gekammert ist. Ein zu gering gekammerter Sattel verursacht Verspannungen und im Extremfall Satteldruck. Ein zu weit nach hinten aufgelegter oder zu langer Sattel verursacht ebenfalls Verspannungen durch Druck auf die Nierenpartie. Der Sattel muss zum Pferderücken passen wie der Anzug zum Menschen.

Auswahl des Sattels

Mehrere Firmen bieten unterschiedliche Sättel an, die für verschieden gebaute Islandpferde angefertigt werden und die unterschiedlichen Verwendungszwecken dienen können. Das Angebot ist sehr breit. Es gibt kurze und lange Sättel, Sättel mit verschiedenen Kammerbreiten, glatte und gerippte Sättel mit und ohne Trachten und Sättel mit zurückgelegtem Tiefpunkt. Letztere Sättel sind vorzugsweise für geübte Reiter geeignet, die auf turniermäßiges Gangartenreiten Wert legen. Für weniger Geübte sind glatte und gerippte Trachtensättel und für vielseitige Reiter glatte und gerippte Sättel ohne Trachten, jeweils mit einem tiefen, festgelegten Schwerpunkt verfügbar. Dabei ist jedoch zu beachten, dass nicht der weichere Sattel auf die Dauer der bequemere ist, sondern der gutgeformte, der nirgends drückt und der einfach gesagt »gut sitzen lässt«. Im Allgemeinen ist der Islandpferdesattel ein Mittelding zwischen Dressur- und Vielseitigkeitssattel. Für verschiedene Zwecke gibt es unterschiedliche Sättel.

Grundsätzlich sollte der Reiter in der Mitte des Sattels, im tiefsten Punkt, sitzen. Der Sattel muss in seiner ganzen Länge auf dem Pferderücken aufliegen und in der ganzen Länge gleichmäßig belastet sein. Ist er das nicht, wird der Sattel punktuell zu stark vorn oder hinten belastet, so kann das für das Pferd sehr unangenehm sein. Sitzt der Reiter dann sogar – bei einem flach gebauten Sattel – zu weit hinten, so drückt der Sattel auf die Nierengegend und verursacht damit dem Pferd große Schmerzen. Welchem Fabrikat man bei der Fülle der angebotenen Sättel den Vorzug gibt, hängt vom Bau des Pferdes und der Anatomie des Reiters ab. Ein Sattel muss dem Pferderücken angepasst und für den Reiter bequem sein.

Beim Sattelkauf zu beachten

1. Anprobe verschiedener Sättel auf dem stehenden Pferd. (Auf Größe und Kammerbreite achten).
2. Prüfung der »Eindruckspuren« des Sattels im Fell des Pferderückens nach einem Proberitt.
3. Sitz des Reiters beim Proberitt durch einen erfahrenen Beobachter überprüfen lassen.
4. Ist der Sattel auch ohne Schweifriemen, Vorgurt und Schaumstoffunterlage rutschfest?

Der in Deutschland derzeit meistgebrauchte Islandpferdesattel »Champion« der Firma Goertz mit nach hinten verlegtem Schwerpunkt und Sicherheitsbügeln (Fritz Goertz GmbH, Königskamp 13, 52428 Jülich, www.goertz-reitsport.de).

ICE-line-Sattel mit Sicherheitsbügeln. Er wurde von Jens Fürchtenschnieder entwickelt und wird von der Firma Sommer produziert. (ICE-Line, The Icelandic Horse Equipment GmbH, Herrenalberstr. 22, 76571 Gaggenau-Moosbronn, www.ice-line.de).

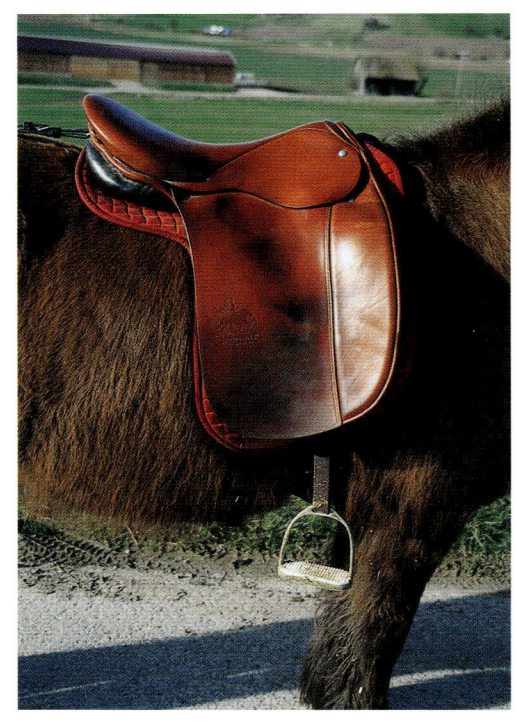

Benny's Harmony ist ein Sattel ohne Trachten. Der Sattelbaum gibt in alle Richtungen elastisch nach. Er wurde in Island von Benedikt Þórbjörnsson entwickelt und wird in der Schweiz produziert.

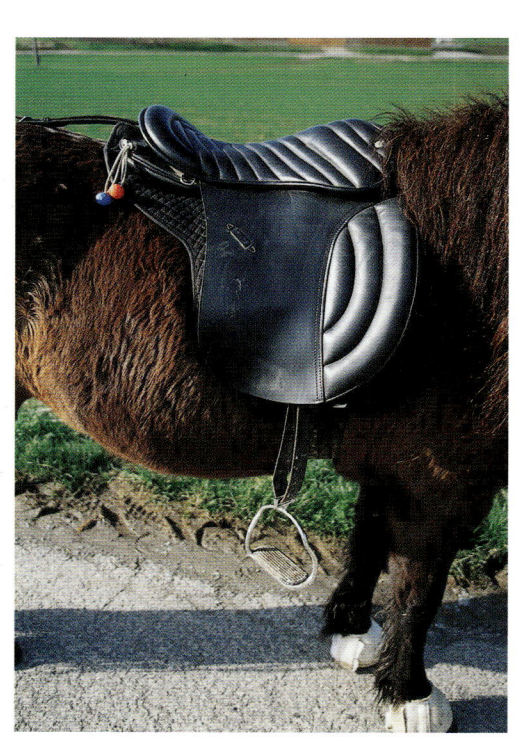

HGG-Sattel (Hans-Georg Gundlach). Gangarten-Sattel mit nach hinten verlagertem Schwerpunkt (HGG Reitsport, Akazienweg 10, 36157 Ebersburg, www.hgg-reitsport.de).

Gangpferdesattel Aegidienberg. Ein glatter Töltsattel mit weit zurückgelegtem Tiefpunkt. Er wurde von Walter Feldmann entwickelt und wird von der Firma Waldhausen produziert.

Relativ preiswerter und sehr leichter Wintec-Islandpferdeattel (aus Kunststoff!). Für Reiter, die einen leichten, sicheren Sattel wollen (Waldhausen GmbH & Co. KG, Von-Hünefeld-Straße 53, 50829 Köln, www.waldhausen.com).

> ### Auswahl von Sattelgurt und Steigbügeln
>
> *Als Sattelgurt empfiehlt sich aus der Fülle der derzeitigen Angebote nach wie vor der Schnurengurt. Er ist preiswert, gibt guten Halt und lässt sich – eingepackt in einen Kopfkissenbezug – in der Waschmaschine leicht reinigen.*
>
> *Aus der Vielzahl angebotener sogenannter »Sicherheitssteigbügel« kann man je nach Geschmack auswählen. Gebräuchlich ist der doppelt geschwungene Islandpferdebügel, der eine um 45° verdrehte fußgerechte Aufhängung am Sattelgurt besitzt.*

Zaum und Zäumung

Schon seit dem Altertum weiß man, dass die Lade des Pferdes, jener zahnlose Teil der beiden Unterkieferäste zwischen Schneide- und Backenzähnen, sehr druckempfindlich ist und dazu dienen kann, das Pferd zu beherrschen. Die für Islandpferde übliche doppeltgebrochene Trense besteht aus drei beweglichen, glatten Gliedern, die das eigentliche Gebiss bilden, und zwei Ringen, die zum Einschnallen der Zügel bestimmt sind.

Das doppelt gebrochene Mundstück wirkt mit Druck auf Laden und Zunge ein. Das eigentliche Gebiss kann im Querschnitt rund oder oval, dicker oder dünner sei, wodurch sich sein Wirkungsgrad in gewissem Maße verändert. Vielfach bestehen die doppelt gebrochenen Gebisse aus unterschiedlichen Metallen, sie sollen das Pferd zu vermehrter Kautätigkeit anregen. Die Ringe dürfen das Maul nicht verletzen und nicht so klein sein, dass sie ins Maul hineingezogen werden können. Eine zu schmale Trense verursacht Verletzungen der Lippe. Die Einwirkung der Trense muss sich auf die Laden des Pferdes richten, wobei die Zunge die Rolle eines Puffers spielt.

Doppelt gebrochene Islandpferdegebisse unterschiedlicher Dicke. Das obere Gebiss besteht aus unterschiedlichen Metallen. Spannungsdifferenzen zwischen den verschiedenen Materialien im feuchten Milieu regen das Kauen des Pferdes an.

Islandpferd mit Zaum und Trense.

Die Islandkandare mit einfach gebrochenem Gebiss.

Die Islandkandare, die es in einfacher und doppelt gebrochener Form gibt, sollte nur bei voll ausgebildeten Pferden Anwendung finden. Sie dient dazu, bei leichtester Anwendung eine maximale Aufrichtung bei nachgebendem Genick zu erreichen und dabei unterschiedlichste Tempi fordern zu können.

Der Trensenzaum, dessen Aufgabe es ist, die Trense in zweckentsprechender Lage zu halten und sie mit der Hand des Reiters zu verbinden, besteht aus dem Genickstück, den beidseitigen Backenstücken, dem Stirnriemen, dem (entbehrlichen) Kehlriemen und den Trensenzügeln. Die Backenstücke können auf der Höhe der Pferdeaugen an das Genickstück geschnallt oder direkt mit ihm verbunden (aus einem Stück) sein; im letzten Falle wird die Länge der Backenstücke durch eine Schnalle, die ganz oben am Genickstück angebracht ist, reguliert. Für Wanderreiter existieren Wanderreittrensen, die nach Ausschnallen des Gebisses als einfache Halfter verwendet werden können. Die Trense wird derart an den Backenstücken befestigt, dass sie auf die Laden (zahnlose Unterkieferränder) zu liegen kommt. Ist sie zu hoch angebracht, so zieht sie die Maulwinkel, die sie nur berühren darf, nach oben; ist sie zu tief angebracht, so baumelt sie im Maul, schlägt an die Zähne und ermutigt das Pferd dazu, die Zunge darüber hinauszustrecken. Das Reithalfter, egal ob englisch oder hannoveranisch, sollte in jedem Fall dem Islandpferd die Möglichkeit geben, frei zu atmen und zu kauen. Mindestens zwei Finger müssen zwischen Nasenrücken und Riemen passen.

Ausbildung und Formung von Islandpferden

Pferde in der Freiheit lernen dadurch, dass sie erkennen, welche Handlungsweisen für sie angenehme und welche unangenehme Folgen haben. Pferde werden nur solche Handlungen wiederholen, die für sie angenehme Folgen haben und solche Aktionen vermeiden, die unangenehme Auswirkungen haben.

Wer Pferde verstehen will, muss sich in ihre Verhaltenspsychologie hineindenken können und ihre Gewohnheiten in sich aufnehmen. Man bedenke, dass in einer Herde, die von keiner äußerlichen Aggression gestört wird, immer eine gewisse Ruhe herrscht. Die Herde vermittelt insgesamt einen freundlichen Eindruck und jedes Pferd scheint sich darin wohl zu fühlen. Wenn man jedoch die Herde längere Zeit beobachtet, wird man feststellen, dass es immer wieder zu Kämpfen zwischen den Pferden kommt. Die Pferde drohen, indem sie zum Beispiel die Ohren zurücklegen, beißen oder schlagen aus. Aber nach diesen Auseinandersetzungen tritt relativ schnell wieder Ruhe ein. In der Herde gibt es eine strenge Hierarchie und jedes Pferd belegt einen Rang. Manche Pferde stehen in dieser Rangordnung oben, andere dagegen sind unterlegen und schwächer. Einige Pferde (meist alte Stuten und Hengste) gehören zu den ranghöheren Pferden und besitzen die größte Macht. Die Pferde sind von klein auf an diese Ordnung gewöhnt und akzeptieren es, wenn ein anderes Pferd stärker ist. Ein Pferd fühlt sich nur dann wohl, wenn ihm klar gezeigt wird, welchen Platz es in dieser Rangordnung einnimmt. Der Rang kann dabei nur stärker oder schwächer sein, es gibt keinen Mittelweg. Dies bedeutet aber nicht, dass die Pferde untereinander kein freundliches Verhalten zeigen. Grüßen und Kraulen sieht man zum Beispiel auch, wenn Pferde das erste Mal in Kontakt kommen oder aber, was durchaus häufig ist, wenn das ranghöhere Pferd dieses Benehmen zulässt.

Die Ordnung in der Herde ist flexibel. So kann das rangniedrigere Pferd mit der Zeit auf einen höheren Platz gelangen. Aus diesem Grund kann man Kämpfe innerhalb der Herde beobachten. Bei jedem Kampf wird der Rang von Neuem aufs Spiel gesetzt. Sobald die Rangordnung jedoch geklärt ist, tritt wieder Ruhe ein. Man kann sogar noch weiter gehen und sagen, dass ängstliche, schwache Pferde einen gewissen Druck durch diese Rangordnung brauchen, damit sie mehr Sicherheit finden. Aus dieser Beobachtung heraus steht fest, dass derjenige, der mit Pferden arbeiten will, sich die Verhaltensweisen der Pferde zu nutzen machen sollte. Die Voraussetzung dafür ist, dass er die Pferdesprache kennt. Besondere Sorgfalt und Vorsicht ist bei der Ausbildung von typischen Naturpferden, wie das Islandpferd eines darstellt, geboten. Gerade beim Einreiten muss die individuelle Psyche des Pferdes berücksichtigt werden. Jedes Pferd besitzt eine Sphäre körperlicher Empfindlichkeit innerhalb eines individuellen Zirkels um sich herum. Unter Berücksichtigung dieser individuell unterschiedlichen Sphäre bekleidet innerhalb der Rangordnung in der Herde jedes Pferd seine eigene Rangstellung, die sich nach dem Charakter, der Stärke, dem Geschlecht und dem Alter richtet. Sofern es sich frei bewegen kann, weicht jedes Pferd vor einem ranghöheren Pferd. Wir müssen uns in der Zusammenarbeit mit den Pferden auf ähnliche Art und Weise wie die Pferde untereinander einen hohen Rang verschaffen, um dominant zu sein, d.h. das Pferd, das wir erziehen, muss einerseits Vertrauen zu uns haben, uns aber andererseits auch respektieren.

Bewusstsein und Verhalten des Pferdes

1. Das Bewusstsein des Pferdes ist nur auf das »Jetzt« gerichtet. Das »Gestern« und auch das »Morgen« spielen nur eine geringe Rolle. Daraus folgt: Das Pferd darf man bezüglich »Bewusstsein« nicht mit menschlichen Maßstäben messen.

2. Das Pferd besitzt ein ausgezeichnetes Gedächtnis, einen hervorragenden Orientierungssinn und einen sehr genauen Zeitsinn.

3. Das Pferd ist von Natur aus ängstlich und läuft bei drohender Gefahr davon. Wenn möglich, sucht es die Geborgenheit der Herde. Nur wenn es daran gehindert wird und keine Fluchtmöglichkeit besteht, verteidigt es sich.

4. Lust- und Unlustgefühle bestimmen allein das Handeln des Pferdes, daher kennt es auch kein Schuldbewusstsein.

Verhaltensregeln gegenüber Pferden

1. Der Mensch muss mit dem Pferd immer ruhig umgehen und auf das Tier ständig umsichtig einwirken.

2. Die Erziehung des Pferdes basiert auf der Anwendung bedingter Reflexe unter Ausnutzung natürlicher Reize. Alle Kommandos müssen daher einfach und eindeutig gegeben werden.

3. Alle Übungen sind entschlossen durchzuführen, in logischer Folge zu wiederholen und auf diese Weise einzuprägen.

Individualdistanz und Rangordnung

Nähern wir uns dem Pferd direkt von vorn mit erhobener Hand in bestimmter und aufrechter Haltung, so wird das Pferd rückwärts gehen, sich vielleicht auch umdrehen und davonlaufen. Ist der Abstand groß genug und außerhalb seiner Individualdistanz, so bleibt das Pferd stehen und dreht sich uns wieder zu. In der Zwischenzeit haben wir die Hand heruntergenommen. Das Pferd wird jetzt meist neugierig und nähert sich uns. Wir drehen uns um, laufen fort und laden es damit ein uns zu folgen. Tut es das, so hat es uns für diesen Moment als den stärkeren Partner akzeptiert. Wir befinden uns in der Position des »Alphatieres«.

Oder eine andere Situation: Bewegen wir uns in entspannter Körperhaltung seitlich auf das Pferd zu, so erlaubt es uns, da wir ihm als harmlos erscheinen, sehr nahe zu kommen. Kommen wir noch näher, so treten wir in die persönliche »Aura« – d.h. in die Sphäre körperlicher Empfindlichkeit – des Tieres ein. Erlaubt es uns, so nahe zu kommen und es schließlich sogar zu berühren, so haben wir eine wichtige Grundlage dafür gelegt, das Vertrauen des Pferdes zu gewinnen.

Fassen wir zusammen: Im Umgang mit dem Pferd müssen wir zwei Aspekte beachten. Einerseits sollte das Pferd den nötigen Respekt vor uns als »Alphatier« zeigen, andererseits aber soviel Vertrauen haben, dass wir im täglichen Umgang mit ihm keine Schwierigkeiten haben, z.B. beim aus dem Stall führen, beim Satteln, beim Hufauskratzen, beim Verladen oder bei der Begegnung mit dem Schmied oder dem Tierarzt. Mit der sogenannten »Freiheitsdressur« werden die Grundlagen – Respekt, Vertrauen und Aufmerksamkeit – geschaffen. In der Freiheitsdressur leiten sich die Übungen aus dem natürlichen Herdenverhalten ab, besonders wenn ein Pferd neu in eine Herde kommt. Hier sind folgende Verhaltensweisen zu beobachten: Beschnuppern, Wegjagen, Rangordnungskampf, Schließen von Freundschaften, Sozialkontakte.

Gewöhnungsphase

Die Gewöhnung des jungen, noch rohen Islandpferdes sollte langsam, vorsichtig und in einzelnen Schritten erfolgen. Dazu gehören zunächst häufige Besuche auf der Koppel oder Weide wie auch ausführliche Anbinde-, Putz- und Pflegeübungen.

Die einzelnen Phasen sind:

1. Einfangen, 2. Halfter anlegen, 3. Anbinden, 4. Putzen, 5. Hufe hochheben und auskratzen.

Des Weiteren bringen wir unser Jungpferd psychologisch geschickt zunächst in die Schulter-an-Schulter-Position, wie es das von der Gemeinschaft mit den anderen Jungpferden auf der Weide kennt, um aus dieser letztlich durch Gewinnung von immer größerer Distanz – bis auf

Das Hochnehmen und Auskratzen des Hufs ist fester Bestandteil der Gewöhnungsphase.

Nach gelungener Arbeit tritt man an das Pferd heran und krault es liebevoll am Schopf oder zwischen den Ohren.

etwa eine Gertenlänge Abstand in Schulterhöhe des Pferdes – die Chefposition zu erreichen. Dabei treten wir ebenso geduldig, aber entschlossen, langmütig und bestimmt wie ein echter Herdenchef auf.

Führarbeit

Das erste, was ein Islandpferd in der Freiheitsdressur lernen soll, ist vorwärts zu laufen und anzuhalten. Dabei soll es angstfrei und entspannt sein. Dies ist die Voraussetzung für eine weitere korrekte Ausbildung, und es ist wichtig, dem Pferd das Antreten und Anhalten in einem beizubringen.

Man beginnt mit der Arbeit an einem umgrenzten Ort, möglichst einem runden eingezäunten Longierzirkel (Roundpen) mit einem Durchmesser von etwa 15–20 Meter. Dieser bietet die nötige räumliche Begrenzung und vermindert die Gefahr, Fehler zu machen. Das Pferd wird am Halfter hereingeführt, dann das Halfter abgenommen, so dass es sich nun in völliger Freiheit bewegen kann.

Freiheitsdressur – Ausbildung durch Überzeugung

Die Grundlage für die Freiheitsdressur liefert das natürliche dominierende Verhalten des Menschen – sozusagen als »Leitpferd«.

Wenn ein fremdes Pferd in die Herde kommt, wird es von den anderen Pferden zunächst begrüßt. Dieses Verhalten sollte der Ausbilder einfach nachahmen, indem er versucht, in einer begrenzten Umgebung (Halle, Paddock, Ring) mit dem Pferd Kontakt aufzunehmen. Dabei darf der Ausbilder keineswegs aggressiv auf das Pferd wirken. Er sollte vielmehr mit gesenktem Blick langsam, aber ohne Zögern auf das Pferd zugehen. Der Ausbilder verhält sich so, wie es zwei fremde Pferde, die sich beschnuppern wollen, tun würden. Wichtig dabei ist, dass man die Augen des Pferdes beobachtet. Sie zeigen, wie sich das Pferd fühlt. Solange das Pferd nur mit einem Auge schaut, ist dies ein Zeichen von Misstrauen. Sobald das Pferd den Blick mit beiden Augen auf den Ausbilder richtet, streichelt dieser die Stirn und Nase des Pferdes (»Hallo sagen«), dreht sich um und geht. So ist die erste Stufe des Vertrauens aufgebaut. In einem neuen Auslauf benimmt sich der Ausbilder weiterhin wie ein fremdes Pferd, indem er den »Raum erforscht«. Dabei überprüft er Wasser, Futter und den Zaun, ohne das Pferd dabei zu beachten. Dann sagt er nochmals »Hallo«.

Wir gehen von der Voraussetzung aus, dass jeder Ausbilder jedes Pferd von seinem Platz vertreiben kann, denn daraus resultiert das Dominanz- und Ausweichtraining. Wir vertreiben also zunächst das Pferd von seinem Platz, den es im Roundpen eingenommen hat. Nun soll es als erstes lernen, vorwärts zu laufen und anzuhalten. Dabei machen wir uns den Fluchtinstinkt des Pferdes zunutze, um es mit der Stimme und der Gerte anzutreiben, wobei das Tier niemals mit der Gerte selbst berührt werden darf.

Folgendes sollte der Ausbilder dabei beachten:
1. Er muss dem Pferd – bei dem zunächst zweifellos angsterzeugenden Treiben – immer ein Ventil, den Ausweg nach vorn lassen, damit es nicht in einer ausweglosen Situation plötzlich in seinem Verhalten »explodiert«.
2. Er sollte beim Vorwärtstreiben das Pferd dazu veranlassen, sich zu entspannen, d.h. Kopf und Hals zu senken.

Das Anhalten erfolgt nach Ablegen der Gerte durch die langgezogene, beruhigende und tiefe Stimme des Ausbilders. Nach mehreren Wiederholungen dieses Vorgangs tritt er langsam ebenfalls mit beruhigender Stimme von vorne an das Pferd heran und krault es liebevoll leicht am Kopf, beispielsweise am Schopf oder zwischen den Ohren. Kann dies mehrfach wiederholt werden, so wird letztlich die Aufmerksamkeit des Pferdes so groß, dass es nach dem neuerlichen Anhalten den Kopf zum Ausbilder wendet. Nach immer wiederkehrendem Antreiben und Anhalten und dem rituellen Kraulen dreht sich der Ausbilder vom Pferd ab und wendet sich der Mitte des Zirkels zu. Das Pferd wird ihm folgen, weil das rangniedere Tier hinter dem ranghohen Tier – dem Ausbilder – hinterherläuft. Damit ist das erste Ziel erreicht: die Führposition des Ausbilders, die nun durch Wiederholungen gefestigt wird.

Weiterhin lernt das Pferd bei der Freiheitsdressur das Ausweichen rückwärts. Dadurch, dass der dabei vor dem Pferd agierende Ausbilder den Ausweg nach hinten lässt, deckt sich der Ausweg mit der Richtung, in die der Ausbilder das Pferd gerne gelenkt hätte. Diese Deckungsgleichheit gibt dem Pferd das Gefühl, sich freiwillig für die vom Ausbilder gewünschte Reaktion entschieden zu haben – ebenfalls ein wichtiger Schritt für die freiwillige Mitarbeit des Pferdes. Aus der Arbeit bei der Freiheitsdressur ergeben sich verschiedene dominante Führpositionen für den Ausbilder: vor dem Kopf und schräg hinter dem Pferd.

Eine der wichtigsten Voraussetzungen für die Ausbildung ist die Konzentration des Pferdes. In der Freiheitsdressur wird zum ersten Mal konkret etwas vom Pferd verlangt. Wie in der Herde muss das Pferd ständig »das andere Pferd« (= den dominanten Ausbilder) beobachten. Man erkennt die Konzentration des Pferdes an seinem Blick. Solange es dem Ausbilder mit den Augen folgt, ist es aufmerksam und achtet auf dessen Körpersprache. Ist das Pferd unkonzentriert, sollte der Ausbilder durch aggressive Körpersprache auf sich aufmerksam machen, indem er das Pferd wegscheucht und mit ihm spricht. Sobald das Pferd wieder auf den Ausbilder achtet, wird der Druck vermindert. Der Ausbilder erreicht dies, indem er die Schultern rund macht und den Kopf eher gesenkt hält.

Das völlige Vertrauen ist erreicht, wenn das Pferd dem Ausbilder hinterherläuft – wie ein Fohlen seiner Mutter folgt. Vom Pferd wird dabei absolute Konzentration gefordert. Wohin sich auch der Ausbilder bewegt, das Pferd muss ihm mit den Augen folgen. Letztlich hat das Pferd in der Freiheitsdressur Vertrauen zum Menschen bekommen und ist daher bei der Arbeit völlig ruhig und gelassen. Dies ist eine gute Grundlage und die beste Vorbereitung, um das Pferd zunächst spazieren zu führen.

Das Pferd folgt der jetzt »ranghöheren« Ausbilderin.

Spazierenführen

Das pferdegemäße Spazierenführen fördert die Lockerheit und Losgelassenheit jedes Pferdes, wobei darauf geachtet werden muss, dass die Wendungen langsam und korrekt geführt werden, um das Wohlbefinden des Tieres zu erhalten. Das Jungpferd trägt bei den Übungen ein Stallhalfter mit Führkette. Das Spazierenführen umfasst verschiedene Aufgaben. Es soll in erster Linie erzieherisch auf das junge Pferd wirken, andererseits aber auch gymnastisch fördernd sein. Sanft, aber bestimmt und allmählich immer konkreter konzentrieren wir uns auf die tätige Mitarbeit des Jungpferdes.

Im Gehen nehmen wir zunächst die Schulter-an-Schulter-Position ein, wobei ein deutlicher Abstand zum Pferd gehalten werden muss und ein Anrempeln untersagt wird. Wenn wir »Haaalt« sagen und dabei in leichter Rückwärtslage stehenbleiben, so hat das Pferd auch sofort anzuhalten. Anfänglich kann als Signal hierzu noch die Führkette leicht angezogen werden, was später – nach schnellem Lernerfolg – unterbleiben kann.

Das Jungpferd trägt bei der Übung »Spazierenführen« ein Stallhalfter mit Führkette.

> **Wichtig!**
>
> *In diesem Zusammenhang muss darauf hingewiesen werden, dass bei allen Übungen darauf zu achten ist, dass das Pferd niemals erschrecken soll oder gar Schmerz empfinden darf. Die Erziehung hat aus dem Gefühl einer echten Zuneigung und einem liebevollen, spontanen und umfassenden Verstehen des Tieres und seiner Belange zu erfolgen.*

Das neuerliche Antreten erfolgt nach der Zeichengebung »Marsch« – bei leichtem Vorbeugen des Führenden – ausschließlich durch das Pferd. Im weiter fortgeschrittenen Stadium kann der Antritt des Pferdes durch den inneren Hinterfuß gefordert werden. Die Zeichengebung erfolgt dabei durch leichtes Antippen der inneren Fessel mit der Gerte. Durch die Übungen des Anhaltens und Antretens sowie durch kurzzeitiges Biegen auf Schlangenlinien, durch Vorhandwendungen, durch Handwechsel und durch Rückwärtsrichten, wobei immer wieder ein verstärktes Untertreten des inneren Hinterfußes und das Versammeln geübt wird, hat das Spazierenführen neben der erzieherischen Komponente auch eine starke gymnastische Wirkung auf das Jungpferd. Nach dem Führen im Schritt erfolgen die Übungen auch im Trab. Schließlich kommt es durch alle diese Übungen dazu, dass das gegenseitige Vertrauen immer stärker wächst und wir mit unserem Pferd ruhig am Wegrand gehen können, wenn auch ein Auto oder gar ein ratternder Traktor oder eine Erntemaschine mit laut klapperndem Geräusch an uns vorbeifährt. Zum Schluss folgen dann noch die Verladeübungen, bevor wir das Pferd zum ersten Mal transportieren können.

Handpferdereiten

Durch das Handpferdereiten lernen junge Pferde die Umgebung ihrer Heimat näher kennen und sich in unterschiedlich gestaltetem Gelände zurechtzufinden und zu bewegen. Dem Handpferdereiten geht eine umfassende Führausbildung voraus.

Das Handpferd trägt ein stabiles, gut sitzendes Stallhalfter und wird an einer 2 m langen Leine mit einer 40 cm langen Kette geführt. Die Kette führt man durch den linken Seitenring des Halfters, lässt sie über das Nasenbein des Pferdes laufen und hängt sie von oben in den rechten Seitenring des Halfters ein.
Sofern das Handpferd alle bislang beschriebenen Übungen in der Bodenarbeit erfolgreich durchlaufen hat, stellt die Umstellung vom Führen vom Boden aus zum Leiten von einem Führpferd kein wesentliches Problem dar. Die ersten Übungen sind möglichst auf eingezäumten Gelände, also auf der Weide oder dem Reitplatz durchzuführen.

Ein gutes Führpferd soll sich einhändig reiten lassen und muss gelassen, zuverlässig sowie gelände- und verkehrssicher sein. Mit Gerte und Führstrick wird dem Handpferd seine Position auf Schulterhöhe des Führpferdes angewiesen, da dies dem natürlichen Verhalten der Pferde entspricht. Mittels Handpferdreiten können beispielsweise auch bereits ausgebildete ungesattelte Islandpferde bei besonderen Anlässen vorgeführt werden.

Das Handpferd läuft grundsätzlich rechts, also von der Straße abgewandt. Bei Engpässen folgt das Handpferd immer dem Führpferd, nicht umgekehrt.
Ebenso wie bei der Arbeit vom Boden aus soll das Handpferd zunächst lernen, beim Anhalten des Führpferdes ebenfalls ruhig stehenzubleiben. Dann soll es im Schritt wieder antreten können und letztlich im weiteren Verlauf der Ausbildung auch lernen anzutraben. Hierzu wird das Führpferd zunächst zu munterer Schrittverstärkung gebracht und nach dem Kommando »Te-rab« beginnt das Handpferd – eventuell ermuntert durch Hilfe der Gerte – mit dem ersten Trabschritt. Das Führpferd folgt. Auf diese Weise kommen beide gleichzeitig in die schnellere Gangart. Alles dies sollte letztlich in entspannter Weise erfolgen, wobei die Führleine durchhängt. Wird das Handpferd im Trab etwas schneller, so können wir es mit Hilfe von Gerte und Führleine verhalten. Grundsätzlich soll ein Gangartenwechsel erst mit Stimmhilfe und erst dann durch treibende oder verwahrende Hilfen mittels Gerte und Leine erfolgen. Das Endziel besteht darin, dass das Handpferd sich dem Reitpferd ganz ohne Mithilfe des Reiters anpasst.

Die Umstellung vom Führen vom Boden aus zum Handpferdreiten stellt kein wesentliches Problem dar.

Longieren

Zunächst: Jedes pferdegemäße Longieren ist eine Arbeit, die ernsthaft gelernt und geübt werden muss. Zielgerecht und abwechslungsreich an der Longe zu arbeiten erfordert Ausbildung, Geschicklichkeit und Erfahrung.

Longieren mit Ziel

Das Longieren von Pferden allgemein erfolgt unter verschiedener Zielrichtung:

1. Junge Pferde an Ausrüstung und Arbeit zu gewöhnen,

2. Korrektur bei Pferden, die Schwierigkeiten in Takt, Losgelassenheit oder Gleichgewicht haben,

3. Korrektur bei Hals- und Rückenproblemen,

4. Schonung von Pferden in der Genesung und

5. Entlastung des Reiters.

Ziel ist, die Pferde mit den Ausbildungshilfen vertraut zu machen, psychische Spannungen zu beseitigen und in allen Grundgangarten das natürliche Gleichgewicht auf einer Kreislinie auf beiden Händen zu finden. Das Pferd soll während dieser Ausbildung an der Longe stehen und sich nach vorwärts strecken, die Peitsche respektieren, aber nicht fürchten und deren vorwärtstreibender Einwirkung willig folgen lernen.

Der Longierplatz

Die räumliche Begrenzung des Longierzirkels – möglichst hoch eingezäunt – kennt das Jungpferd bereits aus der Freiheitsdressur, die ja am gleichen Ort stattgefunden hat. Als Longierplatz ist eine Longierhalle mit einem Durchmesser von 16 bis 18 m ideal, doch selten vorhanden. Je größer der Zirkel ist, desto geringer ist die Belastung des inneren Vorder- und Hinterbeines bei der Longierarbeit.

Das ist auch der Grund für eine möglichst lange Longe von etwa 9 m, so dass, wenn eine normale Halle nicht anderweitig durch Reiter benutzt wird, die volle Breite von 20 m als Durchmesser genutzt werden kann. Auch ein offener Longierplatz genügt völlig, sofern gewährleistet ist, dass dort Ruhe herrscht. Das ist besonders für junge Pferde wichtig. Ebenso erforderlich ist ein elastischer, griffiger und nicht zu tiefer Boden. Das durch die Freiheitsdressur routinierte und an Arbeit gewöhnte Islandpferd lässt sich aber gelegentlich auch an jedem anderen Platz mit geeigneten Bodenverhältnissen mit oder ohne äußere Begrenzung ohne Schwierigkeiten longieren.

Stimmsignale

Im Longierzirkel soll nun das Pferd lernen, angstfrei und entspannt an der Longe vorwärts zu laufen und auf Kommando anzuhalten, wobei dies die Voraussetzung für eine weitere korrekte Ausbildung ist. Das Antreten und Anhalten an der Longe sollte – ebenfalls wie bei der Freiheitsdressur – im Zusammenhang beigebracht werden. Diese Lektionen werden mit Stimmsignalen vermittelt. Die Stimme hat bei der Ausbildung eine außerordentlich vielfältige, oft sogar suggestive Einwirkungsmöglichkeit. Von beruhigender Beeinflussung und Loben mit tiefer dunkler Stimme bis zu forderndem hellem Schnalzen bestehen viele Variationsmöglichkeiten. Es ist dabei wichtig, dass jeder Ausbildende sich eine Reihe von Stimmsignalen aneignet, mit denen er das Pferd mittels aufmunternder oder beruhigender Laute (z.B. langgezogenes »Ha-alt«, »Sche-eritt«, »Te-erabb«) steuert, wobei der entsprechenden Tonlage eine große Bedeutung zukommt.

Außerdem wirken Schnalztöne mit der Zunge antreibend, dagegen tiefe langgezogene Töne beruhigend. Letztere können beispielsweise das Anhalten des Pferdes auslösen. Mit der Stimme kann auch der Laufrhythmus beeinflusst werden, so kann z.B. bei Taktfehlern oder Energielosigkeit dem Pferd mit schnalzenden Tönen der richtige Rhythmus vorgegeben werden. Um etwas langsam reagierenden Pferden genügend Reaktionszeit zu lassen, ist es außerdem möglich, erst ein Vorbereitungskommando und erst dann das Ausführungskommando zu geben. So folgt einem langgezogenen »u-und« mit kleiner Zeitverzögerung ein ebenfalls langgezogenes »Ha-alt«.

Während zu Beginn der Longierarbeit noch das Pferd mit Stallhalfter – oder besser noch mit einem leichten Kappzaum – aufgezäumt ist, kann nach einiger Zeit zusätzlich unter das Halfter auch eine Trense eingeschnallt werden, wobei jedoch die Longe zunächst immer noch am Stallhalfter befestigt wird.

Das Pferd wird sich bei dieser Arbeit nach einiger Zeit im Rücken loslassen und sich nach vorwärts-abwärts dehnen. Letztlich lernt das Pferd, mit der Zeit immer feiner auf die Anweisungen des Ausbilders zu reagieren. Während zunächst vorzugsweise der Trab gefördert wird, kommt später auch noch Galopparbeit hinzu.

Wie bereits erwähnt, ist beim Longieren aber immer zu bedenken, dass sich dabei das Islandpferd ständig im Kreise bewegt und damit der ganze Bewegungsapparat einseitig belastet wird. Man erinnere sich in diesem Zusammenhang an die Empfehlung des alten Reitmeisters Guérinière, der empfahl, das Pferd erst kurz vor dem Anreiten an die Longe zu nehmen und immer nur fünf bis zehn Runden auf jeder Hand laufen zu lassen. Jedenfalls sollte die Zeit an der Longe nicht zu lang sein. 15 bis 25 Minuten gelten als gutes und sinnvolles Zeitmaß. Nach 5 bis 8 Minuten ist jeweils die Hand zu wechseln: einmal zur Entlastung, zum anderen, um die gleichseitige Gymnastizierung sicherzustellen.

Arbeit mit der Doppellonge

Bei der Arbeit mit der einfachen Longe hat das Pferd bereits gelernt, entspannt und ruhig in gebogener Linie zu laufen. Während der Gymnastizierung ist es vollkommen losgelassen. Das Pferd beherrscht bereits die grundlegenden Lektionen: Anhalten, Rückwärtsrichten und Wenden. Der kraftvolle, taktklare Bewegungsablauf wird nun zur Grundlage der verfeinerten Arbeit an der Doppellonge. Ein gut sitzender Longiergurt ist anfänglich zur Arbeit sehr geeignet, da er ausreichend große und viele Ringe für verschiedene Verschnallungsmöglichkeiten besitzt, jedoch kann auch mit Hilfe des Sattels und Umlenkrollen hervorragende Wirksamkeit erreicht werden.

Die direkte beidseitige Verbindung zwischen der Hand des Ausbilders und dem Pferd gestattet eine Verbindung in weicher Form. Jedoch ist auch eine verstärkte Einwirkung über die Außenlonge bei schwierigen Pferden möglich.

Unterschiedliche Verschnallungsmöglichkeiten gestalten die Doppellongenarbeit abwechslungsreicher.

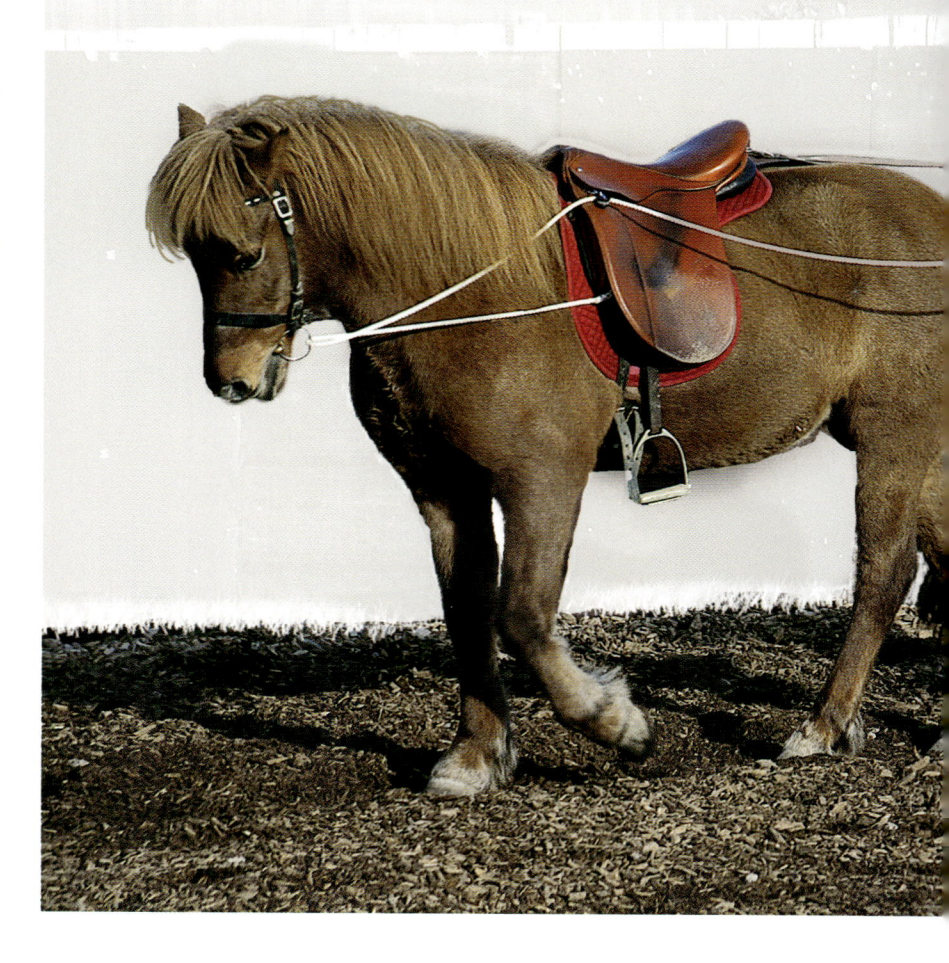

Der Ausbilder ist durch die Doppellonge in der Lage, durch Annehmen und Nachgeben die Stellung und die Biegung des Islandpferdes zu beeinflussen. Wenn auch die Doppellonge meist direkt in das Mundstück eingeschnallt wird, so ist es außerdem möglich, sie durch die Trensenringe zum Bauchgurt laufen zu lassen. Unterschiedliche Verschnallungsmöglichkeiten gestalten die Doppellongenarbeit abwechslungsreich und erlauben echte Gymnastizierung.

Die Ausbildung an der Doppellonge beginnt zweckmäßigerweise im Zirkel. Junge Pferde müssen zuerst lernen, die um die Hinterhand oberhalb des Sprunggelenks herumgeführte Außenlonge zu akzeptieren. Dabei wird das Pferd zunächst nach vorwärts rennen, aber wenn es merkt, dass ihm nichts passiert, hört es damit schnell auf. War bisher die Ausbildung des Jungpferdes vorzugsweise auf Körpersprache und Stimme ausgerichtet, so wird jetzt die Zügelhilfe vermehrt mit eingebracht. Doch auch bei bereits gerittenen, älteren Pferden kann die Doppel-

Bei Seitengängen wird das Pferd leicht gestellt.

longe mit Erfolg eingesetzt werden. Ziel dabei ist, das Pferd mit losgelassener Muskulatur, durchlässigem Genick, schwingendem Rücken und vermehrter Tätigkeit der Hinterhand vorwärts gehen zu lassen. Das Anhalten erfolgt mit Stimme und Zügelhilfe. Sobald das Pferd reagiert, wird deutlich nachgegeben. Wenn das Pferd dann stillsteht, verhält sich auch der Ausbilder völlig ruhig. Das Antreten erfolgt durch Stimme und nachgebende Zügelhilfe. Beim ruhigen Traben verkürzt man mit der Zeit das Tempo, um einen höheren Versammlungsgrad zu erreichen. Rückwärtsrichten erreicht man durch stimmliche Aufforderung zum Antreten mit gleichzeitigem nach hinten gerichtetem Annehmen der Longe. Wenn das Pferd dabei auch zunächst nur einen Schritt zurück geht, so wird es nach Beherrschung der Lektion auch mehrere Schritte hintereinander rückwärts gehen.

Bei Seitengängen wird das Pferd der Bewegungsrichtung entgegengesetzt leicht gestellt. Die Innenlonge wirkt dabei annehmend und nachgebend. Sie erhält die Stellung des Halses, damit das Pferd nicht über die äußere Schulter äußere Schulter ausfällt. Die Außenlonge wirkt verwahrend. Diese Übung erzeugt Versammlung und wird hauptsächlich nur im Schritt ausgeführt.

Arbeit am langen Zügel

Die Arbeit am langen Zügel verlangt ein besonders fein an der Doppellonge ausgebildetes und auch schon gerittenes Islandpferd, das – ohne Schwung zu verlieren – verkürzt traben und eventuell sogar galoppieren kann, damit der Reiter auf bloße und leichte Zügelhilfe hin den Bewegungen im Schritt hinter dem Pferd gehend folgen kann.

Arbeit am langen Zügel.

Erstes Aufsitzen

Das erste Aufsitzen erfolgt ebenfalls im Longierzirkel. Hier fühlt sich das Pferd sicher, wobei es gut ist, wenn man diese erste Reitphase zusammen mit einem anderen Reiter durchführt, der ein älteres Pferd reitet. Hier kann auch das Jungpferd mit dem älteren zunächst als Handpferd mitgehen.

Auch das Aufsitzen selbst erfolgt mit Hilfe eines Begleiters. Der Helfer, ganz nahe an die Seite des Pferdes tretend, hebt den Reiter einige Male hoch, wobei dieser sich mit beiden Händen auf dem Sattel aufstützt. Im weiteren Verlauf lässt der Reiter sein ganzes Körpergewicht auf dem Sattel nieder: Das Pferd wird veranlasst, einige Schritte vorwärts zu treten. Danach wird der Reiter wieder heruntergehoben. Dieser Vorgang wiederholt sich so lange, bis das Pferd jede Scheu vor dem Geschehen verloren hat. Dann wird das Bein über den Sattel gehoben, und schließlich sitzt der Reiter auf dem Pferderücken. Nochmaliges Vorwärtsführen, Halten, Belohnen und Absitzen schließen diesen Vorgang ab.

Grundlagen der Ausbildung von Islandpferden anhand der Gangpferdeskala

Für die Beurteilung eines Pferdes in Bezug auf Verwendbarkeit und Leistungsfähigkeit gibt seine Abstammung viele und wertvolle Aufschlüsse. Dazu umfasst die individuelle Beurteilung in erster Linie sein Exterieur und sein allgemeines Aussehen, seinen Gesundheitszustand sowie seine charakteristischen psychischen Eigenschaften, das Interieur.

Ausbildung in der »vertrauensbildenden Phase«

Die Ausbildung aller Gangpferde vom Boden aus in der sogenannten »vertrauensbildenden Phase« ist bei allen Gangpferdetypen gleich. Das Ziel der vertrauensbildenden Phase ist die Gewöhnung des Pferdes an den Umgang mit dem Menschen und das Vertrautwerden mit dem Reitergewicht in einzelnen Schritten. Wichtig sind Vertrauen, Angstfreiheit und klare Rangordnung. Zu den einzelnen Ausbildungsschritten gehören: Freiheitsdressur, Anbinden, Putzen, Hufe geben, Bodenarbeit, Gewöhnung an Sattel und Trense, Handpferdereiten, Longieren, erste

Reitübungen. Während dieser Ausbildungsschritte ist es für die spätere Entwicklung der Gänge wichtig, dass die Pferde durch die klare Rangordnung in innerer Ruhe mit zugleich wachen Reaktionen gefordert werden. Bei Unterforderung kommt es zu Langeweile und Zähigkeit, dagegen bei Überforderung zu Stress und Abwehr durch Angst. Bei Unterforderung drückt sich dieses Verhalten in den Gängen durch »Rollen« und schleppenden Pass aus, während kurze, eilige Gänge und Fortstürmen im Galopp – eventuell sogar Kreuzgalopp – die Folge von Überforderung sind. Die Gangwahl kann dem Pferd – je nach Typ – frei überlassen bleiben, jedoch darf keine Mischgangart wie Galoprolle (eine Mischgangart aus Trab und Galopp, bei der der Galopptakt verloren geht), verspannter Pass oder Kreuzgalopp zugelassen werden. Bei den Fünfgängern und den Naturtöltern ist besonders auf Taktreinheit in allen Gängen zu achten, beispielsweise durch Einwirkung von Treiben und Verwahren mit Hilfe der Körpersprache. Lässt man das Pferd die Gangart wählen, dann muss die Ausführung energievoll sein, niemals jedoch lasch oder zögernd. Laschheit lässt das »Nichtwollen« des Pferdes zu. Zögerndes Vorwärtslaufen verhindert die Öffnung der Gänge und lässt »Diskussionen« um die Rangordnung zwischen Pferd und Reiter zu.

Ausbildung in der »Balancierphase«

Nach der vertrauensbildenden Phase kommt der Zeitpunkt, in der das Pferd lernt, mit dem Reitergewicht umzugehen (»Balancierphase«). Das bedeutet u.a. Routinegewinn in verschiedenen Situationen der Arbeit, Gewinn physischer Stärke unter dem Reitergewicht und körperliche Muskelkraft im Zusammenspiel mit dem Reiter. Zugleich wächst dabei aber auch das Selbstbewusstsein des Pferdes in der klar vorgegebenen Rangordnung. Für alle Islandpferdetypen unterschiedlichster Gangverteilung (vergleiche Kapitel »Dynamik des Islandpferdes«) besteht in der Balancierphase das gleiche Ziel: Das Pferd soll das Reitergewicht annehmen und nicht durch Körperblockaden (Verkrampfungen in der Muskulatur) abwehren, was zum Gleichgewichtsverlust führen würde.

Der Drei- und Viergänger

Der Dreigänger besitzt ein für ihn typisches Gebäude, das ihn kaum befähigt, Tölt und Pass zu gehen. In der Balancierphase ist es sowohl beim Drei- als auch beim Viergänger wichtig, die gewählte Gangart (einschließlich Galopp) so lange zuzulassen, wie es dem Tier gefällt. Nach einem längeren Zeitraum wählt letztlich das Pferd diejenige Gangart und das entsprechende Tempo, das die beste Losgelassenheit zulässt. Ziel ist der energische, lockere Trab. Wenn beim Viergänger der Tölt von selbst kommt, wird er für einen begrenzten kurzen Zeitraum angenommen.

Der Trotter oder Dreigänger besitzt ein für ihn typisches Gebäude, das ihn kaum befähigt, Tölt und Pass zu gehen.

Der Viergänger wählt die Gangart und das entsprechende Tempo, das seine Losgelassenheit zulässt.

Eine Gefahr besteht jedoch darin, dass der Tölt zu lange gefordert wird oder sogar undurchlässige Pferde unter Zwangshaltung eingetöltet werden. Wenn der Viergänger in der Balancierphase den Pass findet oder von Trabspannung in Passspannung kippt, ist dies ein Zeichen von krassen Ausbildungsfehlern, Nichtabwarten der Durchlässigkeit oder Nichtaufarbeiten von Körperblockaden. Häufige Ursache der Passproblematik ist zu langes Tölten ohne ausgleichende Dehnungsarbeit. Sofern der Viergänger eine relativ schwache Hinterhand besitzt, kann es zunächst Probleme mit der Erlernung des Tölt geben. In diesem Falle ist die Rückenmuskulatur des Pferdes längere Zeit durch Treiben der Hinterhand – ohne starke Zügelanlehnung – zu stärken. Dieses Pferd muss vor dem Eintölten in der Lage sein, den energisch lockeren Trab in Tölthaltung (freie Aufrichtung) bis ins hohe Tempo – ohne Rolle – zu halten. Dann entstehen beim Eintölten weniger Probleme mit dem Rollen. Außerdem ist eine gute dressurmäßige Ausbildung in Losgelassenheit in Richtung Versammlung als Vorarbeit wichtig.

Der durchbrochene Traber

In der Ausbildung des durchbrochenen Trabers muss man seine Gebäudeeigenheiten respektieren und kann diese nur bedingt beeinflussen. Durch seine Haltung fällt es ihm schwer, seine Hinterhand unter den Reiter zu bringen. Seine Mechanik ist eher gelaufen.

Bei der Ausbildung sollte man ihm grundsätzlich ein höheres Grundtempo zubilligen. Man kann von ihm keine dressurmäßige Haltung verlangen. Dehnungshaltungen wirken sich sehr positiv aus, dagegen verursachen versammelnde Übungen Stress. Tölt wird von diesen Pferden nur in hohem Tempo angeboten. Wird zu früh und zu lang Tölt gefordert, bleibt dieser in der trabigen Form.

Die Mechanik des durchbrochenen Trabers ist eher gelaufen.

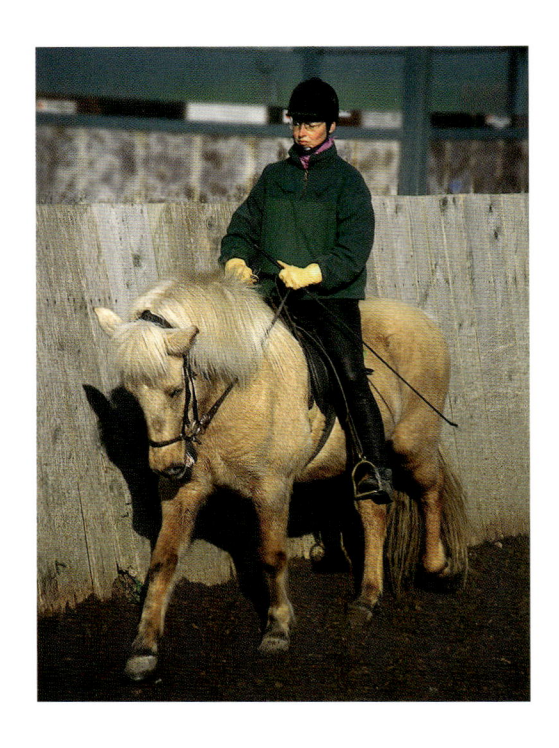

Der Naturtölter bietet schon vor der Grundausbildung vorzugsweise die Gangart Tölt an.

Der Naturtölter

Im Gegensatz zu Drei- und Viergängern, die sowohl über eine gute Trag- als auch Sprungkraft verfügen, dominiert beim Naturtölter die Schubkraft. Der Naturtölter bietet nach abgeschlossener Grundausbildung, die Losgelassenheit und Versammlung vermittelt, vorzugsweise die Gangart Tölt an.

Zunächst darf der Naturtölter in der Balancierphase nicht in der Geschwindigkeit überfordert werden. Man sollte ihn nicht zu lange am langen Zügel – ohne Verbindung zum Reiter – daherlaufen lassen, da sonst die Gefahr des Auseinanderfallens und dadurch die Möglichkeit des »Passigwerdens« erhöht wird. Der Pass entsteht auch oft durch falsch verstandenen Entlastungssitz und energielose Reitweise. Es entsteht für das Pferd das Gefühl der Herrenlosigkeit. Ebenso wird das Pferd in seinem Ganggleichgewicht gestört, wenn in der Balancierphase zunächst der Trab verlangt wird. Der angebotene Tölt braucht erst Durchlässigkeit für die treibenden und verwahrenden Hilfen, bis dann der Trab vom Pferd angeboten und gefunden wird. Tölt hat Spannkraft und braucht Durchlässigkeit und fließende Energie der Muskulatur. Durch die Durchlässigkeit findet das Pferd mehr Gleichgewicht und letztlich den Trab. »Erst nach dem guten Tölt kommt der Trab.« Letzteres gilt auch für den Fünfgänger. Dieser Trab ist dann rhythmisch und nicht zu verwechseln mit dem davoneilenden oder auseinandergefallenen Trab. Wenn Galopp in der Balancierphase geritten wird, dann sollte dies frei und ohne Formung der Haltung und des Körpers erfolgen. Wenn der Galopp energisch, aber nicht hektisch geritten wird, hat er eine positive lösende Wirkung auf die restlichen Gänge.

Beim Fünfgänger kann kurzfristiges Rennpassreiten zur körperlichen Lockerung führen.

Der Fünfgänger

Falls Tölt die zunächst vom Pferd angebotene Gangart ist, dann liegen die Verhältnisse – bedingt durch die Schubkraft der Hinterhand – vergleichsweise ähnlich wie beim Naturtölter. Fünfgänger, die zunächst den Trab anbieten und bevorzugen, sollten mit genügend Energie und tätiger Hinterhand gearbeitet werden. Wenn hier das Pferd im Trab eine Überforderung erlebt und flüchtig wird, erscheint der Trab in immer mehr gelaufener Form und geht in den Tölt über. Diese Art Fünfgänger wird am leichtesten im mittleren Tempo über das Laufen in den klaren Tölt balanciert. Eine geringe Zahl von Fünfgängern, bei denen ein hoher Trabrhythmus und eine große Diagonalspannung vorherrschen, werden in dieser Ausbildungsphase wie Viergänger behandelt. Diejenigen Fünfgänger, die auf der Weide Pass und Trab bevorzugen, wenig tölten, Kreuzgalopp zeigen und häufig, d.h. nach kurzen Strecken, die Gangart wechseln, haben eine hohe Lendenspannung. Daneben können auch beim Reiten äußere Reize (Bodenwellen, Kurven, Geräusche, Bergauf-Bergab) und psychischer Stress (Angst, Gleichgewichtsverlust, Überforderung) Gangartenwechsel auslösen. In dieser Ausbildungs- bzw. Balancierphase sind solche Pferde oft sehr schwierig, sofern man sie nicht durch Hilfsmaßnahmen, d.h. gute und geduldige Reiter zur Durchlässigkeit und psychischer Stabilität bringt, um letztlich ein Gleichgewicht in physischer und psychischer Hinsicht zu erreichen. Bei Erreichen der Durchlässigkeit und einem stabilen Gleichgewicht, unter der Voraussetzung einer konsequenten Ausbildung, können diese Pferde zu guten Fünfgängern heranreifen. Hier kann unter Umständen der Schwerpunkt später der Rennpass werden. Rennpass ist in der freien Natur oft der Ausdruck von Panik. Wird daher in der Balancierphase der Rennpass zu früh und zu viel gefordert, führt das zu Verspannungen. Bei gewissem psychischem Trägheitsverhalten und Körperblockaden kann allerdings kurzfristiges Rennpassreiten zur körperlichen Lockerung führen.

Beim Fünfgänger mit nicht idealer Körperform kann ein schlechtes Gleichgewicht bestehen. Die daraus resultierenden Gangfehler wie Rollen, passige Verspannung, zu eiliger Trab können mit geeignetem Beschlag oder Glocken bei entsprechendem Training korrigiert werden.

Der Rennpasser

Beim Rennpasser ist es wichtig, zunächst die Gangart, die angeboten wird, anzunehmen und sie durch Balancieren zu lösen, denn das Hauptproblem des Rennpassers besteht in zu hoher Rückenspannung. Die seitliche Durchlässigkeit ist das erste Gebot, um die durch Steifheit entstandene Schubkraft zu lösen und damit freie Haltung zu erreichen. Wie beim Fünfgänger sollte der Rennpass in dieser Phase vermieden werden, um Panikverhalten nicht aufkommen zu lassen. Panikverhalten führt zu Durchtribbulieren, also zu kurzen, verspannten Trippelschritten, oder zu hoher Zwei-Takt-Spannung. Dem können auch Rückenschmerzen vorausgehen und auf Dauer zu Körperblockaden führen. Folgen sind letztlich hoher Verschleiß im Skelett und in den Gelenken. Dies gilt für alle Bereiche der Gangpferdeskala.

Beim Rennpasser ist es wichtig, zunächst die Gangart anzunehmen, die angeboten wird, und das Pferd durch Balancieren zu lösen.

Den Passgänger sollte man in seinem Gleichgewicht belassen und in der Ausbildung nur auf gute Reaktionen und Gehorsam achten.

Der Passgänger

Der Passgänger ist in erster Linie als unkomplizierter Eingänger zu sehen, an den man keine besonderen Ansprüche an Gänge und Gleichgewicht stellen kann, da diese sehr begrenzt sind. In den Negativbereich gerät er, sofern er mit schlechter Charakterform oder Temperament ausgestattet ist. Dann sind die ohnehin schon begrenzten Veränderungsmöglichkeiten in der Ausbildung nicht mehr möglich. Ansonsten sollte man das Pferd in seinem Gleichgewicht belassen und in der Ausbildung nur auf gute Reaktionen und Gehorsam achten.

Prüfsteine der Rittigkeit von Islandpferden

Wer die Entwicklung der Reiterei in der letzten Zeit aufmerksam verfolgt hat, dem konnte nicht entgehen, dass es immer mehr Freizeitreiter gibt, die ganz unkonventionell reiten wollen, ohne allzu viel traditionellen reiterlichen Ballast, einfach aus »Spaß an der Freud'«. Jedoch wird dies etwas problematisch, wenn Haflinger oder gar Hannoveraner im Western-Stil trainiert werden oder Traber tölten lernen sollen. Noch problematischer für Pferd und Reiter wird es jedoch, wenn Islandpferde dressurmäßig ausgebildet werden. Natürlich ist das alles möglich, und es mag durchaus Pferde geben, die sich in der »fremden« Reitweise sehr wohl fühlen und gute Leistungen zeigen. Nichtsdestotrotz sollte man beim Training immer im Auge behalten, wofür sich das Pferd gebäude- und charaktermäßig eignet, wofür die Rasse schon seit langer Zeit gezüchtet wurde und wird. Nichts gegen Westernreiten oder andere Reitmethoden, wurden doch gerade durch sie die Vorzüge und Nachteile der traditionellen Reiterei ins rechte Licht gerückt. Tatsache ist jedoch, dass die Zahl der schlecht ausgebildeten Pferde – ob so oder so – in der Hobbyreiterei zunimmt. Hier bildet das Reiten von Islandpferden keine Ausnahme.

Daher ist Pferdeausbildung heute ein ganz aktuelles Thema. Wichtig dabei ist die Vermittlung von Grundkenntnissen über die Anatomie und die Psyche des Pferdes und daraus folgend die richtige Auswahl eines geeigneten Pferdes. Nur durch ein systematisches und logisch aufgebautes Trainingsprogramm unter Beachtung der physischen und psychischen Voraussetzungen kann die Grundausbildung von Pferd und Reiter in der Folge dann erreicht werden.

Es ist nun egal, ob man ein Dressur- oder ein Westernpferd oder einfach ein Islandpferd als gutes Freizeitpferd ausbilden will – in allen Fällen steht am Ende dieser Ausbildung das ausbalancierte, gerade gerichtete Pferd, das jederzeit im Gleichgewicht geht. Etwas Derartiges ist jedoch nur mit ausreichender Gymnastizierung, mit Biegung, Stellung und der Verschiebung des Gewichtes auf der Hinterhand zu erreichen.

1. Körperschwerpunkt und Balance

Ein Körper befindet sich im Gleichgewicht, wenn der Schwerpunkt über der Basismitte liegt. Verlagert er sich über die Basis hinaus, so muss sich der Körper in Bewegung setzen. Da die Basis des ruhenden Pferdes von den Hufen begrenzt wird, müsste es im Zustand des Gleichgewichts alle vier Beine gleichmäßig belasten. In diesem Sinn sind jedoch die meisten Pferde von Natur aus nicht im Gleichgewicht. Hierbei ist allerdings zu beachten, dass lebende Körper, die eine Eigenkraft in sich haben, nur ungenau mit der Anwendung von rein physikalisch-statischen Gesetzen beschrieben werden können. Vielmehr muss man hier vom Gleichmaß der Kräfte sprechen, wenn wir vom Begriff Masse und Schwerpunkt bei einer Trennung von Vor- und Hinterhand ausgehen.

Traditionell teilen wir ja den ganzen Pferdekörper in die Vorhand und die Hinterhand. Dies sind die reiterlichen Bezeichnungen für die Körperteile des Pferdes, die sich »vor der Hand« bzw. »hinter der Hand« des Reiters befinden.

Jedoch liegt die eigentliche Grenzlinie zwischen der Vor- und der Nachhand in der Senkrechten, die durch den Massenschwerpunkt des Pferdes gezogen werden kann. Diese Linie, die die Einwirkung der Schwerkraft zum Ausdruck bringt, steht in direktem Zusammenhang mit dem Gleichgewicht des Pferdes.

Wenn wir uns, wie bei einer Waage, in der geometrischen horizontalen Mitte des Pferdekörpers das Zünglein vorstellen, so würde sich dies der schwerer belasteten Vorhand zuneigen. Tatsächlich geht das rohe Pferd auch auf der Vorhand, weil kein Anlass oder Zwang zu einer Gewichtsverschiebung nach rückwärts besteht und es sich, durch keine Last am Rücken gestört, seiner Rückenmuskulatur frei bedienen und mit seinem natürlichen Schwung bewegen kann. Das Gewicht von Kopf, Hals und dem vorderen Teil des Rumpfes belastet die Vorderbeine stärker als die Hinterbeine. Dieses Verhältnis kommt der Vorwärtsbewegung zustatten, und der auf Schnelligkeit bedachte Rennreiter weiß das durch seinen Sitz noch entsprechend zu fördern. Ein rohes Pferd trägt etwa 60% seines Gewichtes auf der Vorhand. Beim Einreiten fällt das Pferd noch mehr auf die Vorderhand, und so bleibt es, wenn nicht der Reiter im Laufe der weiteren Ausbildung das Pferd dazu bringt, vermehrt Gewicht mit der Hinterhand aufzunehmen. Für die Stärkung der Tragkraft und die Förderung der Hankenbiegung bei der Hinterhand müssen aus diesem Grund Kruppen- und Bauchmuskulatur langsam, stetig und ruhig trainiert und damit gestärkt werden.

Schwergewichtslinie beim Pferd. Die Vorhand des Pferdes weist durch Kopf, Hals und Schulter ein größeres Gewicht auf als die Nachhand. Wenn wir uns in der geometrischen Mitte des Pferdekörpers das Zünglein vorstellen (wie bei einer Waage), so wird sich dies der schwerer belasteten Vorhand zuneigen. Wir müssen daher beim Reiten immer die Verschiedenheiten des Eigengewichtes der Vor- und Nachhand beim Pferd beachten.

Rohes Pferd im natürlichen Gleichgewicht. Das rohe Pferd geht auf der Vorhand, weil kein Zwang zu einer Gewichtsverschiebung nach rückwärts besteht und es sich, durch keine Last auf seinem Rücken gestört, mit seinen Rückenmuskeln und seinem natürlichen Schwung frei bewegen kann.

Das individuelle Gebäude eines Pferdes kann jedoch die Lage des Schwerpunktes verändern. Wenn wir z.B. ein Pferd mit einem dicken, schweren Hals und einem großen Kopf haben, wird von der Vorhand mehr Gewicht getragen und der Schwerpunkt wird sich weiter nach vorn verlagern. Beim anderen Extrem, einem Pferd mit einem kurzen, dünnen Hals und einem kleinen Kopf, wird die Vorhand weniger belastet und sein Schwerpunkt wird weiter hinten liegen. Der Schwerpunkt verändert sich jedoch auch mit den Bewegungen, die Kopf und Hals ausführen, durch die das Pferd sein Gleichgewicht hält und die den Lagewechsel des Schwerpunktes kontrollieren. Man kann Hals und Kopf mit einem durch Gewicht belasteten Pendel vergleichen; senken sich Kopf und Hals, wird die Vorhand mehr belastet, was verbunden ist mit Dehnungsarbeit (Annahme des Reitergewichtes und Auflösung der Muskelabwehr). Dies ist die Voraussetzung für eine elastische Aufrichtung, die das Gleichgewichtsverhältnis zugunsten der Vorhand verändert. Die Hinterhand wird zum vermehrten Tragen des Rumpfes herangezogen, wobei die Aufrichtung vom Kreuz ausgeht.

Die Beckenmuskeln und die Rückenmuskeln bedingen eine elastische Spannung, die in der Folge zum Halse hinauf bis ins Genick federt. Gemeint ist natürlich, dass sich das Pferd nicht gegen die Last des Reiters wehrt, indem es die Rückenmuskeln übermäßig anspannt und starr macht. Die Nieren- und Beckenpartie sollte richtigerweise durch die Spannung der Muskeln wohl aufgewölbt, aber durch die stetig steigende Rückenlinie tiefer gelegt sein. Der Schwung erfolgt dadurch, dass die Bewegungen der Beine – bei aller Energie – weich und rund sind, alle Gelenke den gleichen Anteil an der Bewegung haben und die Aktion mühelos ist, also nie angestrengt und heftig.

Beim gut gerittenen Pferd wird durch Heranarbeiten und Untersetzen der Hinterhand und daraus folgender Aufrichtung das Gewichtsverhältnis zugunsten der Vorhand verändert. Die Hinterhand wird zum vermehrten Tragen des Rumpfes herangezogen, so dass ein Gewichtsausgleich stattfindet. Die Aufrichtung geht vom Kreuz aus. Die Beckenmuskeln und die Rückenmuskeln bedingen eine elastische Spannung, die in der Folge zum Hals hinauf bis ins Genick federt. Gemeint ist natürlich, dass sich das Pferd nicht gegen die Last des Reiters wehrt, indem es die Rückenmuskeln übermäßig anspannt und starr macht. Die Nieren- und Beckenpartie sollte richtigerweise durch die Spannung der Muskeln wohl aufgewölbt, aber durch die stetig steigende Rückenlinie tiefer gelegt sein. Der Schwung erfolgt dadurch, dass die Bewegungen der Beine – bei aller Energie – weich und rund sind, alle Gelenke den gleichen Anteil an der Bewegung haben und die Aktion mühelos ist, also nie angestrengt und heftig.

Mit einer nur verstärkten Aufrichtung von Hals und Kopf ist noch keine Gewichtsverschiebung zugunsten der Vorhand erreicht. Ein derart aufgerichtetes Pferd kann trotzdem ganz auf der Vorhand sein. Solche Pferde sind also nicht im erwünschten Gleichgewicht, sondern vor allem aus dem Widerrist allein aufgerichtet. Hier wird die Arbeit der Vorhand von der des ganzen Körpers getrennt. Pferde mit festgehaltenem Rücken gehen mit steifen Gelenken, ohne Schwung, die Bewegung kann nicht von der Hinterhand durch den Pferdekörper nach vorne fließen. Als Schenkelgänger bezeichnet man solche Pferde, die nur aus der Anstrengung der Beine gehen. Schwung ist in ihren Bewegungen nicht zu fühlen. Die Gelenke sind teilweise mehr oder minder festgehalten. Dadurch ist jedoch zwangsläufig ein stärkerer Abstoß vom Boden nötig, der manchmal irrtümlich als Schwung gewertet wird. Dabei sind die Bewegungen schleudernd.

Der Tölt von Islandpferden verlangt normalerweise eine erhöht belastete Hinterhand bei entlasteter Vorhand. Dies wird normalerweise durch eine gute Grundausbildung der Pferde erreicht. Viele Reiter sowohl in Deutschland als auch in Island kürzen jedoch das Verfahren der gründlichen Ausbildung dadurch ab, dass sie sich bei scharf angenommenen Zügeln, vorgestreckten Unterschenkeln und nicht aus der Körpermitte reitend weit in den Sattel nach hinten schieben und dadurch die Hinterhand direkt belasten. Dabei entstehen gerade auf Turnieren oft recht unglückliche Bilder auch bei den so genannten »erfolgreichen« Islandpferdereitern. Auch satteln viele Reiter und nicht zuletzt auch bekannte Turnierreiter extrem weit hinten. Die Trachten liegen auf dem Kreuz, der empfindlichsten Muskelpartie des gesamten Pferdekörpers. Der Sattelgurt wird dann vielfach hinter dem Brustbein fest angezogen und dadurch kann es leicht zu einer Behinderung der Atmung kommen. Damit verschiebt sich außerdem das Reitergewicht hinter den Gleichgewichtspunkt des Pferdes in Richtung auf die Hinterhand, was eine Erhöhung der Belastung der Rückenmuskulatur, der hinteren Wirbel und der Nierengegend bedeutet, wobei das Pferd aus verschiedenen Gründen Rückenschmerzen bekommt und sich letztlich auch Spat bilden kann.

Die Aufrichtung ist gut, sofern sie im richtigen Verhältnis zur tragenden Hinterhand steht. Eine hohe Aktion der Vorhand ist wünschenswert, sofern sie im Hinblick auf Schnelligkeit und Zusammenspiel der Bewegungen ausbalanciert ist.

Erinnern wir uns dabei an das Gleichgewicht der Pferde: Mit hochgenommenem Kopf, starker Belastung der Hinterhand und stark nach hinten verschobenem Reitergewicht – bei vorgestreckten Unterschenkeln – wird die Hinterhand »zwangsläufig« stärker belastet und die Islandpferde fallen bei ausbalanciertem, lockerem Sitz des Reiters in den Tölt. Bleibt der Reiter dabei jedoch in starrer Haltung im Sattel, so werden die Pferde zunehmend steifer und fallen in den Pass. Doch mit einer nur verstärkten Aufrichtung von Hals und Kopf ist noch keine Gewichtsverschiebung in Richtung Hinterhand erreicht. Ein derart aufgerichtetes Pferd kann trotzdem ganz auf der Vorhand sein. Solche Pferde sind also nicht im erwünschten Gleichgewicht mit elastischer Spannkraft, sondern vor allem mit verspannter Rückenmuskulatur aus dem Widerrist allein aufgerichtet. Hier wird die Arbeit der Vorhand von der des ganzen Körpers getrennt. Allerdings können auch viele auf der Vorhand laufende Pferde mit Schwung gehen, wie beispielsweise Vollblutpferde im Galopprennen oder Islandpferde im Rennpass. Hier kann die Schubkraft der Nachhand, unterstützt vom freien Rücken, ungehindert arbeiten.

Reiten auf Islandpferden – etwas anderes?

Generell unterscheidet sich die Reitweise, die beim Islandpferd angewendet werden sollte, nicht von der des traditionell bzw. klassisch ausgebildeten Großpferdes. Natürlich kommen hier die Besonderheiten des Gangartenreitens hinzu.

2. Grundprinzipien der Ausbildung

Außer einem angeborenen Können ist Islandpferden – wie vielen Tieren – als stammesgeschichtliche Anpassung die Fähigkeit gegeben, bestimmte Reize und Reizkombinationen a priori mit bestimmten Handlungen in arterhaltend sinnvoller Weise zu beantworten, was besondere angeborene Auslösemechanismen erfordert. In diesem Zusammenhang bedeutet die Dressur von Islandpferden nur die Erlernung der Hilfen zur Ausführung angeborener Reaktionen. Dabei sind die Hilfen wiederum nichts anderes als natürliche Reize, die die instinktiven Mechanismen auslösen.

Mit dem heutigen Verständnis der physischen und psychischen Ausbildung des Islandpferdes wird es leicht, das auf Verstehen basierende Vertrauen des Pferdes zu erlangen. Durch das Lernen von Lektionen, die sowohl der Formung der Oberlinie als auch der Aus- und Weiterbildung dienen, entsteht ein mitarbeitendes Pferd, das eifrig bei der Sache ist und sich gerne von uns führen lässt. Ein gerne mitarbeitendes Pferd ist durchlässig und losgelassen. Das ist ein wichtiger Aspekt bei der Arbeit, denn Versammlung und Leichtigkeit entstehen in Entspannung. Nur bei völlig entspannter Muskulatur kann ein Impuls von hinten nach vorne und umgekehrt durch den Pferdekörper gehen.

Islandpferde beachten als Naturpferde Außenreize oftmals stärker und unmittelbarer als andere Pferde. In dieser Situation muss der Reiter sich besonders aufmerksam und einfühlsam verhalten.

Takt

Was ist Takt?

Takt, Rhythmus und Tempo sind Begriffe aus der Musik. Der Takt ist das Maß der Bewegung, der Rhythmus der Ablauf der Bewegung und das Tempo die Schnelligkeit der Bewegung. Für die Reiterei gilt genau das Gleiche. Dabei ist das Gleichmaß der Bewegung stets die Grundlage aller Anforderungen.

Jedes Islandpferd hat eine für seinen Körperbau ihm eigene, bequeme Haltung, in der es sich zufrieden fühlt und ruhig läuft. Egal ob das Pferd gedehnt oder kürzer geht, eine langsamere oder raschere Gangart einschlägt, in jedem Fall muss der Ausbilder versuchen, dem Pferd ein gleichmäßiges Tempo beizubringen. In der ersten Zeit der Ausbildung von Islandpferden können wir jedoch nicht bestimmen, welches Tempo eingeschlagen werden soll, wir müssen das annehmen, das seinem Temperament und seinem Körperbau entspricht und zusagt. Ein Tier mit Muskel- und Schnellkraft wird ein lebhafteres, das lasche Pferd ein gedehnteres Tempo gehen. Das eine Pferd hat ein rascheres Tempo, weil es Kraft hat, die Last aufzunehmen und gleich weiterzugeben, denn aus lebhafterem Temperament will es diese nicht länger auf den Hinterbeinen behalten. Ein anderes geht ein rasches Tempo, weil es aus Schwäche gezwungen ist, die Last rasch von einem Fuße auf den anderen zu bringen. Ein drittes wiederum geht ein langsameres Tempo, weil es genug Kraft in den Hinterbeinen fühlt, um die Last lange auf diesen zu halten. Wir lassen daher zur Herbeiführung von Takt das Tempo zu, das dem Pferde zusagt. Mit keinem Islandpferd sollte die Erfüllung einer weiteren Aufgabe versucht werden, ehe diese nicht gelöst ist.

Gehen zu lernen ist für das Pferd mit seinen vier Beinen noch schwerer als für den Menschen auf seinen zwei. Ein erwachsenes Pferd mit unreinen Gängen hat nie richtiges Gehen gelernt. Bei ihm werden fehlerhafte Gänge in Form ungleichmäßiger, gespannter, eilender, stechender und verhaltener Tritte sichtbar.

Bei Islandpferden kommen Taktfehler relativ selten vor, jedoch sollte taktmäßiges Schreiten und Regulierung der Tritte, gemeint ist damit regelmäßiges Bewältigen einer definierten Wegstrecke in einer bestimmten Zeiteinheit, auch hier erreicht sein. Wieso kommt dieser Forderung eine derart fundamentale Bedeutung zu? Einfach dargestellt: Das gleichmäßige Tempo im richtigen Zeitmaß begründet die Losgelassenheit und das Gleichgewicht. Ohne diese gibt es keine wirkliche Selbsthaltung und ohne Letztere schließlich auch keine Versammlung. Das

Verstärken des Tempos erfolgt reiterlich korrekt durch Verlängern, nicht durch schnellere Folge der Tritte in fast gleichbleibendem Rhythmus der Fußung, wodurch eine gegebene Strecke in kürzerer Zeit zurückgelegt wird. Von der Regulierung des bewegungsauslösenden Momentes, der Schubkraft der Hinterbeine, hängt es ab, ob sich das Pferd auch ohne nachhaltige Zügeleinwirkungen des Reiters, aber mit dessen Gewicht belastet, in einem bestimmten Tempo »halten« kann. Der Begriff Haltung bezieht sich somit nicht nur auf die Art, den Kopf und den Hals zu tragen, sondern auch auf das Einhalten des Tempos, den Rhythmus. Der Gang eines Islandpferdes kann nur frei und taktmäßig sein, wenn er einerseits vom Reiter unbehindert ist und andererseits das Pferd jeden Widerstand gegen den Reiter im Gehorsam aufgegeben hat. In einer Zwangsjacke gibt es keine losgelassenen, sondern nur gespannte Gänge.

Der Ausbilder bringt dem Pferd ein gleichmäßiges Tempo bei.

Gleichgewicht

Bei der Fortbewegung des Islandpferdes schieben die Hinterbeine den Körper vor, bis der Schwerpunkt außerhalb der von den vier Beinen gebildeten Unterstützungsfläche liegt, wodurch sich das Tier – den Gravitationsgesetzen folgend – in Bewegung setzt. Die Vorderbeine greifen vor, um das Gleichgewicht zu erhalten. Hier interessiert nicht nur, dass sich das Pferd bewegt, sondern wie es sich bewegt. Der reine Gang beruht auf den weit unter den Schwerpunkt vortretenden, regelmäßig und elastisch abfußenden Hinterbeinen, setzt sich über losgelassene Muskeln und Gelenke, den schwingenden Rücken und die im Einklang mit dem Antrieb von hinten vorgreifenden Vorderbeine durch den getragenen Hals und das hergegebene Genick bis in das tätige Maul fort, wo er letztlich für den Reiter in Form einer gleichmäßigen (aber nicht in allen Gangarten gleichbleibenden) Anlehnung fühlbar wird. Dabei muss der Reiter verschiedene Forderungen bezüglich des Gleichgewichtes erfüllen. Erstens sollte er seinen Schwerpunkt möglichst immer in Übereinstimmung mit dem Schwerpunkt des Pferdes bringen oder halten, d.h. er muss balancieren, zweitens sollte er sein Gesäß auf drei Stützpunkten (dem Spalt und den beiden Gesäßknochen) als feste Grundlage für den Sitz platzieren.

Reiner Gang mit elastisch abfußenden Hinterbeinen, schwingendem Rücken und hergegebenem Genick.

Aus dem Gleichgewicht des Pferdes entsteht Selbsthaltung, eine Leichtigkeit wird deutlich, die ihren Grund in einer gleichen Belastung der vier Pferdehufe unter dem Reiter hat. Aus dem Gleichgewicht folgen Beweglichkeit und Leichtigkeit, und aus der Biegsamkeit entsteht Geschicklichkeit, Folgsamkeit und mit ihr der Gehorsam.

Daraus folgt: Ein Pferd kann nicht leicht sein, wenn es nicht zuvor ins Gleichgewicht gesetzt worden ist, oder anders gesagt: Um ein Pferd ins Gleichgewicht zu bringen, muss es der Reiter entspannen, d.h. er darf es weder mit seinen Hilfen bedrängen, noch darf er es zusammenschrauben.

Losgelassenheit

Was bedeutet Losgelassenheit in der Islandpferdereiterei und was geschieht, wenn ein Pferd sich loslässt? Will man einen ähnlichen Zustand beim Menschen zum Vergleich heranziehen, so kann man sich einen ungeübten Städter vorstellen, der im Gebirge hochsteigt; er spannt alle Muskeln an und kommt doch nur mühsam weiter, während der Bergführer, dem diese Art zu gehen zur zweiten Natur geworden ist, losgelassen, ohne Anstrengung elastisch voranschreitet. Auch das Pferd soll letztlich nur mit den Teilen seines Mechanismus arbeiten, die es zur Ausführung der momentan geforderten Leistung braucht. Es verwendet nur die absolut notwendigen Kräfte in der richtigen Art zum Tragen und Gehen, ohne Widerstand gegen die Einwirkung des Reiters. Dabei müssen wir es dem Pferd so leicht wie möglich machen. Durch Vertrauen zum Reiter soll es seine eigenen Kräfte allmählich entwickeln.

In diesem Sinne ist es ein geschickter Zugang zur Losgelassenheit, bei einem stehenden, entspannten Pferd mit Entspannungsübungen anzufangen, beispielsweise mit dem Pferdehals zu spielen. Dabei versucht man die Leichtigkeit im Stehen zu finden. Auch kann der Reiter nach einer Übung sein Pferd mehrere Minuten stehen lassen, bis das Gleichgewicht gut hergestellt ist. Danach wird die vorherige Bewegung im Pferd nicht mehr nachklingen und das Pferd befindet sich bald im losgelassenen Zustand. Losgelassen muss das Pferd sein, bevor es versammelt werden kann. Es gibt begnadete Reiter, die instinktiv, aus ihrem Gefühl heraus, mit jedem Pferd in dieser Hinsicht sofort einen verstandesmäßig schwer erklärbaren inneren Kontakt herstellen. Dieser geheimnisvolle psychologische Vorgang, der den Willen des Reiters auf sein Pferd überträgt, so dass beider Wille zu einer zentaurischen Einheit zusammenfließt, ist der tiefste Grund des Gelingens.

Der Reiter lässt sein Pferd nach einer Übung stehen, bis das Gleichgewicht gut hergestellt ist.

In der leichten Anlehnung trägt das Pferd das Gebiss mit den gedehnten Kaumuskeln, d.h. bei geschlossener Lippenspalte ist der Unterkiefer leicht geöffnet. Der losgelassene Kaumuskel macht nicht etwa taktmäßige Kaubewegungen, sondern er hält durch ständiges Mitbewegen die Fühlung der Zunge und Lade mit dem Gebiss. Durch diese Bewegung des Maules wird der Speichel zu Schaum und an der Lippenspalte sichtbar. Diese nachgebende Bewegungsfreiheit des Unterkiefers ergibt die gleitenden Übergänge der Zügeleinwirkungen. Sie überträgt sich auf die Genick- und Halsmuskeln und führt automatisch auch die Losgelassenheit dieser gewaltigen Muskeln herbei. Die Losgelassenheit dieser Muskeln ermöglicht erst das Überkippen im Genick, womit dann die Stirn in die senkrechte Linie kommt und das Pferd durchs Genick treten kann. Diese Bewegungsfreiheit darf im Anfang der Ausbildung nicht durch enge Reithalfter unterbunden werden, denn das Zuschnüren des Maules, ja schon das Einzwängen der Kaubewegung weckt bei jungen Pferden von Anfang an den Widerstand gegen diesen bedrückenden Zwang, nimmt ihnen das Vertrauen und damit die Fähigkeit, sich loszulassen.

Wie erkennt man das losgelassene Pferd?

Das losgelassene Islandpferd erkennt man daran, dass es taktmäßig tritt, dass es den Rücken hergibt und so der Reiter zum Sitzen und Treiben kommt, dass das Pferd den Hals nach vorwärts-abwärts an die Hand des Reiters herandehnt und den Schweif natürlich und ohne jede Spannung pendelnd trägt.

Dehnung

Jede Arbeit mit dem Islandpferd beginnt mit einer Dehnungsphase. Durch die lösende Arbeit werden Muskeln, Sehnen und Bänder gelockert und erwärmt und erst durch richtiges Lösen wird der Rücken des Pferdes zum Schwingen gebracht. Je nach Gebäude und Temperament wird dieses Lösen längere oder kürzere Zeit in Anspruch nehmen. Hierzu lässt man das Islandpferd einige Zeit im Schritt und gleichmäßigem, nicht zu ruhigem, aber auch nicht zu frischem Tempo Trab laufen. Manchmal sind zum Lösen auch flottere Gangarten anzuwenden. Gerade solche Tiere, die sich schwer loslassen, löst man am besten im Galopp.

Dann erfolgt unter sensibler Wahrung der Rangordnung feines Zuhören auf treibende Hilfen. Dazu müssen die Hilfen über den statischen Teil des Reiterkörpers via Wirbelsäule kommen (wechselndes Anspannen und Loslassen der Kreuzmuskulatur, d.h. das untere Ende der Wirbelsäule mit dem Kreuzbein, der Verbindung zwischen Wirbelsäule und Becken, wird nach vorn und das Becken dadurch nach hinten-abwärts gedrückt und im Wechsel wieder losgelassen) und nicht über die Muskelkraft der Hände, da letztere nur zäh einwirken können.

Wenn das Pferd bei den verwahrenden Einwirkungen den Ruhezustand ohne Energieverlust findet, dann entspannt die Muskulatur und es entsteht Losgelassenheit, die mittels rechtzeitiger lösender Einwirkung der Hände erhalten bleibt. Somit ist das Pferd bereit, die Hinterhand unter den Schwerpunkt seines Körpers zu nehmen. Wenn das Pferd in diesem Zustand ist, tritt Dehnung ein.

Der Reiter hat dann sein Ziel erreicht, wenn sich nach der Lösungsphase das Pferd sauber an die Hilfen stellen lässt. Wenn die Dehnung in dem Zustand motivierter Energie, Ruhe und Losgelassenheit stattgefunden hat, ist Balance physisch wie psychisch erreicht.

Durchlässigkeit

Durchlässigkeit ist der Gehorsam auf unsere Hilfen. Die Grundlage des Schwungs, des Vertrauens und des guten Willens des Pferdes ist die Durchlässigkeit von hinten nach vorn. Wer das Gefühl für Schwung in freiem Vortritt hat, wird auf jedem Islandpferd das Stadium der Durchlässigkeit erkennen und darauf weiter aufbauen können. Ohne Zweifel ist die Erziehung zur Durchlässigkeit von vorn nach hinten die schwierigste Klippe in der Ausbildung. Nicht in einer Tätigkeit der Hand – z.B. Verkürzung der Zügel mit folgendem Anzug – liegt das Wesen des Aufnehmens, sondern in einer Gewichtsverlagerung durch knappes, eben sichtbares Aufrichten des Reiters. Die Durchlässigkeit ist im einfachen Sinne eine Sache der Entschlossenheit des Reiters. Vom primitiven Durchkommen durch gewaltsame Zügeleinwirkungen und dem einfachen Vorwärtstreiben mit der Gerte bis zur sensiblen Durchlässigkeit gibt es viele Variationen.

Das Pferd hat das Gebiss angenommen und die Hand des Reiters akzeptiert. Der Reiter gibt nach.

Durchlässigkeit selbst in schnellster Gangart.

Elemente der Ausbildung

Anlehnung

Die Grundlage für die Zügelwirkung ist die Anlehnung am Gebiss. Letztlich bedeutet Anlehnung, dass das Pferd das Gebiss annimmt, d.h. die Hand des Reiters akzeptiert. In der Anlehnung liegt das Gebiss ruhig und gleichmäßig auf den Laden und auf der Zunge. Das Trensenmundstück stützt sich wegen des Gelenks oder der Gelenke in der Mitte vermehrt auf die Laden. Die Anlehnung ist das Primäre, für alle Pferde Erreichbare. Die korrekte Anlehnung ist eine weiche, aber stete Verbindung zwischen der Hand des Reiters und dem Pferdemaul. Sie soll an beiden Zügeln gleich sein und den Gegenpol für die treibenden Hilfen des Reiters bilden. Mit der Anlehnung kann erst allmählich die Haltung entwickelt werden, die individuell verschieden sein muss. Sie ist nicht nur abhängig von der Form des Halses und der Ganaschen, sondern vom ganzen Gebäude, im Besonderen von Rücken und Hinterhand. Der Grad der Anlehnung ist von Gangart und Tempo abhängig. In leichter Anlehnung als dem Resultat der aufgerichteten Haltung ist das Pferd durchlässig. Man braucht daher die leichte Anlehnung für versammelnde Übungen. Die feste Anlehnung braucht man, um den Galoppsprung lang und fleißig zu halten.

Geraderichtung

Geraderichtung ist das Gegenteil von Schiefe. Ein exaktes Geraderichten ist erst möglich, wenn das Pferd die seitwärtstreibenden Hilfen annimmt, so dass die Vorhand auf die Hinterhand eingestellt werden kann. Zweck der geraderichtenden Arbeit ist es, durch vertrauensvolles Herandehnen des Pferdes an beide Zügel genau gleiche Anlehnung zu erzielen. Die geraderichtende Arbeit soll schon in der Periode der Losgelassenheit beginnen, wenn der natürliche Trab gesteigert wird und die Schubkraft soweit entwickelt ist, dass das Pferd taktmäßig und energisch mit schwingendem Rücken abfußt und sein Maul so an das Gebiss heranstreckt, dass an beiden Zügeln eine gleichmäßige, elastische Verbindung mit der Hand nach vorwärts entsteht.

Die meisten Reiter denken, wenn von Gefühl gesprochen wird, in erster Linie an ihre Hand; und doch ist das Wichtigste, dass der Reiter Fühlen nicht mit der Hand lernt, sondern vielmehr durch seinen Sitz, z.B. ob er schmiegsam in die Bewegung des Pferdes einzugehen gelernt hat.

Durch die Beugung der Gelenke wird die Kruppe des Pferdes gesenkt.

Versammlung

Unter Versammlung verstehen wir die Entwicklung der tragenden Kraft der Hinterhand. Das Pferd tritt vermehrt unter den Schwerpunkt. Die Vorhand wird entlastet, die Hinterhand nimmt verstärkt Gewicht auf. Dadurch erhält das Pferd mehr Aufrichtung in Hals und Widerrist.
Durch die Beugung der Gelenke wird die Kruppe des Pferdes gesenkt. Schritte, Tritte und Sprünge werden kürzer, dabei fleißiger, energischer und erhabener. Die erwünschte relative Aufrichtung entsteht. Falls aber die Aufrichtung nur Kopf- und Halsbereich des Pferdes erfasst, ist sie grob fehlerhaft und nur mit der Hand erzwungen. In erster Linie heißt es daher, die Kräfte der Hinterhand für die von ihr verlangte Aufgabe zu mobilisieren. Die Fähigkeit eines Pferdes, sich in den Hanken (Hüft- und Kniegelenke) biegen zu können, ist die Voraussetzung für die Umwandlung eines Teiles der in diesen Gelenken entwickelten Schubkraft in Tragkraft.

Schwung

Schwung ist die Entwicklung der Schubkraft eines Pferdes. Unter Schwung versteht man anders gesagt den ihm von der Natur eingegebenen Rhythmus und seinen im versammelten Zustand erreichten natürlichen Bewegungsablauf. Schwung ist die Übertragung des energischen Impulses aus der Hinterhand auf die Vorwärtsbewegung des Pferdes über einen federnd schwingenden Rücken und losgelassenen Hals. Unter dem Reiter erhält man dabei die naturgegebene Leichtigkeit, die Gewichtung auf der Hinterhand, und kommt so zur Versammlung. Man verstärkt resp. verlängert z.B. im Trab, ohne zu übereilen, die ausgreifenden Bewegungen oder verkürzt zum stark versammelten Trab, je nach der systemeigenen Schwungveranlagung des Pferdes. Die Tätigkeit der Hinterhand wird immer mehr aktiviert. Manche Pferde erfahren in ihren schwungvollen Bewegung eine Erweiterung des Raumgriffes und des Bodengewinns. Dabei bleiben sie gewölbt mit biegsamem, hergegebenem – jedoch niemals hohlem – Rücken. Man sollte das Maximum der Schwungverstärkung, welches jedem Pferd eigen ist, niemals weiter steigern wollen. Nach jeder Verstärkungsphase wird man bald zum entspannten Trab wieder zurückfinden.

Die Kraftlinien gehen durch die Reiterin hindurch. Sie ist genau im Mittelpunkt

Kraftlinien

Wenn wir losgelassen tief im Sattel sitzen und mit voller Aufmerksamkeit im Mittelpunkt sind, dann stellt sich das Gefühl für die Kräfte ein, die sich unter uns entwickeln, für die Kraft selbst und für die Richtung, in der sie sich auswirkt. Wir können dieses Konzentrationsspiel sehr weit treiben und die Bewegung unter uns deutlich in Kraftlinien fühlen. Wir merken, dass die Antriebskraft von uns nur beherrscht und gesteuert werden kann, wenn ihre Richtung – die Kraftlinie – durch uns hindurchgeht und wir wirklich genau im Mittelpunkt sind. Die Vorstellung, dass in diesen Kraftlinien ein Kraftstrom wie ein elektrischer Strom ist, führt uns auf den richtigen Weg, wie wir unsere Einwirkungen im Rahmen dieser Linien ansetzen sollen. Der Strom kann immer nur in einer Richtung fließen; erst wenn er am anderen Ende angekommen ist, kann er zurückgeschickt werden.

Trainieren: Welche Übungen?

Das Halten

Zum Gehen gehört auch das Stehenkönnen. Vorlastige Pferde können nicht ruhig stehen.

Vorhandwendungen

Gemäß dem Grundsatz, dass das Pferd stets in seiner Gesamtheit gymnastiziert werden muss, beginnen wir, wenn die Anlehnung sicherer geworden ist, mit den Wendungen auf der Vorhand. Dabei tritt die Vorhand bei vortreibendem äußeren Schenkel (der innere ist mit Seitwärtstreiben beschäftigt) auf einem kleineren volteartigen Kreise, die Hinterhand auf einem exzentrischen, größeren. Der Zweck, der damit verfolgt wird, ist es, dem Pferd – im wahrsten Sinne des Wortes – das Kauen mundgerecht zu machen und ihm den Weg zum Herandehnen zu zeigen. Das Pferd kommt an die äußeren Hilfen heran, lernt sie beachten und sich an ihnen loszulassen. Die Wendung um die Vorhand sollte beim Islandpferd, ebenso wie das nachstehende Schenkelweichen, niemals über die Bedeutung eines Hilfsmittels hinauswachsen.

Schenkelweichen

Durch das Schenkelweichen wird das Islandpferd ebenfalls mit der Wirkung des seitwärts treibenden Schenkels vertraut gemacht. Dem Schenkelweichen soll niemals mehr Bedeutung beigemessen werden, als ihm zukommt. Es dient lediglich dem Zweck, die Hilfen begreiflich zu machen. Man beginnt im Halten, wenn das Pferd, sein Gewicht auf alle vier Beine gleichmäßig verteilt, ruhig steht. Dann wird das Tier z.B. mit dem rechten, hinter dem Gurt einwirkenden Schenkel, unterstützt vom gleichseitigen Zügel, aufgefordert, dem Druck des Schenkels folgend mit der Hinterhand nach der entgegengesetzten Seite, also nach links, auszuweichen und seitwärts zu treten. Hat das Pferd gelernt, dem Schenkeldruck durch Seitwärtstreten Folge zu leisten, so wird das Schenkelweichen in der Bewegung ausgeführt.

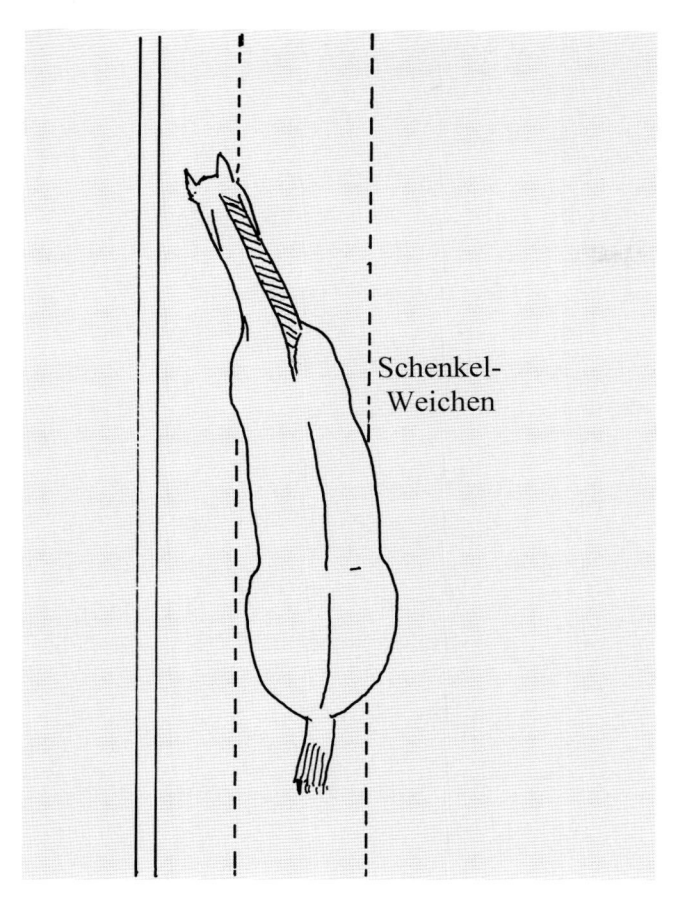

Durch das Schenkelweichen wird das Islandpferd mit der Wirkung des seitwärts treibenden Schenkels vertraut gemacht.

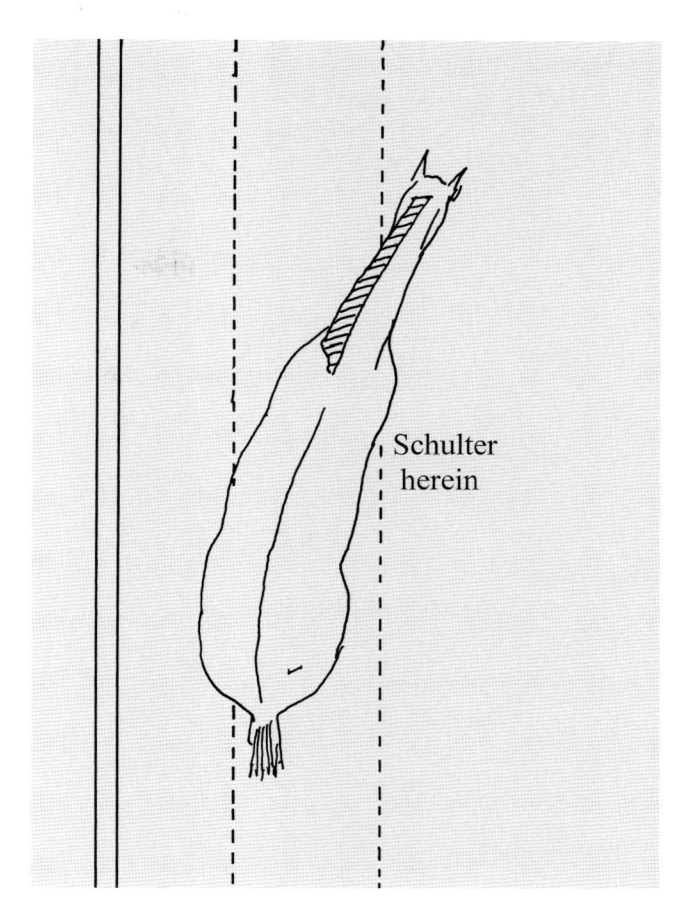

Beim Schulterherein auf zwei Hufschlägen in drei Hufspuren geht das Pferd vorwärts über die äußere Schulter und ist um den inneren, dicht am Gurt liegenden Schenkel gebogen.

Schulterherein

Das Schulterherein ist zweifellos die wichtigste Bewegung auf zwei Hufschlägen in drei Hufspuren. Sie bildet die Grundlage für die Ausbildung in den Seitengängen und ist für das Geraderichten des Pferdes von großer Bedeutung. Der Zweck dieser Übung ist vor allem das Freiwerden der Schultern und Verbessern der Anlehnung, sowie die Erhöhung von Geschmeidigkeit und Geschicklichkeit. Die Übung ist in der Reitbahn an der Bande auszuführen. Beim Schulterherein geht das Pferd vorwärts über die äußere Schulter und ist um den inneren, dicht am Gurt liegenden Schenkel gebogen. Im Schulterherein wird die Vorhand etwa einen halben Schritt hereingenommen, so dass sie, bei Verbleiben der Hinterhand auf dem bisherigen Hufschlag, in eine neue, parallel laufende Hufspur tritt. Das innere Vorderbein schreitet über das äußere und das innere Hinterbein vermehrt in Richtung unter den Schwerpunkt des Pferdes. Damit wird das innere Hinterbein mehr zum Tragen herangezogen, entlastet damit gleichzeitig die Schultern und ermöglicht es der Vorhand, freier nach vorwärts zu treten. Der innere am bzw. knapp hinter dem Gurt liegende Schenkel des Reiters biegt und regt zum Vorwärts- und Seitwärtstreten an. Der hinter dem Gurt liegende, verwahrende äußere Schenkel aktiviert den gleichseitigen Hinterfuß zur Vorwärtsbewegung und hindert ihn am Ausfallen und Seitwärtstreten. Der innere Zügel stellt, der äußere Zügel begrenzt.

Rückwärtsrichten

Das Rückwärtsrichten ist eine Übung, bei der die Hanken (Hüft-, Knie- und Sprunggelenk) gebeugt werden. Der sich aus gesenkter Hinterhand und federndem Rücken an Sitz und Hand herandehnende Körper des Pferdes ist wie eine Sprungfeder gespannt, um bei der leisesten Aufforderung wieder glatt und flüssig in die Vorwärtsbewegung einzugehen. Zum Rückwärtsrichten gibt der Reiter dem am Zügel stehenden Pferd die gleichen Hilfen wie zum Antreten der Bewegung nach vorwärts, die Hand aber wirkt in dem Augenblick, wo sich ein Hinterbein hebt, so viel verhaltend, dass dieses und das diagonale Vorderbein nach rückwärts statt nach vorwärts treten. In diesem Moment muss der Anzug sofort leichter werden. Das wiederholt sich so oft, wie die vom Reiter vorher bestimmte Trittzahl (höchstens sechs) beträgt.

Um jungen Pferden das Verständnis zu erleichtern, ist es von Vorteil, eine Vorhandwendung einzuleiten und beim Erheben eines Hinterfußes den gleichseitigen Zügel vermehrt anzunehmen.

Drücken auf die Hand mit dem Maul heißt: »Du bist zu hart.« Das Pferd ist nämlich immer so hart wie die Hand des Reiters. Beklagt sich der Reiter über die Härte des Maules, so beklagt er sich meist über seine eigene Untugend. Druck erzeugt, wie immer im Leben, Gegendruck. Korrektes Rückwärtsrichten fördert die Versammlung, indem die Gelenke der Hinterhand verbessert werden. Zudem ist das Rückwärtsrichten ein Mittel zur Gewinnung und zugleich ein Prüfstein des Zusammenklanges treibender und verhaltender Hilfen, d.h. der Durchlässigkeit.

Zirkelarbeit

Die Zirkelarbeit besteht aus einer flüssigen Aneinanderreihung von Wendungen und ist nur bei einer der Kreislinie entsprechenden Längsbiegung möglich. Der innere Hinterfuß tritt in die Spur, der äußere in Richtung des betreffenden Vorderfußes. Diese Übung, die häufig im Freien im frischen Vorwärtsreiten durchgeführt wird, erhöht die Gewandtheit und Biegsamkeit des Pferdes in den Wendungen durch vermehrte Beugung des jeweiligen inneren Hinterfußes und Umsetzen von schiebenden Kräften der Hinterhand in vermehrt tragende. Die Zirkelarbeit ist auch ein erprobtes Mittel, um heftige Pferde, die in Dauerspannung mit festgehaltenem Rücken in kurzen Tritten unter dem Gesäß davoneilen, zu Rückenschwingungen bei nach vorwärts-abwärts gedehntem Hals und zu geräumigem, taktmäßigem Treten zu bringen. Der äußere Zügel regelt die Längsbiegung, wirkt verwahrend gegen ein Ausfallen der äußeren Schulter und unterstützt den hinter dem Gurt liegenden äußeren Schenkel bei versuchtem Ausfallen der Hinterhand. Schlangenlinien, Volten und alle anderen Wendungen im Gange – schon durch die einfache Gewichtshilfe – ergänzen die Zirkelarbeit und veranlassen das Vornehmen der äußeren Schulter.

Ausgleichsgymnastik

Islandpferde werden oft – bewusst oder unbewusst – mit weggedrücktem Rücken geritten, wobei der Reiter seine Sitzposition im Sattel häufig noch ein Stück nach hinten verlagert. Dies belastet den Pferderücken besonders stark. In solchen Fällen empfiehlt es sich, eine Art Ausgleichsgymnastik mit den Pferden zu machen. So wie jeder Leistungssportler Dehnungsübungen macht und physiotherapeutisch behandelt wird, sollte das auch für Pferde gelten. Nach Tölt-Reprisen sollten also immer wieder Phasen folgen, in denen die Pferde vorwärts-abwärts geritten werden, um ihren Rücken wieder zu entspannen.

Außerdem kann jeder Reiter einfache, sehr wirkungsvolle Bewegungen erlernen, mit denen er sein Pferd physiotherapeutisch unterstützen kann. Es geht also gar nicht darum, die eine oder andere Reitweise abzulehnen oder als einzig richtig darzustellen, vielmehr können umfassende Kenntnisse über die anatomischen Zusammenhänge jedem Reiter helfen, sein Pferd verantwortungsvoll einzusetzen.

Das Vorwärts-Abwärts-Reiten hat in diesem Zusammenhang einen besonderen Stellenwert und ist der Schlüssel für eine erfolgreiche Ausbildung. Dieses erklärt sich aus seiner Wirkung auf den Rückenmechanismus des Pferdes. Beim Vorwärts-Abwärts-Reiten ermöglicht der Reiter seinem Pferd, den Hals lang zu machen. Dabei spannt sich das Nackenband und zieht die Dornfortsätze nach vorne-oben und mit ihnen auch die Wirbelkörper; die Brückenwölbung entsteht. In dieser Position können die Hinterbeine des Pferdes ungehindert unter den Körper treten. Dadurch richten sich auch die Dornfortsätze der Lendenwirbelsäule auf, der Pferderücken kann schwingen. Gleichzeitig muss das Pferd dabei die Bauchmuskulatur anspannen, die somit das Aufwölben des Rückens unterstützt.

Schwierigkeiten machen Pferde, die den Hals hoch- und den Rücken wegdrücken. In diesem Fall empfiehlt sich das Chambon, ein Hilfszügel, bei dem über dem Genick des Pferdes ein Lederstück liegt, das rechts und links in je einem Ring endet. Durch diese Ringe gleitet ein Strick, der von den Trensenringen unter dem Rumpf des Pferdes zum Longiergurt verläuft, wobei der rechte und der linke Teil des Stricks etwa in Brusthöhe über einen Ring, in dem der Strick hin- und hergleiten kann, zusammengeführt werden.

Ausgehend von dem Gedanken, dass sich das Pferd so weit wie möglich im Hals strecken soll, wirkt das Chambon auf das Genick des Pferdes. Dazu wird es mit einem Stoßzügel zwischen den Beinen über zwei seitliche Ringe am Genickstück mit den Trensenringen verschnallt. So wirkt es auf die Lefzen des Pferdes, wenn es den Kopf zu hoch nimmt. Sobald es jedoch den Hals fallen lässt, wird die seitliche Führung ausgeschaltet, und das Pferd hat keine Möglichkeit mehr, eine Anlehnung zu finden. Die Wirkung des Chambons besteht darin, das Pferd zu veranlassen, seinen Hals zu senken und die Nase vor die Senkrechte zu nehmen. Das Pferd lernt spätestens nach einigen Tagen der dosierten Arbeit mit diesem Zügel, dass es den Zug auf das Gebiss dadurch vermindern kann, dass es den Hals fallen lässt und die Nase leicht nach vorn streckt: Durch das Senken und Strecken wird nämlich der Weg des Zügels vom Sattelgurt bis zum Gebiss verkürzt, das heißt, der bisher anstehende Strick beginnt durchzuhängen.

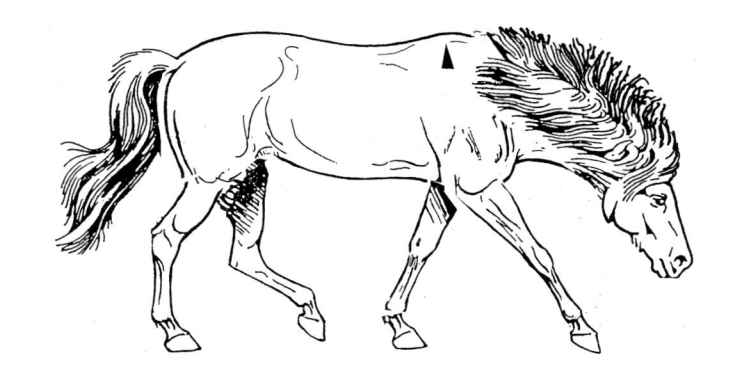

Wenn ein Islandpferd seinen Hals dehnt, so führt dies gleichzeitig zu einer Wölbung des Rückens und einer Streckung der wichtigsten Rückenbänder.

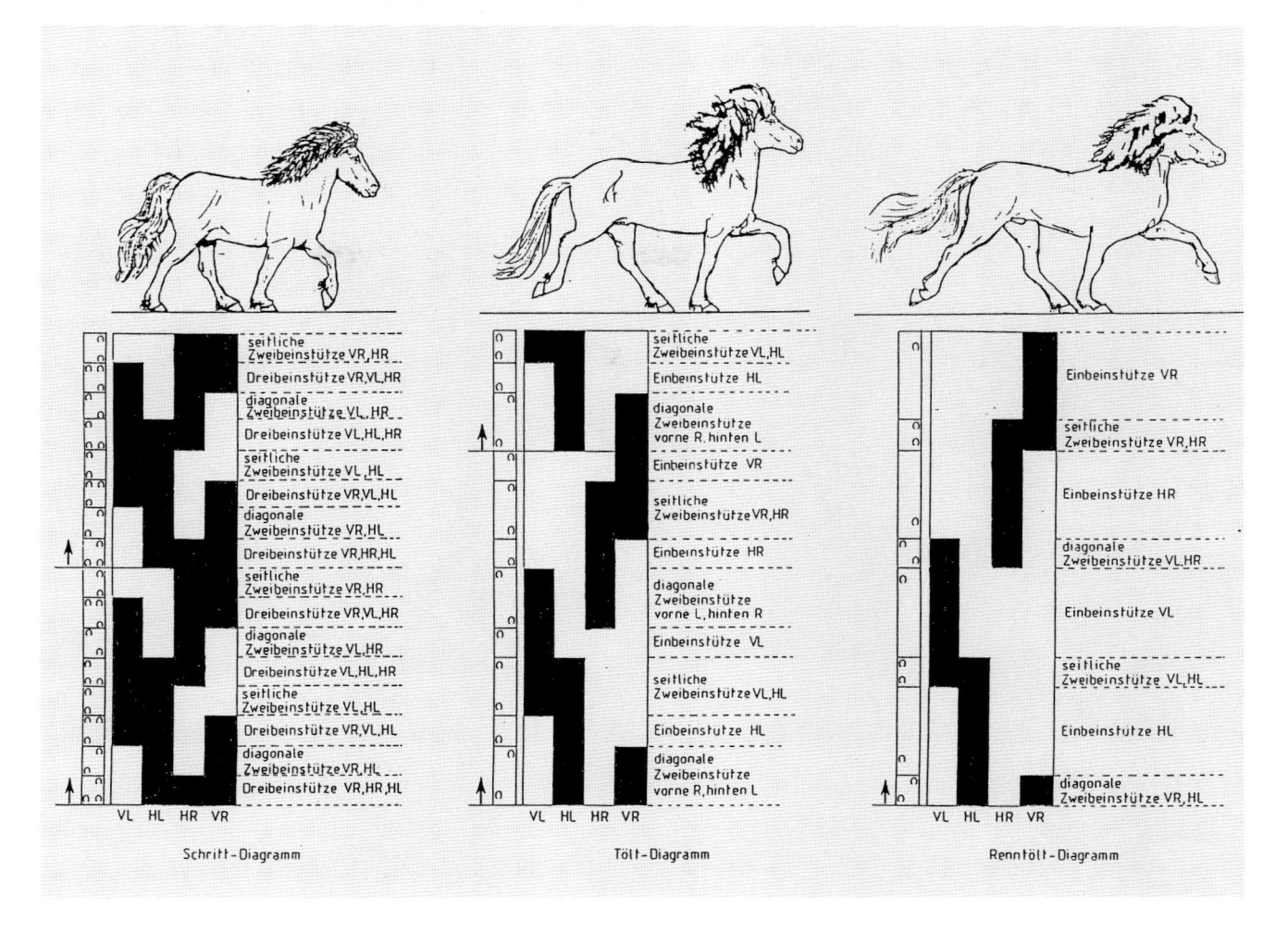

Vergleichende Darstellung des Bewegungsablaufs und der Fußfolge von Schritt, Tölt und Renntölt.

Der eigentliche Effekt des Longierens mit dem Chambon wird dadurch erreicht, dass das Pferd sich bei dieser Dehnung im Rücken loslässt und lernt, mit der Hinterhand beispielsweise im fleißigen Trab elastisch vorzuschwingen. Die rein und richtig tretende Hinterhand erzeugt die Durchlässigkeit des Genicks, und dieses Durchs-Genick-Treten gestattet und fördert dann wiederum die weitere Ausbildung der Hinterhand. Ein Chambon darf allerdings nur von einem geübten Reiter verwendet werden.

Die Gangart Tölt des Islandpferdes

Die Gangart Tölt wird von den Isländern die »Gabe Gottes« genannt. Das beruht darauf, dass die Gangart für den Reiter so bequem ist. Er sitzt fast still im Sattel, während das Pferd sozusagen durch die Landschaft gleitet. Wie wir sehen werden, ist Tölt eine viertaktige Gangart ohne Schwebephase mit fast der gleichen Fußfolge wie beim Schritt. Wenn das Pferd töltet, hält es den Rücken gesenkt, den Kopf und den Hals erhoben. Töltet das Pferd in der richtigen Form, so erhebt sich die ganze Vorderhand, während sich die Hinterhand senkt, etwa so wie ein Rennboot.

Während fast allen echten Islandpferdereitern die Bewegungen und der richtige Sitz im Tölt schon immer in Fleisch und Blut übergegangen sind und keiner weiteren Erklärung bedürfen, so stoßen doch immer mehr Anfänger und ehemalige Großpferdereiter zu uns »Isländern« und daher ist es gerechtfertigt, Grundsätzliches zu der die Islandpferde besonders auszeichnenden Gangart Tölt darzustellen.

Der Tölt ist eine eigenständige und typische Bewegungsart von Islandpferden. Es handelt sich dabei um eine unverwechselbare Viertakt-Gangart, wobei im Bewegungsablauf vier Einzeltakte unterschieden werden. Mit den Augen und mit den Ohren sind diese vier Takte klar zu differenzieren, denn jedes der vier Beine setzt im Tölt einzeln sichtbar und hörbar auf.

Für den Reiter ist der Tölt mit dem ganzen Körper zu erfühlen, wobei nicht nur das Gesäß den deutlichen Unterschied in den Bewegungen des Pferdes zu anderen Gangarten spürt, sondern der andere Rhythmus schwingt durch den Leib bis in die Fuß- und Fingerspitzen.

Reitet man im Schritt auf einer verkehrsfreien Asphaltstraße, so kann man beim klar akzentuierten Tempo mitzählen: 1 – 2 – 3 – 4. Bei der Steigerung der Geschwindigkeit in den Tölt bleibt die Taktfolge – jedoch in höherer Geschwindigkeit – erhalten: 1 – 2 – 3 – 4. Daraus folgt, dass der Tölt eine Viertaktgangart ohne Schwebephase ist, mit fast der gleichen Fußfolge wie beim Schritt.

1 – links hinten
2 – links vorn
3 – rechts hinten
4 – rechts vorn

Zerlegung der Fußfolge im Tölt durch fotografische Analyse. Zu sehen sind fünf der acht Phasen.

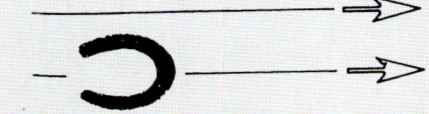

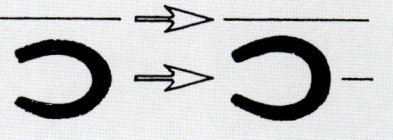

diagonale Zweibeinstütze vorne links, hinten rechts   Einbeinstütze hinten rechts   seitliche Zweibeinstütze rechts

Fazit: Die Fußfolge des Tölts ist also die des Schrittes in höherer Geschwindigkeit mit gleichen Intervallen im Viertakt. Beide Gangarten besitzen laterale und diagonale Zweibeinstützen. Der Unterschied besteht jedoch darin, dass beim Tölt die jeweilige Dreibeinstütze des Schrittes durch eine Einbeinstütze ersetzt wird. Je schneller der Schritt, umso kürzer wird die Dreibeinstütze, die mit zunehmender Geschwindigkeit dann zum Tölt führt. Im Renntölt verkürzen sich schließlich die Zweibeinstützen, während sich die Einbeinstützen verlängern.

Zerlegt man die Fußfolge durch filmische oder fotografische Analyse, so können wir im Viertakt Tölt noch genauer folgende acht Einzelphasen der Fußfolge unterscheiden:

1 – hinten links
2 – seitliche Zweibeinstütze links
3 – vorne links
4 – diagonale Zweibeinstütze vorne links, hinten rechts
5 – hinten rechts
6 – seitliche Zweibeinstütze rechts
7 – vorne rechts
8 – diagonale Zweibeinstütze vorne rechts, hinten links

Beim Tölt wird der Reiter erschütterungsfrei im Sattel getragen, woraus sich eine angenehm zu sitzende Reisegangart ergibt. Der Tölt wurde auf Island als Gebrauchsgangart aber erst vor knapp hundert Jahren wiederentdeckt, und zwar soll ein Geistlicher – Hochwürden Jakob Benediktsson – sich ihm als bequemer Fortbewegungsart besonders gewidmet haben. Vorher war auf der Insel lange Zeit der Rennpass viel berühmter. Bekanntlich hat dabei Jón Ásgeirsson von Þingeyrar beim Rennpass Schrittlängen von 6,60 m (22 feet) gemessen. Im Tölt lassen sich die meisten Geländeschwierigkeiten, wie Unebenheiten des Bodens und steiniger Untergrund, leicht überwinden. Die Beine der Pferde bewegen sich so locker, dass jedes Bein für sich eine gewisse Freiheit im Auffußen besitzt. Steine, Untiefen und Morast können auf diese Weise leichter überwunden werden, wobei der Körper des töltenden Pferdes in der Mitte vollkommen ruhig bleibt, die Sattellage ist fast unerschüttert. Sonst allerdings ist am töltenden Isländer alles in Bewegung. Sogar der Schweif bewegt sich in Schlangenlinien: Das Pferd kreiselt bei der schnellen Folge einzeln aufsetzender Schritte in sich selber. In der Bewegungsfolge verlagert sich das Gewicht viermal: nach links, nach rechts, nach hinten und nach vorn. Um in der Balance zu bleiben, stellt sich das Pferd ständig mit dem Körperschwerpunkt der notwendigen Verlagerung leicht entgegen.

Einbeinstütze vorne rechts   *diagonale Zweibeinstütze vorne rechts, hinten links*

Die außerordentlich gleichmäßige Gewichtsverlagerung bringt es fertig, dass der ganze Körper des Pferdes in eine am Kopf beginnende und am Schweif endende Links-Rechts-Vibration versetzt wird, die der Reiter niemals durch Feststellung der Zügel mit den Händen verhindern darf. Wenn der Reiter dies dennoch tut und die lockere Bewegung stört, wechselt das Pferd häufig in den Trab oder Pass. Bleibt das Pferd ungestört und sitzt der Reiter in Balance, so wiederholt sich die auf beide Seiten gleichmäßig verteilte schwingende Bewegungsabfolge, wobei der Körper in einer ellipsenartigen Form leicht rotiert, und das Islandpferd töltet korrekt.

Eine Gruppe töltender Islandpferde über das Gelände dahinstieben zu sehen, federleicht, mit sausenden Beinen und sich schlängelnden Schweifen, die Reiter unbewegt im Sattel, ist ein schöner Anblick. Tölt ist eine Gangart, um die es sich lohnt, sich zu mühen. Wie ist das anzustellen? Wie sitzt der Reiter richtig beim Tölt? Was macht man mit den Armen und Beinen? Welche Hilfen gibt man?

Der Töltsitz

Ein ausgebildetes Islandpferd in die Gangart Tölt zu bringen, ist für jemanden, der in der deutschen Reittradition reiten gelernt hat, relativ einfach.

Im richtigen Töltsitz müssen die vorwärtstreibenden Hilfen in leichter Schräglage von den Schulterblättern über den geschmeidigen Rücken und das untergezogene Kreuz nach unten vorne gehen. Wichtig ist dabei das richtige Anspannen des Kreuzes, bei dem das Gesäß unter den Reiter gezogen und nicht nach hinten herausgestreckt wird. Das Knie sollte so tief wie möglich gezogen sein, damit der Oberschenkel den Pferdekörper weich, aber fest umschließt. Vom Knie sollen die Beine frei herabfallen, wobei gegebenenfalls der gleichmäßig schwingende Körper einen Rechts-Links-Rhythmus für den treibenden Unterschenkel vorgibt. Von den Schultern sollte man die Oberarme fallen lassen und die Ellenbogen zwanglos am Körper anlegen. Die Zügel sind ruhig, mit fest geschlossenen Händen zu halten, nicht zu hoch und nicht zu niedrig.

Beim Naturtölter wird jeder Reiter den Rhythmus ohne größere reiterliche Maßnahmen erfühlen können. Daher sollte man Anfängern und der Trabtölter ist die gleiche wie beim Naturtölter. Der Unterschied liegt darin, dass die Phasenfolge in den verschiedenen Abständen zwischen dem Auffußen der einzelnen Hufe unterschiedlich ist. Beim Passtölt wird die laterale und beim Trabtölt die diagonale Zweibeinstütze stärker betont. Während Passtölter über freieres und lockeres Traben oft den taktklaren Tölt erlernen, brauchen Trabtölter ein stärkeres Maß an Versammlung, um sauber tölten zu können.

Manche Tölter neigen außerdem auch dazu, gelegentlich den klaren Viertakt in Richtung Galopp zu verschieben, was man dann als »Rollen« bezeichnet. Oft »rollen« die Pferde, weil das Tempo zu hoch ist oder weil die Pferde zu energielos geritten werden. Je nachdem ist auch die Korrektur unterschiedlich anzusetzen.

Das Knie so tief wie möglich, der Oberschenkel umschließt den Pferdekörper, die Beine fallen frei herab.

Reitern, die von der Großpferdereiterei kommen, immer wünschen, zunächst einen Naturtölter reiten zu dürfen, denn hier kann der Körper unabgelenkt die neue Gangart richtig erfühlen.

Nun sind aber nicht alle Islandpferde von Natur aus gute Tölter. Die einzelnen Pferde sind unterschiedlich veranlagt. Daher ist es natürlich nicht möglich, solche Regeln aufzustellen, die auf alle hundertprozentig zutreffen. Deutlich sind z.B. Pferde zu unterscheiden, die zum Passtölt und solche, die zum Trabtölt tendieren. Die Fußfolge der Passtölter und

Woran ist das gut töltende Islandpferd zu erkennen?

1. **Der Takt**: *Die Hufe sollen rhythmisch und genau in einem Viertakt hämmern, ungefähr wie im Stakkatorhythmus eines Schlagzeugs.*

2. **Die Bewegungen**: *Die Vorderbeine sollen sich aufwärts und vorwärts in großen runden Schritten bewegen, wobei die Hinterbeine mit geschmeidigen, federnden Bewegungen weit unter das Pferd treten.*

3. **Die Haltung**: *Kopf und Hals sollen stolz gehoben sein, mit guter Nackenbiegung und federleichter Maulverbindung. Hals und Rücken sollen so weich und geschmeidig und elastisch sein, dass man deutlich die Bewegungen durch das ganze Pferd wogen sieht. Pferd und Reiter sollen eine Einheit sein und perfekte Zusammenarbeit ausdrücken.*

4. **Das Vorwärtsstreben**: *Die Geschwindigkeit als solche hat wenig Bedeutung, aber das Tempo soll lebhaft und frisch sein und Freude am Laufen ausdrücken. Das Pferd soll dynamisch vorwärts gehen und darf nicht den Kopf zum Himmel strecken. Die Geschwindigkeit muss wie ein Gummiband variiert werden können, so dass das Pferd versammelt und wieder beschleunigt werden kann. Es ist ganz natürlich, dass der versammelte Tölt zu höheren Beinbewegungen führt als die schnelle, freie Töltbewegung. Beide Arten müssen vom Reiter flexibel beherrscht werden.*

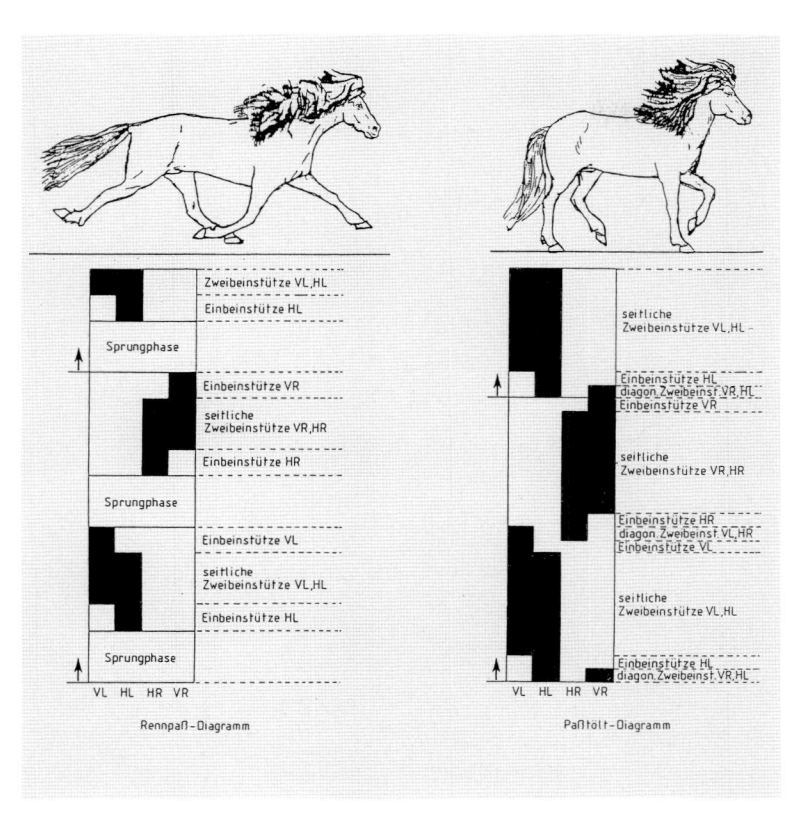

Unterschiede der Fußfolge in den Gangarten Rennpass und Passtölt.

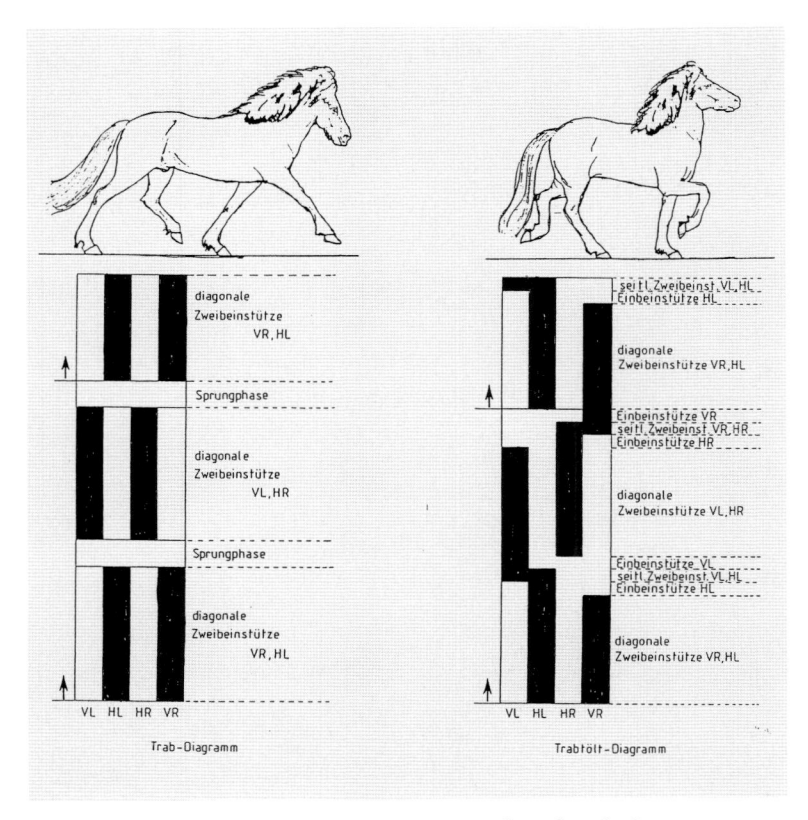

Unterschiede der Fußfolge in den Gangarten Trab und Trabtölt.

Reiten im Gelände – Regeln und Tipps

Reiten im öffentlichen Straßenverkehr

Pferde werden im öffentlichen Straßenverkehr den Fahrzeugen zugeordnet. Alle Verkehrszeichen, die für Fahrzeuge gelten, gelten auch für Reiter. Dementsprechend ist oberstes Gebot für Reiter, sich so zu verhalten, dass kein anderer gefährdet, geschädigt oder mehr als den Umständen entsprechend behindert oder belästigt wird (§ 1 StVO). Das bedeutet auf öffentlichen Wegen und Straßen: Bewegung auf der rechten Straßenseite rechts, Vorfahrten beachten, Zeichen beim Abbiegen geben, das Tempo des Pferdes so einrichten, dass alles unter vollkommener Kontrolle ist.

Voraussetzung dazu sind verkehrssichere Pferde. Ein Reiter darf maximal zwei Handpferde mitführen. Im Verband gehende Pferde dürfen keinen längeren Zug als 25 m bilden. Bei Einbruch der Dunkelheit wie bei allgemein schlechter Sicht besteht für den Reiter eine Beleuchtungspflicht, z.B. Stiefelleuchte (vorne weißes, hinten rotes Licht) auf der linken Seite.

Schönheit oder Sicherheit – Reiten mit Helm

Der Kopf ist ein Körperteil, der bei Verletzungen schwierig zu behandeln, aber leicht vor ihnen zu schützen ist. In anderen Ländern wie beispielsweise England oder Schweden ist es völlig unüblich, sich ohne Helm aufs Pferd zu setzen. Es gilt weder als mutig noch als klug, seinen Kopf unnötig einer Gefahr auszusetzen, genauso wenig wie es feige ist, sich im Auto anzuschnallen oder beim Skifahren Sicherheitsbindungen zu benutzen. Die Analyse von Pferdesportverletzungen der Versicherungsgesellschaften ergeben eine sehr häufige Schadenshäufigkeit im Bereich des Kopfes, sowohl beim Umgang mit dem Pferd als auch beim Sturz vom Pferd. Reiter, die bei einem Sturz keinen Kopfschutz tragen oder diesen während des Sturzes verloren, wiesen deutlich häufiger Kopfverletzungen auf als Reiter, die einen Kopfschutz trugen, der auch während des Sturzes am Kopf festhielt. Der Reiter begegnet darüber hinaus bei einer eventuellen Kopfverletzung dem Mitverschuldenseinwand. Der gewerbliche Pferdevermieter sollte ebenfalls bestrebt sein, seine Reitschüler zur Kappentragepflicht anzuhalten oder durch entsprechende Haftungsfreistellung in hinreichend deutlicher Formulierung darauf hinweisen, dass keine Haftung für Unfälle übernommen wird, die ursächlich mit dem Nichttragen einer solchen Schutzkappe in Verbindung stehen.

Bummeln in freier Natur – aber nie ohne Helm.

Reiten in freier Natur

Das Reiten in Feld und Wald wird bundeseinheitlich durch das Bundeswaldgesetz vom 2. Mai (BGBl. I, S. 1937) und das Bundesnaturschutzgesetz vom 23. Dezember 1976 (BGBl. I S. 3573) geregelt. Neben dieser Bundesregelung, die als Rahmen gilt, haben die Länder mancherorts detaillierte Verordnungen hinzugefügt. Man ist den Reitern teilweise dahin entgegengekommen, dass man spezielle Reitwege mit geeignetem Boden als »Nur-Reitwege« ausgeschildert hat. Andernorts – manchmal nur in Verdichtungsräumen – müssen Reitpferde mit Nummern versehen werden, wenn sie außerhalb der umfriedeten Reitanlagen bewegt werden. Grundsätzlich gilt, dass im Außenbereich und im Wald nur auf öffentlichen Straßen und Wegen geritten werden darf. Abseits der Wege, in Wiesen, Feldern und Wald besteht für den Reiter kein Betretungsrecht.

Abgesehen von der reinen Gesetzeslage ist das Mitführen von Hunden, vor allem wenn sie frei laufen, problematisch. Dies mag bei einem Einzelreiter mit einem Hund gut gehen, sobald aber mehrere Hunde freilaufend mitgeführt werden, muss man bezweifeln, ob der Besitzer diese in allen Situationen unter Kontrolle hat.

Reiten im Wald und in Jagdrevieren

Alle Waldbenutzer müssen nebeneinander leben können und sich arrangieren. Jeder darf auf seine Weise den Wald nutzen. Dies geschieht aber praktisch nur durch gegenseitige Rücksichtnahme. Der galoppierende Reiter muss sein Pferd vor und bei der Begegnung mit Spaziergängern, Radfahrern, Joggern oder anderen Reiter durchparieren und im Schritt, möglichst freundlich grüßend, vorbeireiten. Gegebenenfalls ist dieser Personenkreis auch von hinten anzurufen, um anschließend ohne Schwierigkeiten – natürlich im Schritt – vorbeireiten zu können. Dabei ist es selbstverständlich, dass Fußgänger und Reiter auf den Wegen bleiben und nicht querfeldein laufen oder reiten dürfen.

Jäger sind als Waldbenutzer nicht anders zu sehen als Spaziergänger, Radfahrer und andere Verkehrsteilnehmer. Ein Jäger hat praktisch nicht mehr Rechte am Wald als das übrige waldnutzende Publikum auch. Es ist jedoch zu unterscheiden zwischen Jägern, Jagdpächtern oder Jagdaufsehern einerseits, die ausschließlich private Interessen in Bezug auf die Jagd haben, und andererseits den Förstern, die zufolge eines hoheitsrechtlichen Auftrags Aufsichtsfunktionen für den Wald und für die Jagd haben.

Reiter und Jäger – ein Konflikt ohne Ende?

Freizeit nimmt in der Gesellschaft einen hohen Stellenwert ein. Gerade der Aufenthalt in der freien Natur wird hoch geschätzt. Deswegen verteidigen Reiter und Jäger ihre Freizeitbeschäftigung und wollen sie sich nicht von der Gegenseite vermiesen lassen. Wie ist eine Lösung dieser Probleme denkbar?

Ansprechpartner: Revierpächter

Wichtig zu wissen: Weder als Einsteller noch als Pensionsstallbesitzer muss man sich mit jedem einzelnen Jäger in Wald und Flur auseinander setzen. In Deutschland unterstehen die Jäger eines bestimmten Gebietes dem Revierpächter, in dessen Revier sie die Jagd ausüben. Mit diesem müssen jagdliche Handlungen, Reviergänge und sonstige Aktivitäten abgesprochen werden – und ihm ist es möglich, durch Anordnungen und Hinweise Einfluss auf die Verhaltensweisen »seiner« Jäger zu nehmen.

Kommt es nun zu Zwischenfällen im Reit- und Jagdgelände, ist es richtiger, sich einer möglicherweise unsachlichen Diskussion vor Ort zu entziehen und nach Beendigung des Rittes den Revierpächter persönlich aufzusuchen und ihn über die Vorfälle zu informieren. Im Gespräch mit ihm ist es möglich, den eigenen Standpunkt sachlich darzulegen und Regeln aufzustellen, die es beiden Parteien ermöglichen, ihr Hobby ungestört auszuüben. Ist dies gelungen, klärt alles weitere der Pächter mit seinen Jägern. Falls nicht bekannt ist, wer das Jagdrevier im Reitgelände gepachtet hat, kann man dies bei den Gemeindeverwaltungen oder Landratsämtern erfragen.

Ansprechpartner: Stallbesitzer

Ist Ihr Pferd in einem Pensionsbetrieb untergebracht, sollte es in erster Linie Aufgabe des Stallbesitzers sein, sich mit dem Revierpächter zu beraten und mit ihm Abmachungen für ungestörtes Reiten und Jagen im Gelände zu treffen. Dem Jagdpächter könnte zum Beispiel die Möglichkeit gegeben werden, am Schwarzen Brett des Reitbetriebs interessierte Reiter auf aktuelle Sachverhalte im Lebensraum der Wildtiere und auf jagdliche Aktionen hinzuweisen. Ebenso muss dem Pensionsstallbesitzer, oder einem Sprecher von mehreren privaten Pferdehaltern, bei der Jägerschaft die Gelegenheit gegeben werden, Termine von Wander- oder Orientierungsritten den Jägern anzukündigen und so dafür zu sorgen, dass die Reitgesellschaft nicht durch Jagdbetrieb – z.B. Treibjagden im Herbst – gestört wird.

Ein Tipp aus der Praxis

Jäger beklagen, dass es in der Praxis leider schlecht zu verwirklichen ist, einen Ansitz bei jedem einzelnen Privatreiter vorher anzukündigen. Der Aufwand erweist sich im Alltag oft als zu groß, zumal sich in manchen Jagdrevieren kein Pensionspferdebetrieb befindet und die Reiter ihre Pferde am Haus halten. Diese nun jeweils vor einem Ansitz telefonisch zu verständigen, ist in der Realität schlecht durchführbar. Man kann in diesen Fällen eine Abmachung treffen. Jedes Mal, wenn sich der Jäger im Ansitz befindet, befestigt er ein Informationsschild einige hundert Meter vor seinem Ansitzplatz und macht so auf sich aufmerksam. Wenn Jäger das Schild an einem Baum am Wegrand befestigen, sparen sie sich zahlreiche Telefonate und können trotzdem Geländereiter und andere Interessengruppen früh genug auf sich aufmerksam machen, so dass diese sich, ohne in Bedrängnis zu geraten, einen anderen Weg überlegen können.

Was ist beim Geländereiten zu berücksichtigen?

Wenn Reiter sich auf den für sie von den Landesgesetzen vorgesehenen Wegen und Flächen bewegen, sind sie für Wildtiere in der Regel kein nennenswerter Störfaktor. Im Gegensatz dazu kann zum Beispiel mehrmaliges Bereiten eines Waldrandweges in kurzen Zeitabständen dazu führen, dass die Rehe erst nach Einbruch der Dunkelheit den Wald verlassen und somit für den Jagdausübungsberechtigten nicht mehr zu beobachten oder zu erlegen sind. Vor allem solche Vorkommnisse führen zu Spannungen zwischen Jägern und Reitern.

Generell sollten die Reiter die Wege nicht verlassen, beim Reiten Brut- und Setzzeiten berücksichtigen und, wenn immer möglich, Feierabendritte mit den Jägern abstimmen. Reibereien zwischen den Interessengruppen im Gelände sind sonst an der Tagesordnung. Hier sollte das persönliche Gespräch zur Verständigung gewählt und nicht gleich der Rechtsbeistand angerufen werden. Ein oft monatelanger Rechtsstreit trägt in der Regel nicht dazu bei, die zwischenmenschlichen Probleme vor Ort zu lösen. Während das Verhältnis zwischen Reitern und Jägern vor allem in ländlichen Regionen insgesamt positiv zu bewerten ist, muss die Situation in der Nähe von Ballungszentren und in Bezirken mit hoher Bevölkerungsdichte als konfliktreich angesehen werden.

Wegen der Mücken: Gute Jagdtage sind schlechte Reittage

Ab Mitte Juli bis in die zweite Augustwoche hinein ist die Paarungszeit des Rehwildes. Während dieser Zeit wird ein großer Teil der zum Abschuss freigegebenen Böcke erlegt. Das bedeutet Hochkonjunktur für den Jäger. Dennoch besteht kein Grund zur Besorgnis für die Geländereiter, denn der Jagderfolg und damit die Ansitzintensität des Jägers ist in hohem Maße vom Wetter abhängig. Drückende Hitze begünstigt das Paarungsverhalten, und viele Jäger befinden sich während solcher klimatischen Extremphasen beim Ansitz. Im Gegensatz dazu werden Reiter bei derartigen Witterungsverhältnissen in der Regel ohnehin Platz oder Halle dem Ritt durch Millionen von Kriebelmücken und Pferdebremsen vorziehen. Gute Jagdtage auf Rehwild während der Paarungszeit sind also in der Regel keine guten Geländetage für Reiter. Ist die Paarungszeit vorbei, die meistens von einem Wetterumschwung mit Temperatursturz und Regenfällen beendet wird, beginnt die »stille Zeit« im Jagdrevier. Die Hauptsaison auf Rehwild geht zu Ende, und es ist mit geringerem Jägeraufkommen im Reitgelände zu rechnen.

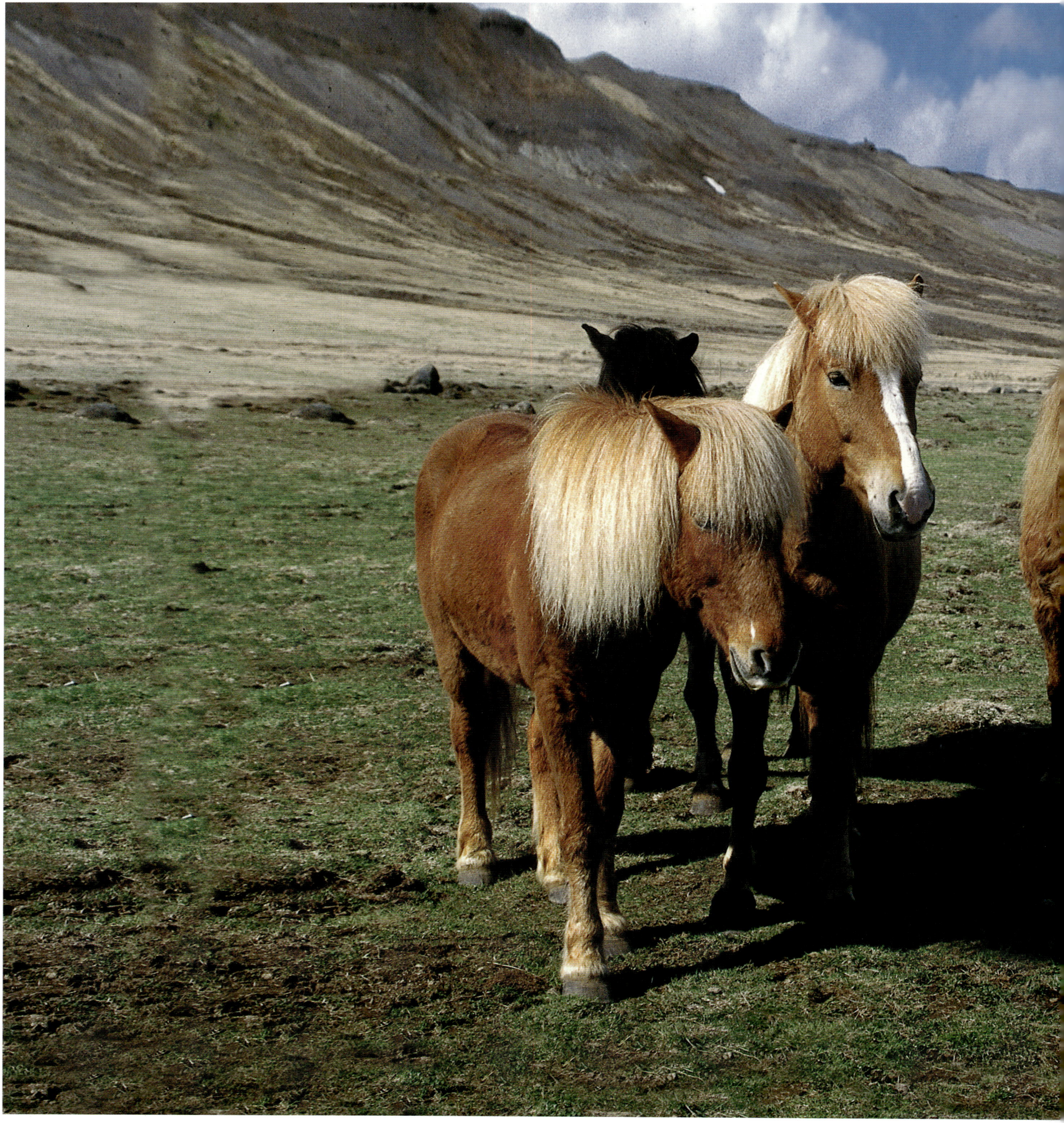

Gesundheitsvorsorge bei Islandpferden

Allgemeines

Temperatur: *Die normale Körpertemperatur des Islandpferdes liegt bei 37,5–38,5 °C. Die Körpertemperatur steigt etwas nach der Futteraufnahme. 3 °C über normal bei Erkrankungen verträgt ein Pferd nur kurze Zeit.*
Puls: *Im Ruhezustand liegt der Normalpuls von Islandpferden bei 35 bis 40 Schlägen pro Minute.*
Atmung: *10–15 Atemzüge in der Minute*

Atemwegserkrankungen

Abwehrmechanismen der Atmungsorgane

Für die Behandlung von Atemwegserkrankungen ist die verständnisvolle Mithilfe des Pferdebesitzers besonders wichtig, die jedoch ohne einige grundlegende Kenntnisse der körpereigenen Abwehrvorgänge kaum geleistet werden kann.

Etwa 2000 m² beträgt die Gesamtoberfläche der Bronchien und Lungenbläschen des Islandpferdes. Bei jedem Atemzug kommt diese hochempfindliche Zelltapete mit allem in Berührung, was in der Umgebungsluft des Pferdes enthalten ist wie Staubteilchen, Viren, Bakterien, Pilzsporen, gasförmige Beimengungen aus Kot und Urin und winzige, schwebende Flüssigkeitströpfchen, die von anderen Pferden ausgehustet werden.

Das sogenannte mucociliäre System ist der wichtigste Teil des Reinigungs- und Abwehrmechanismus der Atmungsorgane. Es setzt sich zusammen aus Deckzellen, die an ihrer Oberfläche Flimmerhärchen (Cilien) tragen und von einer zweischichtigen Schleimlage (Mucus) bedeckt sind. Diese Deckzellen (Epithelzellen) kleiden fast das gesamte Röhrensystem des Atmungsapparates aus, angefangen bei den Nasengängen bis kurz vor die Lungenbläschen (Alveolen).

Jede Zelle ist mit ca. 200 Flimmerhärchen besetzt. Diese sind von wässrigem Schleim umgeben, der sie vor Austrocknung schützt und ihre Beweglichkeit ermöglicht. Da die Flimmerhärchen ganzer Abschnitte von Epithelzellen sich gleichförmig bewegen, wird die obere zähe Schleimschicht wie ein Floß mit allem, was sich darauf oder darin befindet, Richtung Rachen befördert, wo sie abgeschluckt oder auch ausgehustet wird. Manchmal jedoch gelangen eingeatmete Teilchen, die kleiner als 5/1000 mm sind, bis in die Endbronchien und Lungenbläschen, wo es kein Flimmerepithel mehr gibt. Die Fremdkörper werden hier von sogenannten alveolaren Riesenfresszellen (Makrophagen) aktiv aufgenommen. Diese wandern dann zusammen mit den Fremdkörpern an den Alveolen- und Endbronchienwänden entlang gegen die Einatmungsrichtung zum Flimmerephitel, um mit dessen Hilfe aus der Lunge heraus befördert zu werden.

Die dargestellten Abwehreinrichtungen sind jedoch nicht unüberwindlich. Viele Krankheitserreger haben raffinierte Strategien entwickelt, um sie zu durchbrechen. Auch können manche äußere Umstände wie langandauernde Überlastung das Abwehrsystem des Islandpferdes soweit schwächen, dass Mikroorganismen leichtes Spiel haben. Auch werden in langen Stunden erzwungener Bewegungslosigkeit einzelne Lungenbezirke des Pferdes kaum noch beatmet. Früher oder später sind dann Schleimansammlung, Schleimhautentzündung und Bronchialverengung die Folge – die gefürchtete chronische Bronchitis.

Was ist zu tun?

Zur Vorbeugung:
1. Gute Umwelt- und Haltungsbedingungen im Offenstall.
2. Regelmäßige Impfungen.

Bei Erkrankung:
1. Anwendung von schleimlösenden Mitteln (Sekretolytika), z.B Sputolysin.
2. Anwendung von Mitteln der Selbstreinigung (Ventipulmin z.B. aktiviert die Flimmerhärchen).
3. Förderung körpereigener Abwehrmaßnahmen durch sinnvolle, leichte Bewegung des Pferdes.

Ob ein gesundes Pferd auf der Lunge gesund bleibt oder ob ein hustendes Pferd wieder gesund wird, darüber entscheidet – neben seiner individuellen Veranlagung – vor allem die Qualität der Luft, die seine Lunge einatmet.

Die Heustaub-Allergie

Die Vorfahren unserer Islandpferde lebten in offenen Grassteppen und Savannenlandschaften. Diese natürliche Umwelt war windig und intensiv besonnt. Daneben traten erhebliche Schwankungen zwischen den Tag- und Nachtemperaturen auf. An diese Umweltbedingungen waren die Tiere bestens angepasst. Durch den Vorgang der Domestikation wurden die Pferde aus dieser natürlichen Umwelt heraus- und in eine neue, für sie wesentlich schlechtere hineingebracht.

Für das Lauftier ist die Luftqualität von großer Bedeutung, weil sie erheblichen Einfluss auf das Auftreten, den Verlauf und die Folgen von Atemwegserkrankungen nimmt. Islandpferde werden in Mitteleuropa vorzugsweise im Offenstall gehalten. Dadurch scheiden die meisten Risikofaktoren der reinen Stallhaltung aus, wie beispielsweise die Schadgase Ammoniak und Schwefelwasserstoff. Auch Luftfeuchtigkeit und Keimgehalt haben bei Offenstallhaltung kaum Bedeutung.

Eine Gefahr geht jedoch vom Staubgehalt der Einatmungsluft aus. Hier spielen die Dauersporen verschiedener Schimmelpilze im Heustaub eine große Rolle. Sie können eine Allergisierung hervorrufen, die über verschiedene Stufen des chronischen Hustens gelegentlich bis zu einer Unbrauchbarkeit des Islandpferdes führen kann. Zu Beginn steht eine akute Hustenerkrankung, in deren Verlauf die entzündlich veränderte Lungenoberfläche auf bestimmte Schimmelpilzsporen der Atemluft manchmal allergisch reagiert. Diese Allergie kann ab diesem Zeitpunkt für die Zukunft beim Tier bestehen bleiben.

Im Heu sind während der Erhitzungs- und Fermentationsphase die Entwicklungs- und Wachstumsbedingungen bestimmter Schimmelpilzarten durch die vorhandene Feuchtigkeit und relativ hohe Temperaturen bestens gegeben. Daraus erklärt sich der relativ hohe Gehalt an Schimmelpilzsporen selbst in Heu sehr guter Qualität. Nach englischen Untersuchungen betrug hier der Gehalt an Schimmelpilzsporen zwischen 0,29 und 1,69 Millionen pro Gramm Heu. In schlechtem Heu konnten sogar bis zu 686 Millionen Sporen pro Gramm Heu festgestellt werden.

Was ist zur Vorbeugung von Heuallergien und im Falle einer Erkrankung zu tun?

Zur Vorbeugung:
1. Offenstallhaltung und Weidegang.
2. Heu immer am Boden füttern und möglichst nicht aufschütteln.
3. Im Falle einer akuten Hustenerkrankung: Nassfütterung des Heus über drei Wochen.

Bei Heustaub-Allergie:
1. Tiere konsequent staubarm halten.
2. Als Einstreu kein Stroh, sondern Sand oder Hobelspäne aus unbehandeltem Holz (!).
3. Heu völlig nass füttern oder durch Silage ersetzen.
4. Tägliche Bewegung, um zähen Schleim zu verflüssigen und abzuhusten.

Im Übrigen sind Lungenerkrankungen durch Heu bei Pferden auch in Island schon lange bekannt. So berichtet Hjalta bereits 1837 über »heysýki«, also Heukrankheit, an der nur die im Winter aufgestallten Reitpferde litten, denn nur diese wurden mit Heu gefüttert, welches von sehr schlechter Qualität war. Im Sommer auf der Weide wurden die Tiere wieder gesund.

Infektionen der Atmungsorgane

Nach wie vor sind die Infektionen der Atmungsorgane die verbreitetsten und bedeutungsvollsten Infektionskrankheiten bei Islandpferden. Die häufigsten Ursachen dieser Krankheit sind Infektionen mit Influenza- und Herpesviren. Die Bronchitis beginnt oft mit einem trockenen, schmerzhaften Husten, ohne dass gleichzeitig Nasenausfluss besteht. Nach einigen Tagen wird der Husten feucht und schleimiger Nasenausfluss tritt auf. Der Husten entfernt Schleim und Fremdkörper aus Kehlkopf, Luftröhre und Bronchien. In den tiefen Abschnitten der Lunge ist er jedoch machtlos. Anfänglich steigt die Temperatur auf etwa 40 °C an, die Atemfrequenz ist deutlich erhöht und die Pferde sind teilnahmslos. Danach beginnen sie wieder zu fressen, das Allgemeinbefinden bessert sich. Die Behandlung soll den zähen Schleim verflüssigen und Verkrampfungen lösen. Durch vitaminreiche Ernährung (Möhren) und Spazierenführen in frischer Luft unterstützt man den Heilungserfolg. Die akute Bronchitis kann, wenn sie nicht intensiv behandelt wird, nach vorübergehender Besserung in ein chronisches Stadium übergehen.

Die Ansteckung erfolgt von Pferd zu Pferd. Die Viren befinden sich im Nasenschleim infizierter Pferde, jedoch kann die Erkrankung auch schon ohne erkennbare Erscheinung übertragen werden.

Vorbeugung: Impfung gegen Influenza und Rhinopneumonitis.
Behandlung: Sekretverflüssiger, Antibiotika, tägliche leichte Bewegung des Islandpferdes.

Impfschutz – Immunisierung

Unter den Pferden auf Island gibt es keine ansteckenden Viruskrankheiten, Typ Influenza. Deshalb muss man darauf achten, dass das zu importierende Islandpferd dagegen, und natürlich auch gegen andere Infektionen, in Island – spätestens aber auf dem Kontinent – geimpft wird.

Es ist eine alte Erfahrung, dass Pferde manche Infektionskrankheiten nur einmal im Leben bekommen und dann ihr ganzes Leben lang gegen Neuerkrankung immun sind. Meist durchlaufen sie die Krankheit im Kindesalter, weshalb man bei diesen Krankheiten auch von Kinderkrankheiten spricht.

Schon den Chinesen vor 3000 Jahren war bekannt, dass das Überstehen mancher akuter Krankheiten einen lang dauernden Schutz gegen Neuerkrankung hinterlässt. Die Fähigkeit von Lebewesen, trotz Infektion mit Krankheitserregern nicht zu erkranken bezeichnet man allgemein als Immunität.

Wenn Viren, Bakterien oder Fremdeiweiße in den Organismus eines Wirbeltieres gelangen, so bildet der Organismus Antikörper gegen diese Fremdstoffe. Die Fremdstoffe selbst werden Antigene genannt,

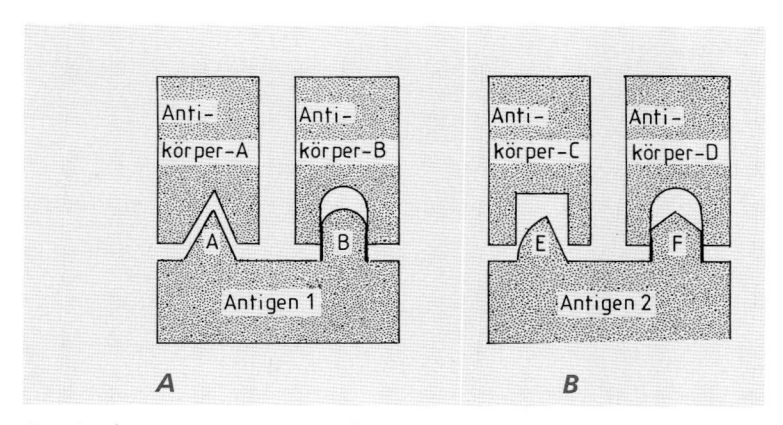

Ein Antikörper reagiert nur mit derjenigen Determinante des Antigens, gegen die er gebildet wurde. Die meisten Antigene weisen verschiedene Determinanten auf, sodass bei Immunisierung mit einem solchen Antigen mehrere Antikörper mit unterschiedlicher – aber passender – Spezifität produziert werden, die alle mit dem Antigen reagieren (A). Bei Antigenen ohne gemeinsame passende Determinanten reagiert das Antiserum dagegen nicht (B).

da sie die Bildung dieser Antikörper hervorrufen. Antikörper sind hochmolekulare Proteine, die hauptsächlich in der Gammaglobulinfraktion des Blutplasmas vorkommen und deshalb auch Immunglobuline genannt werden. Die Vereinigung eines Antigens mit dem dazugehörigen Antikörper führt zur Antigen-Antikörper-Reaktion, einem chemisch-physikalischen Vorgang. Dieser spielt sich bei Infektionen im Organismus ab und übt durch Inaktivierung der Mikroben oder Neutralisation von Toxinen und Viruspartikeln eine Schutzwirkung aus. Antigen und Antikörper reagieren miteinander und bewirken so Immunität.

Erworbene Immunität – aktive Immunisierung

Der typische Fall einer Immunität: Ein Pferd, das von Geburt an für einen bestimmten Krankheitserreger oder ein bestimmtes Toxin empfänglich war, wird durch entsprechende Erkrankung oder Intoxikation oder auch durch stille Feiung (= über unterschwellige Infektion erworben) unempfindlich, d.h. immun, erwirbt also die Immunität im Laufe seines Lebens als neue Eigenschaft. Man spricht in diesem Fall von »erworbener Immunität«. Die Immunisierung ist in diesem Falle auf natürlichem Wege und aktiv, d.h. durch selbstständige Umstellung des Pferdes eingetreten.

Wenn der Tierarzt gegen eine Pferdekrankheit eine Impfung vornimmt, so handelt es sich ebenfalls um eine aktive Immunisierung, aber auf künstlichem Wege. Allgemein werden die besten Ergebnisse meist mit Impfstoffen aus lebenden, aber abgeschwächten Erregern erzielt. Stehen solche nicht zur Verfügung, können auch abgetötete Erreger verwendet werden. Man erzielt damit durchschnittlich eine schwächere Immunisierung als eine mit Hilfe lebender Erreger, die eine echte, wenn auch abgeschwächte Erkrankung hervorrufen.

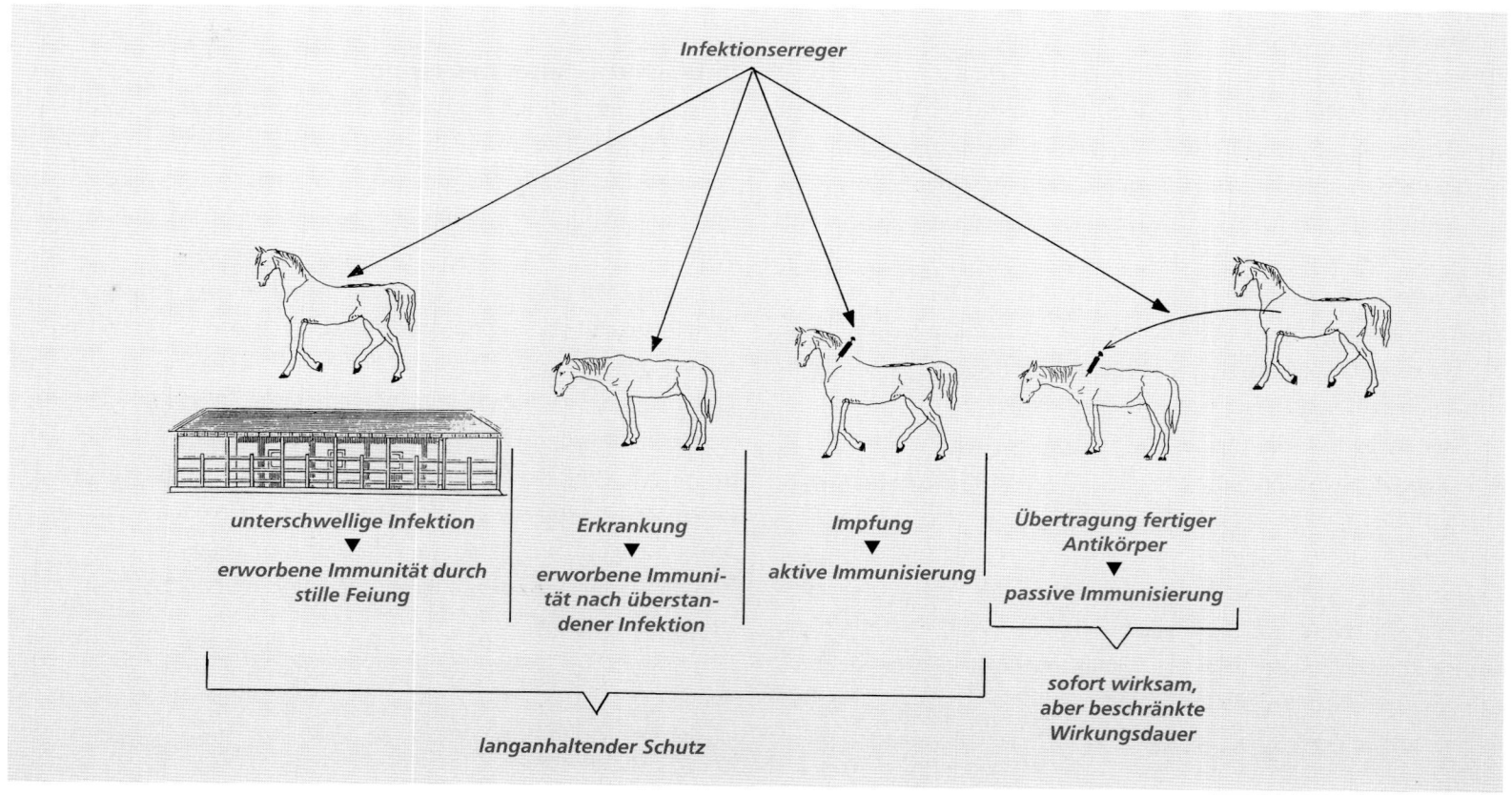

Möglichkeiten der Entstehung einer Immunität bei Pferden.

Künstliche passive Immunität
Zur Herstellung künstlicher Immunität kann der Tierarzt erkrankten Pferden ein spezifisches, von hochvakzinierten Pferden stammendes Heilserum einspritzen; dabei werden dem Körper mit dem Serum fertige Antikörper zugeführt. Der das Serum empfangende Pferdekörper beteiligt sich hier also nicht aktiv.

Diese passive Immunität hat nur beschränkte Wirkungsdauer, weil die Fremdstoffe allmählich wieder ausgeschieden werden. Eine natürliche Form der passiven Immunität ist die des neugeborenen Fohlens gegen manche Krankheiten. Fohlen erkranken selten, da sie von der Mutterstute, falls sie die Krankheit durchgemacht hatte, Schutzstoffe passiv übernommen haben. Somit erhalten Neugeborene innerhalb der ersten Lebenstage mit der Muttermilch Antikörper der immunisierten Stute. Diese Immunität erlischt nach einigen Monaten, da die Schutzstoffe vom Fohlen allmählich ausgeschieden werden.

Beruht Immunität allein auf dem Vorhandensein von Antikörpern?
Für die Erklärung erworbener Immunität hat man den aktiven oder passiven Erwerb von Antikörpern lange in den Vordergrund gestellt.

Diese Antikörper wurden als Immunkörper und die Lehre von ihnen als Immunologie bezeichnet. Da sich die Antikörper am leichtesten im Blutserum nachweisen lassen, bezeichnete man die Lehre von den Immunitätserscheinungen auch als Serologie. Während die durch passive Immunisierung entstandene Immunität allem Anschein nach nur auf Antikörpern beruht, ist dies schon bei Impfungen mit abgetöteten oder gar lebenden Erregern zweifelhaft. Beispielsweise sind beim Zustandekommen natürlich erworbener Immunität außer Antikörpern auch zelluläre, gewebliche, hormonale und neutrale Funktionen der Wirte beteiligt.

Die Ausbildung dieser Immunität ist eine Leistung der sich differenzierenden Lymphozyten. Der Vorgang ist recht kompliziert und wissenschaftlich leider noch nicht völlig geklärt.

Die Intensität und die Dauer der Immunität bei Pferden wechseln von einer Krankheit zur anderen, so dass eine Anzahl akuter Infektionskrankheiten praktisch lebenslängliche, andere nur jahre- oder monatelange Immunität hinterlassen.

Bakterielle Krankheiten der Atmungsorgane bei Fohlen und Importpferden

Erkrankungen des Bronchialbaums der Lunge sind bei Fohlen und frisch importierten Islandpferden recht häufig und spielen hier eine große Rolle. Geschwächter Allgemeinzustand, Überanstrengung, Reizung durch Staub und Unterkühlungen senken die Widerstandskraft der Schleimhaut und erleichtern besonders bakteriellen Infektionserregern den Weg in das Gewebe.

Durch Viren oder bakterielle Erreger verursachte akute und unkomplizierte Entzündungen der Bronchialschleimhaut heilen unter günstigen hygienischen Verhältnissen bei den meisten Islandpferden recht bald ab. Wenn aber das Fieber länger als drei bis vier Tage anhält, die Kurzatmigkeit bzw. die Atemnot sich nicht bessert und die Hustenanfälle nicht seltener werden, ist mit Lungenentzündungen über Sekundärinfektionen zu rechnen.

Hierbei können folgende Erreger die Ursache sein:
1. Das Bakterium *Klebsiella pneumoniae* ist in der Rolle eines Sekundärerregers bei schwer verlaufenden Atemwegsinfektionen von Pferden sehr gefürchtet.
2. Den Erreger *Rhodococcus equi* (*Corynebacterium equi*) findet man häufig bei eitrigen Lungenentzündungen junger Fohlen.
3. *Pseudomonas aeruginosa* ist oft bei sekundären Infektionen des Atmungssystems von Pferden beteiligt.
4. *Streptococcus zooepidemicus* kann die eitrige Lungenentzündung bei Pferden als Sekundärerkrankung hervorrufen.

Druse

Nicht als Verursacher von Sekundärinfekten, sondern als primär krankheitserregend ist *Streptococcus equi* anzusehen. *Streptococcus equi* ist der Verursacher der gefürchteten Druse bei Pferden. Die Krankheit äußert sich in einer katarrhalisch-eitrigen Entzündung der Schleimhäute des Kopfes, des Schlundes und des Atmungsapparates, bei der sich die zugehörigen Lymphknoten durch Schwellung stark vergrößern und nach Übergang des entzündlichen Prozesses in Eiterung nach außen aufbrechen.

Die Druse breitet sich nach Einschleppung in einem Bestand sehr schnell aus. Durch Komplikationen wie eitrige Metastasen in den Organen und Lymphknoten, Schluckpneumonien und Kehlkopfpfeifen kann die Druse einen komplizierten Verlauf nehmen. Bei unter sechs Monate und über fünf oder sechs Jahre alten Pferden tritt die Krankheit seltener auf. Liegt der Verdacht auf Lungenentzündung vor, kann eine massive Chemotherapie eingeleitet werden, jedoch ist an die oft auftretende Resistenz von Bakterien zu denken, und so sollten nicht ohne vorherige gezielte bakteriologische Untersuchungen auf bloßen Verdacht hin sofort Antibiotika eingesetzt werden. Außerdem vermag eine optimale Konzentration eines Antibiotikums am Wirkungsort mit gezielter antibakterieller Wirksamkeit oft die Bakterien nicht restlos zu beseitigen. Die Beherrschung der Infektion ist nicht zuletzt eine Funktion der körpereigenen Abwehrkräfte.

Von einer Antibiotikatherapie der Druse ohne strenge Indikation ist sowieso abzuraten, weil Antibiotika die Reifung der Abszesse verzögern und die Pferde der Infektion normalerweise genügend Widerstand entgegensetzen können.

Generell ist bei der Anwendung von Antibiotika Vorsicht geboten. So kann es z.B. bei Antibiotikabehandlung von Fohlen zur Zerstörung der Darmflora und damit zu langandauernden Durchfällen kommen, die kaum unter Kontrolle zu bringen sind. Außerdem kommt es häufig unter unzureichender Antibiotikawirkung und ungenügender Abwehrreaktion zum Rückzug mancher Bakterien – respektive der durch Bakterien gebildeten Toxine – in schlecht durchblutete Körperbereiche wie z.B. Schleimhäute und verursachen hier Entzündungen. Dazu entstehen gelegentlich nach Erfahrungen in Gestüten Nebenwirkungen wie z.B. übersäuerte Muskeln bei den Pferden. Die Ursache hierfür könnte u.a. in dem Abbau von Glykogen zu Milchsäure durch bestimmte »Rest-Bakterienstämme« liegen.

Gelegentlich tritt eine Maskierung bakterieller Erreger auf. Durch die Maskierung können Antikörper bestimmte Antigene nicht mehr erkennen. Es entstehen bei den Pferden u.U. rote Schleimhäute, die Hustenreizung bleibt bestehen und schließlich führt das alles in vielen Fällen über Manifestation des Reizzustandes zur Heuallergie.

Exkurs: Anwendung von Autovakzinen bei Fohlen und importierten Islandpferden

Durch Anwendung von Autovakzinen ist es möglich, Lungenentzündungen vorzubeugen und Druseerkrankungen bei Fohlen und importierten Islandpferden zu vermeiden. Diese moderne Art der Bekämpfung von Lungenentzündungen hat H.-E.Weiss entwickelt. Schon seit vielen Jahren verwendet man beispielsweise auf dem Wiesenhof, einem der größten Islandpferdegestüte überhaupt, Bestandsvakzine zur Vorbeugung (Prophylaxe) gegen Atemwegserkrankungen und Enteritiden. Hierbei erfolgen zunächst stallspezifische Keimisolierungen, aus denen dann Autovakzine hergestellt werden.

Beispiel: In einem Bestand findet man z.B. folgende (bereits beschriebene) Bakterien: *Rhodococcus equi, Pseudomonas aeroginosa, Klebsiella pneumoniae* und *Streptococcus equi*.

Die genannten stallspezifischen Keime werden sorgfältig aus dem Tierbestand gesammelt und nach der Methode von H.-E.Weiss einzeln diagnostiziert, isoliert und dann subkultiviert. Daraus wird ein Impfstoff hergestellt. Der so erhaltene Vierfach-Impfstoff wird an Bronchopneumonie erkrankten Pferden gegeben.

Schwer erkrankten Pferden werden – nach vorheriger Verträglichkeitstestung – 250 ml Blut eines fremden hochvakzinierten Pferdes mit hohem Antikörper-Titer intravenös injiziert. Nach vier Tagen erfolgt eine neuerliche Impfung und weiter jede Woche einmal. Die Heilungserfolge bestätigen die Richtigkeit der Therapie.

Aber auch nicht erkrankten Islandpferden muss ein Schutz gegen »Importhusten« gegeben werden. Daher erfolgt die Grundimmunisierung durch subcutane Impfung. Fohlen werden ab dem fünften Monat, Neuankömmlinge aus Island sofort nach der Ankunft grundimmunisiert.

Die von Weiss entwickelte und von Podlech sorgfältig durchgeführte Vorgehensweise ist neu und erfolgreich.

Zusammenfassend ist festzustellen: Es konnte durch diesen Versuch nachgewiesen werden, dass ein Islandpferdebestand von 300 Pferden (100 davon im jährlichen Wechsel) mit Hilfe von Autovakzinen frei von Bestandskrankheiten gehalten werden kann. Seit 1991 wird nun schon der gesamte Islandpferdebestand auf dem Wiesenhof einmal im Jahr geimpft. Das früher häufige Auf- und Abflammen von in Deutschland kursierenden Krankheiten im Bestand ist seither beendet.

Nicht jede Krankheit muss mit Antibiotika unterdrückt werden.

In neuerer Zeit stellen nun auch mehrer Universitätsinstitute und auch andere Laboratorien stallspezifische Vakzine her, so dass ähnliche Erfolge wie auf dem Wiesenhof auch in anderen größeren Islandpferdebeständen erreicht werden können. Die Behandlung von Islandpferden nach den genannten Methoden muss jeweils durch die zuständigen Tierärzte erfolgen

Weitere Infektionskrankheiten
Wundstarrkrampf – Tetanus
Der Starrkrampf ist eine Wundinfektionskrankheit. Der Erreger des Wundstarrkrampfes ist der Tetanusbazillus (*Clostridium tetani*), der unter Luftabschluss gedeiht und sehr widerstandsfähige Sporen bildet. Der Tetanus ist ein weit verbreiteter Erd- und Kotbewohner. Manche Gegenden sind besonders stark mit Wundstarrkrampferregern verseucht. Durch kleinste verschmutzte Wunden, wie Weidezaunverletzungen, Nageltritte und Vernagelungen, dringen die Bakterien in den Pferdekörper ein und bilden unter Luftabschluss Gifte, die eine Verkrampfung der Skelettmuskulatur auslösen. Pferde sind unter den Haustieren gegenüber diesen Giften am empfindlichsten. Wenn man bedenkt, dass durch eine einfache Impfung dieser meist tödlichen Krankheit vorgebeugt werden kann, dann ist es völlig unverständlich, dass es immer noch ungeimpfte Pferde gibt.

Tollwut
Die Infektion mit dem Tollwutvirus erfolgt in den meisten Fällen durch Bisswunden erkrankter Fleischfresser. Die Viren gelangen dann entlang der Nerven über das Rückenmark ins Gehirn. Die Tollwut hat eine relativ lange Inkubationszeit, die von drei Wochen bis zu drei Monaten reicht. Anfänglich tritt meist als Symptom eine erhöhte Schreckhaftigkeit der Pferde auf. Die Krankheit nimmt immer einen tödlichen Verlauf. Besonders gefährdet sind Pferde, die auf der Weide stehen. Daher ist für Islandpferde eine regelmäßige vorbeugende Tollwutimpfung erforderlich.

Hautentzündungen und Ekzeme bei Islandpferden

Das Fell eines Islandpferdes ist mehr als nur eine schützende Decke. Es nimmt Reize von außen auf, reguliert die Wärme durch Speicherung und Abgabe von Körperflüssigkeit und schützt gegen Infekte. Das Zeichen von Wohlbefinden, die glänzende, dichte Felldecke kann sich aber durch Mangelzustände, Ernährungszustände, Wurmbefall und Organerkrankungen verändern. Welke Haut, struppiges und stumpfes Fell sind ein Erkennungszeichen für schlechte Ernährung und mangelnde Gesundheit, dagegen zeigen glatte Hautoberfläche und ein glänzendes Fell ausgewogene Ernährung und gutes Allgemeinbefinden an. So kann man am Zustand von Haut und Fell den Gesundheitszustand von Pferden direkt ablesen. Gerade Glanz und Stellung des Haares liefern wichtige Anhaltspunkte, ebenso Feinheit und seidenartiger Glanz der Mähnen- und Schweifhaare.

Wärmeregulation ist die wichtigste Aufgabe der Haut. Das Pferd ist das einzige Haustier, das durch die Haut schwitzen kann. Durch die Verdunstung der Flüssigkeit wird der Körper abgekühlt. Anderseits schützt das Haarkleid vor zu hohen Wärmeverlusten. Die Haut ist außerdem ein Ausscheidungs- und Atmungsorgan.

Sehr häufig aber treten an der Haut und an den Haaren von Islandpferden Krankheiten auf. In erster Linie sind das Hautentzündungen und Ekzeme, darunter das berüchtigte Sommerekzem.

Unterschied zwischen Hautentzündung und Ekzem
Als Hautentzündung (Dermatitis) bezeichnen wir eine alle Schichten der Haut – Oberhaut (Epidermis), Lederhaut (Corium) und Unterhautgewebe (Subcutis) – umfassende schmerzhafte Entzündung mit einheitlichen Entzündungserscheinungen und starken Störungen des Allgemeinbefindens.
Dagegen versteht man unter Ekzem eine Entzündung der äußeren Hautschichten (Oberhaut und Lederhaut), die mit Juckreiz und Hautausschlägen einhergeht. Hier liegt eine angeborene oder erworbene Sensibilisierung der Haut vor, die sich in epidermalem Ödem und Bläschen äußert.

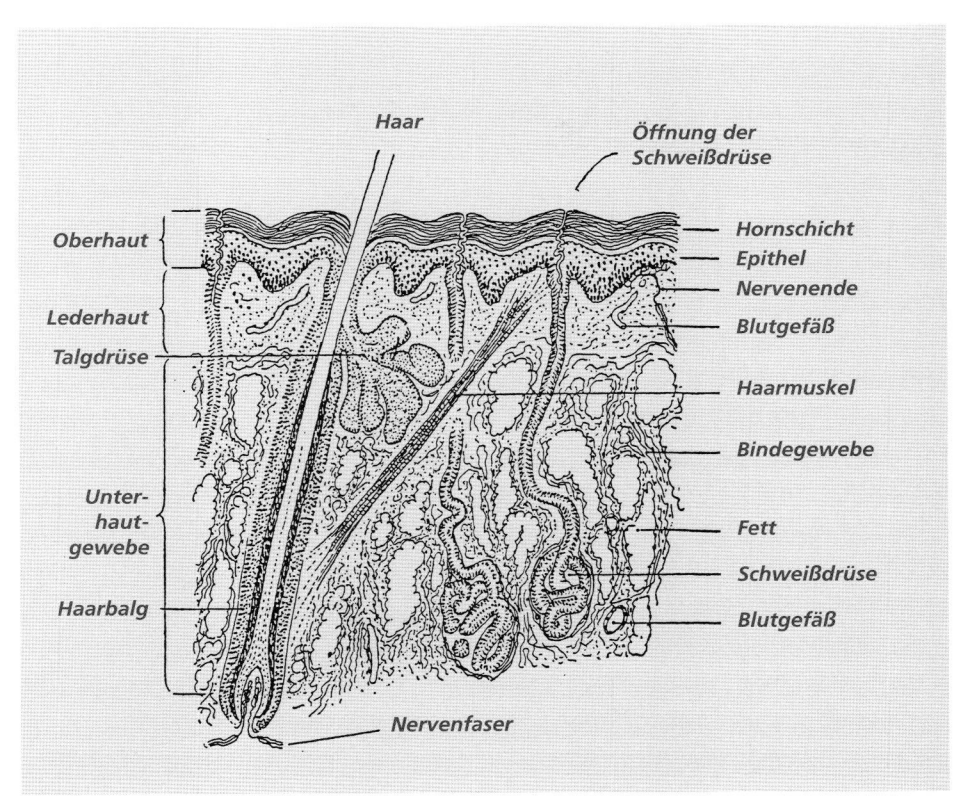

Stark vergrößerter Querschnitt durch die Pferdehaut (schematische Darstellung).

Hautentzündungen

Nesselsucht

Werden Islandpferde mit stark schimmelpilzbefallenem Heu und muffigem Kraftfutter gefüttert oder mit unverträglichen Medikamenten z.B. zur Fliegenabwehr eingerieben, so kann sich auf der gesamten Körperoberfläche der Tiere eine größere Zahl von Quaddeln oder Hautknoten bilden. Die Ursache für diese Nesselsucht muss jeweils durch Ausprobieren herausgefunden werden. Abhilfe kann häufig schnell durch Waschungen mit essigsaurer Tonerde oder eine Umstellung auf Diätfutter geschaffen werden.

Quaddelausschlag

Gelegentlich entstehen plötzlich auf der Pferdehaut spontan oder nach fehlerhafter Injektion beetartige, talergroße Hautanschwellungen. Die Haare sträuben sich. Gelegentlich tritt sogar Fieber und allgemeines Unwohlsein hinzu. Zunächst glaubt man, es mit einer schweren Vergiftung zu tun zu haben, aber bereits nach Stunden oder wenigen Tagen können die Symptome auf der Haut weitgehend abklingen. Hier handelt es sich um die nervöse Reaktion eines hochsensiblen Abwehrsystems. Nach erstem Kontakt mit dem »Gift« werden Abwehrstoffe gebildet, um diesem »schädlichen« Fremdstoff entgegenzuwirken. Kommt es in späterer Zeit erneut zur Begegnung mit demselben Wirkstoff, so reagiert ein Teil der Pferde überempfindlich. Was ist im Fall des Falles zu tun? Die Reaktion abklingen lassen, notfalls Calcium-Injektionen und Antihistamine zur Abkürzung des Krankheitszustandes.

Das Sommerekzem

Während bei der Nesselsucht und dem Quaddelausschlag der Anlass fast immer bald gefunden wird, sind die Gründe für die Entstehung des Sommerekzems bei Islandpferden trotz intensiver Nachsuche noch immer nicht völlig geklärt.

Die Ursachen für das Auftreten des Sommerekzems sind sicherlich komplexer Natur. Funktionsschwächen bzw. -störungen der Schweißdrüsen, Schilddrüsenfunktionsstörungen, mangelhafter Elektrolythaushalt, zu niedriger Adrenalinspiegel und andere stoffwechselrelevante Faktoren sind bereits dafür verantwortlich gemacht worden, aber nach wie vor weiß man nichts Genaues.

Bei den betroffenen Tieren schwellen zunächst die Hautpartien am Mähnenkamm, am Schweifansatz und am Hals und Widerrist an. Es handelt sich um Entzündungen der äußeren Hautschichten (Oberhaut und Lederhaut; siehe Abbildung auf S. 157), die zunächst – ähnlich wie die Nesselsucht – mit einer Vielzahl von Quaddeln, Knötchen oder Bläschen einhergehen, später dann starken Juckreiz verursachen, aber im Anfangsstadium ohne erhebliche Allgemeinstörungen verlaufen. Dann aber entzünden sie sich und verschorfen. Die Folge ist, dass die Tiere sich scheuern, wobei die äußere Hautschicht beschädigt wird. Serum fließt aus und sammelt sich auf der Hautoberfläche. Oft fallen in der Folge die Haare aus und lassen feuchte, kahle Stellen zurück. Letztlich verdickt sich die Haut, wird hart, runzelig und schorfig. Betroffen ist oft die Schweifwurzel der Islandpferde.

Wegen der frischen sauberen Meeresluft und des starken Windes treten Allergien und parasitär bedingte Krankheiten in Island nur in seltenen Fällen auf.

Sommerekzem an Brust und Mähnenansatz.

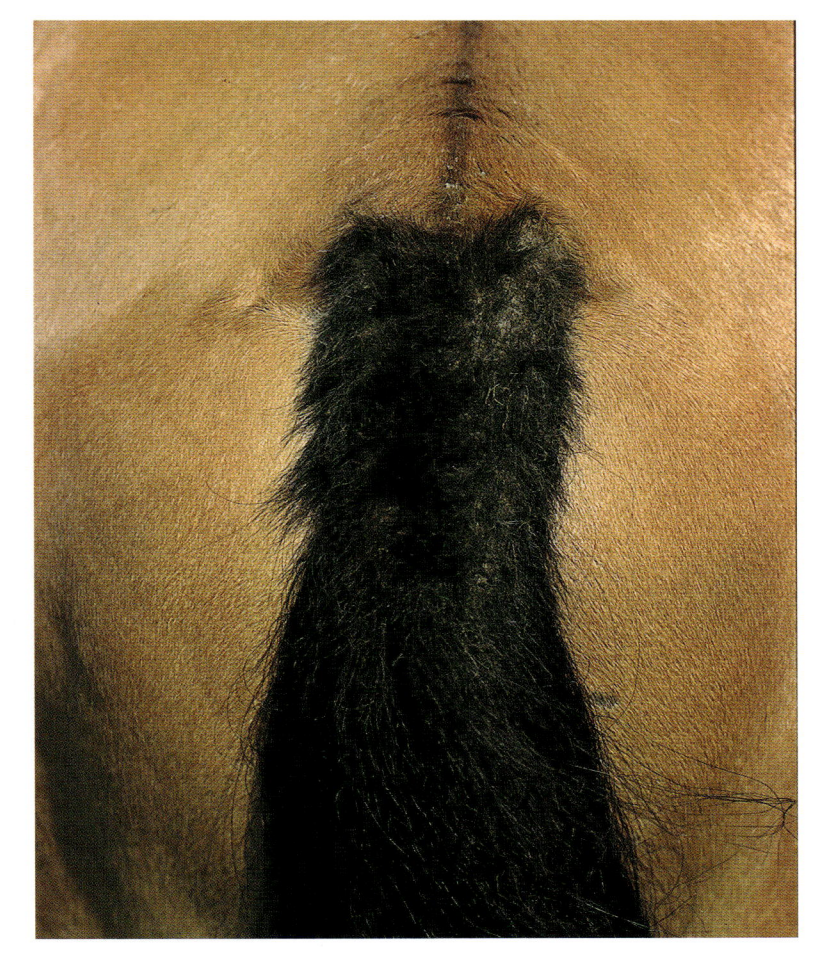

Scheuern der Schweifwurzel bei Sommerekzem.

Sommerekzem – eine Allergie

Es ist möglich, dass es sich beim Sommerekzem der Islandpferde um eine angeborene oder erworbene Sensibilisierung der äußeren Hautschichten handelt, die allgemein als Allergie bezeichnet wird. Allergie ist die Fähigkeit des Körpers, auf einen bestimmten Reiz anders zu reagieren, als es der Norm entspricht. Sie kann angeboren oder erworben sein. Man bezeichnet die Reizstoffe, die zur Allergie führen können, als Allergene. Sie gehören zu den Antigenen und lösen zunächst die Bildung von Antikörpern aus, wobei als Allergene alle Antikörperbildung hervorrufenden Stoffe in Frage kommen wie z.B. artfremdes Eiweiß tierischer oder pflanzlicher Herkunft, Chemikalien, Infektionserreger und Dämpfe oder Stäube natürlicher und synthetischer Stoffe. Sind nun im Körper Antikörper gebildet worden, so löst der neuerliche Kontakt mit dem Reizstoff die »allergische« Reaktion aus. Man nimmt an, dass bei der jeder allergischen Reaktion zugrunde liegenden Antigen-Antikörper-Reaktion Histamin freigesetzt wird, das dann die Krankheitserscheinungen hervorruft.

Reizstoff Futter

Als Reizstoff, der Allergien zur Folge haben kann, gilt zunächst das Futter. Qualitativer und quantitativer Futterüberschuss ist zu vermeiden. Auch bei der Wahl des Weidelandes ist Vorsicht geboten. Niemals sollen Islandpferde auf gedüngte Wiesen gestellt werden. Gelegentlich werden auch kräftige Sommerweiden schlecht vertragen, besonders wenn sie mit viel Klee bestanden sind. Man sollte magere Feld- und Waldwiesen wählen, wo die Pferde über große Flächen weiden und herumstreunen können, denn das Islandpferd ist seit Jahrhunderten an sehr magere Wiesen gewöhnt.

Es ist auch möglich, dass das Mähnen- und Schweifekzem allein auf eine allergische Reaktion auf bestimmte Weidepflanzen zurückzuführen ist, eben weil die Krankheit saisonbedingt nur im Frühling und Sommer auftritt und nur zu dieser Zeit üppige Weiden vorhanden sind.

Seit Jahrhunderten ist das Islandpferd an magere Weiden gewöhnt.

Gedüngte Weiden werden nicht immer gut vertragen.

Reizung durch Sonnenlicht

Als weiterer Reiz, der in Zusammenhang mit dem Futter stehen kann, gilt starkes Sonnenlicht über einen zu langen Zeitraum. Man sollte sich dabei vergegenwärtigen, dass in einem maritimen Klima, wie es auf Island herrscht, das Licht oft nur diffus einstrahlt. Heute muss das Zusammenwirken von Futter und Licht als disponierender Gesamtfaktor ebenfalls angenommen werden.

Wenn Koppeln überdüngt werden, so können vermehrt Stoffe im Blut der Pferde auftreten, die letztlich nicht durch den Harn, sondern durch die Haut ausgeschieden werden müssen. Schweiß wird in konzentrierterer Form abgesondert und reizt die Haut. Folge: Dem Pferd juckt die Haut, es beginnt sich zu scheuern. Die Verletzungen infizieren sich, wozu dann auch Fliegen als Überträger einen erheblichen Beitrag leisten.

Reizung durch Nässe

Manche Autoren glauben, dass auch verfilzte, dichte Behaarung der Islandpferde in Verbindung mit Nässe die Allergieursache für das Sommerekzem sein könnte. Schweißbildung, Staub und Schmutz können Ausschläge verursachen, die in Pyodermie und letztlich in Ekzem übergehen.

Reizung durch Verletzung

Letztlich ist auch daran zu denken, dass das Sommerekzem nur mit einer kleinen Verletzung beginnen kann. Schon sitzen Schwärme der beinahe allgegenwärtigen Fliegen auf der nässenden Haut und betrachten sie als willkommene Futterquelle. Dabei gelangen Bakterienkeime in die Wunde und eine eitrige Hautveränderung entsteht.

Reizung durch Insekten

Die Weibchen sehr kleiner Mücken aus der Familie der Gnitzen (*Ceratopogonidae*) können mit ihren stechend-saugenden Mundteilen warmblütige Wirbeltiere parasitieren. Am unangenehmsten und häufigsten treten Gnitzen der Art *Culicoides pulicaris* auf, deren Larven im Wasser leben. Gerade bei Islandpferden kann der Stich dieses Insekts zu heftigen Reaktionen führen. So bilden sich manchmal bis zu 2 cm große, mit seröser Flüssigkeit gefüllte Blasen. Starker Juckreiz und Quaddelbildung treten in der Folge fast immer auf.

Auch die grau bis schwarz gefärbten Kriebelmücken – auf Englisch »black flies« – (*Simuliidae*) haben als Blutsauger eine große Bedeutung für die ursächliche Entstehung des Sommerekzems bei Islandpferden. Wegen ihres gedrungenen Körpers mit den relativ kurzen Beinen und breiten Flügeln kann man die Kriebelmücken leicht mit kleinen Fliegen verwechseln. Nach dem Einbohren der Stechborsten weiblicher Kriebelmücken wird Speichelsekret in die Wunde injiziert, das die Gerinnung des Blutes verhindert und gleichzeitig eine anästhesierende Wirkung ausübt. Der Speichel stellt ein stark hämolytisches Gift dar, das bei Islandpferden zu Gewebsschwellungen und kleinen Blutergüssen führt. Charakteristisch für die Lebensweise der Kriebelmücken ist der ausschließliche Aufenthalt ihrer Entwicklungsstadien in fließendem, unverschmutztem und sauerstoffreichen Wasser. Kriebelmücken sind reine Tagtiere. Ihre Stechaktivität hängt von vielen Faktoren wie Temperatur, Lichtintensität, Luftbewegung und Luftdruck ab.

Nach neuesten Erkenntnissen können Kriebelmücken erfolgreich durch das biologische Larvizid *Bacillus thuringiensis var. Israelensis* bekämpft werden. Besteht erst eine Allergie gegen die Insektentoxine, so entwickelt sich sehr schnell das Sommerekzem.

Ursachenkombination: Sonneneinstrahlung und genetische Veranlagung

Eine bemerkenswerte Ursache für das Sommerekzem bei manchen Islandpferden erwähnt Dr. D.H. Kolb (*Das Islandpferd* Nr. 23, Sept./Okt.1991, S.17/18): Da nur einige Pferde das Ekzem aufweisen, muss eine genetische Determination vorliegen. Vermutlich liegt diese in der geringeren Anzahl der Schweißdrüsen pro Flächeneinheit der Haut. Bei histologischen (feingeweblichen) Hautproben aus dem Bereich des Mähnenkamms fiel ihm die bei Ekzempferden geringere Anzahl von Schweißdrüsen auf. Um seine These zu beweisen, spritzte Kolb bekannten Ekzemern ein Medikament, das bei gesunden Tieren zu einem heftigen Schweißausbruch führte. Die Nichtekzemer standen nach etwa fünf Minuten schweißüberströmt da, während die Ekzemer nach zehn Minuten noch keine Reaktion zeigten. Erst nach 15 bis 20 Minuten traten am Hals kleine feuchte Stellen auf.

Nach Kolb sind Ekzempferde extrem leistungswillig. Im Gegensatz zu gesunden Pferden, denen dieselbe Leistung abverlangt wird, schwitzen sie wesentlich weniger, fast nie. Ihre Atemfrequenz ist doppelt so

a) Kriebelmückenlarven in sauberem, fließendem Wasser, die sich mit Hilfe von Saugscheiben an einem Stein festhalten.

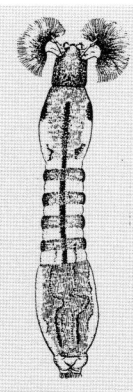

b) Einzelne Kriebelmückenlarve (Länge 15 mm) mit den charakteristischen fächerförmigen Strudelorganen am Kopf und der Saugscheibe am Hinterende des Körpers.

c) Kriebelmückenpuppe mit sackförmigem Kokon und langen Röhrenkiemen.

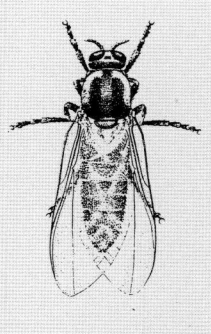

d) Weibliche Kriebelmücke (Länge 2 bis 6 mm) in Aufsicht.

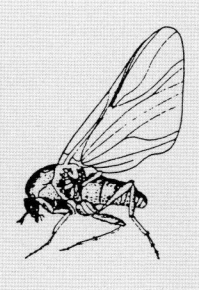

e) Kriebelmücke von der Seite.

hoch, meistens mit Doppelschlag. Da die Pferde durch die geringere Schweißabsonderung die Wärmeregulation des Körpers nicht über die durchschwitzte Haut und das Fell durchführen können, steigern sie die Atemfrequenz zur Körperkühlung. Als Folge treten häufig Lungenprobleme auf.

Kolb zieht folgende Schlussfolgerung: »Das Sommerekzem ist eine Hautreaktion, die vom Sonnenstand beeinflusst wird (Ekzemer, die ständig aufgestallt bleiben, zeigen keine Symptome). Sie hängt von der Anzahl der Schweißdrüsen ab. Bei geringerer Anzahl der Schweißdrüsen wird weniger – dafür konzentrierterer – Schweiß abgesondert. Durch chemische und photochemische Reaktionen wird die Haut gereizt (Jucken), worauf die Pferde mit Scheuern (bis zum Verlust der Mähnen- und Schweifrübenhaare) antworten.«

Was ist beim Auftreten von Sommerekzem zu tun?

1. *Ekzempferde lässt man tagsüber bei Sonnenhochstand im gut gelüfteten Stall (durch Ventilator). Eventuell können sie in der Zeit zwischen 6 Uhr und 11 Uhr morgens auf die Koppel.*

2. *Pferde mit Schutzdecken versehen. Auf dem Markt sind sogenannte Ekzemdecken, die den Ekzemer ganz oder teilweise verhüllen.*

3. *Magere Weiden sollten gewählt – gedüngte Wiesen gemieden werden. Runter mit hohen Eiweißgaben in der Nahrung!*

4. *Fliegenmittel in Form von Sprays (keine chemischen Gifte) sind anzuwenden, wenn die Pferde tagsüber doch nach draußen kommen.*

5. *Besitzer von Ekzempferden sollten genau beobachten: Flugzeit der Insekten, Lage der Wiesen und Weiden.*

6. *Auf Stallhygiene ist streng zu achten: Klares Wasser, Entfilzen der Tiere.*

7. *Knoblauch ins Futter, zum Schutz von innen heraus.*

8. *Aus der Fülle der mit mehr oder weniger Erfolg äußerlich anzuwendenden Mittel seien genannt: Penochron, Kill-itch, Synalar, Aegidienberger Emulsion, Somerol, A-E-Emulsion, Ökozon. Außerdem weiß der erfahrene Islandpferdehalter, dass alles »was stinkt und schmiert« hilft. So wird häufig Leovet-Hautöl, Balestol-Öl, kaltgepreßtes Olivenöl, Sonnenblumenöl, menschlicher Urin und Penaten-Creme – mit Melisseöl, Lavendelöl und Nelkenöl vermischt – mit Erfolg angewendet. Manche Islandpferdeliebhaber wenden auch Hekla-Lava-Tabletten an (je drei Tabletten morgens und abends). Im Übrigen hat jeder Besitzer eines Ekzempferdes sein Geheimmittel, mit dem er im speziellen Falle sein Pferd weitgehend beschwerdefrei halten kann. Früher wurde häufig als Injektionstherapie Langzeit-Cortison verwandt (z.B. Volon). Davon ist heute – wegen der damit verbundenen Nebenwirkungen – abzuraten und sie ist nur als ultima ratio anzuwenden.*

9. *Auf Islandpferdehöfen in einer ständig dem Wind ausgesetzten Lage können Ekzemer fast ekzemfrei gehalten werden.*

10. *Nachweislich wurden Ekzempferde nach Transport ans Meer (zum Beispiel auf die ostfriesische Insel Spiekeroog) und auf Höhen im Bayrischen Wald ekzemfrei!*

Ekzemveranlagung ja oder nein

Zur Zeit ist es noch nicht möglich, die Ekzemveranlagung von Islandpferden mit letzter Klarheit zu ermitteln. Oft tritt die Krankheit erst nach Jahren auf. Das Sommerekzem stellt beim Islandpferd eine deutliche Wertminderung dar. Da das Ekzem in Island auch bei vorhandener Veranlagung viel seltener auftritt, kann das Risiko beim Import nicht sicher genug abgeschätzt werden.

Als Faustregel gilt: Man erkennt die Ekzembereitschaft bei Islandpferden respektive die Möglichkeit des Ausbruchs eines Ekzems erfahrungsgemäß zunächst an leicht geschwollenen Bauchnähten und Mähnenkämmen. Leicht verklebte Haare bei Pferden in Island können ebenfalls als Anzeichen für die Möglichkeit des Ausbruchs von Sommerekzemen nach dem Transport auf den Kontinent gelten.

Ungebetene Gäste

Haarausfall und Juckreiz bei Islandpferden sind aber nicht immer nur auf Sommerekzem zurückzuführen. Haut und Fell können zum Tummelplatz ungebetener Gäste werden. Darum muss das Auftreten von Haarlingen, Läusen, Milben und Pilzen zuvor ausgeschlossen werden.

Haarlinge

*Pferdehaarling
(Werneckiella equi equi),
1,6 bis 1,8 mm lang.*

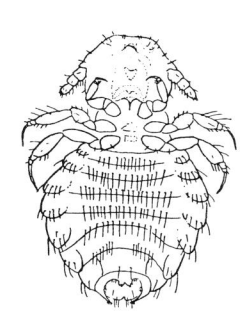

Ansteckung: Besonders behaarte Pferde, wie Isländer, werden gelegentlich von Pferdehaarlingen (*Werneckiella equi equi*) befallen. Pferdehaarlinge saugen kein Blut und geringer Befall bleibt daher oft symptomlos. Bei größerer Anzahl kommt es durch Juckreiz zu Haarbrüchen, Haarausfall, Knötchenbildung und Krustenbildung.
Nachweis: Die Diagnose wird durch den Nachweis der Parasiten (Lupe) gesichert (Länge der Tiere: 1,6–1,8 mm).
Behandlung: Die Bekämpfung erfolgt durch Einpudern oder Besprühen mit Insektiziden.

Läuse

*Pferdelaus (Haematopinus
asini macrocephalus),
2,4 bis 2,5 mm lang.*

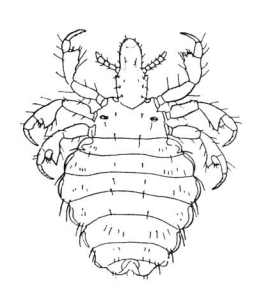

Ansteckung: Bei schlecht gepflegten oder geschwächten Isländern kann es – vor allem in der kalten Jahreszeit (!) – zu Befall mit Pferdeläusen (*Haematopinus asini macrocephalus*) kommen.
Nachweis: Die Läuse finden sich am Kopf, besonders an der Innenseite der Ohren, Mähne, Hals, Schultergegend und Schweifwurzel. Die Diagnose kann unter Zuhilfenahme einer Lupe (Länge der Tiere: 2,4–3,5 mm) durchgeführt werden. Läuse saugen Blut und scheiden dabei Sekrete aus, die zu Juckreiz und in der Folge zu Hautaffektionen, Verkrustungen und haarlosen Stellen führen.
Behandlung: Waschungen mit Insektiziden – die nach sieben bis acht Tagen mehrmals wiederholt werden müssen – und gründliche Stallreinigung einschließlich Sättel und Decken führen zur Befreiung von den Parasiten.

Milben

Milbenbefall verursacht bei Pferden fast immer einen heftigen Juckreiz mit Scheuern. Die wesentlichsten Milbenarten, die Pferde befallen können sind:

1. Grabmilben (*Sarcoptes equi*), die in der Haut von Hals und Sattellage nisten und Vertiefungen und Gänge in die unteren Lagen der Hornschicht bohren. Daraus entwickeln sich kleine Bläschen und Knötchen, dann Borken und Krusten, begleitet von fleckenförmigen Haarausfall. Es handelt sich dabei um die schwerwiegendste Form von Milbenbefall.

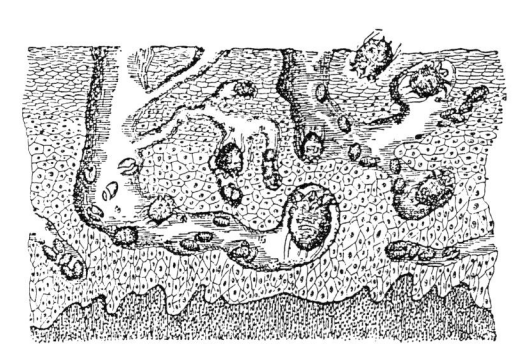

*a) Stück der Oberhaut
eines Pferdes, das von
Grabmilben (Sarcoptes
equi) zerstört wurde
(vergrößert).*

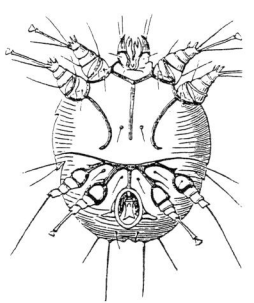

*b) Einzelne Grabmilbe
(0,4 mm*

2. Saugmilben (*Psorptes equi*), die am Ansatz des Haarschopfes und des Schweifes sitzen und dort mit ihren spitzen Mundwerkzeugen Blut und Gewebsflüssigkeit saugen. Es entstehen graue, mörtelige Krusten und Borken, begleitet von Haarausfall.
3. Schuppenfressende Milben (*Chorioptes bovis*), die sich von Oberhautzellen, Talgresten und Entzündungsprodukten der Haut ernähren. Sie siedeln in den Fesselbeugen der Extremitäten und am Schweifansatz und bewirken entzündliche Reaktionen. Die befallenen Hautpartien verdicken sich und werden runzlig, die Haare fallen aus und es bleibt eine dünne Kruste zurück. Gelegentlich wird auch der Ohrbereich befallen, was sich in Kopfschütteln und Empfindlichkeit der Ohrgegend äußert.

Ansteckung: Eine Ansteckung erfolgt in allen Fällen direkt durch Kontakt mit kranken Tieren oder durch Putzzeug, Sättel oder Decken.
Nachweis: Der exakte Nachweis eines Milbenbefalls ist nur durch mikroskopische Untersuchung tiefer Hautabschabung zu erbringen.

Behandlung: Absonderung befallener Pferde. Hochwertiges Futter geben. Evtl. Pferde scheren und Haare verbrennen. Die spezielle Behandlung erfolgt durch Waschungen mit Milbenmitteln, die nach fünf bis sieben Tagen zu wiederholen sind. Nach erfolgter Behandlung ist der Stall ebenfalls mit Milbenmitteln zu entseuchen, um neuerlichen Befall zu verhindern.

Neben diesen wichtigsten durch Milben verursachten Hautkrankheiten gibt es noch den Haarsackmilbenausschlag.

Ansteckung: Als Folge schlechter Pflege, Mangelernährung und innerer Krankheiten können die auch bei gesunden Pferden gelegentlich vorkommenden Parasiten aktiv werden und sich vermehren. Eine direkte Übertragung durch Sattel und Putzzeug kommt nur selten vor.

Nachweis: Milbenerkennung (*Demodex equi*) erfolgt durch mikroskopischen Nachweis in tiefer Hautabschabung. Am Kopf der Pferde finden sich zunächst kleine linsen- bis eurostückgroße haarlose Flecken, an deren Rändern die Haut verdickt und gerötet ist. Ein Juckreiz fehlt meist.

Behandlung: Als Gegenmittel sind 3–5%ige Schwefelsalben angebracht, die über längere Zeit aufgetragen und leicht einmassiert werden sollen. Sonnenbestrahlung und Weidegang fördern den Behandlungserfolg.

Pilze

Pilzerkrankungen bei Pferden nehmen ständig zu. In Deutschland und Österreich werden die meisten Hauptpilzerkrankungen bei Pferden durch den Fadenpilz *Trichophyton mentagrophytes* verursacht. Es handelt sich um die Glatzflechte, eine ansteckende Krankheit, die auch auf den Menschen übertragbar ist (!). Am Pferd entstehen zunächst nur centstückgroße kreisförmige, gerötete Hautstellen, die mit der Zeit sich immer mehr ausdehnen, größer werden und grauweiße Krusten zurücklassen. Dabei fallen die Haare auch in fast kreisrunder Form aus. Schließlich zeigen ganze Körperteile Hautveränderungen.

Ansteckung: Die Ansteckung erfolgt durch Sättel, Putzzeug oder infizierte Decken. Auch durch Aufenthalt in einem fremden Stall oder beim Transport können Kontakte mit befallenen Pferden die Ursache einer Erkrankung sein.

Nachweis: Die Diagnose wird durch mikroskopischen Pilznachweis in den Haaren und im Material der Hautschabung gestellt.

Behandlung: Vor der Behandlung müssen die Islandpferde im Bereich der veränderten Stellen geschoren und evtl. Borken erweicht und abgelöst werden. Die eigentliche Behandlung erfolgt mit antimykotischen Tinkturen, Lotionen oder Salben. Der Heilungsprozess kann sich über mehrere Wochen erstrecken. Die Heilungschancen sind im Allgemeinen gut. Es kommen sogar häufig Selbstheilungen vor. Alle Stallgegenstände sind nach Abschluss der Behandlung gründlich zu reinigen und zu desinfizieren.

Parasiten im Pferdedarm: Würmer

Konditionsschwäche, Durchfall, raues Haarkleid, dicke Beine, Abzehrung, Husten, Kolik und Blutarmut können Zeichen einer Wurminvasion in den Eingeweiden der Islandpferde sein. Um solche Zustände zu vermeiden, sollten die Pferde in der Regel viermal im Jahr entwurmt werden. Kurz vor Weihnachten ist es wichtig, eine Wurmkur gegen die Dasselfliege durchzuführen. Die verschiedenen Wurmmittel stellt der Tierarzt auf Verlangen zur Verfügung. Diese werden dann jeweils im Februar, Juni und September verabreicht.

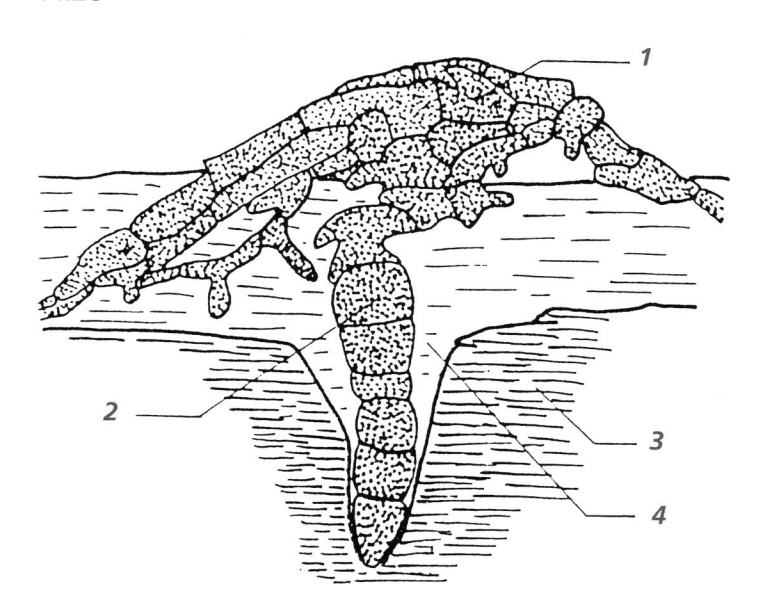

Haarinfektion durch den Pilz Trichophyton mentagrophytes. Das Pilzorgan haftet an der Außenfläche eines Pferdehaares als vielzelliger Komplex (1). Durchdringungszellen (2) bohren die Rinde des Haares (3) an und verursachen einen Trichter (4).

Kolik

Der Name Kolik ist ein Sammelbegriff für Bauchschmerzen. Der Begriff bringt nur ein Symptom zum Ausdruck und kennzeichnet keine Krankheit. Die Kolik, d.h. der Krampfschmerz im Bauch kann viele Ursachen haben. Ein Darmabschnitt kann sich verkrampfen (Krampfkolik), verstopfen (Verstopfungskolik), verdrehen (Darmverschlingung) und erweitern (Darmaufgasung). Bei geringen Schmerzen beobachtet man wiederholtes Niederlegen und Aufstehen zu ungewohnten Zeiten, Stehen mit gestrecktem Hals, Flehmen, gelegentliches unruhiges Hin- und Hertrippeln, Scharren mit den Vorderbeinen, Umsehen und Schlagen nach dem Bauch. Stärkere Schmerzen, die meist anfallsweise auftreten, äußern sich in starken Unruheerscheinungen, Niederlegen und Wälzen und starkem Schweißausbruch.

Was ist zu tun ?
Zur Vorbeugung:
1. Keine erhitzten oder angewelkten Gräser verfüttern.
2. Zuviel frisches Obst, frischer Klee, frisches Brot können im Darm Gärungsvorgänge auslösen.

Behandlung:
1. In leichteren Fällen genügt es bereits, die Pferde zu führen.
2. Da der Ausdruck der Leibschmerzen im Allgemeinen nicht eindeutig auf die Ursache der Kolik schließen lässt, sollte eine Diagnose und Behandlung durch den Tierarzt erfolgen.

Spat

Bei Islandpferden kommt als Erkrankung der Gliedmaßen Spat relativ häufig vor, und es wird viel darüber diskutiert, ob erbliche Veranlagung oder falsches und zu hartes Training bei Jungpferden die Ursache sein kann. Einem von starkem Spat befallenen Pferd kann man dies deutlich ansehen. Es ist steif in der Hinterhand und hat nach außen gebogene Hinterbeine. Der Spat ist eine chronische Entzündung der straffen Gelenke an der Innenseite des Sprunggelenks, die mit einer typischen, sich in der Bewegung verbessernden Lahmheit verbunden ist. Die Ursachen sind zunächst Stellungsanomalien und abnormer Bau der Sprunggelenke.

Ebenso kann Spat durch viele kleine Gewalteinwirkungen, denen das Sprunggelenk an seiner inneren, stärker belasteten Seite ausgesetzt ist, entstehen. Im Einzelnen können das wiederholte Quetschungen und Verdrehungen sein. Die bei Islandpferden im Turniersport oft zu beobachtenden spitzgewinkelten Hufe mit niedrig gehaltenen Trachten, die raumgreifende Aktionen bewirken sollen, begünstigen außerdem die Entwicklung der Spatkrankheit. Die Krankheit ist im Sinne einer völligen Wiederherstellung nicht heilbar. Durch orthopädische Beschlagskorrektur (Spathufeisen) und entzündungshemmenden Einreibungen kann eine Besserung des Zustandes erreicht werden. Beim Kauf von Islandpferden muss in jedem Fall auf Spat untersucht werden (Beugeprobe, Röntgenuntersuchung).

Hakengebiss

Bei Islandpferden entsteht häufig ein Hakengebiss. Es handelt sich dabei um überstehende, meist messerscharfe Haken oder Kanten an den Zähnen, die das Pferd erheblich stören und die Futteraufnahme wesentlich erschweren können. Da der untere Kiefer enger ist als der obere, wird die äußere Kante der oberen Zähne und die innere Kante der unteren Zähne weniger abgeschliffen. An diesen Stellen bilden sich oft spitze Haken, welche die Innenseite der Wange oder auch die Zunge verletzen können. Um Verletzungen dieser Art und Fressproblemen vorzubeugen, müssen solche Haken mit einer Zahnraspel entfernt werden. Alle Backenzähne des Ober- und Unterkiefers müssen kontrolliert und gegebenenfalls beraspelt werden. Für diese Arbeit sollte man unbedingt eine gute Maulsperre verwenden. Die Behandlung ist kaum korrekt durchführbar, wenn dem Pferd lediglich durch seitliches Herausziehen der Zunge oder mit einem Keil das Maul offengehalten wird.
Die Zähne der Pferde sollten alljährlich einmal vom Tierarzt kontrolliert und gegebenenfalls beraspelt werden. werden. Die Vorstellung, dass nur alte Pferde Zahnhaken bekommen, ist falsch. Vier- bis fünfjährige Pferde sollten ebenso kontrolliert werden, insbesondere, bevor sie angeritten und an die Trense gewöhnt werden. Pferdezähne haben keine Wurzeln und werden dem Abrieb entsprechend kontinuierlich nachgestoßen. Stark abgenutzte Zähne und damit verbundene Kaustörungen sind oft die Ursache dafür, dass ältere Pferde in der freien Natur an Unterernährung eingehen.

Grundlagen der Zucht von Islandpferden

»Es ist eine Kunst, gute Pferde heranzuzüchten, genauso wie ein Gedicht zu schreiben, oder ein Gemälde zu malen. Man benutzt Intuition und Erfahrung.«

Gunnar Bjarnason

Entwicklung der Pferdezucht in Island

Über ein Jahrtausend war das isländische Pferd, das nie mit anderen Rassen gekreuzt wurde, der hilfreichste Verbündete des Menschen im Kampf ums Dasein auf der größten Vulkaninsel der Erde. Der größte Lavastrom, der seit Menschengedenken überhaupt von einem Vulkan ausgestoßen worden ist, ergoss sich im Jahre 1783 aus der Laki-Spalte, bedeckte ein Areal von fast 600 Quadratkilometern und verursachte eine schreckliche Hungersnot, der 10.000 Menschen zum Opfer fielen. Von den im Jahre 1770 gezählten 32.000 Pferden überlebten nur 8.600 die Katastrophe. Von diesen waren nur 3.000 Stuten. 200 Jahre dauerte es danach, bis sich der Stamm wieder erholte und vergrößerte. Es war somit nur ein kleiner Rest von Islandpferden verblieben und die Abgelegenheit der verschiedene Höfe führte zwangsläufig zu Inzucht. Mit Erneuerung der Islandpferdezucht und weil viele alte Erfahrungen und Kenntnisse in der Pferdezucht in Vergessenheit geraten waren, kam es durch übertriebene engste Inzucht – etwa im Jahre 1940 – auf einigen Höfen zu erheblichen züchterischen Rückschlägen in Hinsicht auf Fruchtbarkeit und Widerstandsfähigkeit. Die Pferde wurden kleiner und leichter. Offene Gaumen, Zwergwuchs und gespaltene Kiefer wurden immer häufiger als Degenerationserscheinungen beobachtet und ganze Bestände starben auf einzelnen Höfen aus. Wie kam es dazu? Worin lag die Ursache?

Inzucht – Rassetypen – Linienzucht

Genetisch bedeutet Inzucht die Vermehrung der reinerbigen und Verminderung der mischerbigen Individuen, da gleiche, gemeinsam ererbte Anlagen bei Verwandtenkreuzungen häufiger zusammentreffen als bei Nichtverwandten. Besonders auffällig ist dies bei rezessiv erblichen Merkmalen, die nur bei Reinerbigkeit in Erscheinung treten. Inzucht beschleunigt damit die Herauszüchtung relativ einheitlicher Rassetypen. Man hat mit der Inzucht große Erfolge erzielt, aber auch schwere Enttäuschungen erlebt, da sich mit der Inzucht die guten, aber auch die schlechten Anlagen der Inzucht-Ahnen im ingezüchteten Bestand häufen, was unter Umständen bei enger Inzucht zum Aussterben des ganzen Bestandes führen kann. Daher ist man von der engsten Inzucht abgekommen oder wendet sie nur einmal an, um dann zur Linienzucht überzugehen, der Paarung ingezüchteter, aber nicht zu naher verwandter Tiere, bei der man den durchschnittlichen Inzucht-Grad im Bestand mäßig hoch hält, aber den durchschnittlichen Verwandtschaftsgrad steigert. Damit vermeidet man auch das Inzucht-Minimum, eine Erscheinung, die in enger Inzucht bei Pferden oft auftritt. Sie besteht darin, dass die Individuen in ihren gesamten Lebensäußerungen stark nachlassen. Dies ändert sich schlagartig bei der Kreuzung der betroffenen Linie mit einer anderen. Die Zuchtmethode der Inzucht gehört nur in die Hand von erfahrenen Züchtern, die über einen gesunden Bestand, gute Aufzucht- und Haltungsverhältnisse und genügend Mittel verfügen, um das Risiko tragen zu können.

Von der Inzuchtdepression über Inzuchtresistenz zu Reinblut

Aus der Inzuchtdepression der vierziger Jahre kam man in Island glücklicherweise bald wieder heraus. Man besann sich, züchtete nur mit den gesunden, positiven Tieren weiter, kam damit über Inzuchtresistenz zum Reinblut mit relativ einheitlicher Erbinformation und erhielt auf diese Weise eine gleichmäßigere, jedoch immer noch variationsreiche Population von Svaðastaðirpferden. Viele Jahre später – im Jahre 1961 – charakterisiert der damals schon 22 Jahre als Landesberater für Pferdezucht tätige Gunnar Bjarnason die Pferde des Svaðastaðir-Stammes in der Zeitschrift Tierzucht folgendermaßen: »Dieser Zuchtstamm ist einer der beiden bedeutendsten des Landes, mit gutem Gebäude und ausgezeichneten Reiteigenschaften. Er ist aus Inzucht hervorgegangen und vererbt sich stark. In diesem Stamm finden wir Schönheit, viel Ausdruck und eine hervorragende Vorhand. Die Pferde sind feurig und haben eine gute Gangveranlagung. Tölt und Pass überwiegen. Von Svaðastaðir stammen einige der schönsten Pferde, die in den letzten Jahren zu sehen waren.«

Svaðastaðir-Pferde

Nach Meinung der meisten Isländer besitzt Svaðastaðir das beste Pferdeland der Insel und nach der Überlieferung hat es hier immer Pferde gegeben. Svaðastaðir eignet sich deswegen besonders gut zur Pferdezucht, weil hier riesige Weideflächen (mehr als 1000 ha) vorhanden sind. Schon immer waren die Bauern von Svaðastaðir wohlhabend und setzten allen ihren Ehrgeiz daran, besonders gute Pferde zu züchten. Bereits Mitte des 19. Jahrhunderts waren die Svaðastaðir-Pferde in ganz Island bekannt. Schon damals verkauften die Züchter von Svaðastaðir jährlich bis zu 100 Pferde ins Ostland an solche Schafzüchter, die ihre Tiere nach England exportierten und dafür in Goldmünzen entlohnt wurden. Auf diesem Umweg erhielten wiederum die Pferdezüchter englisches Gold. So wurden letztlich die Svaðastaðir-Bauern zu den wohlhabendsten Bauern Islands, die ihre Pferdezucht einerseits als Erwerbsquelle, dann aber auch aus Liebhaberei betrieben. Der Hof Svaðastaðir (Svaði = Name eines sagenhaften Riesen) kam schließlich Ende des 19. Jahrhunderts in den Besitz von Jón »dem Reichen«. Jón war ein leidenschaftlicher und erfolgreicher Pferdezüchter. Es war ein besonders glücklicher Umstand, dass der Hof um das Jahr 1900 von seinem ebenso pferdebegeisterten Neffen Pálmi Símonarsson übernommen werden konnte. Pálmi hatte eine neue Idee. Er wollte weg vom freien Herumziehen der Hengste mit ihren Stutenherden; denn dabei konnte man nie bestimmen, von wem die Fohlen des nächsten Jahres über viele Generationen aus der Zuchtgruppe von 1750 stammen. So zäunte er – übrigens als erster isländischer Bauer – seine Weiden komplett ein. Jetzt konnte er planmäßig züchten, denn von da an waren seine Herden vor freilaufenden Hengsten geschützt und er war nun in der Lage, die Hengste innerhalb sicherer Umzäunungen bei ihren Stuten zu halten. Als Hengst setzte er den 1916 geborenen Rapphengst Sörli 71 ein. Beide Elternlinien von Sörli 71 stammten aus der Svaðastaðir-Herde, wo seit Jahrzehnten ohne schädliche Auswirkungen Inzucht betrieben wurde, ja Svaðastaðir-Pferde vererbten sogar ihre Qualitäten durchschlagend, wenn sie in andere Zuchten eingekreuzt wurden. Sörli 71 war der Sohn des 1912 geborenen Rappen Möllers-Brúnn, der wiederum von Sörli frá Svaðastöðum abstammte, einem Rappen der 1908 geboren wurde. Diese drei Hengste begründeten den Stamm der heutigen Svaðastaðir-Pferde. So haben alle heutigen Svaðastaðir-Pferde Sörli 71 unter ihren Vorfahren. Sörli 71 war ausgezeichnet durch hervorragende Eigenschaften: guter Charakter, Schönheit und ausgezeichnete Gänge. Natürlich wird auch heute noch auf dem Hof Svaðastaðir selbst mit Pferden gezüchtet. Über die Qualität der Svaðastaðir-Pferde gibt Theodór Arnbjörnsson als erster 1924 im Landwirtschaftlichen Jahrbuch

Ein reingezogener Svaðastaðir-Hengst: Högni vom Wiesenhof, ein Pferd mit großer Ausstrahlung und sensibler Energie.

Woher kommt das Svaðastaðir-Pferd?

Die relativ kleinen, eleganten, nervigen Svaðastaðir-Pferde mit ihrem freundlichen Wesen stammen aus dem klimatisch eher begünstigten Nordland. Die Anfänge ihrer Zucht gehen zurück bis zum Jahre 1750, als der Bauer und Pferdezüchter Björn Sigfússon seinen Wohnsitz auf dem Hof Svaðastaðir im Skagafjörður nahm und entweder Pferde aus eigener Zucht mitbrachte oder eine bereits bestehende Zuchtgruppe übernahm. Bis in die Mitte des 19. Jahrhunderts lässt sich die Zucht zurückverfolgen und hat ihren Ursprung auf dem Hof Svaðastaðir. Der spätere Besitzer Þorkell Jónsson bekam im Jahre 1840, als er 50 Jahre alt war, vom Nachbarhof ein schwarzes Hengstfohlen und mit diesem Hengst begann die eigentliche spezielle Zucht der Svaðastaðir-Pferde. Þorkell heiratete als alter Bauer ein Mädchen vom Hof Brimnes in Skagafjörður. Der Sohn Jónas Þorkelsson setzte die Zuchtarbeit des Vaters erfolgreich fort und führte Füchse mit weißer Blesse ein. Lange Zeit teilte sich so der Svaðastaðir-Stamm in einen Zweig mit Rappen und einen mit Füchsen mit Blesse. Die Füchse waren besonders temperamentvolle und vielseitige Reitpferde, wogegen die Rappen umgänglicher waren und sich daher mehr zum allgemeinen Gebrauch eigneten. Im Laufe der Zeit jedoch vermischten sich die Linien. Die Tochter von Þorkell aber heiratete einen Mann vom Hof Kolkuós. Bei diesen Hochzeiten wurde mit guten Pferden als Heiratsgut umgezogen und so verbreitete sich im Skagafjörðurtal bis zum Ende des 19. und Anfang des 20. Jahrhunderts ein großer Stamm von erstklassigen Pferden, die als Svaðastaðir-Pferde berühmt wurden. Schließlich wurde auf dem Hof Hofstaðir durch Björn Pétursson schon 1880 der erste Zuchtverband auf Island gegründet.

folgendes Fachurteil ab: »Typisch für die Svaðastaðir-Linie sind der harmonische Bau, viel Temperament (oft feurig), sein umgänglicher Charakter und fünf Gänge. Zu Beginn etwas scheu, sind sie doch problemlos zuzureiten. Ich halte die Svaðastaðir-Linie für die beste Zucht, die heute im Skagafjörður besteht.« Der Svaðastaðir-Stamm verfügt über fünf Linien mit unterschiedlich starkem Blutanteil. Diese sind Axlarhagi, Hofstaðir, Kirkjubær, Kolkuós, und Sauðárkrókur. Hier muss erwähnt werden, dass man in Island die Pferde traditionell ihren Geburtshöfen zuschreibt. Bei den Svaðastaðir-Pferden hat es sich jedoch eingebürgert, sie neben dem Stamm auch der Linie zuzuordnen. Von den verschiedenen Linien wird im nachfolgenden noch die Rede sein.

Axlarhagi-Linie

Etwa 1940 wurde die Svaðastaðir-Zucht zwischen den Brüdern Friðrik und Jón Pálmason aufgeteilt. Während Friðrik Pálmason weiterhin Svaðastaðir bewirtschaftete, übernahm Jón den nördlich von Svaðastaðir gelegenen Hof Axlarhagi in derselben Gemeinde. Mit Nachkommen von Sörli 71 gelang die Zucht des wichtigsten Hengstes der Axlarhagi-Linie, Goði 401. Jón starb jedoch früh und seine Zucht konnte zunächst nicht systematisch weitergeführt werden, aber in neuerer Zeit wurde der Hengst Feykir 962 aus der Kolkuós-Linie, der wiederum Sörli 71 als Vorfahren hat, mit Erfolg vom Jóns Sohn Hreinn Jónsson bei einer größeren Zahl guter Stuten eingesetzt.

Goði 401, der wichtigste Hengst der Axlarhagi-Linie.

Hofstaðir-Linie

Einige wichtige Rapphengste Islands stammen von Sörli 71 ab, wie der 1924 geborene Léttir 137, dessen Sohn Blakkur Stammvater der Hofstaðir-Linie wurde. Letzterer hat aber die isländische Pferdezucht weit mehr durch seine Nachkommen in Kolkuós und Kirkjubær geprägt. So wurden Svaði 352 und Randver 358 zwei der wichtigsten Stammhengste in Kirkjubær. Jedoch sind in der Hofstaðir-Linie selbst in letzter Zeit keine besonders bemerkenswerten Zuchtpferde in Erscheinung getreten, man züchtet jetzt meist mit Pferden aus der Sauðárkrókur-Linie weiter.

Kirkjubær-Linie

Füchse mit Blesse sind – nach altem isländischen Volksglauben – die besten Reitpferde. So war es kein Wunder, dass der Hof Kirkjubær im Jahre 1950 mit der Absicht gegründet wurde, hier mit einer solchen Farbzucht zugleich auch Spitzenpferde zu züchten. Wie bereits erwähnt, prägten die Hengste Svaði 352, Randver 358, aber auch Ljúfur 353 die Kirkjubær-Pferde am meisten. Kirkjubær hat sich heute zu einer der erfolgreichsten Zuchten entwickelt.

Kolkuós-Linie

Heute kann man kaum mehr Svaðastaðir-Pferde züchten, ohne hierbei Kolkuós-Pferde zu verwenden. Die Linie beginnt im Jahre 1922. In diesem Jahr wird Hörður 112 aus der Spitzenstute Nanna 20 frá Kolkuós und Sörli 71 geboren. Hörður 112 hatte in der Folge großen Einfluss auf die Zucht in den ersten Jahrzehnten. Danach folgte sein Sohn Léttir 400 und dessen Tochtersohn, der berühmte und bereits als Vater von Hrafn 737 erwähnte Hörður 591. Hörður 591 war Vater von vielen bedeutenden Hengsten, von denen viele – zum Leidwesen vieler Pferdekenner in Island – dann im Ausland gefragte Spitzenvererber wurden, wie Vörður 615, Stigandi 625 (in Deutschland), Héðinn 705 und natürlich auch Hrafn 737. Ein weiterer Sohn mit dem Namen Léttir 400 blieb aber in Island. Rauður 618 war ein Sohn von Léttir. Er lief einen ausgezeichneten Rennpass, zeigte viel Temperament und vererbte zudem alle Gänge und eine starke Hinterhand an seine Nachkommen, von denen dann Feykir 962 als fünfjähriger Hengst auf dem Landsmót 1982 in Klasse I gekört wurde und schließlich zu den beliebtesten Hengsten Islands gehörte. Die Kolkuós-Linie hat sich im Vergleich zu den anderen Linien am wenigsten vermischt.

Hörður 112 war prägend für die Kolkuós-Linie.

Sauðárkrókur-Linie

Die jüngste Linie des Svaðastaðir-Stammes wurde 1950 durch Sveinn Guðmundson gegründet. Als Stammmutter der Sauðárkrókur-Pferde gilt Ragnars-Brunka 2719. In ihrem Stammbaum erscheint Sörli 71 gleich dreimal als Vorfahre. Zusätzlich erwarb Guðmundson den Axlarhagi-Hengst Goði 401, von dem viele der heutigen Sauðárkrókur-Pferde abstammen. Die Sauðárkrókur-Linie hat viele erstklassige und bedeutende Zuchtpferde in den letzten Jahrzehnten hervorgebracht, wie z.B. Síða 2794, Sörli 653, Blossi 800, Gustur 923, Hervar 963, Otur 1050 und Hrafnhetta 3791.

> ### *Eigenschaften des Svaðastaðirpferdes*
>
> *1. Exterieur: kompakt, fein, elegant, oft etwas klein;*
>
> *2. Charakter: temperamentvoll, schnell verfügbare Energie, sensibel, hohe Leistungsbereitschaft – teilweise etwas frech;*
>
> *3. Ausstrahlung: selbstbewusst, wach, fröhlich, energisch, zu Beginn etwas scheu;*
>
> *4. Reiteigenschaften: leichttrittig, gutes Lernvermögen, sehr gute Gangveranlagungen.*

Hornafjörður-Pferde

Der zweite Stamm der Islandpferde ist der im Hornafjörður. Die Bucht des Hornafjörður, die von Nehrungen fast verschlossen ist, liegt im Südosten Islands. Von der hier sich befindlichen isolierten Islandpferdezucht schreibt Theodór Arnbjörnsson im Landwirtschaftlichen Jahrbuch 1924 in einer Rückschau auf die Körungen des Sommers 1923: »Die Pferde im Hornafjörður sind allgemein harmonisch. Die meisten Pferde, die zur Körung kamen, hatten ein schönes Gesicht, der Hals war schlank, die Aufrichtung gut und der Rumpf wohlproportioniert. Negativ fiel auf, dass die Pferde, von wenigen Ausnahmen abgesehen, wegen mangelhafter Aufzucht unzureichend entwickelt waren. Das scheint daran zu liegen, dass es nur knappe Weidemöglichkeiten gibt. Bergweiden fehlen ganz im Gebiet, und das Gras wird dann oft knapp. Der Sommer wird somit nicht zu einer Zeit der körperlichen Entwicklung und Stärkung. Am schönsten und temperamentvollsten waren die Pferde der sogenannten Óda-Rauðka-Linie von Árnanes, aus der drei Stuten vorgestellt wurden. Eine Stute aus einer Tochter von Óda-Rauðka, Rauðka í Dilksnesi, war allen Pferden der Körung weit überlegen. Mit Pferden dieser Linie könnte man die Zuchten des Hornafjörður gewiss sehr verbessern, wenn sie rein gezüchtet würden und der Weidemangel durch entsprechende Winterfütterung ausgeglichen werden könnte. Der Erfolg würde nicht ausbleiben.«

Dazu muss man wissen, dass es für die Bewohner im Hornafjörður von jeher schwierig war, die lebensnotwendigsten Waren in ihr Gebiet zu transportieren. Das ging nur mit tüchtigen Pferden. Die Erfahrung hatte sie gelehrt, die richtige Auswahl zu treffen, und sie waren gezwungen, die Pferde so gut aufzuziehen, dass sie in der Lage waren, alles zu geben und nie zu versagen. Mit diesen Pferden haben es die Leute an der Süd-Ost-Küste erreicht, weniger abhängig zu sein als andere.

Portrait eines Hornafjörður-Hengstes.

Als Gunnar Bjarnason, Landesberater für Pferdezucht, erstmals auch die Hornafjörður-Pferdezucht besucht hatte, schrieb er Folgendes in sein Tagebuch: »Noch nie zuvor bin ich bei einer Körung gewesen, bei der ich das Gefühl hatte, weniger guten Rat geben zu können als hier. Ich traf auf reiche Erfahrung, gemischt mit wacher Beobachtungsgabe. Gerne würde ich ein zweites Mal in jener gastfreundlichen und schönen Gegend weilen. Dann aber wissend, dass ich nicht käme um zu lehren, sondern um selber zu lernen. Dabei sehr bescheiden zu werden, angesichts der ungeheueren Schwierigkeiten, die diese Leute mit Hilfe ihrer Pferde überwunden haben. Das Abgeschnittensein von der Umwelt durch die Gletscherströme war die Schule, in der man das Pferdewissen erwarb, das hier gebraucht wurde.« Im Jahr 1961, als Bjarnason die Hornafjörður-Pferde schon 22 Jahren betreut hatte und sie daher gut kannte, stellte er folgende Zuchtmerkmale der Hornafjörður-Pferde fest: »Früh entwickelt, sehr groß. Die Pferde werden zwischen dem dritten und fünften Jahr erwachsen, sofern sie entsprechend aufgezogen werden. Widerristhöhe erwachsener Pferde 142–146 cm Bandmaß. Häufigste Farben: Rappen, Braune, Füchse. Zuverlässiger Charakter, starke Nerven. Scheuende Pferde sind praktisch unbekannt. Ein starker Gehwille ist immer mit Sicherheit vorhanden, echtes Feuer häufig. Die sehr entschiedene Leistungsbereitschaft und ihr Eifer machen sie zuweilen selbst für gute Reiter schwer regelbar. Die Pferde sind klug und haben ein phänomenales Orientierungsvermögen. Sie sind temperamentvoll, manchmal hart, aber besonders ehrlich und ohne Falsch. Die Pferde haben alle Gänge.« In den Jahren 1930–1940 teilte sich der Stamm in zwei Hauptlinien: die Árnanes-Linie und die Skuggi-Linie. Die Árnanes-Linie begann mit Bráinn 144 frá Dilksnesi. In diesem Zweig blieben die Schönheit und der feine Bau erhalten. Die Skuggi-Linie entstand mit einem Verwandten Bráinns, mit Blakkur 129 frá Árnanesi. Seine Nachkommen waren temperamentvolle Pferde von sehr ausgeprägtem Charakter, kräftig, groß. Vielen seiner Nachkommen fehlte zwar die Schönheit und die Eleganz, jedoch war Blakkur 129 ein wertvoller Vererber.

Das Hornafjörður-Pferd verkörpert folgende typische Eigenschaften:

1. Exterieur: großrahmig, kräftig, knochig;
2. Charakter: stark, teilweise sehr harte Wesensart;
3. Ausstrahlung: stark, selbstbewusst, dominant, kräftig;
4. Reiteigenschaften: energische Gänge, anhaltende Leistungsbereitschaft, teilweise etwas harte Rittigkeit.

Zusammenfassend kann man feststellen: In der Islandpferdezucht sind heutzutage viele Mischungen von Svaðastaðir- und Hornafjörður-Pferden vorhanden. So fließt beispielsweise in der Sauðárkróki-Zucht eine Menge Hornafjörður-Blut und dabei sind vorzügliche Pferde entstanden. Führende Gestüte haben außerdem vorzügliche Hornafjörður-Hengste im Deckeinsatz. Außerdem gibt es heute noch den Züchterkreis der Freunde des Hornafjörður-Pferdes, der das Ziel verfolgt, umgängliche, leichttrittige Hornafjörður-Pferde mit Schwerpunkt Tölt zu züchten. Ständig werden von diesem Züchterkreis in der Zeitschrift des IPZV *Das Islandpferd* gute Nachzuchttiere angeboten.

Hornafjörður-Pferde sind großrahmige, kräftige, wohlproportionierte Pferde. Sie besitzen einen schlanken Rumpf und verfügen über eine gute Aufrichtung.

Das Zuchtziel in Island

Die Zielsetzung einer Zucht hängt jeweils vom Nutzwert und den Anforderungen des Marktes ab. In der isländischen Zucht hat man zu verschiedenen Zeiten unterschiedliche Dinge betont, z.B. Schönheit, Größe, Kraft und Gesundheit, Arbeitsleistung (Tragen, Zug) und Reiteigenschaften, um nur die wichtigsten Dinge zu nennen. Das ausschließliche Zuchtziel ist seit 1950 ein schönes, kraftvolles Reitpferd mit gutem Charakter, lebhaftem Temperament und allen fünf Gängen, wobei der Schritt allerdings nicht in der Beurteilungsskala enthalten ist. Die Zahl der Pferde in Island ist in den letzten Jahren ständig angewachsen, und man schätzt die Gesamtzahl jetzt auf 80.000 bis 90.000. Auch die Beteiligung an den Körungen hat ständig zugenommen. Im Jahr 1974 wurden in Island noch 200 Pferde gekört, 1978 waren es schon 500, 1985 bereits 800 und schließlich 1994 betrug die Zahl 1850. Die beste Methode der Auswahl von Hengsten und Stuten ist dabei die Zuchtpferdebeurteilung. Das Richten beruht jedoch auf subjektiver Einschätzung, denn keines der Beurteilungskriterien kann auf eine Waage gelegt werden oder mit der Stoppuhr gemessen werden. Daher sind Urteile auch umstritten und werden es bleiben.

Deutsche Züchterarbeit

Fehlerfreie Pferde gibt es nicht. Es ist die Aufgabe jedes Züchters, die Vorzüge seiner Pferde gegenüber den Fehlern abzuwägen. Bei der Zucht der »Gangpferde« aus Island ist eine große Anzahl von Faktoren zu berücksichtigen. Eine kurzgefasste Übersicht hierüber zu geben, ist Aufgabe der nachstehenden Ausführungen.

In der deutschen Islandpferdezucht besteht die Zukunftsaufgabe darin, noch besser abgesicherte Maßstäbe für die Leistungszucht zu setzen, denn leider werden die allgemeinen Regeln noch immer nicht in vollem Umfang und nicht überall – in dem Maße wie es sein sollte – praktiziert. Überliefertes Züchterwissen stellt eine gute Basis dar, sollte aber ständig durch neuere spezielle Erfahrungen ergänzt und erweitert werden. Wesentliche Grundlagen vermittelt zur Zeit die noch ältere Zuchtordnung für Islandpferde mit der sehr allgemein gehaltenen Definition des Zuchtzieles: »Das Islandpferd ist ein leistungsbereites Reitpferd für Freizeit- und Sportzwecke. Es ist robust zu halten und von unkompliziertem Wesen. Neben den Grundgangarten beherrscht das Islandpferd zumindest die Gangarten Tölt und, abhängig von seiner Veranlagung, auch den Rennpass. Alle Farben und Abzeichen außer

Tigerschecken kommen vor.« Als Richtlinie für den Erhalt der rassetypischen Eigenschaften gilt derzeit der »Rassestandard«. Er ist in einem international anerkannten Zuchtziel beschrieben. Bei nationalen und internationalen Zuchtprüfungen werden Exterieur, Gangverteilung und die charakterlichen Eigenschaften des zu prüfenden Zuchtpferdes mit Noten bewertet, die in der Folge dann allen Islandpferdezüchtern zur Verfügung steht und eine kritische Einschätzung des Zuchtwertes erlauben. Die Eignung des Islandpferdes als ausgezeichnetes Reitpferd hat bei allen Beurteilungen zentrale Bedeutung. Materialrichter werden durch den IPZV e.V. zur Bewertung der Zuchtpferde ausgebildet. Sie bestimmen auf nationaler und in Zusammenarbeit mit ausländischen Materialrichtern auf internationaler Ebene die Zuchtrichtung. In Deutschland werden außerdem sogenannte Reiterrichter eingesetzt, die vom Sattel aus die Qualität der vorgestellten Zuchtpferde beurteilen. Aufgrund ihres Eindrucks wird die Note des Tieres mitbestimmt. Alle zwei Jahre findet in Deutschland das Islandpferde-Zuchtchampionat statt. Hier werden u.a. auch die Pferde ausgewählt, die Deutschland in den Zuchtprüfungen auf der Weltmeisterschaft vertreten sollen. Die Vorauswahl für die Teilnahme am nationalen Zuchtchampionat findet auf IPZV-anerkannten regionalen Materialprüfungen statt.

Reinzucht – Leistungszucht

In Deutschland werden seit mehr als 50 Jahren Islandpferde erfolgreich gezüchtet, was nicht zuletzt der Tatsache zu verdanken ist, dass – mit wenigen Ausnahmen – Reinzucht betrieben und auf diese Weise das Erbgefüge innerhalb der Rasse einheitlich gestaltet wurde. In allen Bundesländern sind heute außerordentlich hohe und z.T. sehr gute Stutenbestände und hervorragende Hengste vorhanden. Die Zucht des Islandpferdes floriert. Zur Zeit sind in der Bundesrepublik über 700 Hengste und etwa 5500 Stuten als Zuchtpferde eingetragen. Jährlich werden etwa 2300 Fohlen geboren. Ein schon lange notwendiger und wichtiger Schritt ist 1996 mit der Gründung des deutschen Islandpferdezuchtverbandes (DIZV) getan worden, wodurch eine eigenständige Förderung der Islandpferdezucht und die dadurch bedingte Verbreitung des in Deutschland gezogenen Islandpferdes gewährleistet wird.

Züchten – Denken in Generationen

In der Pferdezucht muss man seine Vorstellungen auf lange Sicht einstellen, da das Zuchtziel meist nicht in ein oder zwei Generationen zu erreichen ist. Das ist zumal dann der Fall, wenn es – wie beim Islandpferd – um die Verbesserung, Erhaltung und Festigung eines bestimmten Typs geht. Das Endziel wird züchterisch meist erst nach einigen Generationen erreicht und ausreichend verankert sein. Man muss sich hüten, züchterische Möglichkeiten von anderen Tierarten auf das Pferd zu übertragen. Generell ist es nicht allzu schwer, mit den Mitteln der Kreuzung und der nachfolgenden Inzucht eine einheitliche (evtl. sogar neue) Hunde- oder Schweinerasse zu züchten. Letztlich beruht das auf der kurzen Generationsfolge dieser immer zahlreiche Junge gebärende Arten. Völlig anders verhält es sich aber beim Pferd. Meist erst mit fünf Jahren bekommt die Stute ihr erstes und einzelnes Fohlen, in ihrem ganzen Leben höchstens nur 20. In 30 Jahren hat das Schwein Hunderte von Millionen, die Stute aber höchstens 250 Nachkommen.

Das Züchten von Islandpferden wird immer dann erfolgreich sein, wenn es sich in aufeinander aufbauenden Schritten zielbewusst vollzieht. Der erste Schritt ist eine sorgfältige Auswahl der zur Zucht verwendeten Pferde. Dabei ist es z.B. zweckmäßig, dass der Züchter sich für jedes seiner Pferde eine Ahnentafel (über möglichst drei Generationen) aufstellt. Die Ahnentafel muss einwandfreie und vergleichbare Angaben über die gesamte Nachkommenschaft der einzelnen Tiere enthalten. Von größerer Bedeutung sind jedoch im Hinblick auf die Leistung nur die Eltern und Großeltern.

Beurteilungs- und Bewertungs-Maßstäbe bei der Auswahl von Zuchtpferden

Die planmäßige und sinnvolle Zucht von Isländern als Gangpferden sollte ganz allgemein nach Abstammung, Exterieur/Gebäude, Charakter/Gebrauchseignung, Energie/Leistungswille, Bewegungsmechanik/Gangverteilung und Gesundheit erfolgen. Gefordert ist zunächst als Rassetyp ein starkes, robustes, williges und ausdauerndes Pferd mit gutmütigem Charakter, Charme und leistungsbereitem Temperament. Erkennbar wird dies meist u.a. an den Verhaltensäußerungen, den Augen, dem Ohrenspiel, der körperlichen Gesamtheit und dem Haarkleid.

Anpaarungen

Als Züchter muss ich mir überlegen, wie ich meine Pferde anpaare. Habe ich mich hinsichtlich der Punkte Gangverteilung, Temperament und Charakter, Energie und Exterieur entschieden, so muss ich mir überlegen, in welcher Zuchtlinie das passende Pferd gefunden werden soll. Habe ich selbst z.B. eine Viergangstute mit reiner Svaðastaðir-Abstammung, viel

Ein kurzer, gut getragener Hals, ein relativ schwerer Kopf, ein langer und kompakter Körper und eine gut bemuskelte, kräftige, abfallende Kruppe zeichnen das Exterieur des Islandpferdes aus.

Temperament, gutem Charakter und feinem Exterieur, und möchte ich ein leichtrittiges Pferd mit viel Naturtölt züchten, so kann ich mir einen naturtöltenden Hengst aus der Svaðastaðir-Linie suchen oder einen Mischbluthengst mit viel Naturtölt. Zunächst überlege ich mir, was für ein Pferd ich habe: Habe ich eine Reinblutstute, so stehen mir viele Möglichkeiten offen, sie anzupaaren. Habe ich eine Mischblutstute, die aus zwei reinen Linien entstammt, so sollte ich mich für eine der beiden Linien entscheiden, um sie damit anzupaaren. Für welche Linie ich mich entscheide, hängt davon ab, in welchem Typ sie selbst mehr steht. Habe ich eine Mischblutstute, die aus keinen erkennbaren reinen Linien entstammt, so bringe ich sie auf jeden Fall zu einem Reinbluthengst. Ich überlege hier ebenfalls, in welchem Typ sie steht, und welche Merkmale an ihr zu verbessern sind. Weiterhin lege ich fest, was ich für ein Pferd züchten will. Soll das Pferd vor allem für die Weiterzucht verwendet werden, dann ist es oft sinnvoll, möglichst in einer reinen Linie zu bleiben, weil diese Reinblutpferde ein sehr hohes genetisches Potential haben und für die Zucht unerlässlich sind. Will ich vor allem ein hochkarätiges Reitpferd züchten, so erzielt man häufig dann beste Ergebnisse, wenn man rein gezogene Linienpferde mit einem Mischblutpferd anpaart, das selbst über hohe Reiteigenschaften verfügt.

Was sind Mischblutpferde?

Mischblutpferde nennt man alle, die aus verschiedenen Linien bekannter oder auch weniger bekannter Zuchten entstammen. Oft gibt es unter diesen Pferden hervorragende Reitpferde, die sich auch sehr gut in der Zucht einsetzen lassen.

Zur Exterieurbeurteilung sollte das Pferd offen stehen, so dass alle vier Beine zu sehen sind. Hier sollten die Vorderbeine noch ein wenig besser geöffnet werden.

Qualität der Zuchtstute

Oft verfügt die reinblütige Stute nicht über extrem gute Reiteigenschaften, aber über viel Persönlichkeit. Werden diese Pferde mit Spitzenreitpferden derselben Linie angepaart, entstehen fast immer sehr wertvolle Reitpferde. Mit solchen Stuten hat man jedoch noch eine weitere Möglichkeit: Sie können mit solchen Mischbluthengsten angepaart werden, die über hervorragende Reiteigenschaften verfügen. Dadurch erhält man Pferde, die auf dem Markt leichter zu verkaufen sind, da sie größer und korrekter gebaut und für den durchschnittlichen Interessenten leichter zu reiten sind.

Auswahl nach Exterieur/Gebäude

Bezüglich des Skelettbaus entsprechen die Merkmale des Islandpferdes nicht dem Idealbild des Großpferdes. Auf dem relativ kurzen, jedoch gut getragenen Hals sitzt der relativ schwere Kopf. Der Körper ist lang und kompakt. Die gut bemuskelte, kräftige Kruppe ist abfallend und ein wenig keilförmig. Alle Abweichungen der Extremitäten von der Geraden sind zugelassen – z.B. eine zehenweite Stellung der Vorderbeine und kuhhessige Stellung der Hinterbeine –, sofern nicht die Gesundheit oder die Tragkraft beeinträchtigt werden. Härte und Trockenheit der Gliedmaßen sind wichtig und garantieren u.a. oft die

Langlebigkeit. Dabei ist jedoch immer zu bedenken, dass das Islandpferd ein typisches Naturpferd ist, bei dem die Leistung und nicht das Gebäude im Vordergrund steht. Die Widerristhöhen variieren bei einem Mittelwert von 136 cm zwischen 130 und 145 cm. Gebäude, Rahmen und Kaliber sollen harmonisch sein und dem Verwendungszweck eines Gangpferdes entsprechen.

Wir unterscheiden bei Islandpferden verschiedene Formen der Gangpferdeausprägung (siehe dazu auch S. 108–115):

Der Dreigänger
Der meist tief angesetzte kurze und gerade Hals ermöglicht nur geringe Aufrichtung. Der Widerrist liegt weit vorn und reicht nicht weit in die Sattellage hinein. Die Schulter ist kurz und steil und ermöglicht nur kurze Bewegungen. Die Lendenpartie ist fest und kurz. Die Kruppe ist relativ gerade mit hohem Schweifansatz.

Der durchbrochene Traber
Der lange Hals ist eher hoch angesetzt und lässt eine Tendenz zum Hirschhals erkennen. Der lange Rücken erscheint leicht durchgedrückt mit zugleich langer, weicher Lende. Die ebenfalls lange Kruppe erscheint meist stark abgeschlagen. Die Hinterhand wird weit nach hinten, dagegen die Vorhand nach vorne herausgestellt.

Der Viergänger
Harmonisches Pferd mit langen Linien. Er verfügt über den als ideal anzusehenden geschwungenen Rücken mit passender, elastischer Lende und zugleich über einen langen, geschwungenen Hals. Der Viergänger mit langer, schräger Schulter entwickelt raumgreifende, weite Gänge. Bezüglich der Gliedmaßenstellung stehen die Vorhand und die Hinterhand senkrecht und parallel. Die Hinterhand besitzt Sprungkraft.

Der Naturtölter
Sehr gut proportioniertes, harmonisches Pferd. Trotz zunehmender Schubkraft durch leichte Schrägstellung der Hinterhand ist noch genügend Tragkraft, aber keine Sprungkraft vorhanden. Der Widerrist läuft weit im Rücken aus, wodurch der Reiter gut in die Mitte des Pferdes gesetzt wird. Je gerader der Rücken und je fester die Lende, umso mehr Passveranlagung ist vorhanden.

Der Fünfgänger
Die laterale Veranlagung des Fünfgängers zeigt sich in einem geraden Rücken mit gestreckter, fester Lende. Der Hals mittlerer Länge wirkt gut aufgesetzt, aufgerichtet und geschwungen. Der Widerrist liegt im Vergleich zum Viergänger etwas weiter vorn. Die Hinterhand wird leicht nach hinten herausgestellt, wogegen die Vorhand gerade bleibt. So übertrifft hier die Schubkraft die Tragkraft.

Der Rennpasser
Das Gebäude des Rennpassers ist auf extreme Schubkraft ausgerichtet. Die Hinterhand wird demnach weit nach hinten hinausgestellt. Die Vorhand mit steiler, aber langer Schulter steht nach hinten geneigt unter den Körperschwerpunkt. Die Lende ist kurz, die Kruppe steil abfallend, der Schweifansatz tief.

Der Passgänger
Vorder- und Hinterhand werden nach hinten hinausgestellt, wodurch das Pferd das Gleichgewicht im Stand schlecht halten kann und daher immer wieder versucht, ein Bein nach vorne zu stellen. Der Hals ist kurz, gerade und tief angesetzt, die Schulter kurz und steil, der Rücken gerade und sehr fest, die Lende gelegentlich leicht nach oben gewölbt. Schlechter Übergang vom Rücken zur Kruppe.

> *Das wünscht man sich für ein Zuchtpferd*
>
> *Markanter bzw. trockener und ausdrucksvoller Kopf – in der Größe zum Pferd passend –, klare Ganaschenfreiheit und gute Maulspalte, große und wache Augen, große Nüstern, kleine, schön geformte Ohren und ein regelmäßiges Gebiss. Der Hals sollte genügend lang, gut aufgesetzt und geschmeidig sein, die Schulter lang und schräg, die Brust genügend breit mit guter Rippenwölbung, der Widerrist ausgeprägt, gut bemuskelt und weit in den Rücken hineinreichend, der Rücken federnd, elastisch und gut bemuskelt und die Kruppe lang, schräg und genügend breit bei ebenfalls kräftiger Bemuskelung, jeweils passend zu dem Gebäudetyp der Gangpferdeskala. Andere Körpermerkmale und Abweichungen können toleriert werden, sofern das jeweilige Pferd – unter dem Reiter – damit umgehen kann.*

Geschlechtstyp
Stutenauswahl
Stuten sollten im Hinblick auf den Geschlechtstyp guten weiblich-mütterlichen Ausdruck zeigen. In der Linienführung werden sie feiner, rundlicher und länger als Hengste erscheinen, bei zugleich längerem und weniger stark ausgebildetem Hals.

Stuten sollten feiner, rundlicher und länger als Hengste erscheinen und guten weiblich-mütterlichen Ausdruck zeigen.

Dabei ist jedoch einschränkend festzustellen, dass eine Stute, die im Sporteinsatz steht, bei guten Reitpferdemerkmalen einige typisch weibliche Eigenschaften, wie beispielsweise den etwas schmal bemuskelten Hals und die ausgeprägte Bauchwölbung vermissen lassen kann. Unter den Stuten finden sich zudem oft Leistungstypen, die eine hohe Dominanz besitzen und in der Zucht durchaus erfolgreich eingesetzt werden können.

Bevor eine Stute zum Decken gebracht wird, stellt sich die Frage: Welcher Hengst passt hier am besten? Die Hengstauswahl wird immer schon dadurch eingeengt, wenn die in Frage kommende Stute kritisch darauf geprüft wird, was sie selbst an genetischem Potential mitbringt. Die Einzelnoten von Materialprüfungen nach den Richtlinien der FEIF können sowohl im Hinblick auf den Hengst wie die Stute hierzu wertvolle Aufschlüsse geben. Der ausgewählte Hengst sollte beispielsweise die mindere Beurteilung der Stute in einer Eigenschaft ausgleichen können, damit dieser Mangel sich nicht im Fohlen manifestiert. Daher sind die Gesamtnoten von Hengsten weniger entscheidend und sollten weniger beachtet werden als die Einzelnoten.

Unter den Stuten finden sich oft Leistungstypen, die in der Zucht erfolgreich eingesetzt werden.

Hengstauswahl

Da vielfach die zur Zucht vorgesehenen Stuten nicht völlig dem vorgegebenen Zuchtziel in aller Vollkommenheit gleichen, besteht die Notwendigkeit einer besonders kritischen und sorgfältigen Auswahl unter den verfügbaren Hengsten. An die Hengste sollte man hohe Ansprüche stellen. Abstammung, Form und Leistung müssen ein harmonisches Gesamtbild ergeben. Zudem sollten die Hengste ausgeprägten Geschlechts-, Rasse-, und Familientyp zeigen, gute Nerven haben und über ausgezeichnete Gelenke und Sehnen verfügen.

In der Regel räumt man in der Zucht der väterlichen Seite den Vorrang ein, da die Vererbung der Hengste aufgrund der größeren Nachkommenzahl besser erkennbar ist. Der Geschlechtstyp äußert sich beim Hengst im männlichen Gesamtausdruck mit kraftvollem, energischem Gesicht, kräftiger Halsausbildung mit deutlichem Halsaufsatz und gegenüber der Hinterhand relativ stärker entwickelter Vorhand bei gut geschlossenem Mittelbau. Großer Wert ist bei den Hengsten auch auf die mütterliche Linie – das beharrende Moment in der Zucht – zu legen. In diesem Sinne sind besonders die Stuten wertvoll, die sich als Begründer erfolgreicher, vererbungssicherer Stutenstämme erwiesen haben. Wenn auch das Wissen um die Leistung und die Einschätzung der Herkunft eines Hengstes sehr wichtig ist, so lässt sich jedoch ein endgültiges Urteil über den Zuchtwert eines Hengstes erst durch die kritische Beurteilung seiner Nachkommen fällen.

Ein Ausflug in die Grundlagen der Vererbungslehre

Die Eigenschaften eines Islandpferdes erwachsen aus dem Erscheinungsbild (Phänotyp) und der Gesamtheit seiner Erbanlagen (Genotyp). Die Erbanlagen bestimmen den Rahmen der Entwicklungsmöglichkeiten, wohingegen die Umweltbedingungen diese Möglichkeiten modifizieren. Beispiel: Wird ein Pferd während seiner Jugendentwicklung schlecht und unzureichend ernährt, so wird es nicht die von den Erbanlagen vorhergesehene Größe und Gestalt erreichen.

Das Pferd besitzt 32 Chromosomenpaare, die jeweils zahlreiche Gene als Anlagen für verschiedene Merkmale enthalten. Die Chromosomen der fast immer unterschiedlich veranlagten Eltern vereinigen sich nach den Gesetzen des Zufalls und so entsteht eine große Zahl von vorher nicht zu übersehenden Genkombinationsmöglichkeiten, woraus sich z.B. auch die Verschiedenartigkeit von Vollgeschwistern erklärt. Aber gerade der Fortschritt in der Zucht ist in der großen Zahl unterschiedlicher Erbfaktoren begründet, die die Chance bieten, zu immer neuen Erbfaktorenkombinationen zu kommen, wobei die Anlagen für die unzähligen einzelnen Merkmale meist unabhängig voneinander vererbt werden. Die meisten Tierzuchten sind durch Inzucht auf wenige beste Stammeltern entstanden. Es sind stets einzelne herausragende Individuen und nicht der Durchschnitt, die den Fortschritt in der Zucht bringen. Hier werden die besten Blutströme im Rahmen einer mehr oder minder gemäßigten Verwandtschaftszucht immer wieder zusammengebracht und man erhält Typ, Ausgeglichenheit und Qualität. Natürlich dürfen nur hervorragend erbgesunde und leistungsfähige Islandpferde die Basis der Linienzucht bilden. Ein Weg zur Linienzucht ist die Inzucht.

Der »sechste Sinn« des Züchters

Ein erfolgreicher Züchter wird immer als »sechsten Sinn« die Fähigkeit haben, jedes Pferd in seiner Art und seinem Wesen intuitiv zu erfassen und auf Grund dieser Sichtweise die richtige Wahl von Paarungspartnern zu treffen. Diese Eigenschaft hat Gunnar Bjarnason einmal in die Worte gefasst: »Man muss das Pferd im Pferde sehen.«

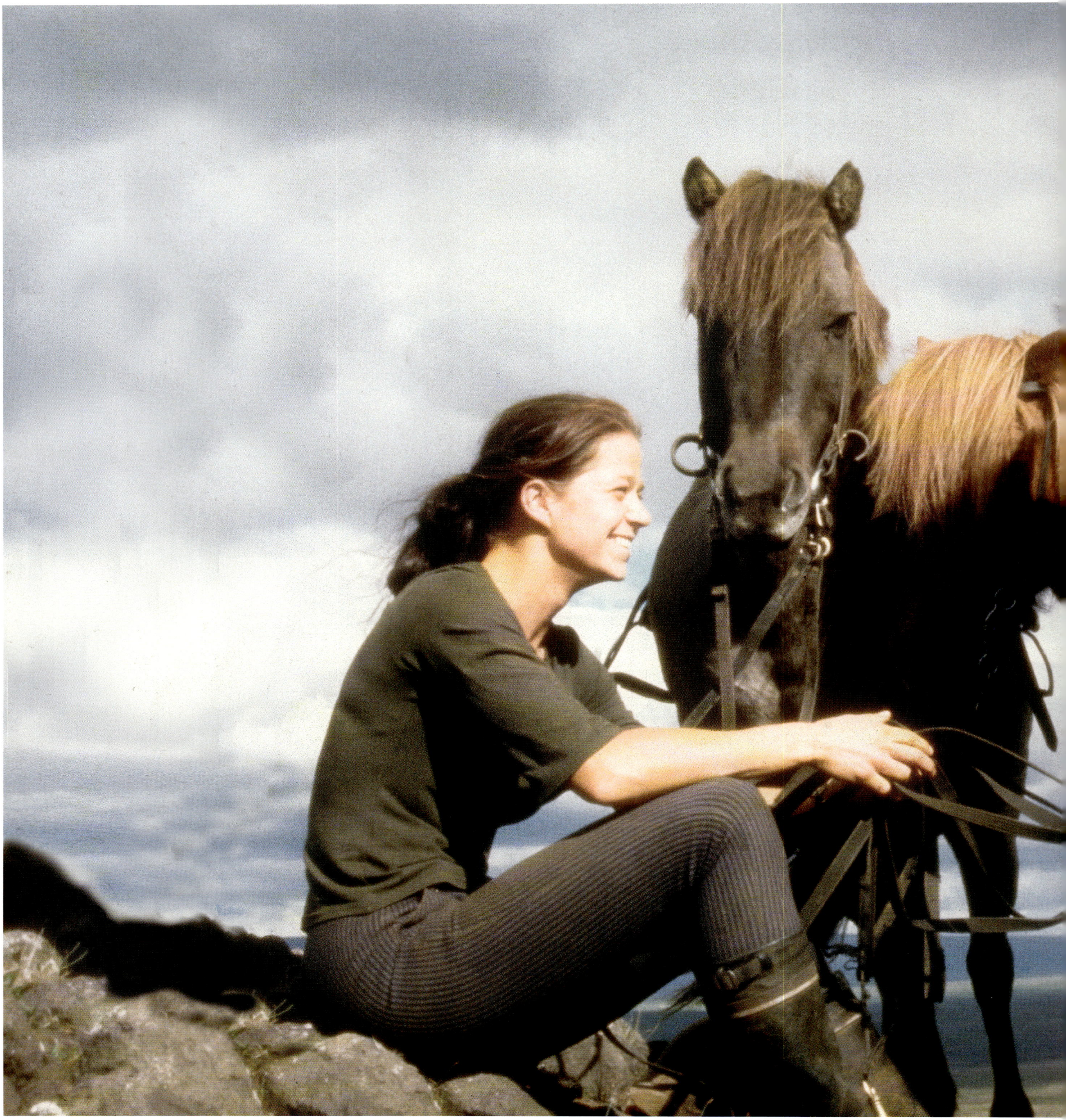

Ratschläge für den Kauf von Islandpferden

Gerade bei einer Reittour durch Island kann man auf ein Pferd treffen, das genau zu einem passt. Oft besteht die Möglichkeit, es zu kaufen. Das Pferd muss dann per Flugzeug in die neue Heimat transportiert werden.

1. Der sicherste Kauf ist der von Freunden, Bekannten oder Vereinsmitgliedern. Meist hat man hier die Gelegenheit, das Islandpferd schon längere Zeit vorher beobachten zu können. Dazu kennt man meist den Grund des Verkaufs.

2. Der Kauf über Inserate verursacht meistens kostspielige Reisen und verlangt eine erhebliche Pferdekenntnis. Außerdem kennt man weder die Vorgeschichte des Pferdes, noch die Vertrauenswürdigkeit des Verkäufers.

3. Der Kauf auf einem Pferdemarkt ist ebenso mit einem hohen Risiko verbunden. Die Versprechungen und Behauptungen der Verkäufer sind oft übertrieben und die Informationen lückenhaft. Man kann die Angaben über die Tiere nur ungenügend überprüfen. Nach einem Kauf ist oft die Enttäuschung groß.

4. Der Ankauf über einen Händler ist ebenso risikoreich. Sofern man selber von Islandpferden wenig versteht, sollte man einen erfahrenen und vertrauenswürdigen Reiter und Islandpferdekenner mitnehmen. Dem Händler wird erklärt, was gesucht wird. Daher sollten nur die ge-

wünschten Pferdetypen vorgestellt werden. Käufer und Begleiter geben sich nicht als Fachleute zu erkennen. Man muss dem Händler das Gefühl vermitteln, dass man ihm als Fachmann vertraut. Beim Kauf bei einem Händler wird man selten ein besonders gutes Pferd erhalten.

5. Empfehlenswert ist die kostengünstige Nutzung der Verkaufspferdebank des Islandpferde-Reiter und Züchterverbandes »IPZV-Pferdebörse« im Internet unter http://www.ipzv.de/pferdeboerse. Man sollte hier von den Möglichkeiten der Islandpferde-Homepage im deutschsprachigen Raum Gebrauch machen. Der Verband ist um eine fachkundige Beratung bemüht. Dazu sei noch auf das IPZV Adressbuch 2011 hingewiesen. Im IPZV-Serviceteil findet der Benutzer die Namen und Anschriften aller beim IPZV registrierten Betriebe, Gestüte, Landesverbände, Regional- und Ortsvereine geordnet nach Postleitzahlen mit Kurzinformationen. Einzelexemplare können über die IPZV-Geschäftsstelle (Tränkenpforte 3, 34117 Kassel; Tel.: 0561/73951-13 – Fax: 0561/3951-14, Mail: geschäftsstelle@ipzv.de) zum Preis von 10 € einschl. Versand bezogen werden.

6. Ankauf über ein Islandpferdegestüt. Man beobachte hier das Benehmen des Islandpferdes beim Einfangen auf der Weide oder beim Auftrensen im Stall. Dabei ist feststellbar, ob das Pferd Schwierigkeiten bei den gängigsten Dingen im Umgang macht. Man fasse das Pferd an den Ohren, wobei es keinen Widerstand leisten darf, da es sonst Schwierigkeiten beim Auflegen von Halfter und Zaumzeug machen wird. Als Kriterium für Temperament und Charakter ist der Ausdruck des Auges noch weit mehr geeignet als der der Ohren. Jeder Laie sieht, ob das Auge groß oder klein, lebhaft oder unbeteiligt, sanft oder bösartig, feurig oder stumpf, klar oder trüb, vertrauensvoll oder ängstlich blickt. Es ist zu empfehlen, alle vier Beine hochzuheben, wobei man sich mit Hilfe eines Hufkratzers von der Gesundheit der Hufe und des Strahls überzeugen sollte. Stellungs- und Gangabweichungen nach außen wie auch Kuhhessigkeit sind bei Islandpferden verbreitet und stellen eine Rasseeigentümlichkeit dar. Bedenklich dagegen sind Abweichungen nach innen. Wichtig ist auch, das Islandpferd beim Aufsitzen zu prüfen, ob es ruhig steht, ob es ohne zu zackeln den Hof in der gewünschten Richtung verlässt und keine Angst vor Gegenständen und Autos hat. Natürlich spielt die Bewegungsmechanik und die Gangverteilung bei jedem Islandpferd eine überragende Rolle. Hierüber muss man sich genauestens informieren und sollte die Angaben auch praktisch überprüfen. Das Pferd sollte unter gar keinen Umständen mit Sommerekzem behaftet sein. Die Untersuchung auf Krankheiten und volle Funktionstüchtigkeit überlasse man einem Tierarzt bei der Ankaufsuntersuchung, die in jedem Falle vor Übernahme des Pferdes durchzuführen ist.

7. Ein »Kauf per Handschlag« ist abzulehnen. Sofern möglich, sollte man sich nicht sofort zum Kauf entscheiden. Den Kauf sichert am besten ein schriftlich abgefasster Kaufvertrag, den es als Vordruck gibt. Darin werden die Modalitäten festgelegt, wie Abstammung und Eigenschaften des Pferdes, Zahlungsbedingungen, Umfang und Zahlung der Ankaufsuntersuchung. Individuelle einzelne Abmachungen sind in jedem Einzelfall schriftlich zu festzulegen.

8. Anschaffungspreis: Der Kauf eines Islandpferdes ist eine langfristige Investition. Im Hinblick auf die laufenden Unterhaltungskosten, die für ein weniger interessantes Tier ebenso hoch sind, wie für ein passendes und hochwertiges Pferd, sollte man nicht allzu sehr auf den Pfennig schauen. Für ein in Deutschland gezogenes erwachsenes Islandpferd sind mindestens 8000 € anzulegen. Ein aus Island importiertes Tier kann bis 1500 € billiger sein.

Haltungskosten für die Haltung eines Islandpferdes

1. Pensionspreis pro Stellplatz mit:
   - Offenstallhaltung und Weide rund: 120–200 €
   - Paddock, Laufstall, Reithalle rund: 140–300 €

2. Tierarzt (Festkosten):
   - Mindestens 4 Mal Wurmkur pro Jahr: 4 x 20 € =   80 €
   - Tollwut-Impfung (jedes Jahr 1 mal à 20 €)   20 €
   - Tetanus-Impfung Grundimmunisierung
     2 Mal im Abstand von 4–6 Wochen   40 €
     3. Impfung nach einem Jahr   20 €
     dann Wiederholungsimpfung alle 2 Jahre   70 €
   - Influenza- und Herpes-Impfung – (Cavallon-IR oder Resequin NN)
     Grundimmunisierung = 2 Mal im Abstand von 4–6 Wochen   80 €
     3. Impfung nach 4 Monaten   70 €
     dann Wiederholung alle 6 Monate   70 €
   - Rücklage für unvorhersehbare Krankheiten und Verletzungen
     (monatlich 35 €)   420 €

3. Hufschmied: alle 8 bis 10 Wochen (normaler Beschlag rund 90 €)   540 €

4. Haftpflicht: (für Schäden, die das Islandpferd anrichten könnte)   70 €

Kostenzusammenstellung für ein Kalenderjahr:

Pension pro Monat 200 €   = 2400 €
Tierarzt im Jahr 180 € + Rücklage 420 €   = 600 €
Hufschmied   = 540 €
Haftpflicht   = 70 €

Gesamtkosten   3610 €

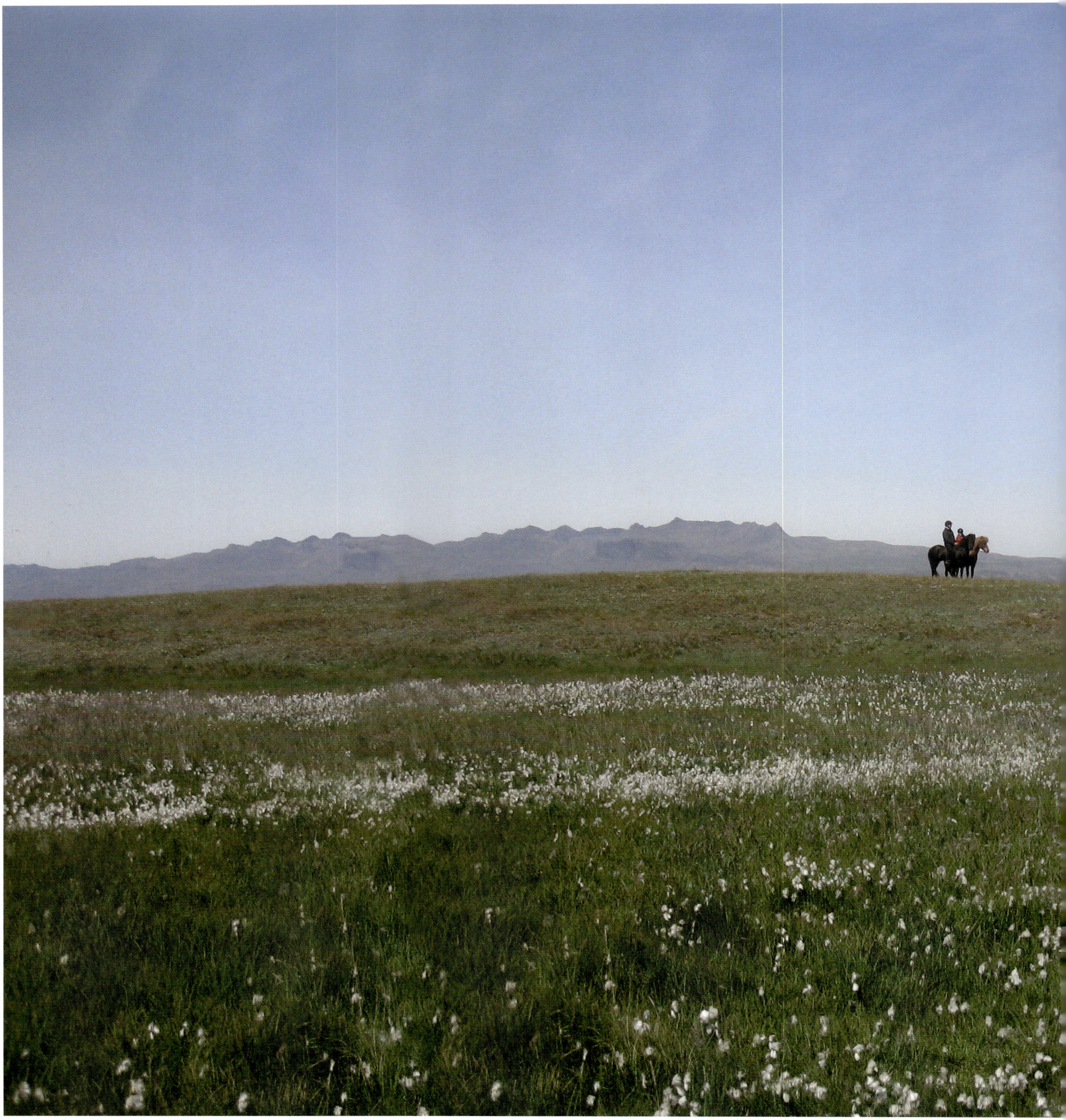

Jetzt reiten wir wieder

Ritt entlang des größten Moorbirkenwaldes bei Húsafell im Westen Islands.

Vom Hochland nach Húsafell

Nach einer Sturmnacht, in der die Pferde in der roten Wellblechhalle sich mustergültig ruhig verhielten, reiten wir nach Nordwesten. Vor dem Abritt werden die Packpferde beladen und noch schnell einige Pferde beschlagen, die lockere Eisen haben. Die Sonne scheint und es ist für isländische Verhältnisse recht warm. Zunächst führt unser Weg durch Erdbulten (bewachsene, huckelige Kleinreliefformen), die sich zwischen Steinen und Wasserlöchern aufwölben. Etwa jede Stunde wird eine kurze Pause eingelegt, in der Schweifriemen, Sattelgurt und Sperrhalfter gelöst und die Sättel anderen Pferden aufgelegt werden.

Gegen Nachmittag gibt es – nach ausgiebigem Picknick – eine längere Ruhepause. Auch die Pferde brauchen Erholung und grasen in einer von uns abgesperrten grasbewachsenen Schlucht. Die Ruhe der isländischen Natur abseits der modernen Alltagshast ist eine Wohltat.

Über einen erkalteten Lavastrom reitend, kommen wir, vorbei an den Höhlen in der Hallmundarhraun, die durch die nachträgliche Entleerung eines noch flüssigen Lavastroms unter einer bereits genügend erstarrten Oberfläche entstanden sind, zum Húsafellsskógur, dem größten Moorbirkenwald (*Betula pubescens*) im Westen Islands.

Wir erreichen Húsafell, das in ein bewaldetes Lavafeld eingebettet ist, und bringen unsere Pferde auf eine große Weide. Ab geht's nun ins dampfende, 36 °C heiße Thermalbad.

Wir erreichen am nächsten Tag das Naturschutzgebiet Hraunfossar. Auf einer Breite von einem Kilometer fließen schäumende Bäche, die sich über Lavafelsen und durch Birkenvegetation in den Fluss Hvitá ergießen. Beim Barnafoss, dem »Kinderwasserfall«, stürzt die Hvitá in eine enge Schlucht. Man erzählt sich, dass hier einst zwei Kinder von einem Felsen in den tosenden Fluss stürzten und ertranken. Daher der Name.

Über Berg und Tal

Der Ritt führt nun durch Farmland, breite steinige Flussläufe und über Bergrücken mit grandioser Aussicht. Die Nachmittagsrast erfolgt auf dem Hof Kirkjubol, wo jahrhundertealte Dichtertradition Islands, von Bauern bewahrt und weitergeführt, lebendig ist.

Das Tagesziel liegt beim Schafspferch Þverárrétt, wo unsere Pferde auf einer Weide untergebracht werden. Hier weht ein scharfer Wind und die Tiere stellen sich – wie immer – mit dem Rücken gegen die Windrichtung. Wir selbst verbringen die Nacht im Schlafsack.

Der nächste Morgen ist zunächst sonnig und klar. Wie satteln und reiten. Heute und morgen soll es in zwei abenteuerlichen Etappen zur Halbinsel Snæfellsnes gehen. Wir reiten an flachen Flüssen entlang, an denen die Pferde trinken können, über steile Bergpässe und erreichen am Abend – nach 8 Stunden im Sattel – ziemlich erschöpft unsere Unterkunft, ein ehemaliges Bauernhaus in der Gegend Dalir, »die Täler«.

Küstenseeschwalben verteidigen ihr Brutgebiet gegen unsere freilaufenden Pferde.

Von Lavabergen, Basaltküsten, Vogelkolonien und Polarlichtern

Am nächsten Tag geht es zur sagenumwobenen und geschichtsträchtigen Halbinsel Snæfellsnes. Die Eigenheiten von Snæfellsnes sind die unzerstörte und ungestörte Natur, der Gletscher Snæfellsjökull mit seiner magischen Kraft, die Vogelkolonien der Halbinsel, die wunderbaren Küsten, Klippen und ihre herrlichen Felsformationen. Der Gegensatz zwischen saftig grünen Wiesen und öder Lavalandschaft fällt hier besonders ins Auge. Der Gletscher und Vulkan gaben diesem Teil Islands seinen Namen. Der 1446 m hohe, eisbedeckte Stratovulkan Snæfellsjökull hat es schon mehrfach zu literarischer Berühmtheit gebracht. »Steig hinab in den Krater, kühner Wanderer, und du wirst zum Mittelpunkt der Erde gelangen«, so kann man in Jules Vernes' (1828–1905) *Reise zum Mittelpunkt der Erde* nachlesen.

Der oft in Wolken eingehüllte Kegel wird von einem 11 km² großen Gletscher bedeckt, der vor 80 Jahren noch doppelt so groß war. Der Vulkan selbst ist schon seit rund 1700 Jahren erloschen. An seinen Hängen fallen die heruntergeflossenen Lavaströme auf, die wie riesige Wurzeln aussehen.

An der Küste geraten einige Pferde in einen Wiesengraben, in dem sich eine Brutkolonie der Küstenseeschwalbe (*Sterna macrura*) befindet. Der isländische Name der Küstenseeschwalbe ist Kria, und so hört sich auch ihr Schrei an.

Abends bei Arnarstapi (stapi = Tafelberg) sehen wir plötzlich am Himmel Polarlichter, die Aurora borealis nach Galileo Galilei. Ein faszinierendes Schauspiel. In z.T. gardinenartigen Schleiern ziehen sie an unseren Augen vorbei. Die moderne Wissenschaft ist dem nächtlichen Farbentanz auf die Spur gekommen. In einer Höhe von 100–300 km werden Gasmoleküle der Atmosphäre durch den Zusammenprall zum Leuchten gebracht. Das Auftreten des Polarlichts ist abhängig vom elfjährigen Zyklus der Sonnenflecken und von einem jahreszeitlichen Rhythmus. Bei der markant geformten Steilküste von Arnastapi bestehen die Felsen aus unterschiedlich hartem Gestein, das permanent vom Meer »bearbeitet« wird. An den Stellen, an denen der Fels weniger hart ist, entstehen Spalten, Buchten, Grotten und Tore. Diese Klippen bieten ideale Brutplätze für Seevögel. Besonders häufig begegnen uns Dreizehenmöwen und Eissturmvögel (*Fulmarus glacialis*). Eine der größten Möwen, die Mantelmöwe (*Larus marinus*) beobachten wir beim Start von einem im Meer liegenden Basaltbrocken. Auch der Wunsch eines Mitreiters geht in Erfüllung, als wir schließlich an einer langen vorgeschobenen Steilküste mehrere Exemplare des Papageientauchers (*Fratercula arctica*) entdecken. Der possierliche, 30 cm große, rundliche Vogel besitzt einen höchst ungewöhnlich gestalteten und grau-gelb-rot gefärbten Schnabel.

Der Papageientaucher, ein possierlicher, 30 cm großer Vogel mit buntem Schnabel.

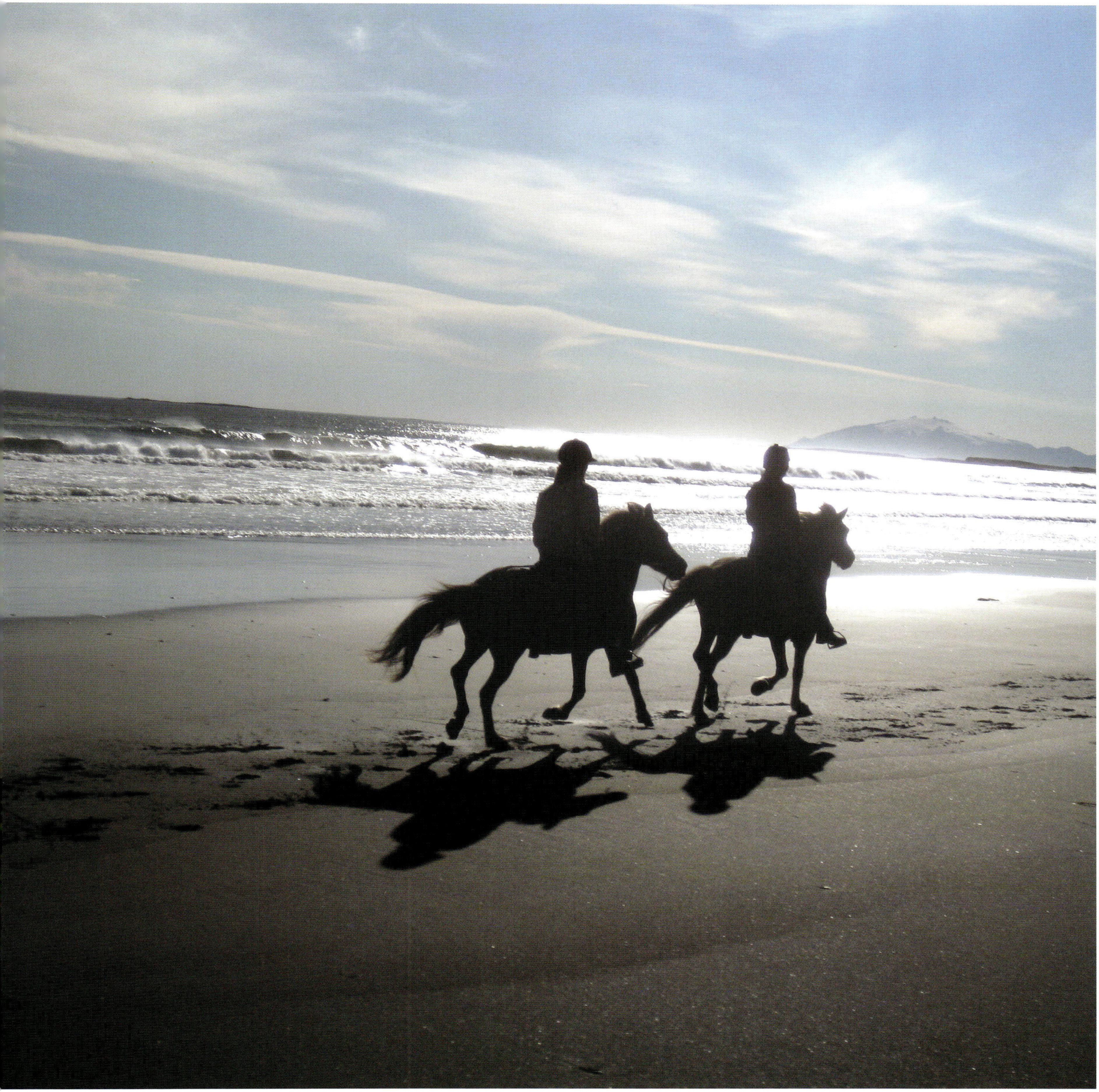

Wir reiten nach Nordosten über Frostschuttböden und glazial geprägte Landschaft. Ein eisiger Wind pfeift, der Himmel zieht sich zu. Der Ritt führt uns entlang einer zunächst weiten, dann jedoch scharf eingeschnittenen Tallandschaft, an deren Flussrändern oftmals Restschneebereiche zu durchqueren sind. Beim Aufstieg über steinige Hügel sitzen wir ab und führen unsere Pferde. Der Abstieg auf den wellig zerfurchten Hängen mit Quellfluren und moorigen Böden zieht sich in die Länge. Der moorige Boden trägt nicht mehr Ross und Reiter. Wir steigen ab und waten mit unseren Pferden durch den Sumpf. Kurz danach muss ein Pferd beschlagen werden. In mehreren Etappen – mit Nächten im Schlafsack – reiten wir über Flussläufe, einsame Bergpässe und sanfte Hügel zurück nach Brekkulækur, wo wir uns wieder an die Zivilisation gewöhnen müssen. Wir nehmen Abschied von den Pferden. Die unbändige Natur und die schweren Lebensbedingungen auf der Insel haben von jeher den Menschen und auch seinen Lebensgefährten, das Islandpferd, geprägt. Eine kleine Ahnung davon haben wir alle während unseres Rittes mitbekommen und werden das Erlebte so leicht nicht vergessen. In jedem Fall sehen wir unsere in Deutschland lebenden Insel-Pferde mit etwas anderen Augen an, und zugleich besitzen wir jetzt einen geschärften Blick für ein Tier, das die Entwicklung von Island bestimmte. Ohne die Islandpferde wäre das Leben auf der Insel anders verlaufen.

193

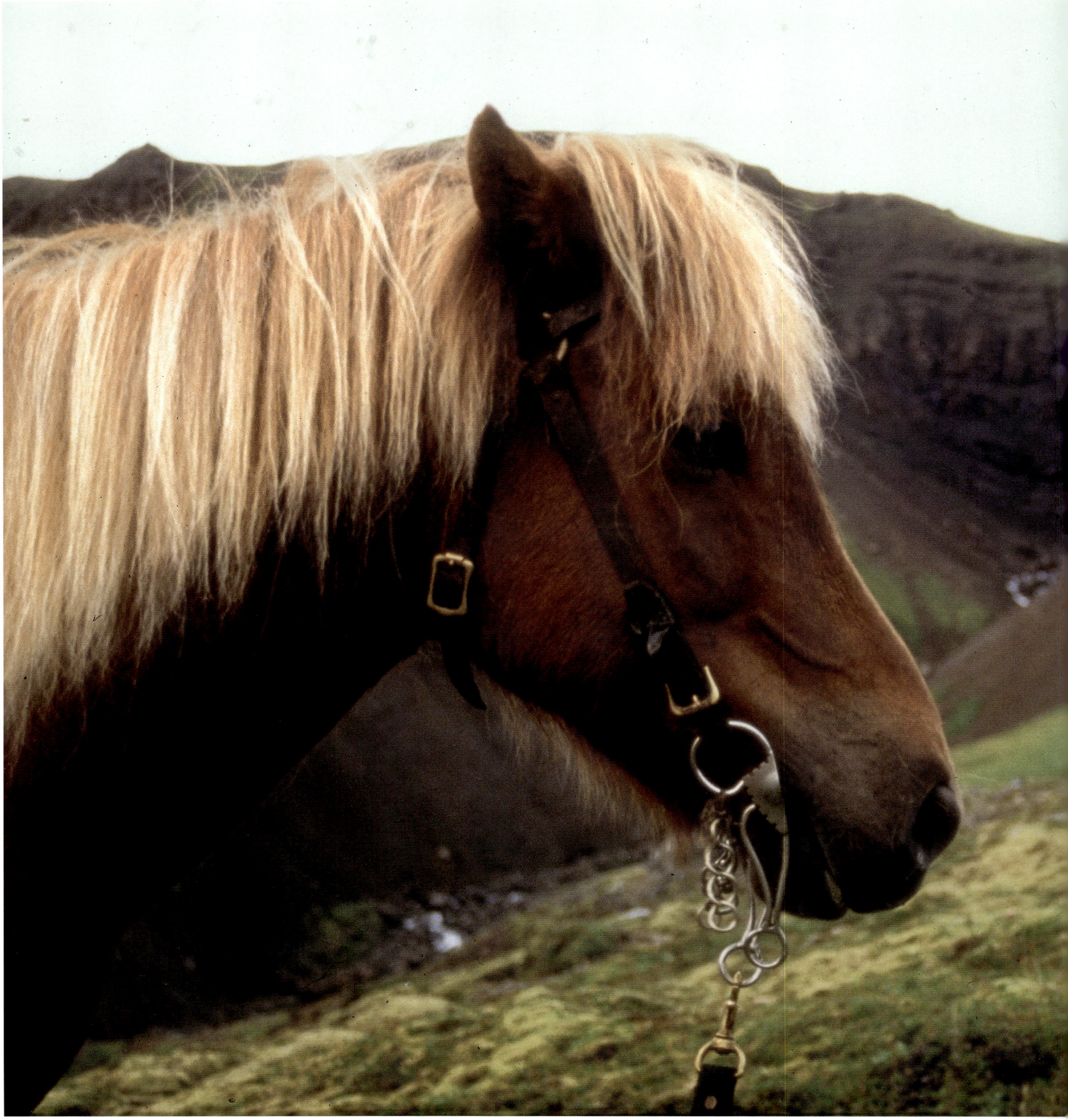

Die Faszination des Reitens auf Islandpferden hat einst der isländische Dichter Einar Benediktsson in einem Abschnitt seines Gedichtes *Fákar* (Pferde) so beschrieben:

Fákar (Pferde)
von Einar Benediktsson

Maður og hestur, þeir eru eitt
fyrir utan hinn skammsýna, markaða baug.
Þar finnst, hvernig æðum alls fjöra er veitt
úr farvegi einum, frá sömu taug.
Þeir eru báðir með eilífum sálum,
þó andann þeir lofi a tveimur málum,
– og saman þeir teyga í loftsins laug
lífdrykk af morgunsins gullroðnu skálum.

Der Mann und das Pferd sind Eins.
Hinter dem engen Rahmen des ersten Eindrucks
Sieht man ihre Lebenskraft aus der gleichen Ader strömen.
Die Seele der beiden hat ewiges Leben.
Obwohl sie die Geister in verschiedenen Sprachen loben
Trinken sie gemeinsam aus goldener Schale
Den Lebenstrunk des Morgens aus der Quelle der Luft.

Nachwort

50 Millionen Jahre vor dem ersten zaghaften Auftreten eines menschenähnlichen Wesens gab es einen kleinen Vierbeiner, der sich vor den großen Räubern, die ihm am Boden und aus der Luft nach dem Leben trachteten, in das Dickicht des Dschungels verkroch. Wer hätte gedacht, dass diesem Tierchen eine so großartige Entwicklung beschieden wäre, dass es schließlich die Geschichte des Menschen so einschneidend mitbestimmte. Kaum 30 cm hoch, mit vier Zehen an den Vorder- und drei an den Hinterfüßen, bekam es von den Gelehrten den schönen Namen Morgenrötepferdchen (= Eohippus), denn es lebte in der Epoche der Morgenröte (= Eozän).

Der reich verzweigte Stammbaum des Pferdes ist bis in die Wurzeln gut erforscht; ist er doch sozusagen das »Steckenpferd« der Paläontologen. Dennoch bleiben auch beim heutigen Stand der Wissenschaft noch einige Zweifel über den Ursprung der Rassen; selbst über den Vorrang des Arabers ist man sich nicht recht einig.

Später, nach der Domestikation, brachte jedes Zeitalter, jedes Land, jede Umwelt ein Pferd hervor, das der jeweiligen Bedingungen entsprach. Viele Typen und Rassen entstanden durch lange, natürliche Auslese oder zur Erfüllung der wechselnden Anforderungen des Menschen durch gezielte Zucht.

Dabei ist der Begriff »Rasse« noch immer sehr umstritten und gerade in der Welt der Pferde häufig recht anfechtbar, wenn von »Rassen« die Rede ist, obgleich es sich eigentlich um Varietäten oder Ökotypen handelt. Man ist jedoch übereingekommen, jede Tiergruppe als Rasse zu bezeichnen, bei der sich besondere Merkmale unverändert weitervererben; denn jede Rasse neigt ja dazu, ihre ganz spezifischen Merkmale zu fixieren.

Das Islandpferd ist eine Rasse, die sich seit Jahrhunderten nicht wesentlich verändert hat. Seine äußere Erscheinung entspricht heute noch immer dem Wildpferd der Nacheiszeit. Es ist nicht ausschließlich auf einen bestimmten Lebensraum spezialisiert, und keine seiner Eigenschaften ist übertrieben oder einseitig. Das heutige Islandpferd hat unter dem Einfluss der Umwelt und durch natürliche Zuchtwahl das ursprüngliche Genpotential des nacheiszeitlichen Pferdes aktiviert, in dem natürlicherweise viele Variationsmöglichkeiten bezüglich Gangverteilung, Energie und Charakter vorhanden sind. Im Prinzip aber beherrscht es immer noch die fünf Gangarten des Wildpferdes. Außerdem ist es stark, widerstandsfähig und hat eine ganz ausgeprägte Persönlichkeit, die den Reiter fordert.

Pferde haben die menschliche Phantasie zu allen Zeiten lebhaft beschäftigt. Ob es nun als *Equus ferus* (= Wildpferd) oder *Equus caballus* (= Reitpferd) in der wissenschaftlichen Sprache auftritt, oder bei den Völkern Mesopotamiens »Bergesel« genannt wird oder gar nur als geheimnisvoller Hund (sùnka vakàn) verstanden wird, wie von den Sioux-Indianern vor nicht einmal zweihundert Jahren – immer dominieren Fabel und Legende. Was wurde nicht alles über seine Herkunft vorgebracht, seine Zähmung, seine Pflege, sein Können und über die edle Reitkunst dazu.

Über kaum ein anderes Haustier wurde so viel geschrieben, gedichtet und fabuliert wie über das Pferd, und selbst heute noch, wo der Motor es immer mehr aus seiner Lebensgemeinschaft mit dem Menschen verdrängt, bleiben ihm Sympathie, Bewunderung und Liebe erhalten.

Wir können das Wesen, die Bedürfnisse und die natürlichen Anlagen von Islandpferden nur dann richtig verstehen, wenn wir versuchen, diese im Zusammenhang mit ihrer Entwicklungsgeschichte, ihren natürlichen Lebensräumen, ihrer Domestizierung und ihrer unterschiedlichen Verwendung zu sehen.

Wenn man sich intensiv mit den Methoden von Pferdetrainern wie Fredy Knie, Pat Parelli und Monty Roberts beschäftigt und auseinandersetzt, so kommt man darauf, dass ihr Grundsatz darauf beruht, dem Pferd zu vermitteln, dass es dem Menschen vertraut, ihn aber gleichzeitig als Leittier respektiert. Auf diese Weise ist es wahrscheinlicher, dass das Pferd freiwillig bereit ist, mehr Leistung zu bringen. Wenn man gelernt hat, die genannten Methoden anzuwenden, dann erscheint vieles in der Pferdeausbildung in neuem Licht.

Doch letztlich bestimmt immer das Pferd, wie weit der Reiter kommen kann. Aus einem flachgehenden Pferd macht man keinen Aktionstölter, auch wenn es in positiver Weise aufgebaut wird. Außerdem sollte man nicht vergessen, dass Turniersiege nicht alles Glück der Erde bedeuten. Der größte Teil der Reiter verbringt seine Zeit zu Pferde nicht auf dem Turnierplatz, sondern er reitet aus. Aber generell sollten sich die Reiter etwas mehr Gedanken über die Natur des Islandpferdes machen. Das Hauptziel aller alternativen Methoden besteht darin, dass zwischen Reiter und Pferd mehr Harmonie entsteht, dass das Pferd die Nähe des Menschen sucht und sich für ihn anstrengen will.

Als Ersatz dafür, dass wir dem Pferd seine Freiheit nehmen und es für unsere Zwecke zähmen, sind wir es ihm schuldig, die Arbeit interessant und vielseitig zu gestalten, damit es seine Freude daran bewahrt.

Otto Klee mit seiner Islandstute Eldfim.

Der Autor Prof. Dr. Otto Klee ist Zoologe und lehrte an der Universität Tübingen. Nachdem er lange Jahre ambitionierter Großpferdereiter war, entdeckte er vor etwa 25 Jahren seine Liebe zu den Pferden aus dem hohen Norden. Seit dieser Zeit ist er selbst Besitzer mehrerer Islandpferde und wurde zum Experten für diese Rasse. Als solcher publizierte er auch regelmäßig in verschiedenen Fachzeitschriften.

Serviceteil

Zum Weiterlesen

... zum Thema Pferdegesundheit

Hans Peter Karp: Gesunde Pferdefütterung
(ISBN: 978-3-275-01774-4)
Alles, was man zum Thema Pferdefütterung als Pferdebesitzer wissen muss, findet sich in diesem Buch: Auswahl der richtigen Futtermittel, Rationsberechnung, Weidemanagement, Vermeidung fütterungsbedingter Erkrankungen, Fütterungskontrolle, anschaulich ergänzt durch viele Beispiele aus der Praxis.

Heidemarie Heinrich: Sommerekzem
(ISBN: 978-3-275-01475-0)
Welche Ursachen hat das Sommerekzem, das vor allem viele Robustpferde Jahr für Jahr plagt, und was kann man tun, um dem Tier Erleichterung zu verschaffen? Übersichtlich und informativ beantwortet Heidemarie Heinrich diese Fragen und stellt unterschiedliche Therapieansätze vor.

Konstanze Rasch: Diagnose Hufrehe
(ISBN 978-3-275-01752-2)
Die Hufrehe ist ein äußerst schmerzhaftes Krankheitsbild, das beispielsweise durch Überlastung oder bestimmte Futtermittel ausgelöst werden kann. Konstanze Rasch erklärt tiefgehend die anatomischen Hintergründe und auslösenden Faktoren, zeigt vorbeugende Strategien und Therapien auf dem neuesten Stand der medizinischen Forschung.

... zum Thema Ausbildung

Christa Arz: Bodenarbeit. Pferdetraining an der Hand
(ISBN 978-3-275-01677-8)
Bodenarbeit bildet die Grundlage der Pferdeausbildung und -erziehung, kann aber auch eine sinnvolle und schöne Abwechslung zum Reitalltag sein. Von ersten Führübungen bis zu anspruchsvollen Aufgaben lernen Pferd und Mensch die Arbeit an der Hand kennen.

Viviane Theby, Katja Frey, Nina Steigerwald:
Clickerfitte Pferde. Gesund, geschickt und gut erzogen
(ISBN 978-3-275-01775-1)
Ganz neue Wege in der Pferdeerziehung: Mit positiver Verstärkung und Lob statt Druck und Strafe können Pferde viel mehr lernen, als viele Menschen glauben. So wird gezieltes Muskeltraining ebenso möglich wie sinnvolle Beschäftigung und stressfreie Tierarztbesuche.

Angelika Schmelzer: Reiten im Gelände (Die Reitschule)
(ISBN 978-3-275-01748-5)
Reiten in freier Natur gehört zu den schönsten Aktivitäten, die man mit Pferden unternehmen kann. Damit Mensch und Tier Ausritte genießen können, müssen bestimmte Grundlagen und Fähigkeiten vorhanden sein, die Angelika Schmelzer in diesem Buch ausführlich beschreibt.

... zum Thema Pferdekauf und -haltung

Romo Schmidt: Pferde artgerecht halten
(ISBN 978-3-275-01773-7)
Artgerechte Haltung für Pferde bedeutet vor allem Zugang zu Licht, Luft, Bewegung und Artgenossen. Wie sich das in modernen Haltungssystemen verwirklichen lässt, zeigt Romo Schmidt in diesem Buch. Von der Paddockbox bis zur Gruppenauslaufhaltung kann für jedes Pferd die optimale Haltungsform gefunden werden.

Jutta von Grone: Die Pferdeweide. Ökologie, Nutzung und Pflege, Kompostwirtschaft
(ISBN 978-3-275-01520-7)
Von der Aussaat über Einzäunung und Stallbau bis hin zur Eigenerzeugung des Kompostdüngers erfahren Sie in diesem Buch, wie Sie Pferdeweiden richtig anlegen und pflegen.

Martina Kratzer: Ratgeber Pferdekauf
(ISBN 978-3-275-01595-5)
Ein eigenes Pferd kaufen – der Traum vieler Reiter, doch dabei muss vieles bedacht werden: Welche Rasse, Größe, welches Alter soll das Wunschpferd haben? Was darf es kosten, was muss es können? Dieser Ratgeber hilft Ihnen, das Pferd zu finden, das zu Ihnen passt.

Isländisch für Pferdefreunde

Isländisch scheint auf den ersten Blick sehr kompliziert mit all den Sonderzeichen und Umlauten. Schon beim Aussprechen von Ortsnamen stehen viele vor einer unlösbaren Aufgabe. Tatsächlich ist Isländisch eine sehr formenreiche Sprache, die sich seit dem Mittelalter nur noch wenig verändert hat. Die Aussprache hingegen ist sehr regelmäßig, wenn man sich erst einmal an all die Akzente und ungewöhnlichen Buchstaben gewöhnt hat. Auch wenn man nicht gleich die ganze Sprache lernen will, über einige Begriffe wird man als Islandpferdefreund immer wieder stolpern, vielleicht ja auch bei einer Reittour durch Island. Für diesen Fall gibt es hier eine kleine Übersicht über die wichtigsten Vokabeln mit Aussprachehilfe. (Anmerkung: Die Umschrift TH entspricht in etwa dem englischen »th«. Das isländische »r« wird immer gerollt. Die Betonung liegt auf der ersten Silbe.)

Askja • Blíða • Brúnka • Drottning • Elding • Freyja • Lóa • Skjóna • Stjarna • Svala • Þenja

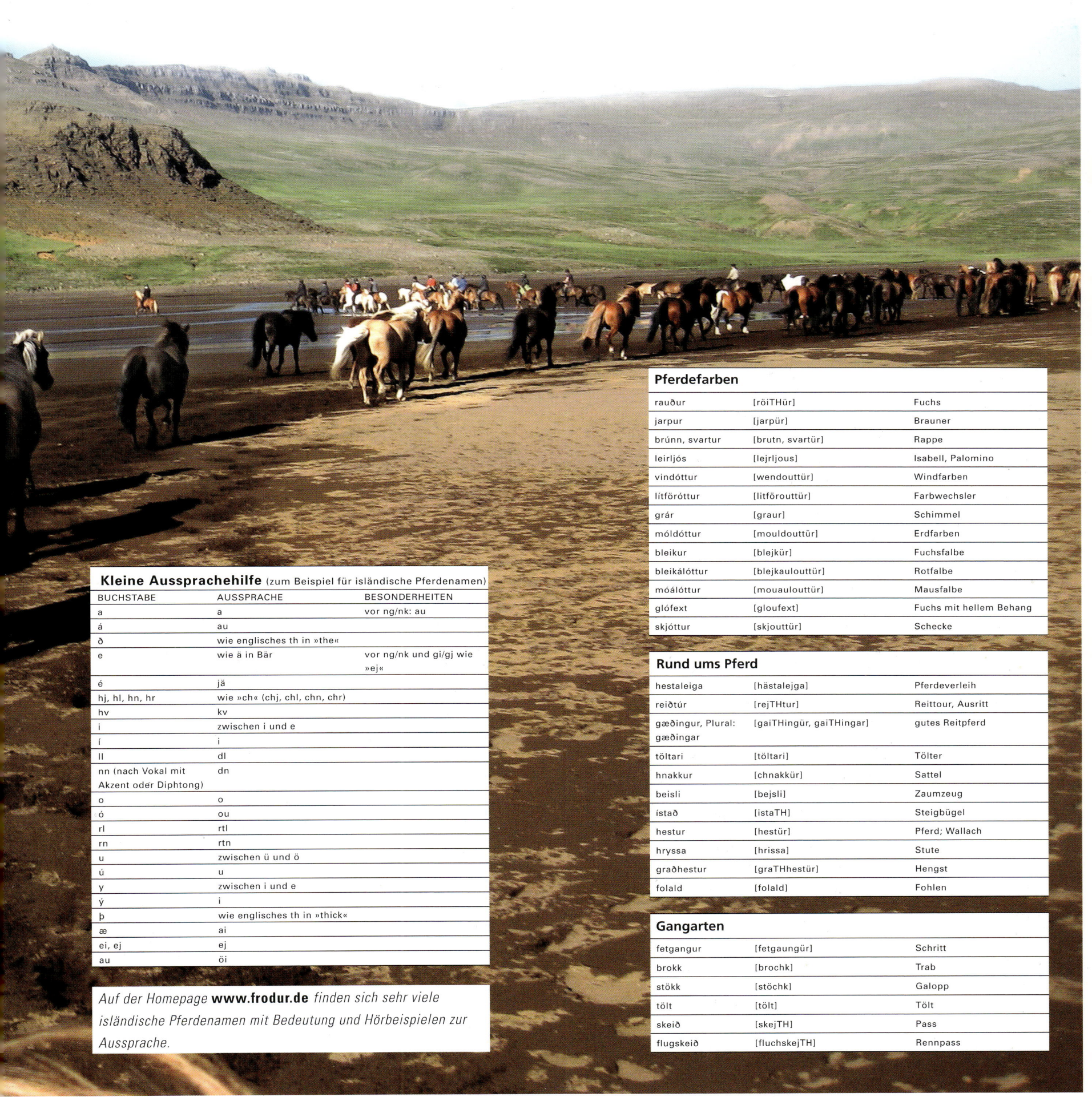

Kleine Aussprachehilfe (zum Beispiel für isländische Pferdenamen)

BUCHSTABE	AUSSPRACHE	BESONDERHEITEN
a	a	vor ng/nk: au
á	au	
ð	wie englisches th in »the«	
e	wie ä in Bär	vor ng/nk und gi/gj wie »ej«
é	jä	
hj, hl, hn, hr	wie »ch« (chj, chl, chn, chr)	
hv	kv	
i	zwischen i und e	
í	i	
ll	dl	
nn (nach Vokal mit Akzent oder Diphtong)	dn	
o	o	
ó	ou	
rl	rtl	
rn	rtn	
u	zwischen ü und ö	
ú	u	
y	zwischen i und e	
ý	i	
þ	wie englisches th in »thick«	
æ	ai	
ei, ej	ej	
au	öi	

Auf der Homepage **www.frodur.de** finden sich sehr viele isländische Pferdenamen mit Bedeutung und Hörbeispielen zur Aussprache.

Pferdefarben

rauður	[röiTHür]	Fuchs
jarpur	[jarpür]	Brauner
brúnn, svartur	[brutn, svartür]	Rappe
leirljós	[lejrljous]	Isabell, Palomino
vindóttur	[wendouttür]	Windfarben
lítföróttur	[litförouttür]	Farbwechsler
grár	[graur]	Schimmel
móldóttur	[mouldouttür]	Erdfarben
bleikur	[blejkür]	Fuchsfalbe
bleikálóttur	[blejkaulouttür]	Rotfalbe
móálóttur	[mouaulouttür]	Mausfalbe
glófext	[gloufext]	Fuchs mit hellem Behang
skjóttur	[skjouttür]	Schecke

Rund ums Pferd

hestaleiga	[hästalejga]	Pferdeverleih
reiðtúr	[rejTHtur]	Reittour, Ausritt
gæðingur, Plural: gæðingar	[gaiTHingur, gaiTHingar]	gutes Reitpferd
töltari	[töltari]	Tölter
hnakkur	[chnakkür]	Sattel
beisli	[bejsli]	Zaumzeug
ístað	[istaTH]	Steigbügel
hestur	[hestür]	Pferd; Wallach
hryssa	[hrissa]	Stute
graðhestur	[graTHhestür]	Hengst
folald	[folald]	Fohlen

Gangarten

fetgangur	[fetgaungür]	Schritt
brokk	[brochk]	Trab
stökk	[stöchk]	Galopp
tölt	[tölt]	Tölt
skeið	[skejTH]	Pass
flugskeið	[fluchskejTH]	Rennpass

Arður • Bleikfaxi • Draumur • Dynjandi • Garpur • Glófaxi • Hrafn • Máni • Oddi • Sólfari • Vindskjóni •

Adressen

Verbände

Islandpferde-Reiter- und Züchterverband IPZV e.V.
Bundesgeschäftsstelle: Postfach 1220,
31159 Bad Salzdetfurth
Tel.: 05063-271566
Fax: 05063-271567
E-Mail: geschaeftsstelle@ipzv.de
Internet: www.ipvz.de

Das Islandpferd (Zeitschrift)
Offizielles Organ des IPZV e.V. Deutschland
Redaktion: Christiane Späte, Susanna Wand
E-Mail: dip@ipzv.de

IPZV-Adressbuch
Auf der Homepage des IPZV können Sie unter http://www.ipzv.de/adressbuch/index.cfm die dort erfassten Adressen von Betrieben, Trainern, Richtern und Ortsvereinen recherchieren. Die gedruckte Version des Adressbuchs, die in regelmäßigen Abständen neu erscheint, ist bei der Geschäftsstelle des IPZV zu bestellen.

FEIF (International Federation of Icelandic Horse Associations)
Zusammenschluss der nationalen Islandpferdeverbände
Geschäftsstelle: Susanne Frölich
Tel.: 0043-664-4237870
E-Mail: office@feif.org
Internet: www.feif.org

IPZV-Landesverbände

Landesverband Baden-Württemberg
Anke Schwörer-Haag, Schloß Neubronn,
73453 Abtsgmünd
Tel.: 07336-2453
Fax: 07366-14 64 12
E-Mail: chef@ipzv-lvbw.de
Internet: www.ipzv-lvbw.de

Landesverband Bayern
Christoph Janz, Rehsteig 2, 82349 Pentenried
Tel.: 089-41153682
E-Mail: Christoph.Janz@IPF-Isartal.de
Internet: www.ipzv-bayern.de

Landesverband Berlin-Brandenburg
Elisabeth Stenzel, Dürerstr. 29, 12203 Berlin
Tel.: 030-21996731
E-Mail: info@islandpferde-brandenburg.de
Internet: www.islandpferde-brandenburg.de

Landesverband Hannover-Bremen
Udo Rauhaus, Barnstorfer Str. 10, 38444 Wolfsburg
Tel.: 05365-7574
E-Mail: vorstand@ipzvhb.de

Landesverband Hessen
Rainer Althans, Moritz-Zahnwetzer-Str. 1,
34226 Niestetal
Tel.: 0561-523992
Fax: 0561-523991
E-Mail: info@ipzv-hessen.de
Internet: www.ipzv-hessen.de

Landesverband Mecklenburg-Vorpommern
Bernd Epmeier, Lieperstr.2, 19294 Gorlosen-Gritte
Tel.: 038755-40864
E-Mail: info@lv-ipzv-mv.de
Internet: www.lv-ipzv-mv.de

Landesverband Rheinland
Claus Paulus, Gerther Str. 236, 44805 Bochum
Tel.: 0234-230422
Fax: 0234-8906709
E-Mail: vorsitzender@ipzv-rheinland.net
Internet: www.ipzv-rheinland.net

Landesverband Rheinland-Pfalz-Saar
Markus Rolf Lacour, Hauptstr. 79, 66128 Saarbrücken
E-Mail: mlacour@t-online.de
Internet: www.ipzv-rheinland-pfalz-saar.de

Landesverband Sachsen-Thüringen
Wolfgang Lake-Schwarznecker, Zwickauer Straße 16 a, 09112 Chemnitz
E-Mail: lake-schwarznecker@t-online.de

Landesverband Schleswig-Holstein und Hamburg
Schulstr. 32, 21438 Brackel
Tel.: 04185-6500-11 (Di 14:30–18:30 Uhr)
Fax: 04185-6500-13
E-Mail: geschaeftsstelle@ipzv-sh-hh.de
Internet: www.ipzv-sh-hh.de

Landesverband Weser-Ems
Taalke Nieberding, Raabestr. 16, 30177 Hannover
Tel.: 0177-4105512
E-Mail: vorsitz@islandpferde-weser-ems.de
Internet: www.islandpferde-weser-ems.de

Landesverband Westfalen-Lippe
Gunther Steinseifer, Am Schürenfeld 36,
51702 Bergneustadt-Attenbach
Tel.: 02763/211339
E-Mail: vorstand@lv-wl.de
Internet: www.lv-wl.de

Adressen

Internationale Islandpferde-Vereinigungen

Island
Landssamband hestamannafélaga (LH)
Íþróttamiðstöðinni Laugardal, IS-104 Reykjavík
Island
Tel.: 354-514-4030
E-Mail: lh@isi.is
Internet: www.lhhestar.is

Österreich
Österreichischer Islandpferdeverband (ÖIV)
Unterer Windhof 10, 8102 Semriach, Österreich
E-Mail: secretary@oeiv.org
Internet: www.oeiv.org

Schweiz
Islandpferde-Vereinigung Schweiz (IPV CH)
Josenbachweg 224, 9126 Necker, Schweiz
E-Mail: postfach@ipvch.ch
Internet: www.ipvch.ch

Islandpferdevereinigungen weltweit:
Belgien (www.bsijp.be)
Dänemark (www.islandshest.dk)
Finnland (www.islanninhevonen.net)
Färöer (www.isross.com)
Frankreich (www.chevalislandais.com)
Großbritannien (www.ihsgb.co.uk)
Italien (www.iipv.it)
Kanada (www.cihf.ca)
Niederlande (www.nsijp.nl)
Norwegen (www.islandshest.no)
Schweden (www.icelandichorse.se)
USA (www.icelandics.org)

Weitere Kontaktadressen

Visit Iceland – Isländisches Fremdenverkehrsamt
Rauchstrasse 1, 10787 Berlin
Tel.: 030-5050 4200
Fax: 030-5050 4280
E-Mail: info@icetourist.is
Internet: de.visiticeland.com

Fluggesellschaft Icelandair
Weißfrauenstraße 12-16, 60311 Frankfurt am Main
Tel.: 069-29 99 78
Fax: 069-28 38 72
E-Mail: germany@icelandair.is
Internet: www.icelandair.de

Fluggesellschaft Icelandexpress
Tel.: 040-3018 7420
Internet: www.icelandexpress.de

Zeitschriften und Internetseiten

Islandpferdezuchtdatenbank WorldFengur
www.worldfengur.com

Hestur (Zeitschrift)
Herausgegeben vom IPZV Nord e.V.
www.hestur-magazin.de

Tölt.Knoten
Islandpferde-Onlinemagazin
www.töltknoten.de

Eidfaxi
Isländisches Islandpferdemagazin, online auch auf Deutsch erhältlich unter www.de.eidfaxi.is

Hestafrettir
Nachrichten aus der Welt der Islandpferde unter www.hestafrettir.de

taktklar
Islandpferde-Onlinemagazin
www.taktklar.de

Literaturhinweise und Quellen

Abel, O.: Grundzüge der Paläobiologie der Wirbeltiere. Schweizerbart, Stuttgart 1912.

Abel, O.: Lebensbilder aus der Tierwelt der Vorzeit. G. Fischer, Jena 1927.

Altuna, J.: Ekain und Altxerri. Zwei altsteinzeitliche Bilderhöhlen. J. Thorbecke Verlag 1996.

Anati, E.: Höhlenmalerei. Benzinger Verlag. Zürich/Düsseldorf 1997.

Antonius, O.: Grundzüge einer Stammesgeschichte der Haustiere. G. Fischer Jena 1922.

Haraldsdóttir, Á.: Das soziale Gefüge einer Herde. Eidfaxi International Heft 3, 1997.

Benecke, N.: Der Mensch und seine Haustiere. Stuttgart 1994.

Bjarnason, G.: Ættbók og saga íslenzka hestsins á 20. öld. I. u. IV. Bd.; Akureyri 1970 u. 1982.

Blendinger, W.: Psychologie und Verhaltensweise des Pferdes. E. Hoffmann Verlag, Heidenheim 1971.

Bökönyi, S.: La domestication du cheval. La Recherche 11, No.114, 1980.

Bürger, M.: Der Zoolog. Garten 44, S.91, 1974.

Camp, C.I., Smith, N.: Phylogeny and functions of the digital ligaments of the horse. Mem. Univ. Calif.13, 65–122, 1942.

Chauvet, J.M. et al.: Grotte Chauvet bei Vallon-Pont-d'Arc. J. Thorbecke Verlag 1997.

DLG: Pferde richtig füttern. Bd. 159, DLG-Verlag Frankfurt 1978.

Ebhardt, H.: Verhaltensweisen von Islandpferden in einem norddeutschen Freigelände. Säugetierk. Mitt. 2, 145–154, 1954.

Ebhardt, H.: Wie verhalten sich Isländer in der Freiheit? In: Islandpferde auf dem Kontinent. Verlag Freizeit im Sattel, S.191–199, Bonn 1985.

Ebhardt, H.: Ponies und Pferde im Röntgenbild nebst einigen stammesgeschichtlichen Bemerkungen dazu. Säugetierkundliche Mitteilungen 4, München 1962.

Edinger, T.: Evolution of the horse brain- Mem. geol. Soc. Amer.25, X, 1948.

Engelbrecht, H., O'Dea, J.C.: Vaccination against strangles. J. Amer. Vet. Ass. 155,I.,425–427 1969.

Eyjólfsson, S.: Er reitet Kaskan. Eidfaxi International, Heft 1, 1999.

Franzen, J.L.: Die Stammesgeschichte der Pferde in ihrer wissenschaftshistorischen Entwicklung. Natur und Museum 114, 1984.

Handler, H., Lessing, E.: Die spanische Hofreitschule zu Wien. F. Molden Verlag 1972.

Hansen, A.: Svaðastaðahrossin uppruni og saga. I u. II. Bd., 1988, 1989.

Hansen, A.: Die Pferde von Svaðastaðir. Referat i. Beiheft der 9. Wiesenhof-Gestütsschau 1990.

Helmersson, St.: Das Islandpferd. Epona Verlag, Schweden 1994.

Herre, W.: Beiträge zur Kenntnis der Wildpferde. Z. Tierzücht. u. Züchtungsbiologie 44, 1939.

Herre, W.: Abstammung und Domestikation der Haustiere. Handbuch der Tierzüchtung 1, Parey 1958.

Herre, W., Röhrs, M.: Zoological considerations on the origins of farming and domestication. In: Ch.A. Reed (Hrsg.), Origins of Agriculture, Paris 1977.

Hintz, H.F. u.a.: Nutrition of the horse. In: J.W. Evans u.a.:The Horse. W.H. Freeman and Co., San Francisco 1977.

Ingimarsson, I., Pálsson, G.: Pferde im Norden. Akureyri 1992.

Isenbügel, E.: Wie die Pferde nach Island kamen. Freizeit im Sattel, 1979.

Jonsson, M.: Kommt das Islandpferd aus Asien? Das Islandpferd Nr. 26, 1992.

Kapitzke, G.: Wildlebende Pferde. Paul Parey Verlag, 1973.

Kern, D.L. u.a.: Microbial and chemical characteristics of intestinal ingesta. J. Anim. Sci. 38, S. 559–564, 1974.

König, H.E., Liebich, H.-G.: Anatomie der Haussäugetiere. Schattauer, Stuttgart 1999.

Komarek, V.: Lokomoce Savcu. Vysoka Skola Zemedelska v. Praze. Agronomicka Fakulta 1993.

Kristjánsson, J.: Stallions of the Century. New York 1988.

Krüger, B. et al.: Die Germanen. Berlin 1986.

Marschang, F., Weiss, H.-E., Morscher, H., R. Wacker: Zum Problem Respirationssyndrom des Rindes, aus dem Blickwinkel der Praxis. Tierärztl. Umschau 45, 9, 608–613, 1990.

Launer, P., Mill, J., Richter, W.: Krankheiten der Reitpferde. Ulmer, Stuttgart 1990.

Löwe, H., .Meyer, H.: Pferdezucht und Pferdefütterung. Ulmer, Stuttgart 1974.

Lorblanchet, M.: Höhlenmalerei. Spälothek 1, J. Thorbecke Verlag 1997.

Meyer, H. u.a.: Untersuchungen über Freßdauer, Kaufrequenz und Futterzerkleinerung beim Pferd. Dt. Tierärztl. Wschr. 82, S.54–58, 1975.

Nelaimischkis, G.: Fantastische WM in Seljord. Hestur 88, 18–24, 1997.

Nissen, J.: Das Sportpferd. Franckh'sche Verlagshdlg, Stuttgart 1964.

Nobis, G.: Die Geschichte des Pferdes – seine Evolution und Domestikation. In: Handbuch Pferd, BLV München 1995.

Otten, H., Plempel, M., Siegenthaler, W.: Antibiotika-Fibel. Thieme, Stuttgart 1975.

Pirkelmann, H.: Pferdehaltung. Ulmer, Stuttgart, 2. Aufl. 1991.

Podlech, B, Rössner, R.: Gangverteilung beim Islandpferd. Sonderdruck aus »Freizeitpferde« 26, 1988 Prasse, R.: Mein Pferd ist krank. Nymphenburger Verlagshandlung, München 1976.

Rahn, A.: Wertermittlungsforum. Vierteljahreszeitschr. d. Sachverständigen-Kuratoriums f. Landwirtschaft Heft 2, 1995.

Receveur, H.: In der Fußspur des Hipparion. Freizeit im Sattel, Heft 11, S.872–873, 1994.

Rostock, A.-K., Feldmann, W.: Islandpferde-Reitlehre. 6. Aufl., Bonn 1992.

Roussot, A.: L'art préhistorique. Editions Sud Ouest Université 1997.

Schäfer, M.: Wie werde ich Pferdekenner? Nymphenburger Verlagshdlg 1971.

Schön, D.: Praktische Pferdezucht. Ulmer, Stuttgart 1983.

Simpson, G.G.: Horses. Oxford University Press, New York 1951.

Solinski, S.G.: Reiter, Reiten, Reiterei. Olms Presse, Hildesheim 1983.

Sommermeier, I.G.: Pferdeschule – Menschenbildung. Olms Presse, Hildesheim 2000.

Speed, I.G.: Die Bedeutung des Haarkleides bei Robustpferden, die im Freien überwintern. Seite 161–166, Freizeit im Sattel; Islandpferde auf dem Kontinent. »Das besondere Thema«, Bonn 1985.

Sveinsson, I.: Magere Herden. Eidfaxi 2, 16–19, 2000.

Tavard, Ch.-H.: L'Habit du Cheval, Selle et Bride. Office du Livre, Fribourg 1975.

Thein, P. (Hrsg.): Handbuch Pferd. BLV-Verlag, München 1995.

Thenius, E., Hofer, H.: Stammesgeschichte der Säugetiere. Springer 1960.

Tweel van den, J.G.: Immunologie. Spektrum-Bibliothek, Band 28, 1991.

Uppenborn, W.: Pferdezucht und Pferdehaltung. 5. Aufl., Verlag Bintz-Dohany, Offenbach (Main) 1974.

Weiss, H.-E., Bertl, F.: Therapie antibiotikaresistenter E.-coli-Enteritiden bei Hunden und Katzen durch oral applizierte Autovakzine. Der praktische Tierarzt 1, 1991.

Wernick, R.: Die Wikinger. Bechtermünz Verlag, Eltville 1992.

Willmann, R.: Das Exmoor-Pferd: eines der ursprünglichsten halbwilden Pferde der Welt. Natur und Museum 129, 389–407, 1999.

Wintzer, H.-J.: Krankheiten des Pferdes. Verlag Paul Parey, Berlin und Hamburg 1982.

Wisniewski, W.: Island Reiseführer Natur. BLV-Verlag, München 1992.

Woolcock, J.B.: Immunity to Streptococcus equi. Austral. Vet. J. 51, 554–559, 1976.

Zeeb, K.: Die Natur des Pferdes. Franckh-Kosmos Verlag, Stuttgart 1998.

Zeuner, F.E.: Geschichte der Haustiere. BLV-Verlag, München 1967.

Register

A
Absitzen 89
Abstammungslehre 28
Abwehrkräfte 155
Anhalten 122ff
Anlehnung 43, 130, 137, 139f, 142
Anpaarungen 175f
Anschaffungspreis 184
Antikörper 153f
Araber 35ff, 110, 197
Astigmatismus 64
Atemwegserkrankungen 57, 152ff, 156
Atmungsorgane 53, 152f
Aufsteigen 89f
Augen 29, 63f, 122, 177
Ausbildung des Pferdes 120ff
Ausbildung des Reiters 86ff
Ausgleichsgymnastik 142
Ausrüstung 117ff
Axlarhagi-Linie 170

B
Backenzähne 28, 31, 45, 54, 119
Balance 90, 95, 133, 144
Ballastfutter 57
Barhuf 49
Bauchmuskeln 44
Beckengürtel 44
Bergpferdchen 31
Beschlag 48ff
Bewegungsmechanik 106f
Biogenetisches Grundgesetz (Haeckel) 32
Biotin (Vitamin H) 47
Bjarnason, Gunnar 77, 167, 169, 172, 179
Blinddarm 54f

C
Calcium 47, 57, 158
Chambon 142
Charakter 14, 16, 106f
Chefposition 122
Chemotherapie 155
Chromosomen 179

D
Darwin, Charles 35
Deckhaar 46
Dehnung 96, 130, 134, 137, 143
Dehydration 60
Dickdarm 55f
Dole-Pferd 37
Domestikation 11, 34ff, 152
Doppellonge 126f
Dreigänger 129f, 177
Druse 155f
Durchbrochener Traber 110, 130, 177
Durchlässigkeit 99, 130f, 138

E
Eiszeit 32f
Ekzem 157ff
Energie 107f
Entwicklungsgeschichte 27ff
Eohippus 29
Equus caballus 34ff
Equus ferus 33
Erbanlagen 179
Ernährung 47, 53, 56ff
Ernährungsstoffwechsel 53
Evolution 28ff
Exmoor-Pony 35, 37

F
Falben 46
Farbsehen 64
Farbvielfalt 46f
Farbwechsler 46
Färöer 38, 203
Fellwechsel 47
Fettansammlungen 58
Fjordpferd 37, 80
Flehmen 67, 165, 179
Flimmerhärchen 152
Freiheitsdressur 65, 122f
Füchse 46, 170
Führarbeit 122f
Fundament 143
Fünfgänger 106, 129, 131, 177
Futtermittel 56

G
Gæðingur 98f
Galopp 99f
Gangarten, laterale 36f
Gangpferdeausprägung 106f
Gangpferdeskala 106, 128
Gangverteilung 106ff
Gärkammern 55
Gebäudebeurteilung 42
Gebiss (Zähne) 45f
Gebiss (Zäumung) 119
Gehör 65
Gehwille 108
Geländereiten 149f
Genickstück 120
Geraderichtung 139f
Geruchssinn 61
Geschmackssinn 63
Gewichtshilfen 94
Gewöhnungsphase 121f
Gleichgewicht 125, 129, 133
Gleichgewichtspferd 111
Gliedmaßen 30, 43f, 176
Glocken 52, 131
Grassilage 57
Grimmdarm 54f
Guérinière, F.R. de la 88, 92, 126
Gullfoss 20
Gymnastizierung 126

H
Haarkleid 33, 47
Haarlinge 163
Haarwirbel 33, 48
Haeckel 32
Hakenbildung 54
Hals 43f
Haltungskosten 185
Handpferdereiten 124
Hauspferdetypen 36
Hautentzündungen 157
Hauttemperatur 48
Hengstauswahl 178
Herdentrieb 67
Heu 56f, 77, 81
Heustaub-Allergie 152
Hinterhand 14, 44, 165, 177
Hofstaðir-Linie 170
Hornafjörður-Pferd 171
Hornkapsel 49
Hufbeschlag 48
Hufstruktur 48
Hyracotherium 29f

I
Immunisierung 153ff
Impfschutz 153ff
Inzucht 168
Inzuchtresistenz 169
Isabellen 46
Islandkandare 120
Islandpferdesattel 117

J
Jäger 148f
Jungpaläolithikum 29

K
Kalium 47
Kaltblüter 36, 49
Keltenpony 35
Kirkjubær-Linie 170
Knieschluss 88, 91
Knorr 38
Kolik 54, 165
Kolkuós-Linie 171
Körperbau 43ff
Körperschwerpunkt 45
Körpersprache 67
Körpertemperatur 152
Kraftlinien 140
Kreidezeit 28
Kreislaufprobleme 60
Kreuzanziehen 96
Kupfer 47

L
langer Zügel, Arbeit am 127
laterale Gangarten 36f
Läuse 163

Lebertran 57, 59
Leistungszucht 174
Linienzucht 168
Lipase 54
Lipizzaner 36
Litförött (Farbwechsler) 46
Longieren 125f
Losgelassenheit 136
Lungenentzündung 155
Lyngenpferde 37

M
Magen-Darm-Kanal 54
Mähne 42, 58f
Mastdarm 54
Mehlmaul 37
Merychippus 29, 31
Mesohippus 31
Milben 163
Mimik 67
Mischbeweidung 81
Mischblutpferde 176
Mohrrüben 57
Molaren 31, 45
Morgenrötepferdchen 29
Morgenrötezeit 28

N
Nacheiszeit 32
Nackenmuskeln 43
Natriumbedarf 57
Naturauslese 14
Naturtölter 112, 130, 145, 177
Nesselsucht 158

O
Offenstall 17, 185
Ökotypen 34
Oligozän 29
Orientierungssinn 121
Orohippus 31
ozeanisches Klima 21

P
Papageientaucher 190
Parasiten 163f
Pass 36, 42, 98ff, 114f, 131, 147
Passgänger 115, 132, 177
Passtölt 52, 112, 146f
Phosphor 47
Pilze 164
Pliohippus 29, 32
Prämolaren 31, 45
Przewalski-Pferd 33ff, 70
Psoriasis 23

Q
Quaddelausschlag 158

R
Rangordnung 67, 71, 120
Rappen 46, 170
Rassemerkmale 42ff
Raufutter 55, 57
Reinzucht 79, 174
Rennpass 37, 100, 113, 114, 174, 176
Riechzellen 62
Rittigkeit 132ff
Rohprotein 57
Röhrbeinumfang 43
Rückwärtsrichten 124, 127, 141f
Rumpf 43f

S
Sattelkauf 117
Sauðárkrókur-Linie 171
Schenkelweichen 140
Schlaf 79, 116f
Schneidezähne 28, 45
Schritt 42, 99
Schubkraft 98f, 130, 139, 177
Schultergürtel 43f
Schulterherein 140
Schuppenflechte 23
Schwebephase 143
Schweifhaare 24
Schwergewichtslinie 133
Schwitzen 59f, 157
Schwung 99, 108
Seitengänge 127, 140
Selen 47
Sinnesleistungen 61ff
Sitz 90ff
Sitzdreieck 90
skeið 42
Sohlplatten 52
Solutré-Pferd 33
Sommerekzem 158ff
Sozialkontakt 16, 121
Spaltsitz 94
Spat 134, 165
Spurenelemente 53, 58
Stallhaltung 35, 153
Stammesgeschichte 28ff
Steinzeit 28
Stemmphase 45
Stimmsignale 126
Stockmaß 11, 43
stökk 42
Stollen 103
Strahlfäule 50
Stützphase 45
Stuhlsitz 94
Stutenauswahl 177
Svaðastaðir-Pferd 169f

T
Takt 52, 64, 89, 99
Tastsinn 66
Temperament 94, 106f
Tetanus 156

Tölt 36f, 42, 99ff, 112, 129, 143f
Töltsitz 145
Trab 42, 99, 106
Trabtölter 52, 146
Tragkraft 99, 177
Trensenzaum 120
Trotter 109, 129
Tundrenpferd 34
Turnierreiten 103ff
Typenvielfalt 28

U
Umtriebsweide 81
Unpaarzeher 28
Unterfell 47
Urwildpferd 37

V
Verdauungsapparat 55
Verdauungsvorgänge 54
Vererbungslehre 179
Versammlung 127, 135, 139
vertrauensbildende Phase 128
Viergänger 52, 99, 111, 129
Viertaktgangart 143
vindótt (windfarben) 47
Vitamin D 57
Vitamine 47, 59
Vordergliedmaßen 44f
Vorhand 94, 99, 114, 117
Vorhandwendung 140

W
Wasserhaushalt 59ff
Wechselbeweidung 81
Weidehaltung 77
Weidepflege 81
Widerristhöhe 12, 43
Widerstandskraft 14
Wiesenhof 82ff
Wikingerschiff 13, 38
Wildpferd 10, 13, 28ff
windfarben (vindótt) 47
Winterfell 47
Winterfütterung 57
Wundstarrkrampf 156
Würmer 85, 164
Wüstenaraber-Typus 35

Z
Zahnentwicklung 30
Zäumung 120
Zehen 30ff
Zehenrichtung 51
Zelluloseverdauung 53
Zink 47, 58
Zirkelarbeit 142
Zucht 166ff
Zügelhilfen 96

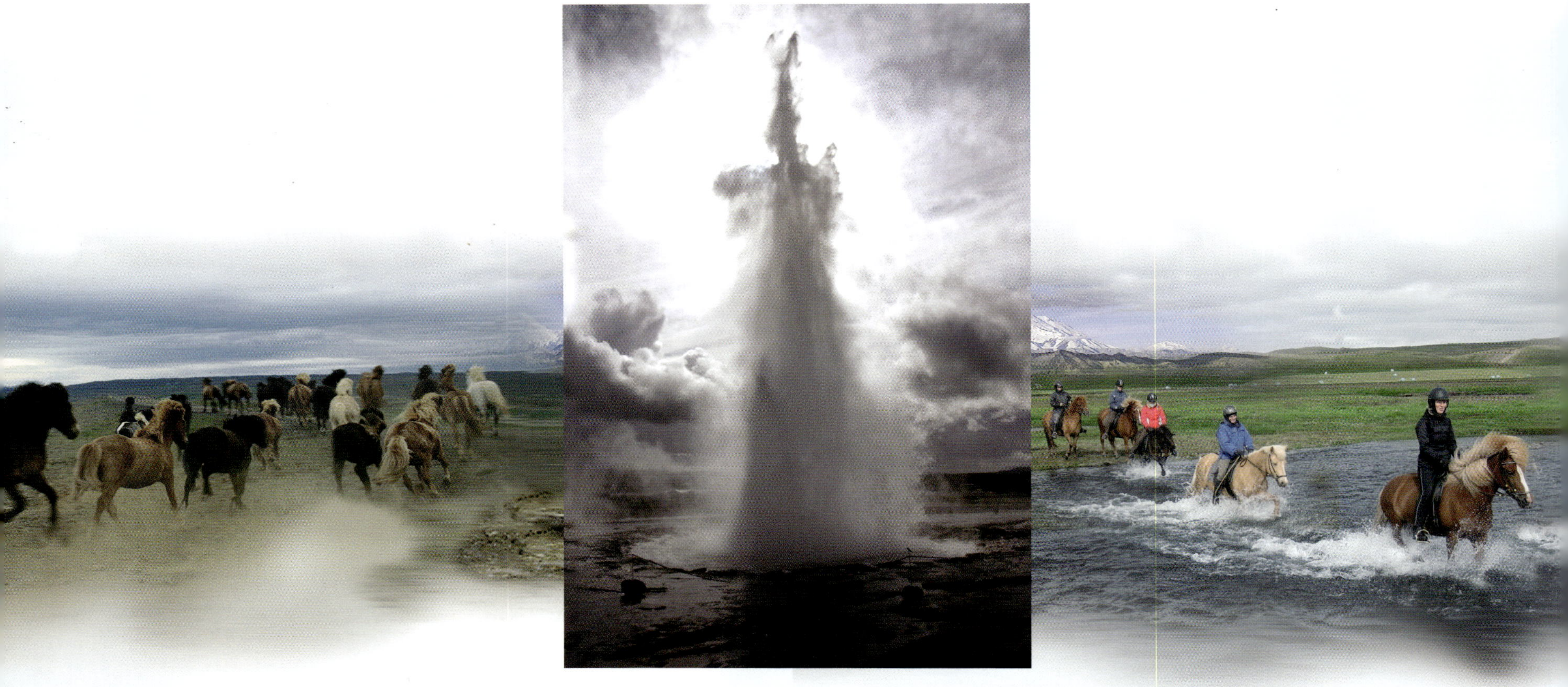